# 德国新债法
## 历史与比较的视角

# 【当代德国法学名著】

当代德国法学名著
Rëprasentative Deutsche Rechtsliteratur der Gegenwart

# 德国新债法

## 历史与比较的视角

# The New German Law of Obligations

## Historical and Comparative Perspectives

[德] 莱因哈德·齐默曼/著
*Reinhard Zimmermann*
韩光明/译

法律出版社

著作权合同登记号
图字：01-2010-4068

本书翻译得到德意志学术交流中心
和德国科学基金协会的支持

**Die Übersetzung erfolgte mit
Unterstützung des DAAD und
des Stifterverbandes der Deutschen Wissenschaft**

# 当代德国法学名著总序

当代德国法学名著译事之缘起，在乎“取法人际，天道归一”之理念。

天地渺渺，众生芸芸；然天地何以长存不灭，众生何以繁衍不息？此中必有亘古于今之一般法则。天地者，自然之谓；众生者，乃自然所赋生灵之长，人也。而人所以居万物之首而为生灵之长，概因其不仅是生于自然，而且还能领悟于自然，进而以理性和智慧的劳动创造受益于自然。由此而论，天地间至真至善至美，莫过于人与自然之和谐融合。正如庄子所说：“知天之所为，知人之所为者，至也。”而中国哲人所言“天人合一”，实际表明着人类的最高智慧和境界。但是，最高的智慧未必是功利的智慧，最高的境界往往不是现实的境界，此乃人类虽为万物灵长，但又归于万物的本性使然。尽管不无缺憾，但却理所当然。纵观古往今来，可知人类始终是在理想与现实、理性与物性的矛盾状态中存在发展。不过，人出于其自然本性但又以其理性确认的社会秩序，又使之在这种永远不会解消的矛盾状态中生存发展成为可能。

自古以来，食色之性、交往之需、名利之求、功德之义，无论国人洋人、权贵庶民，众生莫不有之；惟每人认取之价值，或此或彼因人因地因时而异。但基于人之本性所产生的社会，无论东方西方，必然有其共性。于是有老子的古训：“人法地，地法天，天法道，道法自然。”而希腊的斯多葛哲人也说：“按照自然而生活。”由此可知，同属自然之人类，本有其共同的理念与法则。以法律而言，中国、西方法律虽文化传统各异，然毕竟都是人类社会的法律，必然有其共同的人性内涵。所以,考察法律,应着眼超越地域、国度和民族,甚至超越时空的人际层面,努力发现本来属于整个人类的理念和规范,并在此基础上寻求并促进人与人、民族与民族、国家与国家之间越来越普遍深入的交往。吾人之规可为他人所取,他人之法可为吾人所用,概其皆出乎人之本性。所以"取法人际,天道归一",当为人类社会法律进步之最高思想境界。以迄今历史度之,人类生存发展的必然趋势是越来越普遍深入地相互结合和依赖,经济的全球化和文化的世界化正在相辅相成地迅速演进。在人类发展进程中,产生于人类本性的共性愈多愈充分地为人所认识,则人与人之间、国家与国家之间的交往就愈可能有效和平地进行。作为人类社会的行为规范,任何国家的法律都是人与人之间实现交往、确定关系及秩序的最重要途径。就此而论,可断言未来人类的发展与和平,很大程度上将取决于全人类在法律法则上的沟通与趋同。

本着取法人际或取法自然的理念,当代德国法学名著译事拟系统全面地翻译当代德国法学具有代表性的学术成果。因为德国法不仅为可取之一方法律,而且还与当代中国法制有着特殊的关联。事实上,当代中国内地与台湾地区的法制是基于清末民初之际的法律改制发展而来。当时采纳了欧洲大陆法系法制模式,而其中又以汲取德国法律,特别是民法、刑法居多。不仅如此,20世纪以来中国法制和法学的发展还颇受德国法制和法学的影响,现今中国法制和法学的不少思路实际都与后者有关联。因而,中国法制建设和法学进步自然更容易从德国法制与法学中获得启发。此外,由于近代德国历史法学派和学说汇纂学派对罗马法和罗马普通法的系统研究与整理,近现代德国法学形成并获得了其本身独有的特色,其丰富成熟的法律理论与教条,恰恰是目前乃至21世纪我国法学与法制建设所迫切需要的。

当代德国法学名著的选题范围包括法哲学和法的基本理论、

国家法、法律史、民法和商法、经济法、刑法、国际私法等内容。选题标准是：德国乃至欧洲法律界已经普遍公认为经典的名著，或在德国普遍使用的有代表性的教科书。与此同时，亦根据我国的实际需要翻译介绍一些有关法律文化背景方面的工具书和著名法学家的传记。初步选题首先由德国学者提出，然后由编委会综合各方面意见，最后根据我国实际需要确定翻译选题。为保证翻译质量，翻译工作严格采取译、校和三审程序。每部译著由一责任编委审阅或校对。译稿一审通过后，编委会和编辑部就一审提出的问题召开由德国教授和有关译者参加的翻译工作会议；在此基础上，译者还专程前往德国与作者或有关学者探讨翻译的疑难和细节问题。在此方面，德意志学术交流中心(DAAD)提供了有力的支持。在赴德改稿基础上提出的第二稿通过二审后，由译者进一步修改、润色定稿，复经审阅后交付出版社。

系统翻译德国法学名著的想法由来已久，但正式酝酿于1997年秋，经过近一年的准备筹划，于1998年秋开始实施，拟于2005年完成全部选定书目的翻译。应该说，德意志学术交流中心的霍恩贝格尔先生(U. Hornberger)和法律出版社社长贾京平先生对促成此项翻译计划起了重要作用，黄闽总编亦助之鼎力。而此项翻译计划能够顺利实施，亦诚有赖编委会和编辑部各位同仁的共同志趣和辛勤工作。六位德国著名学者：考夫曼(A. Kaufmann)、克茨(H. Kötz)、克努特尔(R. Knütel)、何意志(R. Heuser)、孟文理(U. Manthe)和胜雅律(H. von Senger)教授在计划拟定、选题推荐和具体翻译工作中均给了我们以宝贵帮助。德国大使馆柯灵博士(T. Klinner)、李雅思先生(M. Licharz)和毕满天先生(M. Biermann)以多种方式推动此项翻译计划。德意志学术交流中心驻京办事处主任史翰功(H. Schmidt)博士、施密特—多尔(T. Schmidt-Dörr)博士和该中心波恩总部的比尔克(Klaus Birk)博士亦对此计划给予了热情和有力的支持。德国跨国基金会(Inter Nationes)对部分书目的出版提供了支持。特别要提及的是,江平、谢怀栻、潘汉典等法学界前辈对于此项工作始终给予着关注和支持,中国政法大学有关部门亦对我们的工作提供了帮助。法律出版社张波、卞学琪先生对出版工作兢兢业业、认真负责;朱宁女士和她的同事也一丝不苟、精益求精。在此,谨对上述所有法律界同仁和有关机构表示由衷的谢意。我之所愿,所有参与此项计划和给予该计划关注和支持的人,都能从此处呈献的工作成果中得到虽非物质的,但却真实诚恳并有长久价值的酬劳。因为,倘若这些成果能够在21世纪和中华崛起之际被赋予些微历史和现实意义的话,那么它将胜于所有致谢和嘉言。

米　健

2005年秋于京城蓟门

## 出版社推介评语

本书是对德国新债法的权威评述；同时也从历史和比较的角度对立法改革进行了分析。

2002年对《德国民法典》影响最为广泛的一项改革生效，即德国债法现代化法案。这一改革缘于内化实施《欧洲消费品买卖指令》的需求，但却又远远超出了欧共体的要求。

从法律实践的角度来看，2002年债法现代化法案最为重要的方面是，对德国法上时效制度的彻底改革。学理上认为，修订后的《德国民法典》最为突出的特征就是，买卖法上关于债务不履行之一般责任与债务给付不一致之特别责任的新规定。当然，除了其他方面的改革外，《德国民法典》的面貌已经因努力整合一般合同法与消费合同法的现代化而被改变了。这些方面主要体现在本书第二章到第五章中所包含的四个主题：债务不履行责任、债务给付不一致责任、时效，以及消费合同法。之前的第一章为"《德国民法典》与德国私法的发展"。尽管有了新的形式，但是《德国民法典》仍将是德国法律文化的典型代表。同时，这一改革也使德国合同法更加接近于欧洲式的思维模式。

# 要　目

# 作者中译本序

中国已于1999年颁布了新的合同法,而观察其他国家的合同法改革经验将非常有益于中国合同法的解释和司法发展。德国于2002年完成了对债法的改革;中国在制定合同法的过程中也对德国法有一些参鉴,因此中国的法律人肯定希望进一步了解德国债法规则的改革情形。

买卖法中债务履行不一致责任以及对债务不履行的救济是此次德国债法改革的主要内容,本书的第二章和第三章即对此展开讨论。另外一个改革焦点是(消灭)时效法。在中国,时效的问题由1986年的《民法通则》予以规定,而一旦中国的立法机关涉及了私法的所有特别领域,《民法通则》自身也即需要进一步改革完善。

德国的实践(第四章的讨论内容)或许会对中国有所启发。譬如,消费合同法与一般合同法的关系,就是欧洲私法发展中最为热点的问题之一,第五章梳理了其中的关键问题,并介绍了德国的做法。在某种程度上,中国的法律人或许也在思考:目前中国有关消费者权益保护的法律中,有哪些应该进行改革或拓展,并可能整合到合同法中去。

本书试图从历史和比较的角度分析德国法。进行比较分析的参照物是《欧洲合同法原则》,该原则是对欧洲合同法之真正核心的学术阐释。进而,该原则还与《联合国国际货物销售合同公约》联系密切;实际上,《欧洲合同法原则》的前两部分中,至少有132个条文是以《联合国国际货物销售合同公约》的规定为模板的。

中国很早就批准加入了《联合国国际货物销售合同公约》,且早于德国;而《欧洲合同法原则》也已经被翻译成中文。前述两个法律文本都对德国债法改革产生了巨大的影响,同样的,中国在国际舞台上的利益也将是中国的法律人以自己的语言对当代德国法进行比较评价的另一个原因。

最后,非常感谢韩光明承担了繁冗的翻译工作。我也真诚地希望本书能对中国的法律人有所裨益。

莱因哈德·齐默曼

2009 年 10 月　德国汉堡

# PREFACE

China has enacted a new Contract Act in 1999. Thus, it should be of considerable interest for the interpretation and judicial development of Chinese contract law to see how other countries have reformed their contract law. Germany has done so in 2002. German law has been of some importance in the process of preparing the Contract Act and Chinese lawyers will therefore presumably want to know in which way its rules have been changed.

Liability for non-conformity in sales law and remedies for non-performance have been subject to major reforms, and these topics are therefore dealt with in Chapters 2 and 3 of the present book. Another area of the law that has been at the centre of attention is the law of (extinctive) prescription. In China, it is included in the General Principles of Civil Law of 1986 which may themselves be subject to reform, once all the "special" areas of private law have been dealt with by the Chinese legislative.

The German experiences (discussed in Chapter 4) may provide some inspiration. And consumer contract law, and its relationship with general contract law, is one of the most burning issues in the development of European private law; Chapter 5 sets out the key problems and provides the German story. Chinese lawyers may also, at some stage, still want to consider whether what is now in the Law of the People's Republic of China on the Protection of the Rights and

Interests of Consumers should be reformed or expanded, and possibly even be integrated into the Contract Act.

The present book attempts to analyse German law both in historical and comparative perspective. Point of reference for the comparison are the Principles of European Contract Law which can be considered as a scholarly manifestation of a genuinely European core of contract law. These Principles, in turn, are closely related to CISG; in fact, no less than 132 articles contained in the first two parts of the Principles of European Contract Law are modelled on provisions contained in CISG. China has ratified CISG at a very early stage, earlier than Germany; and the Principles of European Contract Law have been translated into Chinese. Both texts have been of considerable influence in the German reform discussion, and the interest also in China in these international instruments may be an additional reason why Chinese lawyers might want to have available, in their own language, a comparative assessment of the modern German law.

I am very grateful indeed to Han Guangming for having suggested the translation of my book and for having carried out this daunting task. I sincerely hope that it may be of some use to Chinese lawyers.

Reinhard Zimmermann  October 2009

# 缩略语表

ABGB 《奥地利普通民法典》

AbzG 德国《分期付款买卖法案》

AGBG 《一般交易条件法案》

Anh. 附录

Art(s). 条款(复数)

Aufl. 版本

BGB 《德国民法典》

BGH 德国联邦最高法院

BGHZ 德国《联邦最高法院民事裁判汇编》

BVerfG 德国联邦宪法法院

BVerfGE 德国《联邦宪法法院裁判汇编》

BW 《荷兰民法典》

C. 《西奥多西法典》

Cap. 章

CISG 《联合国国际货物销售合同公约》

COM 欧洲委员会\委员会文件

D. 《学说汇纂》

Disp. Disputatio《讨论\论辩》(中世纪)

ECR 《欧洲法院汇编》

EC 欧洲共同体

ECJ 欧洲法院

ed(s). 主编,版本

edn. 版本

EEC 欧洲经济共同体

EGBGB《德国民法典施行法》

Einf. 导论

Einl. 导言

EU 欧盟

FernUSG 德国,《远程教学法案》

Gai. 盖尤斯,《法学阶梯》

GG 德国《基本法》

HausTWG 德国,《上门销售法》

HGB 《德国商法典》

HKK 《德国民法典历史批评评注》

Iav. 雅沃伦奴斯

Lib. 书籍,登记册

n(n). 注释(复数)

no(s). 数字(复数)

OJ 《欧共体官方公报》

OLG 德国地区上诉法院\州高等法院

OR 《瑞士债务法典》

Pap. 帕比尼安奴斯

Paul. 保罗士

PECL 《欧洲合同法原则》

PICC 《国际商事合同通则》

Pr. 开始

PrALR《普鲁士一般邦法》

RG 德国帝国最高法院

RGZ 德国《帝国最高法院民事裁判汇编》

Tit. 题

transl. 翻译的

UCC《美国统一商法典》

UklaG 德国禁令法\不作为诉讼法

ULIS 《国际货物买卖统一法》

Ulp. 乌尔比安

UN 联合国

VerbrKrG 德国《消费者信贷法》

vol(s). 卷(复数)

Vorbem. 前言

# 目　录

# 导 论

届至 2000 年 1 月 1 日,《德国民法典》 1
(BGB)已经是百年耄耋。在过去的一个世纪中,民法典遭受了一些灾难性剧变,经历了一些截然不同的政治制度,但也已经明显恢复了活力。然而,两年之后,即 2002 年 1 月 1 日,对《德国民法典》影响最为广泛、彻底的一项改革开始生效,即《债法现代化法案》(the Modernization of the Law of Obligations Act)。[①] 这一改革缘于内化实施《欧洲消费品买卖指令》(European Consumer Sales Directive)[②]的需求,但改革却又远远超出了欧共体的这一要求。当时的司法

---

① 2001 年 11 月 26 日《债法现代化法案》,联邦法律公报(Bundesgesetzblatt),2001 年第 1 卷,第 3138 页。结果是,2002 年 1 月 2 日重新颁行了《德国民法典》:联邦法律公报,2002 年第 1 卷,第 42 页。

② 《1999 年 5 月 25 日欧洲议会与欧盟理事会关于消费品买卖及相关担保若干问题的第 1999/44/EC 号指令》,OJL171 \99,12,可以从奥利佛 · 拉德利 · 加尔德纳(Oliver Radley Gardner)、休 · 比勒(Hugh Beale)、齐默曼主编:《欧洲私法基本文本》,2003 年,第 107 页以下。

加尔德纳是牛津大学彭布罗克学院的法律教师;比勒是沃里克大学的法学教授,曾是英格兰和威尔士法律委员会的成员。——译者注

部长决定顺水推舟,借助来自布鲁塞尔的力量最终推动实施这一可以上溯至20世纪70年代的野心勃勃的改革工程。[③] 这促成任命了一个专门负责德国债法改革的委员会,该委员会按时提交了一份作为立法草案的报告。[④] 这一草案正是2000年9月发布的德国债法现代化法案"讨论草案"的基础。[⑤] 这一讨论草案受到了激烈的批评,而不得不重新发布另一个版本,但是这一新的改进版来得太迟了,最终改革工程失败,而且也没有及时确认《消费品买卖指令》所要求的修正案。从法律实践的角度来看,2002年《债法现代化法案》最为重要的方面是,对德国法上时效制度(prescription)的彻底改革。学理上认为,修订后的《德国民法典》最为突出的特征就是,关于买卖法上债务不履行之一般责任(liability

---

③ 赫尔塔·多伊布勒·格梅林(Hertha Däubler-Gmelin):《新法学周刊》,2001年,第2281页以下。

格梅林(1943~),曾在图宾根和柏林学习历史、经济、法律和政治,1974年成为执业律师,1992年起在柏林自由大学讲授法律,1995年被授予荣誉教授,1998年开始担任德国司法部长,2002年辞职。在此期间,她主持了很多富有争议的改革项目,譬如德国公民身份立法改革、引入同性生活伴侣,以及德国民法典自颁行以来的大幅修订等。2002~2005年,她担任德联邦议会消费者保护和农业委员会的主席,2005年以来担任人权和人道援助委员会主席。——译者注

④ 联邦司法部长主编:《债法改革委员会最终报告》,1992年。

⑤ 参阅克劳斯·威廉姆·卡纳里斯(Claus-Wilhelm Canaris)主编:《债法现代化2002》,2002年,第3页以下。

卡纳里斯,慕尼黑大学民法学、法哲学教授。1963年以法律漏洞为题获得博士学位,1967年师从德国著名法学家拉伦茨完成论文"德国私法上的信赖责任",1968年获得奥地利格拉茨大学教授教席,1969~1972年汉堡大学教授,1972年开始接替拉伦茨教授担任慕尼黑大学法学教授。1990年成为巴伐利亚科学院院士。在德国债法改革中,卡纳里斯于2001年召集履行障碍法委员会。主要著作有:《法律漏洞的确定》(柏林,1964年初版、1983年再版)、《法律的体系推理与体系概念:以德国私法为例》(柏林,1969、1983)、《德国私法上的信赖责任》(慕尼黑,1971)、《债法教科书》(慕尼黑,1994)、《基本法与私法》(柏林,纽约,1999)、《债法现代化2002》(慕尼黑,2002)、《商法》(慕尼黑,1980、2006)、《法学方法论》(1995,参与修订)等。——译者注

for nonperformancein general)以及特别是买卖法上的债务履行不一致责任(liability for non-conformity)的新规定。然而,除了其他方面的改革,《德国民法典》还因整合吸收一系列旨在保护消费者的特别规定而面目全新。这部新法律的起草者努力调和一般合同法(general contract law)和消费合同法(consumer contract law),并 2
使两者相互协调一致。

这些方面就是本书第2章到第5章中所包含的四个主题:时效(prescription,或者用一个英语世界的法律人比较熟悉的词语:时效期间 limitation periods)[6]、债务不履行之法律救济(或者用德国法术语表示,即义务违反,breach of duty)[7]、债务履行不一致责任以及消费合同法。对于以上主题,本书运用了历史的、比较的方法分析和评价德国法上的这些新规则。相应地,笔者还会涉及其他方面的改革内容(如信用交易、承揽合同);也会在其他地方适时地进一步讨论因违反义务而导致解约返还的各种新法律规则。[8] 通过以上描述分析,很快就可以发现,德国的这一立法改革,尽管是以债法现代化为名,但很明显的,其实际上还是以合同

---

⑥ 关于这一术语请参阅下文,第127页以下。

⑦ 参阅下文,第二章,注释58和注释217及其文本内容。

⑧ 参阅齐默曼:"因违约解除合同后的返还问题:2002年改革之后的德国法",载安德鲁·巴罗斯(Andrew Burrows)、阿兰·罗德格(Alan Rodger)主编:《详绘法律:彼得·比尔克斯(*Peter Birks*)纪念文集》,牛津大学出版社2006年版。

安德鲁·巴罗斯,牛津大学众灵学院高级研究员,著作包括《合同案例》(哈特,2007)、《侵权与违约之救济》(牛津,2004)、《普通法与衡平法之融合:救济、返还与改革》(2002)、《返还法》(第2版,2002)等。——译者注

阿兰·罗德格(1944~),苏格兰法学家,英国最高法院法官,自2009年以来任格拉斯哥大学法学院名誉教授,曾出版《罗马法上的所有人与邻人》(牛津,1972)等。——译者注

彼得·比尔克斯(1941.10~2004.7),自1989年一直担任牛津大学的民法钦定讲座讲授。牛津大学众灵学院研究员,他因对英国返还法的研究而受到学界的高度赞誉,代表作有《返还法导论》(1988)、《不当得利》(2004)。——译者注

法的改革为主。其中,仅有一个方面对债法的其他规定具有重大影响,即时效制度。但即使在这方面,立法改革也没有准确地反映其所应涉及的范围。时效是《德国民法典》总则部分(与债法总则部分相对应)的内容,因此它涉及物法、家庭法和继承法领域的请求权。⑨ 尽管广泛适用时效制度的选择可能受到质疑,⑩但它依然是德国私法的固有特征。"德国债法现代化"的说法只有通过一个较早的改革方案才能得到解释。该较早的改革方案,除了很大范围的合同法内容外,原先还包括合同外责任(extra-contractual liability)、不当得利,以及无因管理。

本书所收录的论文是以过去几年来我所发表的四次演讲为基础的:2002 年 7 月在阿伯丁大学的第二届金马伦麦坚拿(CMS, Cameron Mckenna)*讲座(债务不履行的法律救济);⑪2003 年 11 月在都柏林城市大学的第十次约翰・M. 凯利**纪念讲座(债务履行不一致责任);2004 年 5 月在列里达(Lleida)《欧洲合同法原则》

---

⑨ 《德国民法典》第 194 条以下。

⑩ 参阅下文第 131 页以下。

* 一家著名的英国律师事务所,中文名为金马伦麦坚拿律师事务所。网址 www.cms-cmck.com——译者注

⑪ 该篇演讲的更早版本曾提交给罗马大学(La Sapienza,又称罗马第一大学),也曾收入米歇尔・约吉姆・博内尔(Michael Joachim Bonell)主编的《萨基外国法与比较法研究中心研讨会文集》。

米歇尔・约吉姆・博内尔,罗马大学法律系比较法教授,曾任比较法研究所所长、比较法与外国研究中心主任,曾任牛津大学、哥伦比亚大学等法学院的访问教授、《国际商事通则》准备工作小组主席(2010 年、2004 年)、欧洲合同法委员会委员等,目前还是国际商法与消费者法研究院成员、美国法学会成员等,出版《合同法国际重述:国际上市通则》(2005)等。——译者注

** 约翰・M. 凯利(J. M. Kelly),爱尔兰著名法学家、都柏林法学院教授、曾任爱尔兰检察总长,其代表作 A Short History of Western Legal Theory, Oxford,1992;中译本为[爱尔兰]凯利:《西方法律思想简史》,王笑红译,汪庆华校,法律出版社 2002 年版。——译者注

之第三部分国际研讨大会上的发言(时效制度);以及2005年2月 3
在伦敦城市大学的J. A. C托马斯*纪念讲座。这些讲座文稿都曾公开发表。⑫ 但因成书之故,我全部予以重新修订校正,并使全书融贯一致。在展开分析之前,第一章题为“《德国民法典》与德国私法的发展”,意在将最近的这一改革立法置于历史脉络中考察。这一章的部分内容是以我在2001年早些时候为编辑伯纳德·鲁顿(Bernard Rudden)**纪念文集而写的论文为基础,而当时债法改革尚未颁行。⑬ 非常感谢米歇尔·约吉姆·博内尔(Michael Joachim Bonell罗马)、埃尔思佩斯·里德(Elspeth Reid爱丁堡)、保罗·奥康纳(Paul O'Connor都柏林)、安东尼·凡克·阿洛伊(Antoni Vaquer Aloy列里达)、杰西卡·休斯(Jessica Hughes伦敦)、约翰·路斯(John Louth牛津),他(她)们允许我在准备出版本书时使用先前发表的作品。同样的,也非常感谢本·斯泰恩布吕克(Ben Steinbrück)和安杰莉卡·欧文(Angelika Owen,他们两个都来自汉堡)在编辑和录入工作上对我的帮助。

关于这一次改革立法还有一个方面,即使以后各章不会展开

---

* J. A. C托马斯(Joseph Anthony Charles Thomas),1923~1981,英国伦敦大学著名罗马法教授(1965~1981)。主要著作有:《尤士丁尼〈法学阶梯〉:文本、翻译与评论》,1975年版;《罗马法教科书》,阿姆斯特丹,1976年版。——译者注

⑫ 《爱丁堡法律评论》,2002年第6期,第271页及以下;约翰·M. 凯利纪念讲座系列,2004年第10期;安东尼·凡克·阿洛伊主编:《欧洲合同法原则中的第三方当事人》,2005年,第451页以下;《当前法律问题》,2005年,第58页。

** 伯纳德·鲁顿是牛津大学的比较法名誉退休教授,其主要著作有《新河:法律史》,克伦顿,1985年;《法国法源卷:公法(宪法与行政法)、私法(结构与合同)》,牛津大学出版社1991年版;与劳森合著的《财产法》,牛津大学出版社1982年版,中译本为施天涛等译,中国大百科全书出版社1998年版。——译者注

⑬ 参阅齐默曼:“德国债法的现代化”,载比尔克斯、普雷托主编:《比较法主题:纪念伯纳德·鲁顿》,2002年,第265页以下。第一章德文可参阅马提亚斯·施默克尔、约吉姆·吕克特、齐默曼主编:《德国民法典历史批评评注》,2003年第1卷,第1页以下。

讨论,但这里也必须提及。即一系列先前被认为是成文法之外(praeter legem,beyond the statute)的规则被整合到《民法典》中,特别是:缔约过失(Culpa in Contrahendo,《德国民法典》第311条第2款)、情势变更(交易行为基础障碍,《德国民法典》第313条)、因正当原因终止继续性合同的责任(《德国民法典》第314条)、因债务内容而产生的照顾对方权益的义务(《德国民法典》第241条第2款)、特定情形下于第三人发生的缔约照顾义务(《德国民法典》,第311条第3款)。[14] 这些规则几乎没有做任何改变,只是在制定法中获得了安身之所。德国政府认为,现实生活中那些实实在在的规则应该在法典条文中予以反映和表达。[15] 因此,大多数(民)法典评论都通过新版本中不同条文的相互关联进行解
4 释阐明,如第242条到第313条的情势变更、第242条到第241条对第三人权益的照顾义务,[16]以及第276条到第311条的缔约过失。无他,这一点恰恰说明,如最初的民法典一样,这一改革立法与以往和当前的判例制度以及法律智识密切相关。的确,将当时

---

[14] 《德国民法典》第311条第3款意味着第三人也可能负担这一义务;这一规定是否可以被看做附保护第三人效力合同的制定法基础,对此还存在争议;参见彼得·高特瓦尔德:《慕尼黑德国民法典评注》,2003年第4版,第2(a)卷,第328条,注释101;汉斯·彼得、哈佛卡姆普:"债法改革后的附保护第三人合同:一个被逐渐淘汰的范式",载芭芭拉·道纳里布、霍尔斯特·康岑、卡斯滕·施密特主编:《实践中的新债法》,2003年,第171页以下。

[15] 对于这一意图的批评评价,请参见芭芭拉·道纳里布:"法典编纂与法官法",载沃尔夫冈·恩斯特、齐默曼主编:《民法科学与债法改革》,2001年,第305页以下。

[16] 这使得《慕尼黑评注》中对第242条评注的篇幅减少了50%,参阅古恩特·罗斯(Günter H. Roth)的评注,载《德国民法典慕尼黑评注》,2001年第4版,第2卷,关于第242条的评注,有233页,比较古恩特·罗斯在《德国民法典慕尼黑评注》,2003年第4版,第2a卷,关于第242条的评注,只有116页。这一观察表明,在一条规则能够自立之前的过渡阶段,通常需要如第242条(诚实信用原则)的一般规定,参见西蒙·惠特克、齐默曼:"欧洲合同法中的诚实信用:对法律景象的考察",载齐默曼、惠特克主编:《欧洲合同法中的诚实信用原则》,2000年,第30页以下。

的这一发展过程比作“溪水涟漪”是再恰当不过了，但其仍然仅仅是“溪水的涟漪”而已。[17] 因此，新形式的《德国民法典》也依然是德国法律文化的典型象征。[18] 同时，总体上的改革使德国合同法与欧洲式的思维模式相当接近；此后，司法部甚至把《德国民法典》的“现代化”看做《欧洲民法典》进程中的里程碑。[19] 因此，要想恰当分析这一改革，就不仅要从历史的角度强调各种因素的变革和承继；也还要进行文本参考，如《欧洲合同法原则》，[20]并作以比较分析。

---

⑰ 伯纳德·温德夏伊德："法律科学中的历史法学派"，1878 年，载保罗·奥特曼主编（Paul Oertmann）：《伯纳德·温德沙伊德的演讲与文章汇编》，1904 年，第 75 页以下。

⑱ 请参阅，我为马提亚斯·莱曼（Mathias Reimann）、约吉姆·泽克尔（Joachim Zekoll）主编的《德国法导论》写的导言（2005 年，第 2 版，第 1 页以下）。该文的附录部分有关于私法和惯例引用的德文经典法律文献的介绍，包括德文书籍、论文、裁判和法典条文，当然全部都以英文翻译，如果没有特别说明，该翻译都是由我自己完成的。有关德国债法改革方面的条文，最初我使用的是德国法律档案中的翻译，网址为 www. iuscomp. org\gla。

⑲ 赫尔塔·多伊布勒·格梅林的话，赫利伯特·普朗特尔在 1990 年 9 月 20 日《南德报》上的引用。在 2001 年 10 月 11 日的国会辩论上，作为两个执政党之一的联盟 90\绿党成员的下院议员佛尔克·贝克表示，希望德国民法典成为欧洲民法典的范本（速记，全体出席，14\192，18749）。也请参阅在此次辩论会上司法部长的发言（1875），多伊布勒·格梅林，《新法学周刊》，2001 年，2289（通过新债法，德国将为国际发展作出贡献）。

⑳ 兰多、休·比勒主编：《欧洲合同法原则，第 1、2 部分》，2000 年；兰多、克莱夫、安德烈普律姆、莱茵哈德·齐默曼主编：《欧洲合同法原则，第 3 部分》，2003 年。

# 5 第一章 《德国民法典》与德国私法的发展

## 一、欧洲的法典编纂运动

自18世纪晚期以来的私法法典编纂，被普遍认为是欧洲私法发展的转折点。[1] 显然，启蒙时期知识分子们的那些单纯的愿望并没能实现：法典编纂既没有使那些博学的法律家赋闲，也没有使得私法持续强化（或固定僵化）。当然，法典编纂极大地促进了欧洲法律传统的民族割据（national fragmentation）：因为在某一区域内只有立法机构才有权制定法律，所以法典编纂的立法也就仅适用于特定区域。在十七八

① 参阅齐默曼："法典编纂：一种观念的历史及现实意义"，载《欧洲私法评论》1995年第3期，第95页以下（可供进一步参阅）。

世纪的《〈学说汇纂〉现代应用》时期，[*]当研究《法学阶梯》的法学作家们不再仅仅讨论罗马法，而是罗马—荷兰法或罗马—苏格兰法、罗马—西班牙法或罗马—撒克逊法时，[②]将来的分裂割据即已初露端倪。但是，自来都很清楚的一点是，它们仅仅是相同主题的地区性或民族性变种，即同一或共同法律传统的不同表现形式。然而，随着法典编纂的开始，这一点也开始改变了。一个基础智识共同体的意识信念逐渐丧失，用经常被引用的耶林的话说，法律智识沦落到与政治为伍的地步。[③]

同时，法典编纂也结束了罗马法的“第二次生命”，即其在欧
洲的实践应用。罗马法继受(Reception of roman law)为西欧和中 6

* usus modernus pandectarum，又译作“潘德克顿现代运用”，也称“潘德克顿运动”，指17世纪德国封建习惯法的罗马法化运动。“现代运用”，也就是指以符合时代要求的方式来研究和运用由尤士丁尼所流传下来的罗马法文献。“潘德克顿现代运用”是德国民法学者对继受法进行改造的第一次尝试，它主要在法的具体制度的解释和适用的层面上展开。这一运动的具体发生和发展可进一步参见[德]弗朗茨·维亚克尔：《近代私法史：以德意志的发展为观察重点》(上册)，陈爱娥、黄建辉译，上海三联书店2006年版。第195页以下。——译者注

② 克劳斯·路希(Klaus Luig)：“十七、十八世纪的国家法律协会”，载《司法评论》，1972年，第193页以下。

另外可参见阿兰·沃森：“尤士丁尼法学阶梯对学术著作的影响：民法”，载阿兰·沃森：《罗马法与比较法》，1991年，第147页以下。——译者注

③ 鲁道夫·冯·耶林：《不同发展阶段的罗马法精神》，1907年第6版，第1卷。耶林认为，这是耻辱和有失尊严的。

欧的司法提供了基础,并且演化发展为一种共同法。[4] 在此过程中,罗马法也已经发生了巨大的变化,特别是,其吸收了很多教会法、本土习惯法、商事习惯以及自然法的元素。由此,罗马法的古代应用(usus antiquus)也就转化成了潘德克顿式的现代应用。[5] 然而,一些法学作家,从弗朗科斯·豪特曼(Francois Hotmann)* 到赫尔曼·康英(Hermann conring)** 以及克里斯蒂安·托马修斯

④ 维亚克尔在《欧洲私法史》(1995 年,托尼·维尔(Tony Weir)译)中对此做出了权威性阐述。请比较参见包括保罗·考沙克(Paul Koschaker):《欧洲与罗马法》,1966 年第 4 版,其中关于罗马法对欧洲法律文化之意义的论述;赫尔姆特·科英(Helmut Coing):《欧洲私法》,第 1 卷,1985 年;第 2 卷,1989 年,关于私法理论史的论述;彼得·奥斯特曼(Peter Oestmann):《法院中的法律多样性》,2002 年,关于当代德国法院司法实践的论述。整体评述请参阅齐默曼:"罗马法与欧洲私法的融合",载阿瑟图尔·哈特卡姆普(Arthur Hartkamp)等主编:《迈向一部欧洲民法典》(*Towards a European Civil Code*),2004 年第 3 版,第 21 页以下。

⑤ 这一表述源于萨缪尔·施特里克(Samuel Stryk)的著作:《潘德克顿式现代应用的范本》(*Specimen usus moderni pandectarum*),哈利(Halae,1690 ~ 1712);参阅克劳斯·路希:"萨缪尔·施特里克(1640 ~ 1710)与潘德克顿式现代应用",载《语词的含义:欧洲法律史研究,斯特恩·加格纳(Sten Gagnér)纪念文集》,1991 年,第 219 页以下。

* 豪特曼,1524 ~ 1590,法国新教徒法律家和作家,法律人道主义者,反对绝对君主制。1564 年他成为大学里的一名民法教授,1567 年接替了居雅斯的教席,后来曾任罗马法教授。他对于 16 世纪的法学多有贡献,最先提出了制定法国民法典的想法,并对罗马法提出了批评,认为法国民法不能以尤士丁尼法学为基础。参阅凯利(D. R. Kelley):《弗朗科斯·豪特曼:一次革命的洗礼》,普林斯顿,1983 年。——译者注

** 康英,1606 ~ 1681,德国的博学知识分子,法学家、内科医生和哲学家,对医学、政治学和法学都有特殊贡献。他被称为新亚里士多德学派。1660 年他是第一个论述统计学的人。他支持法律脱离神学而自治,同时还认为德国法学应从罗马法中解放出来,他反对罗马法具有普适性的观点,反对神圣罗马帝国拥有统治全世界的权力的观点。参阅法索尔特(Constantin Fasolt):《历史的局限》,芝加哥大学出版社 2003 年版;格尔德·克莱因海尔、扬·施罗德主编:《九百年来德意志及欧洲法学家》,许兰译,法律出版社 2005 年版。——译者注

(Christian Thomasius),* 早已开始挑战罗马法的权威了。他们指责说:罗马法导致了复杂的学说争议、罗马法到处都网织着陈旧和不实用的烦琐规定、罗马法是由古代专制统治者颁行的。由于罗马法的适用具有补充性(*in subsidio*),因此许多特定区域性或地方法律仅能规范一些特定的纠纷。法源的复杂性和多样性使得人们普遍感受到法律的不确定性和无效率,而对司法的感觉更是如此。法典编纂或许能够整合这一混乱的局面:法典编纂将会为整个私法提供系统的规范,并取代所有其他竞争性法源,尤其是共同法(ius commune)。如此,《荷兰废止法案》(Afschaffingswet)第1条就以充满忧虑但又宽慰欣喜的语言规定,"罗马法之效力现在及将来(is and remains)永被废止"。⑥

**二、法典编纂运动的后期成果:《德国民法典》**

《德国民法典》基本上是法典编纂运动后期的成果。普鲁士、法国和奥地利的伟大自然法法典编纂早在18世纪晚期和19世纪早期就开始酝酿了。三者的法典编纂都是为了满足本疆法律统一的需要。特别是《法国民法典》,其已经成为1789年剧变之后未 7
分裂国家的一种潜在标志。在19世纪的整个发展过程中,中欧、南欧和西欧的其他大多数国家都已进行了私法法典编纂。很明显

* 托马修斯(1655~1728),德国法学家和哲学家,他的法学训练受到格老秀斯和普芬道夫的影响,1684年任自然法教授,1685年出版《论重婚罪》,在该书中他主张根据自然法重婚是被允许的。1690年他受到教会的谴责,并被停止演讲和写作,随后被捕。之后,他成功逃脱到柏林,成为一所大学的法学教授。他试图创立脱离罗马法的私法智识,他认为罗马法与自然法原则是相悖的,并试图证明罗马法从来都没有被实际接受过,因此应该是无效的。参阅维纳·施耐德(Werner Schneiders):《克里斯蒂安·托马修斯,1655~1728》,汉堡:梅纳,1989年。——译者注

⑥ 《荷兰废止法案》截止于1829年5月16日;详细请参阅亨德里克·库伊克尔(Hendrik Kooiker):《被废止的法案:罗马法的第三次复兴》,第1卷,1996年。

参阅齐默曼:《罗马法、当代法与欧洲法:当代民法传统》,常鹏翱译,北京大学出版社2009年版,第9页。——译者注

地,《法国民法典》已经成为法典编纂的灵感源泉。《法国民法典》一直适用于比利时,并成为1838年《荷兰民法典》的基础。[⑦]《法国民法典》还为1865年《意大利民法典》提供了起点(这使得该法典能够在意大利王国正式建立后仅仅四年就获得通过),同样也为1867年《葡萄牙民法典》、1888年到1889年的《西班牙民法典》,以及1865年《罗马尼亚民法典》提供了起点。[⑧] 另一方面,1844年的《塞尔维亚民法典》则主要受到了《奥地利民法典》的影响。

逐渐地,那些在19世纪的德国尚处于主导地位的法律,肯定会看上去显得奇怪和不合时宜。普鲁士邦(包括威斯特伐利亚、拜罗特伊和安史巴赫)受《普鲁士一般邦法》的规范调整。在莱茵省、阿尔萨斯和洛林地区则适用《法国民法典》。[⑨] 在巴登大公国则适用以《法国民法典》的译本为基础的《巴登邦法》。[⑩] 萨克森王国在1865年就颁布了自己的民法典。而巴伐利亚的其他一些地方,则遵守奥地利法,但石勒苏益格—荷尔斯泰因州的一些地方却又以丹麦法律为主。德国的其他疆域(在1890年,接近德意志帝国30%的人口)仍然适用着共同法(*ius commune*)。但共同法的适用仅具有补充性。无数更为具体的区域性或地方性法律也只有能规范管辖一些特定纠纷:从13世纪的法律文本如艾克·冯·雷

---

⑦ 詹·洛金(Jan Lokin):"荷兰北部对法国民法典的继受",载《欧洲私法杂志》,(2004)12,第932页以下。

⑧ 关于《法国民法典》继受的一般论述,可参阅茨威格特、克茨:《比较法导论》,1998年第3版,第98页以下,英文本由托尼·维尔翻译。

⑨ 参阅舒尔策(Reiner Schulze)主编:《欧洲十九世纪时期的法国民法》,1994年;舒尔策主编:《莱茵河地区的法律与欧洲法律史》,1996年;参阅瓦德勒(Elmar Wadle):《法国法在德国》,2002年。

⑩ 瓦德勒:"通过适用的继受:法国民法典与巴顿州法院,一个成功例子的纪录",载《欧洲私法杂志》,(2004)12,第947页以下。

普高(Eike von Repgow)著名的《萨克森之镜》(*Sarhrmspregel*)[*]到
1756年巴伦·冯·克赖特迈尔(Baron von Kreittmayr)的《巴伐利亚
法典》(*Codex Maximilianeus Bavaricus Civilis*);从《新明斯特法典》
(*Neumünsterische Kirchspielgebräuche*)到《拿骚—卡岑埃尔博根邦
法》(*Nassau-Katzenelnbogensche Landesordnung*)[11]。譬如,总共有
超过一百件关于死亡继承的不同法规。然而,整个19世纪,在德
国疆域内依然保持了法学基础智识的统一(intellectual unity)。这 8
种统一主要是由萨维尼的历史法学派及以《学说汇纂》为基础的
潘德克顿法学派催生并支撑的。[12] 如此,现代观点认为,罗马法不
仅适用于共同法管辖的领域,还为那些已颁布法典的国家提供了
理论基础。[13] 罗马法也为理解和评价各种法典编纂及地区性制定
法提供了自证性参考(self-evident point of reference)。因此,对于
一个法学教授来说,回顾从柯尼斯堡到史特拉斯堡,从吉森到维
也纳,或从海德堡到莱比锡的过程是完全必要的。法科学生,包
括大学的选择和变化,并不会仅限于他们之后将会选择执业的州
的法律制度。《普鲁士法典》、《法国民法典》或《萨克森民法典》

---

* 关于雷普高和《萨克森之镜》的资料可参阅舒国滢:"艾克·冯·雷普高与《萨克森之镜》",载《在法律的边缘》,中国法制出版社2000年版;马克·布洛赫:《封建社会》(下册),李增洪、侯树栋、张绪山译,商务印书馆2004年版,第712页。——译者注

⑪ 有关19世纪末期德国的法律适用概况,可参阅"《德国民法典》备忘录",载穆格旦(Benno Mugdan,1851~1928,德国著名法学家)主编:《德意志帝国民法典材料全集》,第1卷,1899年,第844页以下;同时参阅《德国一般法与法院记录》,1896年,克里佩尔(Diethelm Klippel)于1996年再编。

克里佩尔(1943~),德国拜罗伊特(Bayreuth)大学法律史与私法教授,出版著作有《自然法与国家》(2006)、《19世纪以来的自然法》(1996)等。——译者注

⑫ 详细情况和有关参考资料,参见齐默曼:《罗马法、当代法与欧洲法:当代民法传统》,2001年,第11页以下。

⑬ 考沙克(注释4),第292页。

都不会成为各州大学提供法律训练的唯一重点。[14] 正如法典化法律开始被当代法律家所忽略,之后才被潘德克顿化(pandectified)一样,这些法典化法律也就只是19世纪法学院教学中罗马私法课程的一个附录而已。[15]

## 三、历史法学派

很长时间以来,我们对19世纪潘德克顿式"法律科学"(legal science)的认识往往都已被添油加醋,被那些想要摆脱潘德克顿法学及以其为基础的概念法学的人所夸大渲染。如此,如乔治·弗里德里希·普赫塔这样的学者也就只能从此前杰出的萨维尼的阴影中慢慢地凸显出来。[16] 耶林的著作也并不像曾经认为的那样,可以简单地分为两个不同的阶段,即从概念法学(conceptual jurisprudence)"转换"(conversion)到功能法学(functional jurisprudence)。并且,在19世纪下半叶,潘德克顿学派的代表人物温德沙伊德(那时,法律智识就意味着潘德克顿,而潘德克顿就意味着温德沙伊德),不仅把自己视为法律概念的仆人,而且还自认为是其主人。[17] 对温德沙伊德而言,真正的法律是"严厉的但同时也是仁慈的;保守的但也是自由的;稳定的但也是灵活的"(这与古典罗马法的理想一致);而真正的法学家,在他看来,则应该如罗

---

⑭ 弗里德伯格(Emil Friedberg):《艾森纳赫会议决议之后德国法律研究的发展》,1896年,第7页以下。

弗里德伯格(1837~1910),德国宗教教规法令学家。1869年开始在莱比锡担任教授。他编辑了《教会法大全》的新的批评版本(*Corpus Juris Canonici*,1879~1881)以及《商法、外汇法和海商法汇编》,1894,第3版。他还与他人合作于1872年出版了《普鲁士教会法》,他主要著作还包括《市民的历史》(1877,第2版)、《天主教、新教法规教科书》(第5版,1903)、《宪法与新教教堂》(1885)等。——译者注

⑮ 齐默曼(注释12),第2页以下。

⑯ 汉斯·皮特·哈佛卡姆普:《乔治·弗里德里希·普赫塔与概念法学》,2004年。

⑰ 法尔克(Ulrich Falk):《学者温德沙伊德:探索中的概念法学研究》,1989年。

马法学家那样,能够"严格遵守和驾驭法学概念,并能自由地超越 9
升华"。[18] 19世纪初,由萨维尼发展的历史法学派的特点就是存在一定的张力(tension)。对当代法律与"整个过去"[19]之间有机关联的强调,使法律历史的当代性征被发掘出来(之前存在的仅仅是法律古董),[20]萨维尼的最终目的在于法律智识(而不是历史的),譬如确立虽由历史形成但却与当代要求相一致的法律学说。[21] 如此,在他的《当代罗马法体系》的前言中,萨维尼强调,"首先需要在整个法律体系内追溯和确定罗马的起源是什么,以免被该问题所迷惑;而后,对于知识形成中的罗马因素,我们的目的是清除那些实际上已经衰败,仅仅是造成误解和不断制造麻烦的东西"。[22] 他还在其他地方说到,私法学者的主要任务,就是对我们所涉及的法律材料进行"学理上的研究分析、改造运用和不断更新"。[23] 萨维尼提到的法律智识"有机进步"(organically progressive)的观点,[24]是以统一的法源体系为基础的,并坚持同一的方法论,普遍适用于全国;对温德沙伊德而言,这是一种"意外的发现"[25],这最

---

[18] 温德沙伊德:《罗马法在德国》1858年,载《演讲及论文集》,1904年,第48页以下。

[19] 弗里德里希·冯·卡尔·萨维尼:"创办杂志之目的",载《历史法学杂志》1815年第1期,第3页。

中文可参阅"萨维尼,《历史法学杂志》的目标",载[德]蒂堡、萨维尼:《论统一民法对于德意志的必要性:蒂堡与萨维尼论战文选》,朱虎译,中国法制出版社2009年版。——译者注

[20] 考沙克(注释4),第269页。关于19世纪法律史之发现的论述,参阅维亚克尔(注释4),第330页以下。

[21] 关于萨维尼的法律科学观念(conception of legal science),请参阅吕克特(Joachim Rückert):《萨维尼的理想主义、法学与政治》,1984年。

[22] 萨维尼:《当代罗马法体系》,第1卷,1840年,第xv页。

[23] 萨维尼:《历史法学杂志》,第1卷,1815年,第6页。

[24] 萨维尼:《法学与立法之当代使命》,1814年;参见哈滕豪尔(Hans Hattenhauer)主编:《蒂堡特与萨维尼:及其纲领性著作》,2002年第2版,第126页。

[25] 温德沙伊德:《法与法律科学》,1854年,同上(注释18),第16页。

终使德国的法律智识达到了全盛时期。这构成了一个国家学术共同体的智识基础,同时也使德国法律在学术层面上达到了统一。与此同时,潘德克顿主义确保了19世纪德国在法律智识上的领先地位;其得到了全欧洲法律人的极大崇拜,也影响了如法国、意大利和奥地利等其他国家的法律发展。[26]

在强调罗马法为当代私法的理论基础时,明显地,前面不断提到的萨维尼的理论存在一个内在矛盾,此即关于法律是民族精神之产物的观点。以此为基础,对于(罗马法)"继受"现象只能非常含混地予以解释。[27] 第二个问题源于萨维尼对纯粹罗马法的偏好,其也反映了近代人文主义的教育原则以及古典主义的美学观念。[28]这使得人们对潘德克顿现代应用之前的时期多少有些倨傲轻蔑,并且消极(实质上这是不公正的)评价中世纪注释法学家的评注;然而,正是他们开创的法律注释方法(意大利方法,mositalicus)为现代应用铺平了道路。这一态度很难与历史法学派的宗旨相一致,因为历史法学派的根本基础是"有机成长"(organic growth)观念,并坚持"公正冷静地承认各个时期的价值和特性"。[29]

## 四、历史法学与法典编纂

此外,在历史法学派内,还存在一种关于法典编纂的矛盾心理,而其实际上也从未得到彻底解决。在萨维尼与蒂堡的论战中,实际上萨维尼对蒂堡的回应就是历史法学派的"创立宣言"

---

[26] 关于法国的情况,参阅布尔格(Alfons Bürge):《十九世纪的法国私法》,1991年;关于奥地利的情况,参阅奥格里斯(Werner Ogris):《19世纪奥匈帝国私法的发展趋势》,1968年;关于意大利,参阅舒尔策主编:《德国法学与国家学说比照于19世纪下半叶的意大利法律文化》,1990年。

[27] 维亚克尔(注释4),第309页以下。

[28] 维亚克尔(注释4),第290页以下。

[29] 萨维尼(注释22),第14页以下。

(founding manifesto)。[30] 蒂堡主张仿效《法国民法典》,制定统一的德国民法典,以结束在德国流行的过分杂乱且令人难以忍受和极为不便的私法多样性。[31] 萨维尼在其著名的《论立法和法学的当代使命》一文中,不仅反对起草和颁布法典,而且还批评那种认为法典编纂是无机的、非科学的,具有任意性和反传统性的观念。最好的说法是,目前法典编纂是毫无必要或多余的;最坏的则是,法典编纂将会扭曲和抑制法律的"有机"发展。[32]

自 19 世纪中叶开始,人们就普遍认为德国将进行私法法典编纂,而这也将结束罗马法的直接适用。西奥多·蒙森在 1848 年就鼓吹德国建立统一国家法的愿望;[33]鲁道夫·冯·耶林在 1852 年

---

㉚ 温德沙伊德:"法律科学中的历史学派",1878 年,同前(注释 18),第 66 页。

㉛ 蒂堡特:"论德国制定一部统一民法典的必要性",1814 年,现在可以参见哈滕豪尔(注释 24)第 37 页以下。

㉜ 萨维尼(注释 24),随处可见,譬如第 79 页以下。

㉝ 西奥多·蒙森(Theodor Mommsen):"历史法学的任务",载《蒙森文集》第 3 卷,1907 年,第 587 页。

西奥多·蒙森(1817 年 11 月 30 日至 1903 年 11 月 1 日),德国古典学者、法学家、历史学家、记者、政治家、考古学家、作家。1938 年考入丹麦的基尔大学法律系。1842 年毕业,获法学博士学位。1843 年,蒙森接受丹麦国王的奖学金,前往意大利,从事古罗马法律的考察研究工作。1847 年返回祖国,应聘到莱比锡大学任法学教授,后因发表攻击俾斯麦的演说,1850 年被解聘。1852 年在瑞士苏黎世大学担任罗马法教授;1854 年转至布雷斯劳大学任教;1858 年担任柏林大学古代史教授,并应柏林皇家学院之聘,主编期刊《文典》。1874 年,再次被聘为莱比锡大学教授。1873 年至 1882 年,任德意志帝国国会议员。他关于罗马历史的作品对当代的有关研究仍十分重要。他也是一个杰出的政治家,曾是普鲁士和德国的国会议员。他对罗马法和债法的研究对德国民法典有着重大影响。蒙森的重要著述有:《罗马史》(1854～1885,第 4 卷未完成)、《意大利南方方言》(1850)、《罗马编年史》(1859)、《罗马铸币史》(1860)、《民法集》(1866～1870)、《罗马公法》(1888)、《罗马刑法》(1899)等,由他主持编纂的《拉丁铭文大全》(第 16 卷,1867～1959)不仅具有重要史料价值,而且具有很高的艺术价值,他为此书所写的序文被公认为现代最精彩的拉丁散文之一,1902 年因《罗马史》获得诺贝尔文学奖。——译者注

11 就预言,他这一代法律人将会看到以目前形式存在的罗马法的衰败。[34] 第1卷《法律史杂志》(1861)编辑部表示,将会继续推行萨维尼《历史法学杂志》的计划和目的,但同时也表达了一种普遍流行的观点,即由于历史调查结果已经被立法所吸收,所以,现在已经可以有效、清晰地评价法律的历史发展了。即使是萨维尼最忠诚的弟子之一,曾在柏林大学任教,并一直都把萨维尼视为自己学术偶像的温德沙伊德,[35]他也是德国法典编纂的最有力推动者之一,和众多德国法律人一样,他在1878年写道,“可能只有极少数的人没有以他们的全部精神力量去鼓吹和呼吁伟大的德国私法法典编纂”。[36] 按照这样的说法,几乎可以肯定地说,在新世纪开始之际,实施法典编纂,很大程度上是为了迎合强烈的国家自豪感。“新世纪带来了德国法律生活的巨大进步”,正如两家优秀的法律执业者期刊中的一家[37]所刊称的,而另外一家《德国法学家报》在1900年1月号的封面头条就是“同一民族、同一帝国、同一法律”。法律统一的观念在德国大地上成为现实,而这还是首次;学者和实践者的精力都能够集中在同一个官方文本的解释上,这也属

---

[34] 《不同发展阶段的罗马法精神》,(1852)2,第1版,第1卷;比较参阅瓦尔特·威廉(Walter Wilhelm):“罗马法上的权利”,载维亚克尔、克里斯汀安·沃尔施拉格(Christian Wollschläger)主编:《耶林·埃尔伯》(*Jherings Erbe*),1970年,第228页以下;霍尔斯特·海因里希·雅克布斯(Horst Heinrich Jakobs):《19世纪民法法源理论中的科学与立法》(*Wissenschaft und Gesetzgebung im bürgerlichen Recht nach der Rechtsquellenlehre des 19. Jahrhunderts*),1983,第76页以下。

该书中译本为《十九世纪德国民法科学与立法》,王娜译,法律出版社2003年版。但其中的“法源”具有非常需要的意义,因此采用直译译出。——译者注

[35] 参阅他为纪念萨维尼的演讲:“为纪念萨维尼而讲”,1879年,作者同上(注释18),第81页以下。关于温德沙伊德对萨维尼的态度,参阅奥特曼(在刚才提到的这卷中的前言,第17页以下);雅各布斯(注释34),第101页以下;法尔克(注释17),第174页以下。

[36] 温德沙伊德(注释30),第70页。

[37] 《法学周刊》,1900年,第1页。

首次。

**五、通过立法实现法律统一**

通过私法法典化而欲达到法律的统一(legal unity),道路是漫
长而曲折严峻的。19 世纪上半叶,很多州都加入了德国联邦,并
已经开始适应不断发展的超越地区限制而扩大经济发展的需要。
机器的发明以及城市化促进了生产发展,市民阶级(资产阶级)的
兴起也有利于开放市场的发展,并促进经济力量之间的相互影响。 12
因此,这就需要法律的统一,尤其首要的是有关贸易领域的法律。
在这方面,具有重要意义的第一步是,1833 年德国关税联盟的建
立。1848 年通过了《德国普通票据法》,实现了票据法的统一;[38]
在 1861 年到 1866 年间,几乎所有的德意志联邦州都采用了 1861
年就完成的《德国统一商法典草案》。[39] 1865 年还发布了一个《债
法草案》。尽管该草案从未实施,但其对《德国民法典》却有深远
影响。

德意志帝国(Deutsches Reich)[*]建立后,也为统一有效的司法建立了简化高效的程序和组织框架:有四部帝国司法程序组织法(Reichsjustizgesetzae)[40],分别是有关法院系统统一的《宪法法院

---

[38] 参阅乌里希·胡博(Ulrich Huber):“帝国实施 1848 年 11 月 26 日《德国一般票据法》”,载《法学家报》(*Juristenzeitung*),1978 年,第 785 页。

[39] 克里斯托弗·伯格费尔特(Christoph Bergfeld):“普鲁士和德国一般商法典”,载《共同法》(*Ius Commune*)1987 年第 14 期,第 101 页以下;并参阅卡斯滕·施密特:《商法典和贸易法的当前任务》,1983 年。关于商法在 19 世纪现代化发展的一般情况,参阅卡尔·奥托·谢尔纳(Karl Otto Scherner)主编:《19 世纪商法的现代化》,1993 年;阿诺德·坎宁(Arnold J. Kanning):《各邦商法的统一》,2003 年,第 46 页以下。

* 德意志帝国,德语 Deutsches Reich,通常指从 1871 年普鲁士统一德国到 1918 年霍亨索伦王朝最后一任皇帝威廉二世退位为止的德国。——译者注

[40] 关于这一点参阅彼得·兰道(Peter Landau):“1879 年以来的帝国司法法律和德国法律统一”,载《从帝国司法厅到联邦司法部:帝国司法厅 100 年》,1977 年,第 161 页以下。

法》、《破产法》、《民事诉讼程序法》和《刑事诉讼程序法》。它们都于1879年10月生效。尽管后来因各种情形,它们都被修订过,但是其中有三部法律,直到今天依然是以当时的制定法文本为基础的;而《破产法》为1999年新颁布的《破产重整法》所代替。1879年10月初,在全帝国内设立了一个管辖民事和刑事案件的最高上诉法院:德意志帝国最高法院(Reichsgericht)[41]。最高法院坐落在莱比锡,它是一座具有独特法律传统的城市,其有利之处在于,虽然它与帝国首都柏林不同但却非常接近。最高法院的首席法官是爱德华·冯·西姆森,他具有犹太血统,早年受洗。他曾于1848年主持在法兰克福保罗教堂召开的德国国民议会,还曾经担任帝国议会主席。[42]

13 这一情形表明,德国法律统一的至高无上的象征是:一部私法法典。法典的酝酿大概经历了近30年的时间。1873年的米奎

---

[41] 关于其100周年纪念的情形,请参阅阿诺·布什曼(Arno Buschmann):"帝国法院100年",载《新法学周刊》,1979年,第1966页以下;埃尔玛·瓦德勒(Elmar Wadle):"帝国法院纪念日",载《法律教育》(*Juristische Schulung*),1979年,第841页以下。关于帝国法院的前身,最高商事法院,开始在北德,后来成为帝国法院(存在于1870~1879年),参阅赫尔伯特·科诺恩科(Herbert Kronke):"帝国商事法院判例法的法律比较与法律统一",载《欧洲私法杂志》,1997年第5期,第735页以下。

[42] 关于爱德华·冯·西姆森(Eduard von Simson),参阅詹姆斯·道(James E. Dow):《一个普鲁士自由者:爱德华·冯·西姆森的一生》,1981年;伯恩德·吕迪格·科恩(Bernd-Rüdiger Kern)、克劳斯·彼得·施罗德(Klaus-Peter Schroeder)主编:《爱德华·冯·西姆森(1810~1899)》,2001年;关于德国19世纪犹太法律人和法律人犹太后裔的兴起,参阅彼得·兰道:"帝国和魏玛共和国时期的犹太法学家",载赫尔姆特·海因里希、哈拉尔德·弗朗茨基(Harald Franzki)、克劳斯·施玛尔茨(Klaus Schmalz)、米歇尔·斯托里斯(Michael Stolleis)主编:《德国的犹太法学家》,1993年,第133页以下;齐默曼:"往日故土,如今地狱——德国希特勒时期法律人的流亡:政治背景、法律框架和文化环境",载杰克·比特森、齐默曼主编:《那些被连根拔起的法学家:二十世纪流亡英国的德语法律人》,2004年,第9页以下。

西姆森(1810~1899),德国法学家,普鲁士邦国、日耳曼帝国的政治家,曾在大学讲授罗马法,曾任国民议会主席、帝国最高法院院长等职。——译者注

尔\拉斯克法*打响了第一枪,借此,帝国议会被授予了全部私法领域的立法权。《德国民法典》的预备方式经常被详细的论及:[43]首先任命一个预备委员会,随后任命了第一个(正式)委员会,该委员会按照法典预定的五编制分工任命委员,开始起草工作,后来连同理由书(名为《帝国民法典立法理由书》)发布了第一草案;之后,针对这一草案开始了激烈辩论,同时还考虑在帝国司法部设立一个内部委员会,即后来任命的第二委员会,该委员会完成了第二草案,同样也附有立法理由书(这次名为《民法典第二编纂委员会议事录》),该草案被提交给了联邦理事会,并经帝国议会讨论(包括委员会和全体大会),之后进行了投票表决(社会民主党因法典没有涉及劳动关系而投票反对);1896 年颁布了官方样本,大约三

* 德意志帝国创立后将法律统一作为其首要任务。民法典的创设工作却直到帝国被分派获得相应的立法权限后才开始。帝国宪法最初并未规定相关权限。1873 年 12 月 20 日帝国法律是根据帝国众议院议员约翰内斯·米奎尔(Johannes Miquel)和爱德华·拉斯克(Eduard Lasker)的立法建议颁行的。该法规定,现在帝国可以制定"关于整个民法、刑法和诉讼程序法的一般立法权都属于帝国"。之后,就开始了颁布帝国统一民法典的预备工作。由五人组成的预备委员会完成预备工作后,由 11 人组成的第一委员会于 1874 年开始工作,1884 年公布《德国民法典第一草案》。——译者注

[43] 特别的请参阅沃纳·舒伯特(Werner Schubert),载霍尔斯特·海因里希·雅各布斯、沃纳·舒伯特主编:《德国民法典指引:德国民法典施行法材料、法源、未公开资料系统汇编》,1978 年, 第 27 页以下;芭芭拉·德勒迈耶(Barabara Dölemeyer):"论德意志帝国的民法典",载赫尔姆特科英主编:《新欧洲私法史:文献与法源手册》,第Ⅲ卷之 2(1982), 第 1572 页以下;米歇尔·约翰(Michael John):"德国 19 世纪晚期的政治和法律:民法典的起源",1989 年;弗里茨·施图尔姆(Fritz Sturm):"德国法律统一的斗争:《德国民法典》的起源及施陶丁格评注",载米歇尔·马汀内克(Michael Martinek)、帕特里克·塞勒(Patrick Sellier)主编:《德国民法典 100 年——施陶丁格评注 100 年》,1999 年,第 24 页以下;比较参阅斯蒂芬·斯托尔特(Stefan Stolte)的列表,载马提亚斯·施默克尔(Mathias Schmoeckel)、约吉姆·吕克特、齐默曼主编:《德国民法典历史批评评注》,2003 年第 1 卷,第 17 页以下。

年半后,即1900年1月民法典开始生效。* 1897年,自由派人士玛阿斯(Georg Maas)出版了小有名气的有关《德国民法典》的官方文件参考资料;[44]两年后,穆格旦对很多重要的(尽管不全是,一般也以该项工作的内容而称谓)文件进行了收集编辑。[45] 同时,雅
14 各布斯和舒伯特则梳理了民法典每一项规则的起源,并使其简便易查。[46] 另外,舒伯特还组织重印了第一委员会预备草案的各种报告和立法理由书,[47]其中涵括了大量的参考比较资料,是国家立法讨论的极佳参考资料。

用温德沙伊德的话说,《德国民法典》应该是“光彩壮丽且庄严的国家大教堂”,[48]而温德沙伊德则是其首席建筑师。然而,无论是其建构设计还是细微之处,都不是来自于“深植于民族精神

---

* 1874年2月28日,成立了一个“准备委员会”(Vorkommission),决定制订民法典的计划。1874年6月22日,帝国参议院设立一个由11名委员组成的委员会(温德沙伊德担任委员长)。从事起草工作。这个委员会工作了十余年,于1887年末完成草案。1888年1月31日将此草案(称为第一草案)连同5卷理由说明书(Motive zumbuergerlichen Gesetzbuch)一并公布,供公众讨论。第一草案受到各方的批评。帝国司法部将各种意见汇集(达6册之多)后,参议院于1890年又任命一个新的委员会对第一草案进行讨论。1895年,完成了第二草案,将之提交参议院。参议院略作修改后,1896年1月17日帝国首相将此草案连同司法局的意见书(Denkschrift)提交帝国议会,是为第三草案。议会指定一个委员会对之进行了53次审议后,于1896年7月1日通过了草案。1896年7月14日参议院同意,同年8月18日皇帝批准,同年8月24日公布,定于1900年1月1日施行。其后,第二草案连同委员会的议事录(Protokolle)于1898年发表。——译者注

㊹ 《德意志帝国民法典及其施行法官方资料汇编》,1897年。

㊺ 穆格旦(注释11)。

㊻ 霍尔斯特·海因里希·雅各布斯和沃纳·舒伯特主编:《民法典指引:德国民法典施行法材料、法源、未公开资料系统汇编》(1978~2002),第16卷。

㊼ 沃纳·舒伯特主编:《法典委员会关于民法典草案的说明报告汇编》(1980~1986),第15卷。

㊽ 温德沙伊德(注释18),第48页。

的宝藏”。[49] 不管(或许、由于)民法典的技术特征如何,德国的一般公众并没有对《德国民法典》表现出什么热情;而且即使在法律人当中,民法典也没有激起普遍的欢欣。第一草案的公布激发了持续的批评。“一场龙卷风突至。大雨倾盆,各种书籍和小册子不断涌现……从各种角度对这一草案予以批评;甚至还有人认为,整个工程最终都会枯萎逝去”,梅特兰从外国观察者的角度即如此认为。[50] 然而,这些批评仅在很小的范围内被听取考虑。最终,德国的法律人开始接受这样的观念,即或许是人们对民法典寄予了过多的期待。

**六、画地为牢的《德国民法典》?**

同时,1900 年以前,人们就已经普遍理解和认识到法典编纂将会如何影响司法。[51] 许多法律人认识到,从罗马法源的特殊性质来看,他们已经享有了很大程度上的自由。那些丰富复杂的法律渊源为理论发展和创新提供了广阔空间,因而潘德克顿学派的学者们成为法律智识的“高级牧师”。[52] 一种担忧认为,新的法典 15
可能降低法官的作用,而使其仅成为一台“法律适用的自动化机

---

[49] 参阅恩斯特·冯·维尔登布鲁赫(Ernst von Wildenbruch)的充满激情的诗歌,“德国法”(1900),《德国司法》,第 1 期。

[50] 弗里德里克·威廉姆·梅特兰:“德国民法典的形成”,载费舍尔(H. A. L. Fisher)主编:《梅特兰文集》,1911 年第 3 卷,第 480 页。

[51] 在这方面,请参阅托马斯·霍恩泽尔:《民法中的历史论证》,1982 年,第 22 页及参考资料。

[52] 参阅詹姆斯·Q. 维特曼:《德国浪漫时期的罗马法遗产》,1990 年。

器”(自动涵摄机 subsumtionsautomat)[53],而且还会成为法律智识的牢房(prison cell)。[54] 即将出现的文本主义迷信(cult of literalism)曾备受关注。[55] 这些不安或焦虑促使一些作家仅仅致力于《德国民法典》的“重述”;[56]他们努力地在实证法之外重新寻求正义的标准;[57] 而这也是促成“自由法律运动”(free-law movement)兴起的主要原因。[58]

就20世纪私法的发展道路来看,《德国民法典》在某些方面看起来的确是一个牢房。因为,尽管法典起草者的草案提议是以

---

[53] 关于法官仅仅是自动涵摄机的观点,参阅里贾纳、奥格里克:《法官还是自动涵摄机?19世纪的司法理论》,1986年,第1页以下。

这里存在一个德语中文翻译上的难题,即 subsumtion 的中文表达。目前出现的有归入、归纳、推理、涵摄、归摄等几种表达。其实该词表达的是一个复杂的法律推理过程,即包括主观思维过程也包括了客观的裁判过程,表达的是在裁判过程中,进行事实裁剪,法律规范解释,然后在事实与法律规范之间流连穿梭往复的过程,最终形成确信,并据此做出裁判。或许,语词的选择已不是非常重要,关键的是对该语词所表达的内容含义形成共识。因此,本书只是选择了一个相对普遍的译法。——译者注

[54] 汉斯·伍斯滕德尔佛(Hans Wüstendörfer):“德国法律科学发展的契机”,载《民法实务档案》(1913)110,第224页。

[55] 譬如,参阅恩斯特·齐特曼(Ernst Zitelmann):《法律科学中民法典的发展危机》,1896年,第14页。

齐特曼(1852~1923),德国著名法学家。他曾在莱比锡大学、海德堡大学、波恩大学学习法律,1873年他提交了题为“论法人之概念与构成实质”的毕业论文,其后1878年他发表了“论司法上的意思表示”一文,1879年出版专著《错误与法律行为》,这使得他名声大噪,并于几个月后前往罗斯托克大学担任教授(1879~1881)。之后在哈勒大学(1881~1884)、波恩大学(1884~1921)任教。他出版的著作还有《民法典上的权利》,1900年,《国际私法》(2卷本,1897~1912)等。——译者注

[56] 譬如,参阅鲁道夫·索姆(Rudolph Sohm):“罗马法研究”,载《德国法学家报》,1980年,第39页;以及参考霍泽尔(注释51)第25页以下。

[57] 参阅维亚克尔(注释4)第463页以下;霍泽尔(注释31)第25页。

[58] 譬如,参阅维亚克尔(注释4),第457页以下。

相当广泛的比较法研究为基础,[59]但实际上,21 世纪的私法立法,以恩斯特·拉贝尔的话说,早已开始迷恋于中国长城式的梦幻。[60]对于法律学说和法律研究也可以得出一个相似的观察结论。到《德国民法典》颁行生效之时,大量的法学著作涌现,恰如雪崩一样席卷了德国的法律大地。[61] 关于《德国民法典》的教科书[62]和注释评论[63]早在 1897 年就开始出现了。1899 年出版的一本超过 324 页的参考资料中列出了大约 4000 项相关著作。[64] 然而,这些著作几乎千篇一律,都是评注性的,皆以成文法的条文字句为核心。[65]
最初,很多作者仅仅是对成文制定法进行整理分类,他们在观望这 16
些规定将如何在实践中得到应用,[66]之后才开始将一些刚刚出现的案件判例整合纳入他们的再版著作中。

就这样,法律的字面意义很快就被赋予了生命。至少,乍看上

---

⑲ 关于 19 世纪立法传统的比较研究,譬如,参阅科英:“19 世纪作为立法基础的比较法”,载《共同法》,1978 年第 7 期,第 168 页以下。作者同前:《欧洲私法》,1989 年第 2 卷,第 56 页以下。

⑳ 这一引用来自于 1913\14 年发表的一篇论文;恩斯特·拉贝尔在文章中引用了相关段落:“论比较法的任务与必要性”,载《拉贝尔文集》,1967 年第 3 卷,第 13 页以下。

㉑ 参阅保罗·拉班德(Paul Laband):《德国法学家报》, 1906 年, Col. 2 以下。(他指出,在私法领域大量的法律文献突然如倾盆大雨般涌现)。

㉒ 参阅西布勒·霍佛(Sibylle Hofer):“吹毛求疵? 100 年来有关德国民法典教科书的历史回顾”,载《法律教育》,1999 年,第 112 页以下。

㉓ 对此,参阅海因茨·莫恩豪普特(Heinz Mohnhaupt):“体现法院裁判的德国民法典评注(1897 ~ 1914)”, 载乌里希·法尔克、海因茨·莫恩豪普特主编:《德国民法典与法官:司法实践个案研究与德国私法的法典化》(1896 ~ 1914), (2000), 第 495 页以下。

㉔ 参阅莫恩豪普特(注释 63),第 495 页。

㉕ 关于早期的批评,参阅路德维希·库伦贝克(Ludwig Kuhlenbeck):《潘德克顿式民法典:民法研究的一个教义导言》,1898 年,第一部分,第 7 页;比较参阅莫恩豪普特(注释 63)第 495 页以下。

㉖ 有关典型评论:参阅(1900)29:《法学周刊》第 4 页。

去,这部法律的确如同一个新鲜而年轻的生命。就当代观念看来,由于法典编纂形成了一个广泛全面而又封闭的法律规则体系,因此也就构成了一个自恰的解释领域。[67] 如此,一方面,“人们对作为德国法学智识最高成就之一的潘德克顿学说的追忆”,[68]非常迅速地从德国的理论学说和法律实践中消退;萨维尼、邓伯格、耶林、温德沙伊德,以及其他一些19世纪拔尖学者的著作几乎不再被引用,更不用说更早的有关共同法的著作或罗马法法源(Roman legal sources)。“历史”解释被大大限缩,人们仅局限于精读法典起草者们提供的立法材料和理由说明书。[69] 在此方面,具有重大意义的是,1896年在埃森纳赫召开的研讨会上,德国法学教师们确定《德国民法典》为法学课程的核心;而这与法典编纂前德国一些地区的做法是完全相反的。[70] 另一方面,国家法典应用之外的其他东西也都从法学学者和法律实务工作者们的知识视野中消失了。人们仅限于从法律自身内部来理解和发展德国法:对于德国法来说,意大利和法国的法律文献并无多大助益,更不用说英国的判例法了。实际上,法典编纂从纵横两个层面加深了法律智识的孤立(isolation)。一本现代教科书的作者科萨克指出,“[我]并不简单地认为,现代法律真的是由以前的法律发展而来的,而是将其看作是由当下情境和现代立法机构的主权意志创造的一种全新的东西”[71],因此他拒绝从历史的角度发展法律。但与此同时,进一

---

[67] 譬如,参阅海因茨·许布纳(Heinz Hübner):《法典编纂与私法史上的法官自由裁量权》(1980),第67页。

[68] 考沙克(注释4),第190页。

[69] 参阅库伦·贝克(注释65),第7页。一般的关于当代法律思维和实践的历史评论的论述,参阅霍泽尔(注释51),第47页以下。

[70] 弗里德伯格(注释14)。

[71] 康拉德·科萨克(Konrad Cosack),载汉斯·普朗尼茨主编:《当代法学的自我表现》,1924年第1卷,第16页。

步融合比较法的有机起点也就丧失了。法律视野(legal horizon)受到了《德国民法典》所包含的规则和原则的限制。在这一框架内,法官和法学作家们竭力界定履行不能这一“概念”,[72]力图区分 17
标的物交付不一致(the delivery of non-conforming objects)[73]所引起各种损害类型,或者试图穿越“所有者—占有人—(两者)关系”(owner-possessor-relationship)[74]这一迷宫。当时的主流观点认为,法典编纂代表着德国法律历史的转折点。[75]

**七、法院的反应**

而法院呢?即使在19世纪期间,法律实践也并没有符合“概念法学”和“学术实证主义”通常所使用的术语观念。那些颇为自信的法院,如耶拿、慕尼黑及卡塞尔最高上诉法院、四个自由城市设在吕贝克的最高上诉法院、普鲁士最高法院或后来帝国最高法院所管辖的商事纠纷,到1879年包括帝国最高法院,都可以轻易为他们自己找到“法官所必需的行动自由”(freedom of movement)(这实际上只不过是一些明智的法学家,如温德沙伊德的让步而已),[76]这一论断或许可以用一个例子来说明:在19世纪初期,古斯塔夫·胡果就已经很恰当地指出,阿奎利亚责任法实质上可以归结为一个原则,即任何人都应就其对他人实施的非法侵害承担赔偿责任。他接着指出,尽管这一论断正确反映了德国几乎所有法院的实际做法,但由于其冒犯了那些“真正的学者”(the

---

[72] 最近的请参阅乌里希·胡博:《给付障碍》,1999年第1卷,第97页以下。

[73] 参阅下文,第92页。

[74] 迪尔克·沃瑟(Dirk A. Verse):“论所有——占有之关系的应用”,1999年,该文最新表明,历史和比较的方法在关于改善的赔偿问题(compensation for improvements)之研究上具有特定的价值。

[75] 譬如,德国民法典早期最有影响的评论者之一阿基里斯(A. Achilles,帝国最高法院法官)就表达了这一观点,比较参阅莫恩豪普特(注释63)第502页。

[76] 温德沙伊德和西奥多·基普(Theodor Kipp):《潘德克顿教科书》,第9版,第1卷第28段,注释4;参阅修订版本法尔克和奥格里克(注释17和53)。

exact scholars),因此在任何教科书中都找不到与此相关的论述。[77]但这一论断与共同法传统[78]是完全相吻合的,在接下来的几十年中,其逐渐将司法判决引向纯粹经济损失[79]的保护上来。在法国法上,著名的关于侵权责任(delictual liability)的一般规定(《法国
18 民法典》第1382条)就是通过法院的法律解释而适用的,而实质上,阿奎利亚法也以相似的方式被运用。[80] 还有其他很多方面的发展,而一个"真正的学者"必然会对此保持警觉。由此,关于邻人之间的责任,潘德克顿学派的法学著作通常坚持过错原则;[81]而与此同时,法院却明显倾向于不再把过错原则作为非合同责任(extra-contractual liability)的基础。19世纪中叶之前,在工业发展导致的邻人纠纷显著增多时,他们意识到,至少在某些特定情形下应该给予财产所有人以保护,即使这超出了阿奎利亚责任法的一

[77] 古斯塔夫·胡果:《当代罗马法教科书》,1826年第7版,第282页。

[78] 齐默曼:《债法:民法传统的罗马基础》,1996年,第1022页以下,第1031页以下;詹·施罗德(Jan Schröder):"德国'现代运用'中过失侵害行为的民事责任",载法卡(Letizia Vacca)主编:《论非法行为的民事责任:以历史与比较的视角》,1995年,第147页以下。

[79] 譬如,参阅温德沙伊德和基普(注释76)第451段,注释1(关于非法逮捕的损失)。

[80] 这使得林根塔尔(Zachariae von Lingental)能以一种与德国法几乎没有什么不同的方式讨论法国侵权法:《法国民法手册》,1875年第6版,第2卷,第444段。

[81] 譬如,参阅海因里希·邓恩伯格(Heinrich Dernburg):《潘德克顿》,1896年第5版,第1卷,第199段,4。

般原则。所有权保全之诉(*actio negatoria*)* 就是在此情形下扩展的诸多救济方式之一。[82] 在被从教科书中剔除的很长时间以前,对侵害行为(wrongs)进行私法制裁的可能在法律实践中早就不存在了。[83] 所有者必须确保自己的财产对公众没有构成危险,而这一原则在交往保护义务(Verkehrssicherungspflicht)概念* 被写入法学著作的很长时间以前才得到确认。[84] 如果仔细分析 19 世纪法院的审判实践,肯定还可以发现这方面的大量例证。帝国最高商事法院在其存在的 9 年里展示了巨大的创造力,其判决理由居然经常以比较法考察为基础。[85] 帝国法院对法典和制定法进行解释时也并不拘泥于文字,而是根据历史法学派的精神进行理解,

---

* 所有权保全之诉(*actio negatoria*),又称排除妨害之诉,是所有权人针对他人侵害其所有权的行使所提起的诉讼,以便排除或阻止他人滥用对物权利的行为,而无论这种侵害行为是已经出现还是所有者担心其出现。在排除妨害之诉中,原告须证明其对物的所有权及被告的妨害行为,但不必证明他人不享有权利;相反,若被告主张其享有利用原告之物的权利(如地役权)而未侵犯原告的权利,则须负举证责任。例如甲诉乙通行其土地,妨害其土地权利之完整行使,请求排除妨害,乙则以其对甲之土地享有地役权而抗辩。在排除妨害之诉中,若判被告败诉,则被告需将物恢复到未受侵害前的原状,如有损失则需同时赔偿,法官还可以责令被告提供"不为侵害的保证"。排除妨害之诉最初只能为市民法上的所有权人提起,后扩大到其他物权人,如用益权人、永佃权人、地上权人、抵押权人等,而被称为"准所有权保全之诉"。——译者注

[82] 奥格里克:"所有权保全之诉与土地所有权的工业损害",载科英、威廉姆主编:《十九世纪私法法典编纂和科学》,1979 年第 4 卷,第 40 页以下;阿德利亚斯·蒂尔(Andreas Their):"所有权保全之诉与特别牺牲请求权:十九和二十世纪法院裁判中的相邻利用冲突",载法尔克和莫恩豪普特(注释 63),第 407 页以下。

[83] 尼尔斯·詹森(Nils Jansen):《侵权法的结构:历史、理论和非合同损害赔偿请求权》,2003 年,第 361 页以下。

* 日本翻译成一般的社会生活保安义务、注意义务,而我国学者翻译成交易安全义务、交往保护义务。——译者注

[84] 克莱恩·迪克(Detlef Kleindiek):《侵权责任和法律上的人》,1997 年,第 63 页以下。

[85] 克朗科(Kronke):《欧洲私法杂志》,1997 年第 5 期,第 735 页以下。

如参考潘德克顿学派的一般思维模式。[86]

《德国民法典》颁行后,法律适用方式依然非常灵活,并没有发生什么重大变化。与通常的观点相反,在20世纪的前十年里,并没有出现概念法学、制定法实证主义,以及“法律博弈”(legal game of chess)这一优雅技艺也尚未盛行。[87] 如此,譬如帝国法院
19 继续在共同法传统[88]下采用欺诈抗辩制度,而在1900年后不久,法院很快就开始从很多不同的方面转向采纳《德国民法典》起草人的观点,即不承认缔约过失理论(*cupla in controhendo*)[89]和情势变更理论(*clausula rebus sic stantibus*);[90]其根据《德国民法典》第276条第1款第1项支持针对买卖合同的积极侵害债权(positive malperformance\ *positive Forderungsverletzung*)的请求权,而这与先前以共同法中的买主诉权(actio empti)为依据的裁判毫无差异;[91]甚至在有关合同责任的案件中,帝国法院也肯认

---

[86] 莱纳(J. Michael Rainer):“帝国法院比较法在德国民法典中的效力:欧洲法院的示范判例”,载《欧洲私法杂志》,1997年第5期,第751页以下。

[87] 帕特施(Josef Partsch):《当代大学里的罗马法专业》,1920年,第39页。

[88] 哈佛卡姆普:“1914年之前帝国最高法院司法中的非诚信抗辩”(exceptio doli generalis),载法尔克和莫恩豪普特(注释63),第1页以下。

[89] 基阿罗(Tomasz Giaro):“缔约过失:一个历史的再发现”,载法尔克和莫恩豪普特(注释63),第113页以下。

[90] 克劳斯·路希(Klaus Luig):“一般法律原则的持续性:以情势变更条款为例”,载齐默曼、克努特尔、麦恩科(Jens Peter Meincke)主编:《法律史与私法教义学》,2000年,第171页以下。

[91] 格勒科纳(Hans Peter Glöckner):“论积极侵害债权”,载法尔克和莫恩豪普特(注释63)第155页以下;也参阅克劳斯·路希:“论卖方的特权”,载《康纳塔(*Carlo Augusto Cannata*)纪念文集》,1999年,第317页以下,胡博(注释72),第78页以下。

买主诉权(actio empti,又译为买物之诉或购买诉),买方据以请求卖方履行义务或赔偿损害的诉讼,也可以用来强制执行其签订的买卖合同中的特别约定,譬如要求出卖人交付出卖物或要求实行要式买卖。其属于诚信诉讼和直接诉讼。——译者注

了解除合同的权利；[92]帝国时期的法院很早就已确立了合同的第三人保护效力（a contract with protective effect vis-à-vis third parties）以及第三人损害清算规则（转移损害，the doctrine of transferred loss\ *Drittschadensliquidation*）；[93]而正是这些规则启动了侵权法的变革，[94]之后恩斯特·冯·凯末尔在其著名的论文中对此进行了分析；[95]这些规则还确立了现行代理法的主要框

---

[92] 因此，该持续发展在19世纪的立法和法学智识中都可以找到其渊源；参阅齐默曼（注释12），第94页以下及其参考资料；格勒科纳（注释91），第167页以下。

[93] 瑙纳（Jörg Neuner）："第三方损害责任的发展"，载法尔克、莫恩豪普特（注释63），第193页以下；比较参考豪佛（Sybille Hofer）："第三人保护与时代精神：一个私法当代史上的贡献"，载《萨维尼基金会法律史杂志，日耳曼部》，(2000)117，第377页以下。

[94] 齐默曼、沃瑟："帝国最高法院对德国侵权法法典化的反应（1900～1914）"，载法尔克、莫恩豪普特（注释63），第319页以下。

[95] 凯末尔（Ernst von Caemmerer）："侵权法的变革"，载《一百年来的德国法律生活：德国法学家联合大会百年纪念，1860～1960》，1960年第2卷，第49页以下。

凯末尔（1908～1985）德国著名民商法学家。1908年1月17日生于柏林一书香门第，父亲赫尔曼·冯·凯末尔是个历史学家。1926～1930年先后在慕尼黑和柏林学习法律，尔后于柏林大学攻读博士，同时任助教和皇帝威廉外国与国际私法研究所的助理研究员。1934～1937年曾为柏林州地方法院助理法官，1937～1945年任柏林德雷斯顿银行法律处顾问。战争期间一度服役于海军。1946年于法兰克福获预备教授资格，次年晋升为正式教授，担任弗莱堡大学民法、商法、经济法和国际私法研究所所长。1950～1960年担任德国法律工作者大会常委，1950年起任德国国际私法参议院参事及其债法委员会主席。1950～1983年为德国比较法协会理事，先后任比较商法和经济法的专业组长（1950～1969）和该协会的主席（1962～1973）。1983年以后任该协会的名誉会员。1954年以后还担任了海牙常设法庭的成员。参与了国内许多意义重大的立法及司法改革，如《股份法》、《合作社法》及《有限责任公司法》的制定。1965年以后任汉堡马普外国与国际私法研究所特聘学术成员，伦敦英国科学院通讯员，哥本哈根、龙德和巴黎第一大学名誉博士。获有联邦十字勋章和巴登—威腾堡功勋奖章。著作甚丰，主要有《货物买卖法》（与拉贝尔合著）、《侵权行为法的变化》、《法律统一与国际私法》、《统一买卖法评论》、《过错原则的比较观》以及论文集等。现代德国许多知名法学家如佛来海尔·马歇尔（Freiherr Marschall von Bieberstein）、汉斯·格·莱舍（Hans G. Leser）和乌弗·布劳豪克（Uwe Blaurock）等均出其门下。参阅《中华法学大辞典·民法学卷》，词条作者：米健。——译者注

架,[96]并确定了潜在瑕疵责任与有关错误的法律规范之间的界限,[97]该界限在整个 20 世纪都得以维持。当然,这里还可以举出很多其他例证。在帝国法院发展法律时候,旧法与新法之间通常都存在某种或明显或潜在的连贯性;这一方面是由于法官通常都会努力使自己的先例得到遵守,另一方面他们不断扩展的发展和努力也可以在 19 世纪找到相关源头。除了一些法学教育者固执己见外,很多人并不认为《德国民法典》是德国法律发展的“分水
20 岭”;实际上,它仅仅是具有特定特征的一种重述[98],因为其解决了很多根深蒂固的理论争议。[99] 或者,正如温德沙伊德在一篇论文中所提到的,它试图解决历史法学派与德国私法法典化,或者是法律科学与立法之间的紧张关系:“对于一个历史法学家来说,法典仅仅是历史发展长河中一个片段,它并不比溪水涟漪更加切实确定,其充其量也仅仅是溪水中的一圈小小涟漪而已”。[100] 帝国法院的巨大成就在于,从一开始,其就很谨慎地发展法律,将法律适用于不断变迁的新情形,但同时却又总能避免对法律连续性的破坏。

---

[96] 马提亚斯·施默克尔:“从合同自由到交往义务的引入:代理法的发展”,载法尔克、莫恩豪普特(注释 63),第 77 页以下。

[97] 拉内里(Filippo Ranieri):“买卖保证与错误问题:1900 年后法律史上司法的连续性和间断性”(1900),载法尔克、莫恩豪普特(注释 63),第 207 页以下。

[98] 参阅雅克布斯:《19 世纪德国民法法源理论中的科学与立法》,1983 年,第 160 页。

[99] 参阅齐默曼(注释 12),第 47 页以下。

[100] 温德沙伊德(注释 30),第 75 页以下。

法官所采用的众多工具包括,直接求助于一般的法律直觉[101]或常识、[102]阐释合同的默示条款(在很多国家及很多时候这都是一种普

[101] 譬如,比较参阅《帝国最高法院民事裁判汇编》RGZ 78, 第239~240页以下,(1911年12月7日地毯案)。

该案于1911年12月7日做出裁判。原告到被告的店里购买地毯,被告的销售助理W在取货让原告选择时,整卷地毯滚落打倒了原告和她的孩子,之后交易没有继续完成。上诉法院认为原告是因W的过错而遭受损害,过错情形包括对地毯卷轴的安放不妥,并且应该预见到原告可能会处于危险之中,法院认为,如果W将这些地毯卷轴妥善放置,那么就不会掉落下来。上诉法院认为,根据民法典第278条(债务人为第三人担负责任)被告公司应为W的过错负责。W受被告公司雇用而与原告进行交易磋商,并应原告的请求而取地毯让原告查看和选择购买,他们的目的是进行法律交易(法律行为)。此时当事人之间并不仅仅存在一种事实关系或礼貌性的行为,而是一种为交易准备的法律关系,类似于合同,在此法律关系中,卖方和将来的买方都有义务照顾对方的健康和财产安全。被告公司正是利用W的服务来完成上述照顾义务,因此也即应对W的过错负责。这与民法典第278条的规定完全一致。而如果此种情形下,只能根据民法典第831条(为事务辅助人而担负责任)要求店主承担责任,那店主就极有可能将责任推给不名一文的雇员,而这是违反一般正义感的。该案在法学发展史的重要地位就是,第一次试图将合同性救济扩展适用到合同订立前的磋商阶段,也即缔约过失责任。法院没有适用侵权责任,即第831条之规范,而是将当事人的关系确立为一种准合同性权利义务关系,因此适用第278条的规定。在说明之所以如此选择使用法律规范的理由时,法院强调的是"一般正义感"。——译者注

[102] 譬如,比较参阅《帝国最高法院民事裁判汇编》RGZ 91, 第21~24页(1917年10月5日,居住污染案)。

在该案中,原告是父亲和他的女儿。父亲是铁路局的一位高级助理。在他搬到J地后,被告铁路局为他提供了之前由一位铁路站医生D居住的房子里。原告搬进该房屋几个月后,女儿感染了肺结核,而不得不接受治疗。原告认为病因在于他们的住处有肺结核病菌,而D的妻子的确曾患有肺病,而被告却一直到原告搬进来前的五六天才对该房屋进行了消毒处理。因此,原告向被告主张损害赔偿。州地区法院裁判支持了原告的诉求,当事人提出上诉,而之后州高等法院仅支持了父亲的诉请,而驳回了女儿的请求。虽然是女儿生病,但上诉法院最终只支持了父亲的诉求,这主要是推定适用民法典第618条和第278条。法院认为,对有病菌的房屋消毒迟延属于D夫妇的过错。D夫妇作为铁路局的医生有义务就有关肺结核病菌的情形通知铁路局,而如果他们及时地履行了该义务,那么诉争案件中的房屋也可以被及时地进行消毒处理。法院驳

遍的做法)、[103]对合同的拟制解释;[104]以及至少在形式上为了满足制定法实证主义的需求,甚至法律制定的历史也时常会成为一种被预设结果首先予以确定的多少有些歪曲的观点。[105]

## 八、私法制度的统一?

"旧社会和经济制度已经无可挽回地走到了尽头,没有什么比这更为确实的了。"(摘自《托马斯·曼日记》,1919年4月15日)*。"一战"导致了社会的崩溃和巨大变化。与此同时,我们对整个世界的看法也发生了巨大改变。保罗·约翰逊写道,[106]"当代世界开始于1919年5月29日,当在远离非洲的普林西比岛和巴西的索布拉尔拍摄到日食的照片时,就更加确证了一种宇宙新理论的真实性"。很明显地,19世纪只有到大约1920年时才算真正结束。如此,与《法国民法典》不同,《德国民法典》并没有昭示

---

回女儿的诉讼请求的原因是,她和被告之间不存在合同或类似的法律关系;而根据第831条的规定,由于被告已经提出了自己免责的证据,因此她也无法主张被告为D夫妇的行为承担侵权损害赔偿责任。最终,联邦参议院认为,上诉法院对于该案,对父亲的诉求处理结果正确,但推理错误;而对于女儿的诉求则结果和推理都是错误的。参议院在进一步从公法对私法的类推适用,以及从民法典第538条、第618条的适用,认为政府雇主对雇员提供居住房屋时,其所承担的保护义务应该一并扩展到该雇员一同居住的家庭成员,而这一扩展适用是与一般人的法律意识以及该雇员的合同目的相一致的,这属于常识性的分析。——译者注

[103] 譬如,参阅路希著作中的参考资料,注释91,第181页以下。总体的,请参阅齐默曼:"听到的乐曲优美,但没听到的更优美:潜在意思、隐含条件和欧洲合同法培训",载《民法实务档案》(1993)193,第65页以下。

[104] 譬如,参阅基阿罗著作中的参考资料(注释89),第130页以下。

[105] 关于这一点,参阅芬克瑙尔(Thomas Finkenauer):"虚假的法律史叙事:帝国法院关于不当得利裁判中的两个例子",载法尔克、莫恩豪普特(注释63),第305页以下。

* 托马斯·曼(1817~1955)德国作家,1929年获诺贝尔文学奖,主要著作有《布登波洛克家族》、《魔山》等,曾遭受纳粹迫害而流亡。托马斯曼是本书作者齐默曼教授非常喜欢的作家,作者经常会在一些法学论著中有所流露,并恰当地引用齐默曼的一些语言。——译者注

[106] 保罗·约翰逊(Paul Johnson):《世界当代史》,1983年,第1页。

新时代的开启,相反它在很多方面都依然反映了那些注定要消亡的世界价值观。[107] 在《德国民法典》的整个世界架构中,存在家长 21 制式的家庭结构,而各种社团组织和基金则仍然处于国家权威的牢固监管之下,[108]当然它同时也具有相当正式的合同自由观念;[109]它认为对蜂群的规范要比规范一般交易条件更为重要。对《德国民法典》来说,典型的市民形象不是工厂里的工人而是有钱的企业主、土地所有主或公务员。[110] 因此,很快地,《德国民法典》在很多方面就被认为是陈旧过时的了。联邦宪法法院颁布的大约160项法令修正案和决议都对法典的文本和实质内容有所影响,然而,这些法令其中过半都是在20世纪下半叶完成的。特别是在家庭法领域,目前已经颁行了30多个重要的修正案,几乎不存在没有发生变化的部分。[111] 但是,其他四编的文本则几乎没有变化。有关租赁合同与劳动合同的规定也有相当大的修订和补充,但国内

---

[107] 维亚克尔对19世纪和20世纪早期德国社会和私法之间关系的四篇研究论文收集在《工业社会与私法秩序》(1974)中:"古典私法法典中的社会模式与现代社会的发展"(1953);"社会秩序变革中的民法"(1960);"潘德克顿法学与工业革命"(1966);"19世纪国家法典的竞争发展"(1970)。现在参阅约吉姆·吕克特:"德国民法典及其原则:任务、方案与成就",载施默克尔、吕克特、齐默曼主编:《德国民法典历史批评评注》(HKK),2003年第1卷,注释92以下。

[108] 参阅里希特(Andreas Richter):《财团法人和慈善公司:在现代德国和美国基金会历史比较研究的基础上思考德国基金会法的改革》,2001年,第40页以下。

[109] 现在请参阅豪佛:《毫无限制的自由?》,2001年。

[110] 茨威格特和克茨(注释8),第144页。

[111] 有关综述,参阅迪特尔·施瓦布(Dieter Schwab):《观念变化与家事法》,1993年;弗朗科(Rainer Frank):"德国民法典100年:法律政策中的家事法、宪法与教义学",载《民法实务档案》(2000)200,第401页以下。

租赁法[112]大部分是在民法典范围之外得以发展的,而劳动关系法[113]则几乎全部如此。其他一些主要的修正案则涉及合同规范,包括《德国民法典》第651条及其以下关于"一揽子"旅游合同的规定、《德国民法典》第585条及其以下关于土地用益租赁的规定,以及关于银行转账、支付以及汇兑等的合同(第676条a款以下)[114]。

22 然而,在民法典之外,通过一些特别法规[115]发展出了一个二级私法体系,借此,民法典的基础性社会模式得以调整适应现代社会的发展。除了竞争法和劳动法外,在这种情况下,特别需要提及消费者保护法。在这些特别法例中,主要包括有关一般交易条件(1976)、上门销售及相关交易(1986)和消费信贷(1990)的法令,还包括有关瑕疵产品责任(1989)、分时居住协议(1996)以及远程交易(2000)的法令。我们经常忽视,[116]将一些具有特殊性的内容排除在一般私法法典编纂之外的传统可以上溯到历史法学派,因

---

[112] 沃尔特(Udo Wolter):《租约保护》,1984年;霍恩泽尔(Heinrich Honsell):"私法自治与公寓租赁",载《民法实务档案》(1986)186,第115页以下。然而,在2001年,国内有关租约的法律被纳入《德国民法典》。

[113] 吕克特:"'自由的'与'社会的':1900年自由主义者和社会主义者之间的劳动合同观念",载《劳动法杂志》,1992年第23期,第223页以下;阿多麦特(Klaus Adomeit):"《德国民法典》中的劳务合同与劳动法的发展",载《新法学周刊》,1996年,第1710页以下。

[114] 《德国民法典》第90a条进一步提供了相关例子(以及就这一点而言,还有关于动物法律地位的其他很多新规定)(关于这一点,参阅赫尔姆特·海因里希斯的论文,载《帕兰特(Palandt)民法典》,2005年,第64版,第90a条,注释1:毫无实质法律内容的情绪宣泄,以及第55a条(参阅帕兰特\海因里希斯(同上)第55a条,注释1:与法律体系相反)。

[115] 施蒂尔纳(Rolf Stürner):"德国民法典一百周年:一部年迈的国家法典?",载《法学家报》,1996年第742期。

[116] 但请参阅卡斯滕·施密特:《法典编纂观念的未来:既定法的之前的立法、法学与司法》,1985年。

此有关分期付款买卖的法令(1894)以及有关铁路运输经营中人身伤害之严格责任的法令都没有被纳入民法典。[117]实际上,这些内容是否以及在何种程度上已经具备结构和概念上的稳定性,并因此而需要被整合到一般性的私法法典之中,直到今天仍然争论不断。[118]

## 九、《德国民法典》的弹性

消费合同法领域的大多数特别法令,现在已经通过《债法现代化法案》被纳入到了民法典中。另外还有一些改革对损害赔偿法、[119]租赁合同、[120]合同形式要件、[121]"一揽子"旅游合同[122]以及基金法[123]都具有影响。2001 年 2 月 16 日的法案[124]引入规定了同性生活 23
伴侣关系,这使整部民法典中的 30 多条规定被修订。然而,所有这些变化都发生于过去的四年之间。直到那时,也就是《德国民法典》已经生存到第一个百年时,民法典的法条文本(除了有关家

---

[117] 参阅下文第 165 页以下、第 169 页。

[118] 更详细的请参阅下文第 159 页以下、第 205 页以下。

[119] 详情参阅瓦格纳(Gerhard Wagner):《新损害赔偿法》,2002 年。

[120] 参阅格鲁德曼(Birgit Grundmann):"租赁法改革:现行法的主要内容与变化",载《新法学周报》,2001 年,第 2497 页以下;克莱恩·布伦克斯(Friedrich Klein-Blenkers):"法律的重组、简化和房屋租赁改革法",载道纳里布、海德勒、里帕、瑞英主编:《新债法》,2002 年, 第 506 页以下。

[121] 详细请参阅伯恩特(Walter Boente)、利姆(Thomas Riem):"数字通讯时代的《德国民法典》:新的形式要求",载《法律评论》,2001 年,第 793 页以下;乌里希·诺阿克(Ulrich Noack):"电子表格与文本形式",载道纳里布、海德勒、里帕、瑞英(注释 120),第 441 页以下。

[122] 参阅弗里希(Ernst Führich):"通过破产保险和开始前解除制度对旅游合同法的两次新修订", 载《新法学周报》,2001 年,第 3083 页以下; 尼胡斯(Mark Niehuus):"论旅游合同",载道纳里布、海德勒、里帕、瑞英(注释 120),第 322 页以下。

[123] 布尔加尔德(Ulrich Burgard):"论新的私人基金法",载《新社会法杂志》,2002 年,第 697 页以下。

[124] 参阅德斯劳夫(Nina Dethloff):"登记的生活伴侣——一种新的家事法律制度",载《新法学周刊》,2001 年,第 2598 页以下。

庭法的规定)都很明显地拒绝任何变化。民法典在整个20世纪剧变中的适应性或弹性,是人们经常予以评论的。与那些内在动态性的规范如合同法相比,物权法、继承法,甚至侵权法或不当得利法,它们的变化都不太明显。一些重要发展(劳动法、社会租赁法、消费法)仅具有部分说明性。《德国民法典》具有适应力的另一个原因在于法典自身的特性。无论形式上还是实质上,《德国民法典》都是根据19世纪的潘德克顿法学建构起来的。在很大程度上,法典的起草者是为了展示、囊括及巩固几个世纪以来的法律成就。[125]《德国民法典》被认为是传统的一部分,而这些传统则主要是由法学智识塑造形成的。民法典的起草者们对法律的学术性"发展"非常熟悉。因此,雅各布斯尖锐地指出,《德国民法典》作为法典编纂它自身并不包括法律渊源,而是蕴涵在创造法典的法律智识之中。[126]《德国民法典》为有机进步的法律科学提供了一个基本框架。颁布法令以禁止对民法典进行评论(如针对普鲁士法典曾颁布这样的法令),[127]这一观点与《德国民法典》起草者们的初衷大相径庭;同样荒谬的观念是,认为法典可以为所有可能设想到的情形确立特定规则。在民法典的有关立法资料中就曾一再明确表示,需要将一些特定问题留待由法学研究去解决。

此外,尽管受到了潘德克顿法学理论的深切影响,但无论是立

---

[125] 温德沙伊德(注释30),第75页。

[126] 雅各布斯(注释34),第160页。他继续说明,《德国民法典》不应该也不会控制法律智识,但应该也将会被后者所控制,如果在语词的完全意义上,法律智识本身就是历史的。

[127] 汉斯尤根·贝克尔(Hans-Jürgen Becker):"评注与解释限制",载《德国法律史词典》,1978年第2卷,第963页以下;梅尔施(Matthias Miersch):《所谓立法:18世纪以来法官、立法者与制定法之间的关系研究》,2000年。

法精神还是观念表达,《德国民法典》都没有成为教条主义者。[128]
法典的起草者也并没有被要求对一些基本概念,如合同、意思表
示、损害、因果关系或违法性等,给出权威性定义以借此消除在这
些问题上的学术争论。他们也没有确定法律解释问题(譬如,债务 24
履行属于什么类型的法律行为);很多基本判断和理论起点被认
为是理所当然的,但民法典也并没有予以明确说明,譬如民法典并
没有明确提出合同自由原则。《德国民法典》第 119 条规定了可
能导致合同被撤销的三种错误类型,但却并没有提及该规则的认
识基础,如动机错误原则上与合同效力无关。《德国民法典》有时
仅仅提供了法律理论发展的观念性路标。民法典中的很多规则无
论是形式还是实质内容上往往都非常抽象。与普鲁士法典(常见
的小鸡、鸭、鹅、鸽子和火鸡都被认为是附属于土地权益的动产)[129]
相反,《德国民法典》最突出的特征不是试图详尽规范个人日常生
活中的各种情形,而是制定了可适用于各种问题的一系列规则和
概念,而那其中很多问题通常是法典起草者们所无法想象的。在
没有采取上述立法技术时,《德国民法典》经常被认为是过时陈旧
的,这其实并不是什么令人惊讶的事,因为此时民法典所展现给读

---

[128] 贝伦德斯(Okko Behrends):“立法、教义以及教义体系问题之间的联合”,载贝伦德斯、亨克尔(Wolfram Henckel)主编:《立法与教义学》,1989 年,第 9 页以下;詹·施罗德:“当代法律史上法教义学与立法之间的关系”,载贝伦德斯、亨克尔(同上),第 37 页以下。

[129] 《普鲁士一般邦法》第 581 条第 2 款。

者的世界里充满的是短工雇员和巴士司机,[130]或者是移动蜂群的混同问题。[131]当然,除此之外,还有一些开放性规定,如《德国民法典》第 138 条(违反善良风俗的合同无效)或第 242 条(债务必须按照诚实信用的方式履行)的规定,[132]民法典试图借此在稳定性和灵活性之间寻求理论平衡。

## 十、民法典下的私法发展

法院和法学研究之间进行典型合作获得了基础,就可以激活法律文本,解释和发展法典中的各种规定,并使它们适应于各种新的情形。[133] 对《德国民法典》的一项新历史评论对此过程进行了详

[130] 旧《德国民法典》第 196 条,第 3、9 项。

第 196 条【二年的时效期间】1. 下列请求权,因二年内不行使而消灭:……(3)铁路经营人、磁悬浮列车企业、货物运送人、船主、出租马车驾驶人和送信人因车费、货运费、运输费和送信费及其垫款而产生的请求权;……(9)手工业工人——手工艺人、助手、学徒、工厂工人——,短工和手工劳动者,因工资或者其他工资的替代物,或者约定成为工资一部分的给付及其垫款而产生的请求权,以及雇主因支付该请求权所需预付款而产生的请求权;……参阅《德国民法典》,郑冲、贾红梅译,法律出版社 1999 年版,第 38 页。

[131] 《德国民法典》第 963 条。

第 963 条,两个或两个以上所有权人的蜂群飞出混合,追逐自己蜂群的人成为捕获之总蜂群的共有人,份额按照其所追逐的蜂群数量确定。

[132] 这些一般性条款是德国私法的要素特征;它们构成了理解共同体价值的最重要也是最便宜的切入点。关于这些规定的内在危险的一个著名警告,参阅赫德曼(Justus Wilhelm Hedemann):"逃离一般条款:来自法律和国家的危险",1933 年。

[133] 关于20 世纪德国法律发展的一般情形,参阅克罗舍尔(Karl Kroeschell):《德国20 世纪法律史》,1992 年;魏玛共和国时期的私法史,参阅诺尔(Knut Wolfgang Nörr):《重负之间:魏玛共和国私法史》,1988 年;20 世纪 30 年代私法以及法律生活的纳粹化,扩展文献,参阅齐默曼(注释 42),第 54 页以下,及参考资料。鲁特斯(Bernd Rüthers):《最终解释》,2005 年,第 6 版,仍然极其重要。关于德国联邦共和国,参阅约吉姆·吕特克:"1945 年之后法律科学的分解与建构"(1945),载《新法学周刊》,1995 年,第 1251 页以下;迪特尔·梅迪库斯:"作为一般民法发展里程碑的联邦最高法院裁判",载《新法学周刊》,2000 年,第 2921 页以下。

尽分析。[134] 由菲利普·赫克确立但最终可以追溯到耶林的利益分析方法，为此提供了恰当的方法论基础。[135] 1945 年之后，对价值平衡的强调替代了对利益的关注。[136]法院和法学家试图解决通常由下列原因所导致的种种问题，如由于一些规定的表述蹩脚而显得别扭；由于缺乏体系协调性（如各种不当得利规则与那些所有者——占有者关系规则之间的关系）；由于那些很快就过时的个别规则（6 个月的时效期间，因买卖标的物的潜在瑕疵而产生的请求权自交付之日起算）；由于某些规定的适用范围很快就被认为过于狭隘（《德国民法典》第 817 条第 2 项的与有过失规则，the *in pari turpitudine* rule）或过于宽泛（《德国民法典》第 350 条的意外灭失，*mortuus redhibetur*）。“法律漏洞”（Gaps in the law）[137]须得到填补，法律制定和起草中的错误必须予以纠正，而那些模糊不确定的法律概念则必须予以明确。必须根据作为法典规范基础的各种因素，对那些复杂的行为情形（不当得利中涉及三方当事人的各种情形）提供法律解决方案。还必须解决那些在 20 世纪初期还无法想象的新法律问题，如错误出生问题（wrongful birth）。商业生活中逐渐形成的各种新型合同（如租赁）也需要被纳入到民法典有关合同的规范体系之中。社会习俗观念方面的变化也必须得以容纳，
如日益剧增的生活商品化发展，包括节假日和休闲时间。损害赔 26

---

[134] 至今，第 1 卷已经出版（涵括德国民法典总则部分，譬如第 1 ~ 240 条）施默克尔、吕克特、齐默曼主编，《德国民法典——历史批评评注》第 1 卷（2003）；第 2 卷（包括债法总则部分，譬如第 241 ~ 432 条），2006 年。

[135] 关于菲利普·赫克，现在可参阅邵普梅耶（Heinrich Schoppmeyer）：《作为生活方式的法学方法：生活、创作与菲利普·赫克的历史影响》，2001 年。

[136] 皮特森（Jens Petersen）：《从利益法学到评价法学》，2001 年。关于德国制定法解释的综合分析及其历史发展，参阅佛格瑙尔（Stefan Vogenauer）：《英国和欧洲大陆的制定法解释：裁判比较研究及其历史基础》，2001 年，第 1 卷，第 28 页以下，第 430 页以下。

[137] 关于这一点的一般论述，参阅克劳斯—威廉姆·卡纳里斯：《法律漏洞的确定：关于法外造法之界限与条件的方法论研究》，1983 年第 2 版。

偿法、不当得利法以及其他一些领域,仅仅包括一些一般性的概念和规定,因此必须辅之以明晰精确的规则和理论。

尽管《德国民法典》仅仅规定了一些个别的建筑材料(如交易基础障碍,*Störung der Geschäftsgrundlage*),但宏伟的理论大厦却已建成。无论民法典是否真正的存在法律漏洞,在这些理论中,其中的一些都已得到发展,而另外一些则已通过便道(side-paths)被悄悄地塞入到民法典之中,尽管设计这些便道的初衷并非如此(如设立和经营商业的权利)。一些新的体系制度(因转账而得利、因侵害而得利)已经被设计出来,而一些新的理论框架(以合理期待为基础的责任规则)也已开始确立。德国合同法的具体化(materialization)很明显,这不仅表现在《德国民法典》之外的特别立法,如一般交易条件法或很多消费者保护法规规定的撤回权,而且还表现在,如民法典第138条第1款之类的规则开始适用于,譬如,分期付款式信贷交易或主债务人不名一文的妻子或孩子签订的保证合同;再或表现在缔约过失理论的适用方面。[138] 一般条款(*Generalklauseln*)的开放性和灵活性,在纳粹时期的国家社会主义制度下是灾祸之源,而根据1949年的《基本法》则又成为一种幸事。间接平等效力理论[139]使德国法能够不断调整并适应《基本法》上有关基本权利的规定中所蕴涵的价值体系;但这也越来越使联邦宪

---

[138] 卡纳里斯:"债务合同法的变革:其具体化趋势",载《民法实务档案》(2000)200,第273页以下。

[139] 其在下文中得到发展,即杜里希(Günter Dürig):《基本权利与民事裁判》,载《汉斯·纳威阿斯基(*Hans Nawiasky*)纪念文集》,1956年,第158页以下;联邦宪法法院在路德案鲁特(Lüth)的裁判中采纳了这一理论:《联邦宪法法院裁判汇编》,第7卷,第198页;对此请参阅库意(David P. Currie):《德意志联邦共和国宪法》,1994年,第181页以下。

汉斯·纳威阿斯基(Hans Nawiasky,1880~1961),慕尼黑大学公法教授,在宪法中发展实证主义,在很多方面与凯尔森的观念一致。他鼓吹巴伐利亚的独立,主张一般的联邦制,著作有《巴伐利亚宪法》(1923)等。——译者注

法法院成为私法纠纷中的一个非常规性最高法院。[140] 偶尔,甚至联邦最高法院做出的判决即使明显地超越了制定法(*contra legem*),* 联邦宪法法院也会根据《基本法》确定的当然价值予以支持。[141]

---

[140] 这受到了激烈的批评,迪德里希森(Uwe Diederichsen):"作为最高民事裁判机构的联邦宪法法院:法学方法论上的一种理论",载《民法实务档案》(1998)198,第171页以下。

* 又翻译成违背法律,其主要含义是指超越法律的文义,在制定法之外裁判。——译者注

[141] 《联邦宪法法院裁判汇编》,第34卷,第269页[1973年2月14日;索拉雅(the Soraya)案],详请参阅茨威格特、克茨(注释8)第688页以下;参阅马克西尼斯(Basil S. Markesinis)、乌恩波拉斯(Hannes Unberath):《德国侵权法:比较研究》,2002年第4版,第415页以下。

最初,德国民法典仅仅规定了对姓名权的保护,而没有针对名誉和隐私的特别规定。在德国以及法国,侵害名誉通常被认定为犯罪而不是侵权。根据传统观念,名誉诉讼通常须向刑事法院提起,即使是由受害人而非检察官提起。如果裁决被告有罪,那么他会被处以罚款和监禁,而受害人无法通过该诉讼要求实质性的损害赔偿。直到"二战"之后,德国法院开始初步支持针对侵害名誉和隐私的民事诉讼。《德国民法典》第823条只列举了生命、身体、健康、自由、财产或其他(相似)权利,有人主张,包括名誉和隐私等的人格权应被解释为第823条中的其他权利,但该观点在帝国时期、魏玛共和国时期,以及第三帝国时期都被法院否决。"二战"之后,对此问题的司法途径开始有所变化,联邦最高法院开始引述德国基本法第1条和第2条,将人格权解释为民法典第823条中的其他权利。这就意味着,德国的法院已经承认对人之名誉或隐私的侵害是具有可诉性的侵权行为。然而,尽管司法上有了突破,但是一个难以解决的问题是,针对此种侵害原告人格权的诉讼,应该给予何种损害赔偿的救济呢?这一难题的原因在于德国民法典有关损害赔偿的规定,第253条规定,对于非物质损害,只有在法律有明确规定的时候才能给予金钱赔偿,而第847条仅应认为是第253条的例外。如此,在民法典和其他补充性法规中都没有明确规定,在人格权遭受损害时可以主张金钱损害赔偿。因此,德国法院在开始承认人格权诉讼时,可能只是认为,原告可以要求收回发行刊物,或根据第249条主张相似的非金钱救济。到1958年,德国法院开始打破第253条的限制,此即著名的骑士先生案。在该案中,法院判决被告因侵害原告的名誉和感情而赔偿原告一大笔金钱。联邦最高法院维持了该判决,并认为应将民法典第847条关于精神损害赔偿的规定类推适用于该案。然而,这一类推是有问题的,因为

众所周知,美国比较法学家道森曾经提到德国的“判例法革

第253条的用语“只有”,明确的是禁止通过类推扩大如第847条等的适用范围。为此,之后联邦最高法院放弃了这一类推适用的观点,但骑士案的结果却在之后关于人格权侵害的案件中得到维持,理由就是如果不给予金钱赔偿,那么人格权,这一由宪法确认的价值的损害就无法获得恰当的救济。但联邦最高法院也通过一些条件限制这一结果:(1)对原告人格权构成实质损害;以及(2)被告承担金钱赔偿乃属罪有应得;如果被告因侵害行为而大规模牟利,即满足前两个条件。联邦最高法院还指出,民法典颁行以来,技术和社会状况都发生了巨大变化,尤其是大众媒体的发展远非1900年时所能想象,在当代对个人人格权的保护也越来越重要和困难,因此联邦最高法院认为,如果法院认真对待宪法的价值体系,那么就不应再受到民法典第253条的限制。之后,下级法院广泛地遵循了联邦最高法院的这一判决,大多数学者评论者也对此予以认同。在索拉雅案中,各级法院正是以此认识为基础做出裁判的。

索拉雅案基本案情为:原告是索拉雅王妃,伊朗国王的前妻。离婚后,原告居住在德国。被告是一家出版商和一份有插图的周报主编,该报在全德国发行,以耸人听闻的社会故事而著称。1961年4月,被告的报纸头版故事声称是对原告的文字采访。但这些看上去曝光了很多原告隐私和私生活的报告,完全是虚构的,完全是由一个自由撰稿的记者捏造的。被告出版该文而并没有调查该次采访是否真实。1961年7月被告的报纸又发表了另外一个有关索拉雅王妃的故事,在开始被告发表了王妃的简短声明,指出4月份发表的采访根本就不存在。原告提起诉讼,认为被告侵犯了自己的人格权而要求损害赔偿。初审的州地区法院裁判被告赔偿15000马克,州高等法院(二审)和联邦最高法院(终审)维持了原判。被告基于宪法诉由向联邦宪法法院提起诉讼。

被告在宪法诉讼中主张,法院做出金钱损害赔偿的实体法规范,是由法院违反宪法第20条的分权原则而创造出来的。联邦最高法院发展创造的人格权受侵害的金钱损害赔偿超越了制定法的范围,是法院对立法权的篡夺。被告没有就人格权属于第823条中的其他权利这一问题的合宪性问题提出异议,而仅仅就授予财产性赔偿的裁判规则提出攻击。被告还提出,既然人格权源于宪法,那么由于宪法上的基本权利只具有消极防御性,因此也不宜于作为金钱赔偿诉讼的案由。另外,被告还认为法院的财产赔偿判决违反了新闻自由原则。宪法法院最终判决被告的诉请不能得到支持,其中最为重要的理由是:有时,法律只能在制定法之外才能发现,这种法律源于整个宪法秩序,目的往往在于矫正成文法。这就需要法官发现法律,并赋予其效力。宪法并不限制法院按照他们自己的文义理解适用法律。这一思路认为,在司法实践中并不能自动地实现制定法规则的基本完整性。法官的洞察力或许会揭示一定的社会价值,而这些价值通常为宪法秩序所默认,但制定法又表述不清。对于这些价值的肯认和生效,法官的裁判都会有所助益。参阅德克萨斯大学奥斯汀分校过渡法研究所的整理,参见 石勒辛格(Rudolf B. Schlesinger):《比较法:判例、文本与资料》,1960年。——译者编译

命"(case law revolution)[142]。其中还有大量的"法律发现"(legal discoveries)[143]。那些法律上的发现很多都具有新颖性;但也时常 27
会发现新瓶装旧酒的情形。的确如此!不管怎么说,《德国民法典》的规则在制定法形式上属于潘德克顿式的,当然还包括一些法律解释规则,如有疑义时应为不利于表意人解释的原则(*interpretatio contra eum qui clarius loqui debuisset*),*或作为《德国民法典》的基础而又未在法典中特别阐明的一般性原理(非法所得必须予以返还 *dolo agit qui petit quod statim redditurus est*)。无论如何,那些法典起草者没有解决的问题被留给了法学理论,而潘德克顿式教科书也常常能够为最恰当的解决方式指明出路。我们可以看到,规则和概念从表面上陈旧的过去开始复兴(是金子总会发光的 *utile per inutile non vitiatur*)。[144] 在解释和恰当评价《德国民法典》的相关规定时,对共同法法源的溯求仍具有非常重

---

[142] 道森(John P. Dawson):《法律的启谕》,1968 年, 第 432 页以下。

德国判例法革命的方法论背景是菲利普·赫克的"利益法学",当然这是以耶林的建议为基础的,之后转化为评价法学,最明显的就是拉伦茨和卡纳里斯有关法学方法论方面的著作,对此阐述详细明晰。这里所谓的判例法革命就是指,法官在裁判过程中超越对制定法的传统解释方法,而走得更远。法院认为,它们的职责在于填补法律中的任何漏洞,对此法院经常超越制定法和立法者原意,而寻找司法法\法官法。判例法开始变得重要,一些重要的判例成为法学新发展和原则成长的起点。参阅莱曼、泽科勒:《德国法导论》,第 25 ~ 26 页,2005 年。——译者注

[143] 德勒(Hans Dölle):《法学发现》(1958), 重印于霍尔恩(Thomas Hoeren)主编:《民法上的发现》,2001 年,第 5 页以下。

* 该规则最早溯源到罗马法,罗马法学家杰尔苏斯最初提出。

关于该解释规则,详细可参阅齐默曼:《债法:民法传统的罗马基础》,第 639 页;尤士丁尼:《学说汇纂》,杰尔苏斯,第 34 卷(Cels. D 34,5,26)以及乌尔比安,第 45 卷(Ulp. D. 45,1,38,18)。——译者注

[144] 玛耶马里(Theo Mayer-Maly):"法律特性之再现",1971 年,《法学家报》,第 1 页以下;克努特尔:"罗马法与德国民法",载路德维希主编:《当前欧洲的古代遗迹》,1993 年, 第 43 页以下;齐默曼:"民法典与民法",(1994/95)1《哥伦比亚欧洲法杂志》,第 89 页以下。

要的意义。胡博在给付障碍法方面的巨著[145]，则可以看做最近以来对上述论断特别深刻的确证。

## 十一、对《德国民法典》的批评

一百多年来，《德国民法典》一直被认为体现了德国法律文化的特色和要素特征。它提供了法律有机发展的框架，因此它自身也就具有并一直保持着现代化的特征。然而，批评也总是难免的。这一传统可以追溯到1888年第一草案公布后不久。批评阵营的主要参与者包括，特别是，女权运动成员、社会主义者以及法律日耳曼主义者；他们认为，民法典具有家长制特征，而且不关注社会问题，难以阅读和理解，在精神、形式及内容方面都渗透了太多的罗马法观念。[146]施瓦布最近证明指出，这些批评在《德国民法典》生效后一直持续存在，而且在社会动荡时期再次重新获得了活力。[147]
28 在1919年，就如新世纪来临前基尔克的行为一样，赫德曼指责《德国民法典》毫无特性："它胆怯迟钝，缺乏旺盛的精神，毫无个性特色。"[148]民法典关注的是保守而富足的市民，而这一点在国家社会主义时期也受到了批评和指责。当时，民法典被认为具有过度的个人主义特征，反映了拜物主义世界观，而它并不"德国"，是经院式的、脱离现实生活的。对一部属于"德国人的"法律的期盼，开始混合进了种族主义意识形态。[149] 在德国法律研究院的主持下，

---

[145] 乌里希·胡博：《给付障碍》，2卷本，1999年。

[146] 详情参阅，迪特尔·施瓦布：《现代法律史杂志》，(2000)22，第325页以下及参考资料。

[147] 施瓦布(注释146)，第334页以下。

[148] 1919年的一次学术演讲。转引自施瓦布(注释146)，第337页。

[149] 施瓦布(注释146)，第340页。

经由那些仍然活跃在德国各大学中的私法教授精英们的准备,[150]一部"人民法典"即将被完成,而后因该体制(国家社会主义)垮台而被阻止。在战后的东德,《德国民法典》成为工人和农场主的天堂,但是它却并没有像在纳粹时期那么具有吸引力。1965 年东德颁行了一部家庭法,而到 1976 年,《德国民法典》中那些仍然生效的部分被一部社会主义民法典所替代。自 1967 年一直持续的所谓学生反叛运动,*也再次唤起了人们对《德国民法典》的反感情绪:它对于规范"我们时代的社会进程"毫无用处。[151]

尽管大多原教旨主义者持有反对《德国民法典》的意识形态偏见,但不容模糊的事实是,其实人们还从未对民法典产生好感。《德国民法典》并没有成为德国文化遗产中的流行部分,而且与《法国民法典》或英格兰的普通法相比,它也没有获得民族身份的认同。用海因·克茨的话说,大多德国法律人仅对他们的法典给

---

[150] 关于"人民"的法典(People's Code)工程,参阅,米歇尔·斯托里斯(Michael Stolleis):"人民法典", 载《德国法律史词典》,第 5 卷,第 990 页以下;布鲁格迈尔(Gerd Brüggemeier):"德国人民的福祉是最高的法律:'人民法典'工程", 载《法学家报》,1990 年,第 24 页以下;哈滕豪尔:"德意志法律研究院,1933 ~ 1944",载《法律教育》,1986 年,第 680 页以下。

1933 年 6 月 26 日希特勒政府建立德国法律研究院,由汉斯·弗朗科领导。该院负责全部的纳粹立法,在法律领域实现国家社会主工程。详细可参阅汉斯·弗朗科的有关言论,http://www. nizkor. org/ftp. cgi/imt/ftp. py? imt//nca/nca – 02/nca – 02 – 16 – responsibility – 08 – 01。安德森:《德国法律研究院,1933 ~ 1944》,纽约,1987 年。——译者注

* 20 世纪 60 年代以青年学生为主体的大规模运动在美国、法国、西德、英国、意大利、爱尔兰、澳大利亚和加拿大等西方主要国家相继出现。1964 年,美国加州柏克利大学的学生在"公民参与的民主"的口号下,反对校方家长式的管理及陈旧的校规,发起"言论自由运动",学生们走出校园,拉开了学生运动的序幕。1967 年 6 月,前西德"社会主义学生联盟"领导的学潮,使全国许多大学陷于瘫痪。这些学生运动体现出反现代社会的色彩。——译者注

[151] 参阅海瑟(Hesse)广播台播出的维特勒特(Rudolf Wiethölter)的演讲;详请参阅施瓦布(注释 146),第 344 页以下。

予“冷冷的,非常勉强的赞许。”[152]因此,无须惊讶的是,在《德国民法典》百年诞辰的时候,一般公众或法律社团都没有举行什么隆重的庆典。在1996年和2000年,很多文章开始试图进行一些公
29 正的评价,[153]还举办了一场临时讨论会,[154]各地也组织了一系列的讲座。[155] 但却并没有发行有关对《德国民法典》的纪念文集(顺便提及,这与2000年对联邦最高法院50年诞辰的庆典形成鲜明对比)。[156] 对民法典百年贡献的论调普遍是平实而不奢华的。民法典的立法技术依旧值得称赞,恰如其智识上的成熟和良好的立法自制感(sense of legislative self-restraint)。德国法律人都很感激《德国民法典》,因为它是保住自己饭碗的稳定基础。在其他国家,这通常被认为是德国法学研究的典型产品(梅特兰曾说,“我

---

[152] 海因·克茨,载《第六十届德国法学家联合大会纪要》,第2卷(1994), K 9。

[153] 譬如,参阅鲁尔夫·施蒂尔纳:《法学家报》,1996年,第741页以下;施默克尔:“《德国民法典》一百年:继承与任务”,载《新法学周报》,1996年,第1697页以下;舒尔策:“一个世纪的《德国民法典》:德国法律统一与欧洲私法”,载《德国法官报》,1997年,第369页以下;霍尔恩:“民法典百年”,载《新法学周报》,2000年,第40页以下。

[154] 譬如,“德国民法典及其法官”专题研讨会,法克尔和莫恩豪普特主编的该研讨会文集已经出版,注释63。1998年6月于慕尼黑研讨会举行了《德国民法典》和施陶丁格评注的百年纪念,对此参见马汀内克和塞勒主编的文集,注释43。1999年9月私法教师协会萨尔茨堡会议上提交的论文也涉及了《德国民法典》一百年来的应用和发展问题,参见(2000)200《民法实务档案》第273页以下。1996年私法青年学者协会已经举行了一次研讨会,其文件记录载于《青年民法学者年鉴》,1996年。

[155] 施劳塞(Hans Schlosser)、波尔(Volker Behr)主编:《德国民法典,1896~1996》,1997年。

[156] 在此方面至少有三本纪念文集出版:《50年来的联邦最高法院:法学纪念文集》,2000年,4卷本;《联邦最高法院50年:联邦最高法院,联邦检察处,法律人协会建立50年纪念文集,2000》;特穆珀拉安提亚(Fortitudo Temperantia):《帝国最高法院和联邦最高法院中的律师:联邦最高法院50年纪念文集》,2000年。

曾未见到有如此之多的一流智慧被投入到一次立法活动当中”)；[157]因此不需要感到惊讶的是，其已经对其他欧洲国家的法律历史和法律理论产生的影响要比对外国立法产生的影响更大。[158]然而，它仍然在希腊得到了认可(结果是，如今希腊通常被认为是德国法律家族的一员)；它影响了1914年到1916年奥地利民法典的改革；还对意大利(1942)、葡萄牙(1966)和荷兰(1992)的法典编纂产生了影响。然而，在前社会主义国家的法律改革以及欧洲私法融合的讨论中，《德国民法典》仍然被认为是陈旧过时的。就合同法而言，这主要可由以下事实确证，即《联合国国际货物销售合同公约》已将其自身确立为一个更加恰当的范式。此外，《德国民法典》还规定了很多为大多外国法律人所不熟悉的抽象理论：这些理论涉及民法典总则部分，而不仅仅是债法或合同法的总论部分。

当然，也必须承认，实际上《德国民法典》中也有很多重要规定现在越来越被认为极不令人满意。就债法而言，包括第831条 30
关于为他人承担侵权责任的规定，尽管规定了举证责任倒置(a reversal of the onus of proof)，但该规范仍然以过错为归责原则；对于非物质损害赔偿的严格限制(《德国民法典》第847条和第253条)；过于细分的时效制度；已经过时的买卖合同和承揽合同中的潜在瑕疵责任制度，以及《德国民法典》第346条及其以下和第812条及其以下各自规定的极不协调的返还制度。在这些情形

---

[157] 梅特兰(注释50)，第484页。从法国法和英国法的角度对德国民法典的评价，参阅沃纳·舒伯特："一战之前法国法律人视野中的《德国民法典》"，载《萨维尼基金会法律史杂志——日耳曼部》，(1997)114，第128页以下；马库斯·迪特曼(Marcus Dittmann)：《普通法视角下的德国民法典》，2001年。

[158] 关于综述，请参阅维亚克尔(注释4)，第383页以下；茨威格特、克茨(注释8)，第154页以下。并参阅《民法实务档案》中的著作，2000(200)，第365页以下、第493页以下。

中,有时是联邦最高法院(经联邦宪法法院批准)[159]走得太远,以致有偏见地贬低有关规则的作用(《德国民法典》第 253 条)[160];有时(《德国民法典》第 831 条),法院则试图通过扩张《德国民法典》第 31 条[161]的规定,以及通过开发侵权与合同之间且原本属于合同制度领域的广阔的灰色地带,进而提供有效的解决方案;[162]而在其他一些情形中,他们已经探究发现了大量得以规避问题的精巧途径,但与此同时也又产生了新的界分难题和价值判断冲突问题。当然,在合同履行方面的潜在瑕疵责任是有助于寻求恰当解决方案的。司法部为了解决其中上述两种问题,于 1967 年发布了一项法令草案以修正补充损害赔偿法的有关规定。然而,这些既定的改革措施却从未得以贯彻实施。[163]

**十二、债法的现代化**

全面改革债法的观点似乎应该归功于司法部部长汉斯·福格尔。1978 年,他第一次向联邦议会提交改革建议,随后又将其提交给第 52 届全德法学家联合大会。[164] 启动这一改革的主要原因如下:(1)将大量的特别法例整合到《德国民法典》内(譬如,一般
31 交易条件法、分期付款买卖法以及几个关于严格责任的法例);

---

[159] 上文,注释 141。

[160] 比较参阅,譬如,《联邦最高法院民事裁判汇编》,第 26 卷,第 349 页以下(骑士先生案);《联邦最高法院民事裁判汇编》,第 35 卷,第 363 页以下(人参案)。

[161] 参阅克莱恩·迪克(注释 84),第 314 页以下,第 340 页以下。

[162] 从比较的角度,参阅茨威格特、克茨(注释 8),第 630 页以下;马克西尼斯、乌恩波拉斯(注释 141),第 701 页以下。

[163] 关于这些改革之努力的详细情形,参阅赫尔曼·朗格(Hermann Lange):《损害赔偿》,1990 年第 2 版,第 19 页以下;高特弗里德·施曼(Gottfried Schiemann),载《德国民法典——施陶丁格评注》,1998 年第 13 版,关于第 249 条以下的首页附注,注释 26 以下。

[164] 参阅下文中的参考资料,阿尔弗雷德·沃尔夫:"债法的修订与改进",载《法政杂志》,1978 年,第 249 页。

(2)将新型的合同关系纳入《德国民法典》(如医疗合同、与敬老院签订的合同、能源供应合同、私人客户与银行之间的合同);(3)对民法典规定的很多特定类型的债进行改革;以及(4)重新调整债法总则,特别是为了适应国际上的新发展。[165]

之后,司法部征询参考了大量的学术观点,并在1981年和1983年将其以三大巨册印刷出版。[166]其中,要求每一个报告人都必须分析改革债法的必要性,并明确说明贯彻实施该改革的可能性。债法的所有领域几乎都被囊括在内了,[167]只有一个重要的例外即租赁法[168]。学术界和其他各法律职业领域都对改革报告进行了热烈讨论;[169]譬如,在1983年年初,私法教师联合会就曾举办了一个特别

---

[165] 沃尔夫:《法政杂志》,(1978),第253页以下。

[166] 《债法修订的意见和建议》,1981年第1卷,第2卷,1983年第3款。

[167] 特别是:合同法在欧洲的最新发展(马普所、汉堡)、消灭时效(弗兰克·彼得斯和齐默曼)、损害赔偿法(霍尔奥赫 Gerhard Hohloch)、前合同责任(梅迪库斯)、长期合同(霍尔恩)、履行障碍(乌里希·胡博)、买卖合同(乌里希·胡博)、关于对家庭中老年人居住和照顾的合同(伊戈尔 Gerhard Igl)、医疗合同(道特施 Erwin Deutsch、盖格尔 Michael Geiger)、承揽合同(韦耶斯 Hans-Leo Weyers)、无有效对价而为照顾他人的合同(汉斯·约吉姆·穆泽拉克 Hans-Joachim Musielak)、银行账户关系(弗朗茨·豪泽尔 Franz Häuser)、票据法(伊格科勒 Ingo Koller)、不当得利(克尼希 Detlef König)、合同和非合同责任(施莱希特里姆)、侵权行为法(克里斯汀安·冯·巴尔)、严格责任(海因·克茨)、消费者保护(维斯特曼)、能源合同(埃默里希)、雇佣合同(曼弗里德里布)、建筑合同(库尔特·凯勒霍尔兹 Kurt Keilholz)、无因管理(乔安·乔治·赫尔姆 Johann Georg Helm)、合伙(卡斯滕·施密特)、保证人与保证(瓦尔特哈丁 Walther Hadding、弗兰克豪泽尔 Frank Häuser、莱茵哈德沃尔特 Reinhard Welter)。另外,1986年于根·贝斯道(Jürgen Basedow)代表汉堡马普所提交了一份关于买卖法发展的比较研究报告,参阅于根·贝斯道:《德国买卖法的改革》(1988)。

[168] 梅迪库斯也指出了这一点:“债法改革的立场”,载《民法实务档案》,1988(188),第169页。

[169] 譬如,参阅,《新法学周刊》(1982)37中的文章,第2017页以下,作者为施穆德(Jürgen Schmude)、海因里希斯、舒恩艾曼(Wolfgang B. Schünemann)、曼弗里德·里布(Manfred Lieb)、乌里希·许布纳、敦克(Johannes Denck),以及沃尔夫冈·恩斯特、齐默曼主编的《民法学与债法改革》,2001年,附录2-A中的参考书目。

32 的债法改革研讨会。[170] 在引导性基调演讲[171]之后,讨论会上的一项报告提出,要有一种“批判而开明的”思想态度。[172] 一年之后,联邦司法部部长任命设立了一个由责任主席领导的改革委员会:[173] 由来自联邦各州司法部门的四位代表、五位法官、一位执业律师、一位公证员和四位教授(迪德里希森、[*] 克茨、[**] 梅迪库斯、[***] 施莱希特里姆[****])组成。[174] 该委员会要解决问题被限定于履行障碍、买卖合同和承揽合同中的瑕疵责任,以及时效(liberative

---

[170] 这些论文[作者为曼弗里德·里布、皮克尔(Eduard Picker)、福尔科莫尔(Max Vollkommer)、赖泽(Hans G. Leser)、豪普特(Klaus J. Hopt)]发表于《民法实务档案》,1983 年第 183 期,第 327 页以下。

[171] 曼弗里德·里布:“债法改革的根本问题”,载《民法实务档案》,1983(183),第 327 页以下。

[172] 赫恩(Gerhard Hönn):“讨论报告”,载《民法实务档案》,1983(183),第 366 页。

[173] 参阅恩格尔·哈德:“债法修订委员会的任务”,载《新法学周刊》,1984 年,第 1201 页以下。

[*] 迪德里希森,1933 年出生,德国著名民法学家,在基尔大学师从拉伦茨教授学,获得法学博士学位,现为德国哥廷根大学荣誉退休教授,主要讲授民法、商法和法学方法论。——译者注

[**] 克茨,1935 年出生,德国著名民法学家,外国法与国际私法马普研究所前任所长(汉堡),曾担任法官,曾在汉堡大学等多所大学任教,2000 年当选国际法学联合会主席。出版著作有:《比较法导论》、《欧洲合同法》、《德国私法与商法导论》、《侵权行为法》等。——译者注

[***] 梅迪库斯,1929 年出生,德国著名民法学家。1956 年获得明斯特大学博士学位,1962 年任基尔大学教授,后来在多所大学任教,出版《德国民法总论》、《德国债法总论》、《德国债法分论》等著作,参加三部德国民法典评注的编写。——译者注

[****] 施莱希特里姆(1933 ~ 2007),德国著名法学家,1964 年获得弗莱堡大学博士学位,1965 年获得芝加哥大学比较法学硕士,1970 年以关于合同与侵权关系的论著获得大学教席。1971 年任海德堡大学教授,后任弗莱堡大学教授。他主要研究合同法、比较法和国际统一法。他关于合同法的教科书对德国法学有很大影响,而对联合国国际货物销售合同公约的逐条分析的著作也受到广泛好评(中译本为《〈联合国国际货物销售公约〉评释》,北京大学出版社 2006 年版)。——译者注

[174] 详请参阅联邦司法部长主编:《债法修订委员会最终报告》,1992 年,第 13 页以下。

prescription)的范围。委员会负责改革债法以使其更加清晰,也更"与时俱进",[175]同时还应考虑法律的实践发展。改革委员会举行了22次会议而且每次会议都持续几天的时间,之后,1992年委员会提交了最终报告。[176] 除了总论部分外,该最终报告就上述领域逐一提出了具体立法建议,并加以说明论证。就一般履行障碍法而言,委员会在很多方面都遵循了《联合国国际货物销售合同公约》的规定。这与该问题的最初报告人,波恩大学的乌里希·胡博教授的观点是完全一致的。"在引入履行障碍法时是否被推荐模仿了统一买卖法?"他对这一问题的回答是肯定的(在1973年7月17日的《国际货物销售统一法》的公约中仍然处于领先地位)。[177]

在1994年9月第60届法学家联合大会上,委员会的建议草案成为私法分会的讨论议题。[178] 尽管偶尔也有一些著名学者[179]对其理论基础提出批评,还有工商业的一些代表也对草案提出了直
接反对意见,但主流意见还是积极赞成的。两份主要的综合性法 33
律评论之一,在关于该次会议记录的综述报告中记录了这一"令

---

[175] 恩格尔哈德:《新法学周刊》[1984]1201。

[176] 《最终报告》(注释174)。关于委员会的工作方式,比较参阅梅迪库斯:《民法实务档案》,1988年第188期,第168页以下。也参阅罗兰德(Walter Rolland)、梅迪库斯、哈斯(Lothar Haas)、拉伯(Dieter Rabe)在《法学新周刊》上的文章,1992年,第2377页以下。

[177] 1980年4月11日的《联合国国际货物销售合同公约》直到1991年1月1日才开始在德国生效。

[178] 报告人为克茨、尤森(Peter Joussen)、布鲁格迈尔(Gerd Brüggemeier)。

[179] 参阅,特别是,弗卢梅的文章,载《第六十届德国法学家联合大会纪要》,Vol. Ⅱ/2(1994), K,第112页以下。关于该次会议的情形,同样的可以比较参阅沃尔夫冈·恩斯特:"债法改革委员会草案",载《新法学周刊》,1994年,第2177页以下;作者同上,"债法改革的关键问题",载《法学家报》,1994年,第801页以下。

人鼓舞的成果”,并呼吁政府最终将其付诸实施;[180]另一个报告人在一场讨论会上指出,大会的进展比大多数参会者所期待的还要顺利。[181] 按照克拉默(Ernst A. Kramer)的说法,[182]这次讨论会表现出了“一种非常积极的态度”,会议的各种投票结果自身已经很好地说明了这一点;而这对于委员会可以说是非常令人振奋的。[183] 然而,除此之外,在慕尼黑法学家大会前后,都再也没有对该草案进行过广泛讨论。[184] 而这是因为人们越来越广泛地认为草案已经被司法部束之高阁,再也不可能得到实施。因一项迫近的改革而产生的激动情绪被一种普遍的冷漠感所代替。这种状况终于在2000 年 9 月得到了改观,当时就像有炸弹突然落到了德国法学界学者的头上:一项旨在使债法现代化的厚达 630 页的债法“讨论草案”公开出版。[185]《消费品销售指令》的颁行,同时还要求必须于2002 年 1 月 1 日前开始施行,这直接启动了债法“讨论草案”。毫无疑问,通过对德国买卖法进行一些非常边缘化的调整,也可能使

---

[180] “第六十届德国法学家联合大会:会议记录”,载《新法学周刊》,1994 年,第3070 页。

[181] “明斯特第六十届德国法学家联合大会会议报告”,载《法学家报》,1995 年,第 190 页。

[182] “债法的改革——第六十届德国法学家联合大会民法分场”,1994 年 9 月 20 ~ 23 日,明斯特,载《欧洲私法杂志》,1995 年第 3 期,第 303 页。

[183] 投票情形记录于《会议纪要》Ⅱ/1(注释 152),K103 页以下。

[184] 这一点不断受到批评。譬如,参阅维斯特曼(Harm Peter Westermann):《德国法月刊》1994 年第 1 期。关于第 24 届德国公证员大会的讨论情形,参阅布拉姆柏林(Günther Brambring)、阿曼(Hermann Amann)的文章,以及恩斯特和齐默曼主编的书之附录 2 - B 中的相关资料(注释 169)。

[185] 草案条文,见恩斯特和齐默曼主编的书之附录 1(注释 169);草案条文及立法理由,参见卡纳里斯主编:《债法现代化,2002》,2002 年,第 3 页以下。

该指令得到实施。[186] 然而,政府当局决定利用这个机会最终实施长期延滞的债法改革。结果是,整个项目都处于巨大的时间压力之下。考虑到以下事实,可以认为这一"讨论草案"是非常有问题的:(1)延长了之前已经被接受的改革日程(特别是,现在要将大量的关于消费者保护的特别法例纳入《德国民法典》)。(2)甚至就改革委员会的草案涉及的内容而言,有时也会有严重偏离"委员会 34
草案"的情形(特别是有关时效法的部分)。以及(3)即使遵从了委员会的建议,但也仍未达到最新要求;"讨论草案"既没有考虑到合同法领域的最新国际动态(《欧洲合同法原则》以及国际统一私法协会的《国际商事合同通则》),[187]也没有考虑到对德国合同法观念产生根本影响的最新学术研究成果。[188] 因此,学术批评也就不期而至了。2000 年 11 月,在雷根斯堡大学举行的一场德国私

---

[186] 参阅沃尔夫冈 · 恩斯特、格泽尔(Beate Gsell):"买卖法指令与德国民法典:实施欧盟买卖指令的小解决方案之法律草案",载《经济法杂志》,2000 年,第 1410 页以下;比较参阅沃尔夫冈 · 恩斯特、格泽尔:"再论小解决方案",载《经济法杂志》,2000 年,第 1812 页以下;施瓦策:"物之瑕疵担保履行在欧洲的未来:消费品买卖指令及其实施",载《欧洲私法杂志》(2000)8,第 544 页以下。

关于将欧盟指令内国化,德国法学界有小解决方案和大解决方案之不同。前者指采用相对简单的方式,根据指令颁行特别法或在法典中设特别条文予以规定;而后者则指通过全面修法实施指令。——译者注

[187] 兰多、比勒主编:《欧洲合同法原则,第 1、2 部分,2000》;兰多、克莱夫、普律姆、齐默曼主编:《欧洲合同法原则,第 3 部分,2003》;国际统一私法协会(UNIDROIT)主编:《国际商事合同通则,1994》。关于这一方面的文献,截至 2000 年,参阅恩斯特、齐默曼(注释 169),附录 2 - D。

[188] 特别参阅乌里希 · 胡博:《履行障碍》,2 卷本,1999 年。

法教授讨论会上提出的显著而强烈的批评即为明证。[189]这些批评促使政府成立了两个工作小组,负责对“讨论草案”及其中的各种建议进行批判性的研究分析。其中一个工作小组主要由教授们组成,负责研究违约问题;[190]另一个则负责时效法、买卖法以及其他问题,其组成人员包括来自德国各州司法部门的官员、联邦最高法院的法官、早期改革委员会的成员、法律执业者和一位教授代表。[191] 这两个工作小组仅仅只有两个月的时间进行考虑商议,但他们依然设法实现了很多实质性变革。2001 年 5 月初,一份“政府草案”正式公布,该草案基本上接受了工作小组的建议,但也考虑到了为与改革有利益关涉的利益集团举行的听证会上的建议和要求。[192] 在 2001 年夏秋交替之际,“政府草案”以快速程序在国会
35 勉强获得通过。在这一过程中,其被反复不断地修改。[193] 在 2001 年 10 月,联邦议会最终批准了《德国债法现代化法案》,11 月初其也得到了国务理事会的批准。在五个多星期之后,该法案就开始生效实施了。

该项立法改革已经以一种从未有过的方式将所有的德国私法

---

[189] 该次研讨会的论文已经出版,参见恩斯特和齐默曼(注释 169)。另一次研讨会于 2001 年 1 月举行:莱纳 · 舒尔策、舒尔特 · 内尔克主编:《欧共体法律背景下的债法改革》,2001 年。2001 年 3 月 30 日到 31 日德国私法教师协会在柏林举行了一次特别会议,讨论“讨论草案”修订稿。该次会议提交的论文也已经由《法学家报》特号出版,2001 年,第 473 页以下。“债法现代化法案(讨论草案)修订稿”,参见卡纳里斯(注释 185),第 349 页以下。

[190] 履行障碍法修订委员会的成员名单,参见卡纳里斯:“履行障碍法的改革”,载《法学家报》,2001 年,第 499 页。

[191] 详请参阅卡纳里斯(注释 185),第 X 页。

[192] “债法现代化法律草案”,参见卡纳里斯(注释 185),第 429 页以下、第 569 页以下。

[193] 如此,譬如政府一共提出了 150 处修改意见,而其中 100 处被采纳;参阅“参议院之建议”(2001 年 8 月 31 日)以及“联邦政府参议院对债法现代化法律草案的不同意见”,参见卡纳里斯(注释 185),第 935 页以下、第 995 页以下。

教授区分开来。新法除了被严厉的指责缺乏智识成熟外,还在很多方面遭到嘲讽。其他一些人则强调政府愿意倾听学术批评,愿意吸纳一些主要学者参加“讨论草案”的修订,并遵循他们提出的很多建议。与此同时,德国的法律人也必须对改革让步,而无论其提出了什么样的批评或评论。[194] 无论是以教科书还是以评论注释甚或是论文的形式,大量关于债法改革立法的法律著作出现;而且还在继续以惊人的速度增长。迄今为止,更为重要的是,无论如何,德国法学作家们都可能将不再孤立地看待德国法;他们必须考虑到我们这个时代最为重要的法律发展,即越来越深入的私法欧洲化;当然,与此同时,他们也正在促进着这一进程。[195]

## 十三、私法的欧洲化

自20世纪80年代中期开始,欧共体就开始颁布各种指令,这些指令对各国私法制度的核心内容产生了深远影响。[196] 以下指令的颁布对于私法的发展具有里程碑式的意义:瑕疵产品责任、非商 36
业场所合同交易、消费信贷、“一揽子”旅游合同、消费合同中的不公平条款、消费品销售。[197] 结果是,需要按照指令对本国的相关规

---

[194] 对此的清理分析,参阅道纳里布:“法学和实践中的债法现代化法案——一次评价的尝试”,载道纳里布、康岑、施密特主编:《实践中的新债法》,2003年,第3页以下;外国观察者的评价(主要的并非赞扬),请参阅兰多:“德国民法典中的新债法与欧洲合同法的基本规则”,载《拉贝尔外国法和国际私法杂志》,2003年第67期,第231页以下。

[195] 综述,请参阅尼尔斯·詹森:《内国市场、私法和欧洲身份》,2004年;齐默曼:“比较法与私法的欧洲化”,载莱曼、齐默曼主编:《牛津比较法手册》,2007年。

[196] 缪勒格拉夫(Peter-Christian Müller-Graff):“作为私法统一手段的欧盟指令”,载哈特卡姆普等主编:《迈向一部欧洲民法典》,2004年第3版,第77页以下。

[197] 私法领域的各种指令都可以在该书中找到:加尔德纳、比勒、齐默曼、舒尔策主编:《欧洲私法基本文件》,2003年, Sub Ⅰ。

定作出解释,而这具有非常重要的实践意义。[198] 除此之外,尽管欧洲法院并不是欧盟中解决私法纠纷的最高法院,但是在欧洲法院中已经开始形成的各种概念、规则和原则不仅涉及欧盟法,而且还与各成员国的私法制度相关。[199] 几个国际委员会和一些专家小组正忙于发展或发现(通过重述的方式)欧洲合同法、侵权法,甚至是信托或家庭法方面的共同原则。[200] 那些满怀抱负的研究项目试图确立欧洲私法的"共同核心"(common core)。[201] 自从 1989 年 5 月的首次决议以来,欧洲私法的法典编纂一直都得到了欧洲议会的支持。[202] 欧盟委员会非常谨慎地发布了一项关于制定更加协调一致的欧洲合同法的行动计划,[203]而这以及其他方面都是为了发展确立一个"共同参考框架"。这一参考框架意在为进一步考量欧洲合同法领域的制度选择提供基础。[204]"兰多委员会"起草的《欧

---

[198] 卡纳里斯:"符合指令的法律解释与法学方法论上的体系化法律续造",载《正义的职责:弗朗茨·彼得林斯基(*Franz Bydlinski*)纪念文集》,2002 年, 第 47 页以下。

弗兰茨·彼得林斯基,奥地利科学院院士,维也纳大学民法研究所教授,代表作有《法律方法论与法的概念》(1991)、《私法的原则与体系》(1996)等——译者注

[199] 格尔芬(Walter van Gerven):"作为私法统一途径的欧洲法院判例法",载哈特卡姆普等(注释 196),第 101 页以下;关于侵权行为法,参阅乌尔姆内斯特(Wolfgang Wurmnest):《欧洲责任法纲要:欧共体法之比较研究》,2003 年, 第 13 页以下。

[200] 乌尔姆内斯特:"共同核心、基本规则、法典草案、现行法原则—欧洲私法统一国际研究小组的基本方法",载《欧洲私法杂志》,2003 年第 11 期,第 714 页以下。

[201] 莫罗·巴萨尼(Mauro Bussani)、尤格·玛太(Ugo Mattei)主编:《欧洲私法的共同核心》,2002 年。

[202] 关于这一点,参阅温弗里德·蒂尔曼(Winfried Tilmann):"1989 年 5 月 26 日以来,欧洲议会为融合各成员国私法而采取的措施",载《欧洲私法杂志》,(1993)1,第 613 页以下。

[203] 委员会公报(COM(2003)68, OJ 2003), C 63/1。

[204] 最近的,参阅委员会给欧洲议会和理事会的通讯,题为"欧洲合同法与现行法修订:不断前进,'委员会公报'"(2004)651,最后;有关学术讨论状况的分析,参阅维特里尔(Stephen Weatherill):"为什么欧共体反对私法的融合?",载《欧洲私法评论》,(2004)12,第 633 页以下。

洲合同法原则》[205]为这一制度选择提供了远景蓝图。是否可能制定一部欧洲民法典,这已经成为欧洲学者之间热烈争论的问题。[206] 37
有两个国际动议小组已经开始着手起草设计合同法及其他领域的法典草案。[207] 在法律教育上,也开始出现了观念转变的种种迹象。[208] 非常成功的是伊拉斯莫(现在是苏格拉底)教育计划*,该计划大大促进了欧盟内部法科学生的交流。越来越多的法律教学人员希望通过讲授综合性的学习项目使自己具有"欧洲的"背景。欧洲私法协会和欧洲私法讲授席位、欧洲商法,或者是欧洲法律史

---

[205] 兰多和比勒(注释 187);兰多、克莱夫、普律姆、齐默曼(注释 187)。有关评论,参阅齐默曼:"欧洲合同法原则:传统的现代诠释以及欧洲私法新智识的可能基础",载《海因克茨纪念文集》,2005 年。

[206] 霍恩第乌斯:"迈向一部欧洲民法典",载哈特卡姆普等(注释 196),第 3 页以下。

[207] 格昂多尔费(Giuseppe Gandolfi)(协调人):《欧洲合同法典:初步计划》;冯·巴尔:"欧洲民法典研究小组",载《迪特尔·亨里希纪念文集》,2000 年,第 1 页以下。

[208] 米歇尔·福惹(Michael Faure)、詹·史密茨(Jan Smits)、希尔加德·施耐德(Hildegard Schneider)主编:《法学教育和研究中的欧洲共同法趋向》,2002 年。

* 欧盟提出的苏格拉底(Socrates)计划,正是以此为立意,旨在挖掘与利用各国文化与教育的丰富资源,通过纵向与横向的规模性计划来整合与联结相关的跨国教育交流项目,强化"欧洲域"意识(European dimension)、培养积极的世界公民。这表明了欧洲人民为建设一个相互了解、相互尊重、和平美好的欧洲的共同愿望。苏格拉底计划的具体目标有五个方面:一是强化各年龄段的"欧洲域"意识教育;二是增进对欧洲语言的了解;三是加强教育合作与流动;四是鼓励教育创新;五是增加各教育部门之间的平等机会。所以,苏格拉底计划是多元文化背景下欧洲实施多元文化教育以培养跨文化人才、增进不同文化间的了解、解决文化冲突的重要举措。伊拉斯谟(ERASMUS)和苏格拉底(SOCRATES)计划。ERASMUS 计划(European Community Action Scheme for the Mobility of University Students)是欧盟在 80 年代中期实施的一项高等教育交流与合作计划。该项计划的主要目的是鼓励和资助欧盟成员国的高等院校教师及学生在区内不同国家教学或进修,以提高教职员的学术教学水平和学生的素质,它的发展历程体现了欧盟迈向一体化所作的努力,标志着欧盟逐渐建立地区性高等教育整合政策和协作机制。——译者注

都已经开始建立起来。欧洲过去[209]和世界其他地方的[210]法律融合模式也受到越来越多的关注。

而且,通过国际公约对私法的统一,法律与法学研究在国家之间的隔阂也正在被克服。在这方面,具有核心意义的是,《联合国国际货物销售合同公约》在国家最高法院私法审判中发挥着越来越重要的作用。[211] 一些法学著作也以最为粗略的线条大致勾勒反映了这一发展,而且这些著作关注的是欧洲法,而不再仅仅是国家法,其首先是比较法和法律史方面的著作。[212] 此后,我们可以看到
38 有关合同法、[213]侵权法、不当得利[214]方面的教科书、案例比较书籍、[215]有关欧洲法律史和欧洲私法方面的系列专著、至少有三份以欧洲

---

[209] 齐默曼:“萨维尼的遗产:法律史、比较法和欧洲法学的出现”,载《法律评论季刊》,(1996)112,第576页以下。

[210] 弗农·瓦伦蒂尼·帕尔玛(Vernon Valentine Palmer)主编:《世界上的混合法域:第三个法律家族》,2001年;詹·史密茨:《欧洲私法的形成:作为混合法系的欧洲共同法趋向》;齐默曼、丹尼尔·魏瑟、肯斯·赖德(Kenneth Reid)主编:《比较视野下的混合法系》,2004年。

[211] 齐默曼、库尔特·泽尔(Kurt Siehr):“比较视野下的国际货物销售合同公约及其应用”,载《拉贝尔外国法和国际私法杂志》,(2004)68,第113页以下。

[212] 科英:《欧洲私法》,1985年第1卷,1989年第2卷;齐默曼:《债法:民法传统的罗马基础》,1990年。

[213] 克茨:《欧洲合同法》,1996年第1卷(1997年,托尼·维尔翻译为英文),第2卷将由阿克塞尔·弗莱斯纳(Axel Flessner)撰写,但还未出版。

[214] 冯·巴尔:《欧洲一般侵权法》,1996年第1卷,1999年第2卷(英文本翻译为《欧洲共同侵权法》,1998年第1卷,2000年第2卷);彼得·施莱希特里姆:《欧洲法上的不当得利与返还:法律比较研究》,2000年第1卷,2001年第2卷。比较参阅齐默曼主编:《欧洲侵权行为法基本结构》,2003年;《欧洲不当得利法之基本结构》,2005年。

[215] 比勒、哈特卡姆普、克茨、塔伦(总主编):《合同法:案例、材料和文本》,2002年;格弗恩(Walter van Gerven)、里佛(Jeremy Lever)、拉罗克(Pierre Larouche):《国家、超国家和国际侵权法:案例、材料和文本》,2000年;比顿(Jack Beatson)、施拉格(Eltjo Schrage)主编:《不当得利:案例、材料和文本》,2003年;比较参阅拉内里(Filippo Ranieri):《欧洲债法》,2003年第2版。

私法为主题的杂志，[216]还有这一领域的基本文件汇编等也都已公开出版。[217]

与此同时，很明确的是，在可预见的将来，在欧洲仍将有大量不同国家的私法制度共同存在。然而，只要它们能够被渐进地或有机地吸收，那么就会有更多收获。这就要求各国的法律发展主导者清楚地了解其他国家和欧洲法律制度的发展变化，并对本国法律制度中的奇思怪想进行批判性研究，而且无论何时，只要具有可能性，就应采取协调融合的方式。[218] 另一方面，那些负责决定欧洲私法发展方向的人，必须考虑到那些富有经验的法院和法律作家所收集的各国司法实践经验。

本着此种精神，本书的论述研究意在评判德国合同法的最新改革。

---

[216] 《欧洲私法杂志》、《欧洲私法评论》、《欧洲私法》。

[217] 加尔德纳、比勒、齐默曼和舒尔茨(注释197)。

[218] 就司法而言，请参阅奥德斯基(Walter Odersky)："融合解释与欧洲法律文化"，载《欧洲私法杂志》，(1994)2，第1页以下；参阅齐默曼(注释205)，Sub V。

39 # 第二章　债务不履行之救济：以《欧洲合同法原则》为背景

## 一、通往新规则之路

### (一)旧债法、“最终报告”和“讨论草案”

在对德国债法进行修订之前的很长时间里，一直存在一种模式化的抱怨，即德国的违约法律规则过于复杂。[①] 此外，德国债法在其他几个重要方面也有缺陷。德国的违约法律规则以区分各种违约类型为基础，如给付不能、迟延给付和瑕疵给付，而不是根据各种可行的救济方式进行构建。据说，理解该制度的关键是高度拟制的古老的潘德克顿式“(给付)不能”这

---

① 参阅，如茨威格特、克茨：《比较法导论》，1998 年第 3 版，第 486 页及以下；齐默曼：《债法：民法传统的罗马基础》，1996 年平装本，第 783、806 页及以下；马克西尼斯(Basil S. Markesinis)、沃纳·洛伦茨(Werner Lorenz)、丹纳曼(Gerhard Dannemann)：《德国债法，卷一，合同法与返还法：比较导论》，1997 年，第 398 页及以下。

作者写作中使用的英文为 law of breach of contract，直译为违约法，但其对应的德文表达一般为给付障碍法 Leistungsstörungsrecht，特此说明。另外，在本书的翻译中，履行和给付在相同意义上使用，只是根据具体陈述中的词性变化要求予以调整，譬如动词多用“履行”表达，而名词多用“给付”表述。——译者注

一概念。而且还有人认为，《德国民法典》的另一个特点是，明确坚持已经过时的过错责任原则。其中的一项核心规定，旧民法典第 275 条*被普遍误解，认为债务人给付义务的免除仅限于不可归责于债务人的无给付能力的情形。《德国民法典》坚持认为合同解除与损害赔偿请求之间具有严格的相互排斥性，而这种观点的概念逻辑基础已经过时，是站不住脚的。《德国民法典》第 306 条规定，以不能给付为标的之合同无效，该条受到广泛批评，为无论是在理论还是实践中都被认为毫无根据。重要的是，设计精良的《德国民法典》被普遍认为存在两个重要且让人惊讶的法律漏洞：法典没有规范那些不属于一般或客观不能而仅由于债务人自 40
身原因的给付不能；以及没有规范《德国民法典》颁行两年后出现的被称为积极违约（positive Vertragsverletzung）的问题②：诸如债权人因债务人的瑕疵履行（不当给付 deficient performance, schlecht leistung）而遭受间接损失（consequential loss）的情形。

很多批评都是虚妄的，实际上，《德国民法典》的规定经过了合理慎重的通盘考虑，并按照总体逻辑规划设计。尽管其中一个已经被误解了近一个世纪的问题，直到乌里希·胡博出版了德国违约法方面的专著才得到根本澄清：③如果改革不是在该著作的首次出版当年就进入决定性一轮，那么该项历史性的理论研究就可能会产生巨大的影响。但具有讽刺意味的是，实际上改革草案

---

* 第 275 条[不可归责的给付不能]（1）债的关系成立后产生不可归责于债务人的事由，致使给付不能的，债务人免除其给付义务。（2）债务人事后发生的无给付能力，与债的关系成立后发生的给付不能相同。（旧法，2002 年前版本）——译者注

② 有关讨论和参考资料请见齐默曼：《罗马法、当代法与欧洲法》，2001 年，第 92 页以下。

③ 乌里希·胡博：《给付障碍》，1999 年，2 卷本。

的最初设计,就是由胡博在幕后策划的。④ 在这期间,潘德克顿学派的著作以及对《德国民法典》立法资料的研究完全改变了他的观点。结果,现在胡博已经成为新制度的最激烈批评者之一。⑤

这一新制度主要是受到《联合国国际货物销售合同公约》及其前身1973年7月17日《国际货物买卖统一法》的鼓励和激发。因此,债法修订委员会发布的草案特色包括了根据各种可行的法律救济构造整个规则体系(譬如,特别是实际履行、损害赔偿、合同解除)、统一的义务违反(Pflichtverletzung)概念,以及在合同解除上不再考虑过错等。⑥ 给付不能概念在理论让人如此头疼而不得不将其排除。另一方面,委员会决定在损害赔偿请求上仍然坚
41 持过错原则,根据《联合国国际货物销售合同公约》的有关规则,只有存在债务人无法预见和超出其控制范围的给付障碍并进而导致违约时,债务人才不承担责任;⑦此外,修订委员会还决定解除合同前应给予一定的宽限期(Nachfrist)(但在一些严重违约的情形中也存在例外),尽管根据《联合国国际货物销售合同公约》的规定,在根本违约时应立即明确的解除合同(尽管确定宽限期也可能构成根本违约)⑧。然而,在对这些规则进行比较分析之后,

④ 乌里希·胡博:"统一买卖法模式之后的给付障碍法实施建议?将会给债法带来什么样的法律文本变化和法律实践效果?",载《债法改革中的意见和建议》,卷1(1981年),第647页以下。

⑤ 乌里希·胡博:"给付障碍法安排建议",载恩斯特、齐默曼主编:《民法科学与债法改革》,2001年,第31页以下。

⑥ 比较参阅施蒂尔纳(Rolf Stürner):"对国家债法改革的一个评论",载《布兰德纳纪念文集(Hans Erich Brandner)》,1996年,第635页以下。有关改革委员会,以及总体上的改革过程参阅上文注释32。

⑦ 《联合国国际货物销售合同公约》第79条。

⑧ 《联合国国际货物销售合同公约》第49条(卖方完全不交付货物或不按合同约定交付货物而构成根本违反合同时,买方可以解除合同)。

施莱希特里姆得出结论认为,在实践中这两方面的差别并不是很大。[9]

（二）从“讨论草案”到新债法

2001 年秋季的“讨论草案”,在违约法方面主要采纳了债法修订委员会 1992 年的建议。“讨论草案”中附加的说明也是逐字照录于 1992 年的建议。很明显地可以看出,“讨论草案”并没有吸收这十多年来的学术讨论成果;其既没有考察 1992 年生效的《荷兰民法典》,也没有考虑 1994 年公布的兰多委员会《欧洲合同法原则》以及 1995 年国际私法统一协会的《国际商事合同通则》。[10] 司法部当时提出债法改革意在促进德国法的欧洲化,并使《德国民法典》成为欧洲私法统一的范式,而现在考虑到此,便愈加令人扼腕了。

之后,在对“讨论草案”的持续争论中,开始参考涉及系列国际原则。[11] 直到现在,这些争论依然试图保持旧法中的规则和思维模式,看起来它们似乎经受住了时间的考验。有批评认为,“讨论草案”（包括国际原则）采用的规则和概念过于抽象和综合;民法典应该追求更高的具体性,以使其能够发挥效用并保障法律的 42
必要确定性。如此,尽管有义务违反这样的一般性概念的规定,但

---

⑨　施莱希特里姆:“欧洲法律统一与德国债法改革”,载《欧洲私法杂志》,（1993）1,第 217 页以下,第 228 页以下及第 234 页以下。

⑩　兰多、比勒主编:《欧洲合同法原则》,1995 年,第一部分;国际统一私法协会主编:《国际商事合同通则》,1994 年。关于这两个原则的文献参考资料,参阅恩斯特、齐默曼,注释 4,附录 2－D,第 739 页以下。

⑪　关于履行障碍,特别请参阅胡博的文章（注释 5）,第 31 页以下;以及卡纳里斯:“履行障碍法的改革”,载《法学家报》,2001 年,第 499 页以下。

也特别地规定了违约的各种特定类型,以追求法律的具体性。⑫乌里希·胡博和卡纳里斯对“讨论草案”的批评最为突出,前者风格强硬而严格,⑬而后者在语调和内容上则更为适中平和。⑭

之后,司法部决定任命一个工作小组,负责修订“讨论草案”中有关违约的规定。⑮ 该工作小组提出的建议随后被明确而毫无保留地接受,而5月9日的政府草案及最终的《债法现代化法案》也是以此为基础的。* 2001年3月底在柏林举行的德国私法教师联合会的一个特别会议上,工作小组里最具影响力的卡纳里斯教授就曾经提出过很多建议;⑯他的分析基本上可以认为是德国新违约法的权威解释。⑰之后的讨论就只能限定在新规则的结构基

---

⑫ 尤其是,道纳里布曾给“给付不能”这一概念冠以“复兴”的绰号(“法学和实践中的债法现代化法案——一个评价的尝试”,载道纳里布、康岑、卡斯滕·施密特主编:《实践中的新债法》,2003年,第15页以下),而这正是改革者们最初要予以剔除的。根据施温策尔(Ingeborg Schwenzer)的观点,参阅“救济措施与返还原状:《联合国国际货物销售合同公约》、《欧洲合同法原则》、《国际商事合同通则》、《欧洲合同法初稿》以及《德国债法现代化法案》”,载施莱希特里姆主编:《债法的变革》,2002年,第39页;将德国法提升到国际水平的机会就这样被浪费了。同样提出批评的还有施莱希特里姆,“国际统一买卖法与新债法”,载道纳里布、康岑和施密特(同上)第73页,他指出,法律原理的自我参照(self-referential legal doctrine)已经被上升为法律。

⑬ 胡博(注释5),第31页以下。

⑭ 卡纳里斯:“论给付障碍法中各种‘给付不能’的含义”,载舒尔策、内尔克主编:《欧盟法背景下的债法改革》,2001年,第43页以下。

⑮ 上文,第34页。

* 该工作小组,即所谓的给付障碍法委员会,由学术界代表和原债法修订委员会的成员组成。该委员会于2001年3月提出了债法改革草案的合并文本,消除了原讨论草案中的重大缺陷和不足。该合并文本于当年3月底在柏林举行的民法学者特别会议上得到了进一步的讨论。之后,德国联邦政府于2001年5月9日提出了《债法现代化法草案》,即政府草案。——译者注

⑯ 卡纳里斯:“给付障碍法的改革”,载《法学家报》,2001年,第499页以下。

⑰ 比较参阅卡纳里斯:“债法现代化法案中的一般给付障碍法”,载《法政杂志》,2001年,第329页以下;作者同上,“导论”,载卡纳里斯主编:《2002债法现代化》,2002年,第9页以下。

础方面，同时又不得不忽略很多细节问题。[18] 而另一方面，则努力从有利于促进广泛的欧洲大讨论的角度检视德国法的发展，这一广泛讨论的结果就导致了《欧洲合同法原则》的产生。[19] 43

⑱ 一般性讨论，比较参阅丹尼尔·齐默尔（Daniel Zimmer）："论新给付障碍法"，载《新法学周刊》，2002 年，第 1 页以下；奥托（Hansjorg Otto）："论新给付障碍法的基本结构"，载《法律评论》，2002 年，第 1 页以下；施瓦策（Roland Schwarze）："论新给付障碍法上的不能、无能力及其他履行障碍"，载《法律评论》，2002 年，第 73 页以下；梅尔（Sonja Meier）："论给付障碍法"，载《法律评论》，2002 年，第 118 页以下，第 187 页以下；卡纳里斯："导论"（注释 17），第 9 页以下；道纳里布："给付障碍法概览"，载道纳里布、海德勒、里帕、瑞英主编：《新债法》，2002 年，第 64 页以下；史蒂芬·洛伦茨、莱姆（Thomas Riehm）：《新债法教科书》，2002 年，第 83 页以下；彼得·胡博（Peter Huber）、福斯特（Florian Faust）：《债法现代化》，2002 年，第 7 页以下；卡纳里斯："给付障碍重整与买卖法：基本结构与重点问题"，载伊根·洛伦茨主编：《卡尔斯鲁厄论坛：债法现代化 2002》，2003 年，第 54 页以下；梅迪库斯："论新债法中的给付障碍"，载《法律教育》2003 年，第 521 页以下；第一次逐条评注的是道纳里布、海德尔、里帕和林主编的《债法之律师评注》，2002 年；与此同时，很多对《德国民法典》的标准评注也发行了改革后的版本；最具综合性的是沃尔夫冈·恩斯特的评注，载《德国民法典——慕尼黑评注》，2003 年第 4 版，卷 2a，以及奥托的评注，载《德国民法典——施陶丁格评注》，2004 年修订版。

卡尔斯鲁厄（Karlsruhe）是德国西南部城市，属巴登—符腾堡州，是继斯图加特和曼海姆之后的该州第三大城市，面积约 173 平方千米。卡尔斯鲁厄是德国联邦最高法院和德国联邦宪法法院的所在地。——译者注

⑲ 有关债务不履行与债务不履行之救济的法律规则，首次出版是在 1995 年，现在则是兰多和比勒主编的《欧洲合同法原则，Ⅲ》（2000 年）的组成部分。该原则已经被翻译成其他文字，而且还会有更多其他语言的译本。1994 年的《国际商事通则》获得了普遍支持；在注释里将会进一步提到这两个原则文件之间的差别。我们将在下文中用"原则（the Principles）或 PECL"表示《欧洲合同法原则》，用 PICC 来表示《国际商事通则》。对这两个原则以及德国债务不履行规则之间的最为有用的比较分析，参阅胡博的文章（注释 5），第 116 页以下。其中也包括与《联合国国际货物销售合同公约（CISG）》的比较。具体针对《联合国国际货物销售合同公约》的比较，参阅施莱希特里姆（注释 12），第 71 页以下。

## 二、实际履行与实际履行请求权的排除

### (一)给付不能

德国法的基本出发点在整个 20 世纪都是如此：毋庸置疑的是，合同双方当事人都有权要求对方按照约定履行义务。在《德国民法典》第二编的开始，第 241 条就规定，"债的效力是，债权人有权请求债务人履行"。[20] 此即是指实际履行(specific performance)。《欧洲合同法原则》第 9:102 条也采用了相同的原则。[21]最重要的例外是《德国民法典》第 275 条，其规定，如果给付不能，则排除实际履行请求权。该规则源远流长，从根本上说，源
44 于罗马法上的"不能做到的事情不产生义务"(impossibilium nulla est obligatio)原则，并且与道德哲学上的基本原则，"应该意味着能够"相一致。

《德国民法典》第 275 条第 1 款的表述很清楚，其适用于给付不能的各种情形：客观不能(任何人都无法履行)、主观不能(特定的债务人不能履行)[22]、自始不能(在合同签订时，履行就已经不能)、嗣后不能(在合同签订后，履行成为不能)、部分不能和全部

---

⑳ 关于其历史基础，参阅《债法》(注释 1)，第 770 页以下；斯特里克(Karin Nehlsen-von Stryk)："法律强制的限度：自然法律执行的历史"，载《民法实务档案》，(1993)193，第 529 页以下；吕特恩(Wolfgang Rütten)："债务关系中强制履行的发展演化"，载《约吉姆·格尔恩胡博 *Joachim Gernhuber* 纪念文集》，1993 年，第 939 页以下；李普根(Tilman Repgen)："论中世纪法学上的信守约定与强制履行"，1994 年。

㉑ 比较参阅《国际商事合同通则》第 7.2.2 条。参阅《欧洲合同法原则》第 9:102 条第 2 款第 d 项规定的重要条件限制，比较《国际商事合同通则》条 7.2.2(c)：如果受害方能够合理的通过其他方式获得给付，则不能请求实际履行。比较观察，参阅施温策尔(注释 12)，第 39 页以下。

㉒ 根据旧法，什么情形构成主观不能是有争议的(债务人不能支配标的物的情形就是主观给付不能吗？譬如债务人不是所有人，或者仅指不能合理期待债务人消除履行障碍的情形，譬如成为标的物的所有人？)(胡博(注释 3)，卷Ⅱ，第 60 段；关于这一讨论的清晰总结，参阅梅尔，《法律评论》，2002 年，第 128 页以下)，而在新法中仍然会有争议，比较参阅下文，第 47 页以下。

不能。[23] 对实际履行请求权的排除并不以给付不能是否可归责于债务人为前提。新债法与旧法有重大区别，譬如新债法将自始不能和嗣后不能等同；新债法还放弃了过错的条件要求（旧民法典第275条第1款则规定了过错条件，但是就实际履行请求权而言，按照当时的主流观点，过错应被认为是默示条件（*pro non scripto*）[24]。当然，《欧洲合同法原则》也并不打算强迫债务人履行其不能之给付。就合同签订后出现的履行障碍来说，[25]涉及《欧洲合同法原则》中第8:101条第3款和第8:108条的规定：[26]具备下述原因时，即存在当事人不能控制，以及不能合理预见、加以考虑并避免或克服的情形，当事人一方可以不履行，而债权人也不能请

---

[23] 关于暂时履行不能，参阅阿诺尔德（Arnold）："债法改革后的暂时履行不能"，载《法学家报》，2002年，第866页以下；《慕尼黑评注》\恩斯特（注释18），第275条，注释132以下；罗维施（Manfield löwisch）：《施陶丁格评注》，2004年修订版，第275条，注释42以下；劳宾格（Tomas Lobinger）：《法律行为给付义务的界定》，2004年，第304页以下；道布勒（Wolfgang Daeubler）："论暂时履行不能"，载《安德里亚·海德里希Andreas Heldrich纪念文集》，2005年，第55页以下；梅迪库斯："暂时履行不能之评论"，载《海德里希纪念文集》，2005年，第347页以下。

安德里亚·海德里希（1935～2007），慕尼黑大学民法、法社会学与国际私法首席教授，曾于1994～2002年期间担任慕尼黑大学校长。——译者注

[24] 比较参阅海因里希斯：《帕兰特民法教科书》，2002年第61版，第275条，注释24；罗维施，载《施陶丁格评注》，2001年修订版，第275条，注释58。但请参阅相关讨论，胡博（注释3），卷2，第58段；克努特尔，载《法律评论》，2001年，第353页以下；斯托尔（Hans Stoll）："根据债法现代化法案思考给付障碍法的基本问题"，载《沃纳·洛伦茨纪念文集》，2001年，第288页以下。

[25] 关于履行障碍观念的产生（《联合国国际货物销售合同公约》第79条首次使用）及其解释，参阅胡博的文章（注释5），第119页以下；费舍尔（Nicole N. Fisher）：《国际买卖合同法上的给付不能》，2001年，第55页以下。有关评论表明，《欧洲合同法原则》第8:108条只涉及合同签订后的障碍问题，比较参阅兰多和比勒（注释19），第379页。

[26] 比较参阅《国际商事合同通则》第7.1.7条。

45 求其履行。就其他所有情形来说,譬如在开始并没有排除实际履行之救济,《欧洲合同法原则》第9:102条设有附款规定,如果后来给付成为不可能,则不能要求实际履行。[27]

(二)事实不能与经济不能

修订后,《德国民法典》的实际履行请求权排除制度更加简单明晰。然而,在另一方面,民法典有区分了严格意义上的给付不能与要求债务人履行是不合理的情形。按照民法典第275条第2款,考虑到债务关系的实际内容以及按照诚实信用的要求,如果履行费用与债权人的受领利益极不对等,那么债务人也可以拒绝给付。在考虑对债务人的给付要求是否合理时,必须考虑到该给付障碍是否应归责于债务人。

这一规定考虑到了旧债法中所说的与经济不能相反的事实不能之情形;[28]而这也是比照债权人之受领利益,衡量债务履行费用的原因。[29] 最典型的例子是,一枚价值100元的戒指在卖出后但未交付买受人之前掉到了湖里。将湖水抽干,找到戒指的费用将会是10万元。那么很明显,期望债务人承受这么巨大的费用以

---

[27] 比较参阅《国际商事合同通则》第7.2.2条(a)款;关于新民法典第275条的比较分析,比较参阅《慕尼黑评注》\恩斯特(注释18),第275条,注释3。

[28] 关于旧法,参阅施陶丁格\罗维施(注释24),第275条,注释9,对比注释10;《帕兰特》\海因里希斯(注释24),第275条,注释8,对比注释12;胡博,卷Ⅰ(注释3),§4 Ⅲ 4。

[29] 卡纳里斯,《法学家报》,2001年,第501页以下;作者同前,载《卡尔斯鲁厄论坛》(注释18),第12页以下。

满足债权人对此戒指的价值 100 元的利益将是不合理的。[30] 但是 46
经济不能则与此不同。如果一千桶原油的价格在售出后猛烈上涨,那么债务人就不能根据第 275 条第 1 款的规定拒绝履行,因为尽管在这种情形下期待债务人如约履行也是不合理的,但是在债务人的履行费用与债权人的受领利益之间并不存在比例悬殊问题:在后一个例子中,标的物的价值并没有如前例中那样依然处于价值较低的状况,而是与债务人的履行费用有相同程度的增值;买卖标的物变得更有价值,买受人也自然会获益良多。在这种情形下,法律也可能会减轻债务人的负担;但是否会减轻债务人的负

---

[30] 关于民法典第 275 条第 2 款适用的详细情况,参阅卡纳里斯:《法学家报》,2001 年,第 501 页以下;梅尔:《法律评论》,2002 年,第 120 页及下一页;福斯特,载胡博\福斯特(注释 18),第 31 页以下;史蒂芬·洛伦茨\莱姆(注释 18),第 151 页以下;卡纳里斯:《卡尔斯鲁厄论坛》(注释 18),第 11 页以下;乌里希·胡博:"根据《德国民法典》第 275 条第 2 款论卖方违约的损害赔偿责任及责任限制",载《施莱希特里姆纪念文集》,2003 年,第 521 页以下;《慕尼黑评注》\恩斯特(注释 18),第 275 条,注释 25 以下,注释 69 以下,注释 101 以下(强调根据履行障碍是否应归责于债务人进行评价的不同);卡纳里斯:"根据民法典第 275 条第 2 款的给付障碍种类物买卖中给付义务的排除",载《法学家报》,2004 年,第 214 页以下;《施陶丁格评注》\奥托(注释 18),第 275 条,注释 70 以下;有关批评性评价,参阅《律师评注》\道纳里布等(注释 18),第 275 条,注释 7;科勒尔(Ingo Koller):"论履行障碍法",载科勒尔、罗斯、齐默曼:《债法现代化法案,2002》,第 50 页以下;斯托尔:"给付障碍法重整评述"',载《法学家报》,2001 年,第 591 页以下;威廉姆(Jan Wilhelm):"债法改革,2001",载《法学家报》,2001 年,第 866 及下一页。齐默尔:"一个庞然怪物",载《新法学周刊》,2002 年,第 3 页以下;奥托:《法律评论》,2002 年,第 3 页;施瓦策:《法律评论》,2002 年,第 76 页以下;皮克尔(Picker):"债法改革与私法自治",载《法学家报》,2003 年,第 1035 页以下(理解完全错误);劳宾格(注释 23),第 158 页以下,第 214 页以下,第 256 页以下。

担,取决于另一个观念上完全不同的交易基础障碍规则的适用。[31]在债法改革之前,交易基础障碍规则就已经得到了发展,通常根据民法典第242条规定的一般诚信原则予以确认,[32]这也是法官造法最为著名的例子之一;现在民法典第313条对其予以明文规定。[33]

民法典第275条第2款的认识基础在《欧洲合同法原则》中也有明确规定:按照《欧洲合同法原则》第9:102(2)(b)条的规定,如果给付会引起不合理的成本或费用,那么就不能要求实际履

---

㉛ 卡纳里斯:《法学家报》,2001年,第501页;福斯特,载胡博\福斯特(注释18),第55页;史蒂芬·洛伦茨\莱姆(注释18),第152页;卡纳里斯:《卡尔斯鲁厄论坛》(注释18),第13页以下;《慕尼黑评注》\恩斯特(注释18),第275条,注释19以下、注释74以下。这两种情形的区分,以及民法典第275条第2款的规定是否足够清晰,对此提出疑问的是,《律师评注》\道纳里布等(注释18),第275条,注释14;威廉姆:《法学家报》,2001年,第866页以下;奥托:《法律评论》,2002年,第3页;施瓦策:《法律评论》,2002年,第76页以下。

㉜ 参阅齐默曼、惠特克主编:《欧洲合同法中的诚实信用原则》,2000年,第25页以下,第557页以下及相关参考资料。关于该原则的产生,参阅齐默曼(注释2),第80页以下。最近的参阅瑙恩(Bernd Nauen):《债务关系中的履行障碍与目的落空》,2001年;莱特尔(Christian Reiter):《德国法与意大利法上的合同与交易基础》,2002年。

㉝ 德语中的交易基础障碍,意味着合同的基础丧失。根据旧民法典,合同的基础被认为包括:(1)当事人在签订合同时的预设;(2)非常重要,直接决定当时是否签订合同之决策;(3)其重要性在于,对方不能合理期待合同被信守。进一步的讨论,参阅联邦司法部主编:《债法修订委员会最终报告》,1991年,第146页以下;胡博,载胡博\福斯特(注释18),第231页以下;史蒂芬·洛伦茨\莱姆(注释18),第197页以下;克里布斯,载《律师评注》(注释18)§313,注释1以下;G-H罗斯,载《慕尼黑评注》,2003年第4版,卷2a,第313条;斯塔德勒,载饶尔尼希主编:《德国民法典》,2004年第11版,第313条;海因里希斯:"因交易基础障碍的合同变更:民法典第313条的请求权安排概要",载《海德里希纪念文集》,2005年,183页以下。

行;[34]对第9:102条的评注之例证3表明,* 这一规则是用来规范同类情形的。[35] 对于交易基础障碍问题,德国法则在另一个不同的体系位阶中予以规定。[36] 47

(三)"主观不能"问题

在旧法中,关于给付不能的规则主要适用于实际(practical)不能的情形。也就是说,其并没有区分事实上的不能(factually)与仅仅是实际上不能(practically)的情形。然而,新法第275条第2款则认为有必要进行这一区分,这不仅是因为其包含了一项关于实际不能的特殊规则,更因为这一规则规定了与事实不能不同的法律后果:债务人仅有权拒绝履行,而非债务自动消除。由此,尽管履行费用可能不合理,但法律还是对债务人的给付保持了开

[34] 比较参阅《国际商事合同通则》第7.2.2条(b)款。

* 《欧洲合同法原则》在形式上除了委员会一致同意的条款内容外,还包括案例适用在内的条款评注(comment)以及比较法上的法律批注(note),批注主要涉及欧盟成员国的国内相关规定,当然也兼顾了国际条约,尤其是《联合国国际货物销售合同公约(CISG)》等。——译者注

[35] 兰多\比勒(注释19),第396页。然而,卡纳里斯指出,《德国民法典》第275条比《欧洲合同法原则》的规定更为具体:《法学家报》,2001年,第505页;《卡尔斯鲁厄论坛》(注释18),第16页以下;然而,《欧洲合同法原则》9:102(2)条表明需要这样的规定,其在另一方面构成了一个"消极的"例子。

[36] 《欧洲合同法原则》第6:111条;比较参阅《国际商事合同通则》第6.2.1条以下;从德国法角度的评价,参阅施莱希特里姆:《欧洲私法杂志》,1993年第1期,第243页以下;齐默曼:"欧洲合同法的框架",载《法学家报》,1995年,第486页以下;恩斯特:"欧洲合同法原则及国际商事通则中的履行义务",载贝斯道主编:《欧洲合同法统一与德国法》,2000年,第147页以下;皮尔(Gundula Maria Peer):"论交易基础障碍的法律后果",载《民法青年学者年鉴:新债法》,2001年,第61页以下;费舍尔(注释25),第215页以下;比较参阅胡博(注释4)第123页以下,以及施温策尔(注释12)第48页以下(他注意到重要的一点,即《欧洲合同法原则》第6:111条与《国际商事合同通则》第6.2.2条之间的不同)。

放的态度。[37]

然而,这并不是一个恰当的解决方案。[38] 因为,一方面,在债务人既不履行也不提出拒绝抗辩时,会使债权人陷入尴尬的境地;[39]另一方面,各种不同情形之间也难以区分。[40] 这在仅仅是主观不能的情形下尤为明显。尽管从文字表述上看,民法典第 275 条第 1 款包括了这些情形(……只要给付对于债务人是不能的),但通常却并不能构成事实上的不能。如果一个人(A)首先将一幅画卖
48 给 X,其后又将同一幅画卖给 Y 并实际交付,而他很有可能会从 Y 那里将该画要回,如果这样,他就可以实现其对 X 所应负担的合同义务。能否要求他这样做呢,那要根据民法典第 275 条第 2 款所规定的各种条件进行判断。如此,如果该画价值 1 万元,而 Y 只愿意以 10 万元的价格返还给 A,那么 A 可能会因此拒绝对 X 的给付。除非第 275 条第 1 款和第 2 款之间的一般区分被推翻,除非债务人对于是否给付丧失了选择利益,否则主观给付问题通常不会受第 275 条第 1 款的调整规范。[41] 新法起草人是想将第 275 条第 1 款适用于 Y 根本不想返还该画或者该画被偷窃并且窃

---

[37] 卡纳里斯:《法学家报》,2001 年,第 504 页;比较参阅梅尔举的例子,《法律评论》,2002 年,第 121 页。

[38] 卡纳里斯也提出了批评,《法学家报》,2001 年,第 504 页。对于该立法历史的叙述,参阅《律师评注》\道纳里布等,(注释 18),第 275 条,注释 3 以下。

[39] 福斯特,载胡博\福斯特(注释 18),第 24 页;《慕尼黑评注》\恩斯特(注释 18)第 275 条,注释 100。

[40] 科勒尔(注释 30),第 50 页以下。

[41] 参阅梅尔的讨论,《法律评论》,2002 年,第 128 页以下;齐默尔:《新法学周刊》,2002 年,第 2 页以下;福斯特,载胡博\福斯特(注释 18)第 25 页以下;《律师评注》\道纳里布等,(注释 18),第 275 条,注释 52 以下;卡纳里斯,《卡尔斯鲁厄论坛》(注释 18),第 17 页以下;《慕尼黑评注》\恩斯特(注释 18)第 275 条,注释 52 以下;施陶丁格\奥托(注释 18),第 275 条,注释 55 以下。

贼和画都无法寻得的情形。[42]然而,即使如此,这在下述情形中也还是可以进一步提出论证的:给付并不是事实上的不能,但是,如果A要找回该画可能要承担巨大的资金投入。[43] 在另一方面,如果确实要将第275条第2款适用于主观不能,但有时其结果也并不尽如人意。[44] A在将该画以5万元的价格出卖给X后死亡,而A的继承人(B)并不知道该次交易,之后又将该画以7万元的价格卖给Y并已实际交付。Y愿意以7.5万元的价格将该画交还给B;如果我们假设。与此同时,X已经以8万元的价格将该画再次出售,那么根据第275条第2款,B就无权拒绝给付,因为他的支出(7.5万元)不能说与债权人受领给付的利益(8万元)比例悬殊。结果是,B由于非可归责于自己的给付障碍损失了5千元,而且几乎无法获得补偿。这说明,任何试图为将来的情形制定一般规则的努力都必然存在一定的危险。

(四)道德不能

还有另外一种情形,德国法也据此赋予债务人拒绝给付的权
利:债务人必须亲自给付,但是,如果考虑到所出现的给付障碍情
形,以及债权人的受领利益,要求给付将是不合理的:第275条第 49
3款。属于这一情形的,如一位著名女高音歌唱家在得知自己的
儿子患上了危及生命的疾病后,拒绝演出。[45]根据旧法,这种情形

[42] 参阅“债法现代化法案联邦政府草案之理由说明”,载卡纳里斯:《2002债法现代化》,2002年,第658页。

[43] 这一点由梅尔指出,《法律评论》,2002年,第130页。

[44] 下面的例子,来自于梅尔:《法律评论》,2002年,第128、130页。

[45] 《理由说明》(注释42),第662页;卡纳里斯:《法政杂志》,(2001)330;梅尔,《法律评论》,2002年,第121页;《律师评注》\道纳里布等,(注释18),第275条,注释19;《慕尼黑评论》\恩斯特(注释18)第275条,注释107以下;《施陶丁格》\奥托(注释18)第275条,注释89以下。

被认定为道德不能,适用于交易基础障碍规则。[46]当涉及服务性或具有人身性的给付时,《欧洲合同法原则》完全排除了实际给付请求权,[47]因此,这一问题并不存在。新法中,第 275 条第 2 款和第 3 款之间的关系并不非常清晰。[48]与第 275 条第 2 款的规定相反,在判断对债务人的合理期待是什么时,第 3 款认为给付障碍是否可归责于债务人在所不问:即使该著名女歌唱家儿子的疾病是由于她不慎导致的,那么她也可以拒绝给付;[49]而且在以利益衡量为基础判断给付是否合理时,债权人的受领利益仅仅是判断因素之一;而根据第 2 款,债权人的受领利益是判断对债务人的给付要求是否过分不合理的决定性标准。换言之,第 275 条第 2 款仍然是关于交易基础障碍之一般规则的具体体现,而第 275 条第 3 款中对这一规则的囊括,在一定程度上破坏了第 2 款对给付不能和交易基础障碍之间的细微区分。[50]

### 三、损害赔偿

#### (一)概念基础

民法典第 275 条仅涉及受领实际履行的权利。如果根据第

---

[46] 根据旧民法典对这些案例的讨论,参阅埃默里希,载《慕尼黑评论》,2001 年第 4 版,卷 2,第 275 条,注释 32;于尔根·施密特,载《施陶丁格评注》,1995 年第 13 版,第 242 条,注释 1196 以下,比较参阅胡博(注释 4)第 73 页。

[47] 《欧洲合同法原则》第 9:102 条第(2)款(c)项,比较参阅《国际商事合同通则》第 7.2.2 条。

[48] 尤其可参阅,福斯特,载胡博\福斯特(注释 18),第 56 页以下。

[49] 相反:《律师评注》\道纳里布等,(注释 18),第 275 条,注释 20,该书认为,当第 275 条第 3 款成为独立规范时,过错就被无意中放弃了,其中第二句话曾经是第三句话;参阅《债法现代化法案草案及修订委员会决议汇编》,载卡纳里斯(注释 42),第 441 页。

[50] 比较参阅《律师评注》\道纳里布等中提出的批评(注释 18),第 275 条,注释 8、注释 19;《慕尼黑评注》\恩斯特(注释 18)第 275 条,注释 111;劳宾格(注释 23)第 65 页以下。如果债务人没有亲自履行,或者满足第 275 条第 3 款规定的其他条件,其情形如何尚不清楚。按照推定,其应属于交易基础障碍的情形(第 313 条)。

275 条第 1 款债务人的债务被免除或者根据该条第 2、3 款债务人有权拒绝给付，那也并不意味着债务人不会承担第二次义务 50
(secondary obligation)。[51]《德国民法典》第 280 条是关于债务不履行之损害赔偿的核心条款：如果债务人违反合同义务，债权人则有权请求赔偿该义务违反所引起的损害。当然，如果该义务违反不应归责于债务人，那就不适用该规定。很明显地，其与《欧洲合同法原则》存在两个方面的区别：

1. 在《德国民法典》中，损害赔偿请求仍然以过错这一观念为基础。另一方面，只有在给付障碍是由于债务人无法控制和合同签订时无法合理预见或无法避免、克服的情形下，才会排除损害赔偿请求权。[52] 这两种制度设置之间的区别在实践中会更加明显、真实。[53]严格说来，过错并不是请求损害赔偿的条件，而是应该由债务人证明义务违反不应归责于他。从民法典第 280 条第 1 款第 2 句话的否定式表达（如果……那么就不适用）中可以推出举证责任的倒置。[54] 而且，在德国法上，债务人也并不仅因过错而承

[51] 关于该效力的特别说明，参阅《德国民法典》第 275 条第 4 款。

[52] 《欧洲合同法原则》第 9:501(1) 条，第 8:108 条；比较《国际商事合同通则》第 7.4.1 条、第 7.1.7 条。是否排除了实际履行请求权，以及是否可以请求损害赔偿，这需要根据相同的标准来回答；比较上文第 44 页。如乌里希·胡博所指出的，这正是《德国民法典》（最初版本）的起草者们想要规定的，并通过第 275 条（旧版）进行解释：参阅胡博（注释 3）卷 2，第 58 段。

[53] 参阅施莱希特里姆、《欧洲私法杂志》，1993 年第 1 期，第 228 页以下；施温策尔（注释 12），第 49 页以下。梅迪库斯为德国法上的过错原则进行了辩解："论违约责任的前提条件"，载贝斯道（注释 36），第 185 页以下。梅迪库斯及其他学者都讨论了债务人因病而不能履行合同义务的案例；按照梅迪库斯的观点，债务人应按照《欧洲合同法原则》第 9:501 条承担损害赔偿。与梅迪库斯相反，我认为，生病应被认为是超出债务人控制范围的障碍，因此应适用第 8:108(1) 条的规定；比较《欧洲合同法原则》评论的第六点说明，兰多\比勒（注释 19），第 382 页。

[54] 关于雇佣关系，参见《德国民法典》第 619a 条；改革提案的紧要关头；比较《律师评注》\道纳里布等（注释 18）第 619a 条 ，注释 1。

担责任。对此,新法第 276 条比以前的规定更加清晰。旧民法典的第 276 条第 1 款仅仅表明,除非另有特别规定,无论故意还是过失,债务人都需承担过错责任;而新制定的规则明确规定,从债务
51 内容中可以推出更加严格的责任形式,特别是担保责任的承担(譬如,一般包括对出售货物质量的承诺)[55]或者是交易物的风险承担(特别而非唯一的情形是,债务人应交付种类物的情形)[56]。对民法典第 276 条进行改革,最初就是为了进一步阐明法律之含义。[57] 然而,新法的表达方式为责任标准的灵活调整留有很大的余地。[58]

2. 在德国法上,损害赔偿请求的概念基础是"义务违反"(*Pflichtverletzung*),而在《欧洲合同法原则》中则是"不履行"(non-performance)。[59] 反对使用"不履行"这一术语的主要原因是,不完全履行(瑕疵履行 deficient performance)或履行过程中违

---

[55] 福斯特,载胡博\福斯特(注释 18),第 75 页以下;洛伦茨\莱姆(注释 18),第 92 页以下;《律师评注》\道纳里布等(注释 18)第 276 条,注释 18;格鲁德曼(Stefan Grundmann),载《慕尼黑评注》,2003 年第 4 版,卷 2a,第 276 条,注释 173 以下;福尔科莫(Gregor Vollkommer):"通过修订《德国民法典》第 276 条的责任扩张",载道纳里布、康岑和施密特(注释 12),第 126 页以下;《施陶丁格》\罗维施(注释 23)第 276 条,注释 143 以下。

[56] 卡纳里斯:《法学家报》,2001 年,注释 18,第 75 页以下;洛伦茨\莱姆(注释 18)第 92 页以下;《律师评注》\道纳里布等(注释 18)§276,注释 22 以下;《慕尼黑评注》\格鲁德曼(注释 55)第 276 条,注释 177 页以下;福尔科莫(注释 55)第 129 页以下;比较《施陶丁格》\罗维施(注释 23)第 276 条,注释 148 以下。

[57] 《律师评注》\道纳里布等(注释 18)第 276 条,注释 3。

[58] 施莱希特里姆也强调了这一点,参阅施莱希特里姆,《欧洲私法杂志》,(1993)1,第 229 页;比较福斯特,载胡博\福斯特(注释 18),第 74 页;福尔科莫(注释 55),第 123 页。

[59] 这适用于《欧洲合同法原则》第 8、9 章,也适用于《国际商事合同通则》第 7 章的规定。《欧洲合同法原则》第 1:301 条第(4)款将"不履行"界定为"没有完全履行合同义务的任何情形,包括迟延履行、瑕疵履行和没有与对方合作使合同完全生效"。比较《国际商事合同通则》第 7.1.1 条。

反附随义务的情形都只能尴尬地纳入其中。[60] 然而,另一方面,德语上的"义务违反"总是有种与过错相联系的感觉,而考虑到过错是判断责任是否成立的另外一个独立因素,这总有些不太合适。譬如,一名雇员因肺炎而没有工作。他并没有履行对其雇主所应承担的合同义务,但是根据合同违反的有关法律规定却很难确切地说这属于违反义务[61]。

新《德国民法典》与《欧洲合同法原则》之间另一个至关重要 52
的区别在于,各自责任制度设置之复杂程度的不同。《欧洲合同法原则》第9:501(1)条规定了(只要对方当事人的给付义务没有根据第8:108条而被免除,受害方有权就另一方当事人之不履行请求损害赔偿)一个一般综括性的损害赔偿请求,其囊括了各种给付失败的情形。[62] 另一方面,民法典第280条第1款仅涉及由于合同签订后的行为而导致未遵守合同义务的情形(嗣后给付不能、迟延给付、不完全给付,等等)。针对一开始就存在给付障碍(如初始不能)的情形,民法典第311a条规定了一个特殊规则。[63]

---

[60] 《最终报告》(注释33),第130页;卡纳里斯,(注释42),第668页以下;海因里希斯:"义务违反,新给付障碍法的核心概念",载《施莱希特里姆纪念文集》,2003年,第515页以下。

[61] 对义务违反这一术语的批评,参阅胡博(注释3),卷1,第2页以下(注释4);第98页以下;卡纳里斯(注释14),第59页以下;斯托尔(注释24),第293页以下;斯托尔,《法学家报》,2001年,第593页;卡纳里斯,载《卡尔斯鲁厄论坛》(注释18),第29页以下;《慕尼黑评注》\恩斯特(注释18),第280条,注释9以下(他认为,不能把新法理解为以义务违反这一统一概念为基础,更不能进而认为该概念将指导新法的适用);《施陶丁格》\奥托(注释18)第280条,注释C,第1页以下。对这一概念的辩护,参阅施莱希特里姆:"德国债法的发展与欧洲的法律融合",载《民法青年学者年鉴》(注释36)第16页以下。普遍认为义务违反和不履行应该是同义的;譬如,参阅《律师评注》\道纳里布等(注释18)第280条,注释15;但也请参阅《慕尼黑评注》\恩斯特(注释18)第280条,注释19以下。

[62] 比较《国际商事合同通则》第7.4.1条。

[63] 参阅下文六(二)"责任制度的核心要素"部分。

即使应用范围有限,第 280 条第 1 款也成为很多更为具体规则的一个理论支点(doctrinal peg),这些规则进一步确立了损害赔偿请求的条件,并且只能直接适用于其他一些遗留情形。理解新责任制度的关键是,债权人寻求救济时所针对的各种不同类型的损害赔偿,因为第 280 条区分了替代给付之损害赔偿、迟延损害赔偿和(纯粹)损害赔偿。[64] 就当事人之间的合同关系而言,这些救济方式中最为广泛的是替代给付之损害赔偿:给付义务为损害赔偿义务所代替。

(二)替代给付之损害赔偿

1. 给付不能

替代给付之损害赔偿(*Schadensersatz statt der Leistung*)是一个新词,用以替换人们熟悉的“不给付之损害赔偿”(*Schadensersatz wegen Nichterfüllung*)[65]。只有在满足民法典第 281 条、第 282 条或第 283 条规定的附加条件时,才能请求替代给付之损害赔偿(第 280 条第 3 款)。德国法律人对新法中各种不同类型的合同违反情形也是非常熟悉的。首先,如果存在各种给付不能的情形,根据第 275 条第 1 款的规定免除债务人的给付义务,或者根据第 275 条第 2、3 款债务人有权拒绝给付。这些情形也为第 283 条所规定,然而其仅仅回溯引用了第 280 条第 1 款所
53 确立的条件:一个意在澄清法律规定的理论迂回。[66] 结果是,除非债务人证明给付不能不应归责于他,否则在随后所有给付不能的

---

[64] 有关该问题的清晰分析,参阅格里格奥赖特(Hans Christoph Grigoleit)、莱姆:“给付障碍法中的损害赔偿类型”,载《民法实务档案》,(2003)203,第 727 页以下。

[65] 关于其原因,参阅《最终报告》(注释 33)第 131 页以下;“说明”(注释 42)第 674 页;《律师评注》\道纳里布等(注释 18)§280,注释 36;但也请参阅相关参考资料,《慕尼黑评注》\恩斯特(注释 18)第 281 条,注释 1。

[66] 有关批评,比较参阅《律师评注》\道纳里布等(注释 18)§283,注释 4;库佩施(Berthold Kupisch):“债法改革与立法技艺”,载《新法学周刊》,2002 年,第 1401 页以下。

情形中，债权人都可以请求积极利益赔偿。这是新法起草者无论如何都想写明的，[67]尽管这与该法的起草方式很难相容。尽管债务人没有履行根据第 275 条而被免除的义务，但却很难说债务人的行为违反了该合同义务，这也并不能被认为是能够请求损害赔偿的义务违反。因此，严格说来，必须提出的问题是，债务人是否违反了义务并进而导致给付不能的发生。然而，这一观点对债权人是不利的，因为债权人不仅需要证明给付不能的存在，而且还必须证明给付不能的原因。[68]这是对旧法的背离，因为旧法明确反对这样的规定。[69] 而如果是以"不给付"而非"义务违反"作为请求损害赔偿的概念基础，那么所有这些问题都将不复存在。[70]

2. 给付迟延与不当给付

其次，是关于给付迟延（delay of performance）和不当给付（deficient performance）的情形。如果债务人在应当给付时没有履行或没有恰当履行，且满足第 280 条第 1 款规定的条件，同时债权人为适当履行（或补救不当履行）确定了合理期间但仍未获清偿，债权人就可以请求替代给付之损害赔偿：第 281 条第 1 款的规定。因此，乍看起来，对于不履行或不当履行的债务人，德国法似乎比《欧洲合同法原则》更为宽容一些，因为根据《欧洲合同法原则》第 9：501 条以下的规定，[71]在债权人请求损害赔偿之前，并不要求债权人确定期限并通知债务人：未及时履行的债务人应对违反合

---

[67] "说明"（注释 42）第 672 页：义务违反非常简单，以尚未履行的事实为基础。

[68] 这一点由福斯特提出，载胡博\福斯特（注释 18），第 113 页以下。上文三（一）"概念基础"部分提到的举证责任倒置只与过错问题相关。比较卡纳里斯：《法学家报》，2001 年，第 512 页；斯托尔（注释 24）第 295 页以下；《慕尼黑评注》\恩斯特（注释 18）第 283 条，注释 4；《施陶丁格》\奥托（注释 18）第 283 条，注释 11 以下。

[69] 福斯特，载胡博\福斯特（注释 18），第 114 页；《施陶丁格》\奥托（注释 18）第 283 条，注释 13。

[70] 参阅卡纳里斯提交的建议，《法学家报》，2001 年，第 523 页。

[71] 比较《国际商事合同通则》第 7. 4. 1 条以下。

同负有责任,而且立即就会被请求赔偿损害。然而,必须牢记,民
54 法典第283条所适用的各种损害赔偿属于替代给付之损害赔偿。债权人丧失了请求给付的权利(这为第281条第4款所特别规定),但却可因未受领任何给付而请求损害赔偿。损害赔偿包括,尤其是,寻求替代给付支出的费用。[72] 因此,在某种程度上可以说合同被解除了,请求替代给付之损害赔偿的法律效果的确在很多方面与《欧洲合同法原则》规定的合同解除的情形一致。[73]

因此,《欧洲合同法原则》第9:506条规定,可以请求损害赔偿以替代交易,[74]这即意味着受害方已经解除了合同。然而,如果债务人的不履行是根本性的,或者债权人已经通知债务人另外确定了一个合理的履行期间,但仍然存在非根本性给付迟延,如此债权人才有权解除合同。[75]由于《德国民法典》也并没有坚持在严重违约时需要另外确定给付期间,[76]因此这两组规则之间的区别有所减弱。然而,就损害之赔偿恢复而非合同价格和替代交易而言,

---

[72] 譬如,参阅《律师评注》\道纳里布等(注释18)§280,注释49以下;福斯特,载胡博\福斯特(注释18)第137页以下;《慕尼黑评注》\恩斯特(注释18)第281条,注释56以下;格里格奥赖特和莱姆:《民法实务档案》,2003年,第735页;《施陶丁格》\奥托(注释18)第281条B,第152页以下;海因里希斯,载《帕兰特民法教科书》,2005年第64版,第281条,注释26。

[73] 参阅《欧洲合同法原则》第8:102条的注释,载兰多\比勒(注释19),第363页。

[74] 比较参阅《欧洲合同法原则》第9:507条(债权人尚未选择替代履行,但对于合同约定的给付可以给出时价的情形)这些规则与《国际商事合同通则》第7.4.5条和第7.4.6条相对应,主要是受到《联合国国际货物销售合同公约》第75条和第76条的启发。对替代给付之损害赔偿观念的比较评价,参阅斯托尔,载施莱希特里姆主编:《联合国买卖统一法评注》,2000年第3版,第74条,注释3、注释14;施莱希特里姆:《发展》(注释61)第22页;(注释12)第81页。

[75] 《欧洲合同法原则》第9:301条(1)款,第8:106条(3)款;比较《国际商事合同通则》第7.3.1条(1)款,第7.1.5条(3)款。

[76] 《德国民法典》第281条第2款。

两者仍存在差别，[77]另外，在债务人瑕疵给付但未构成严重违约的情形下，就替代给付的费用而言，两者之规定也有所不同。[78]

3. 对不影响给付之附随义务的违反

《德国民法典》里的第三种替代给付之损害赔偿，是第 280 条
第 3 款和第 282 条规定的情形。根据德国法，一种合同关系并不 55
仅仅会产生给付义务之法律效果，还会使双方当事人相互负有义务照顾对方的权利和法律利益（第 241 条第 2 款）[79]。各种附随义务（ancillary duties）就以该一般原则为基础。[80] 如果债权人不再能合理地期待受领给付，那么违反其中一种附随义务就会导致替代给付之损害赔偿请求。其适用的情形，譬如，如果一位画家正在毫无瑕疵地进行着他所承担的绘画工作，但是他的梯子却在不断给债权人家里的门、装饰灯以及其他家具设备造成损害；[81]或者：一位临时照看婴儿的人体贴、精心地照管着小孩子，但是却总是试图要求雇主多计算工作量。根据旧法，这些情形应适用积极瑕疵履行理论（positive mal-performance）。正如示例所表明的，第 280 条第 3 款和第 281 条仅适用于不影响给付的附随义务（*nicht leistungsbezogene Nebenpflichten*）：合同的主给付义务没有瑕疵，但

---

[77] 参阅比较在《欧洲合同法原则》第 9：502 条的评注中列出的各项情形（兰多\比勒，注释 19，第 438 页以下），与德国法上的不履行损害赔偿相比较（参阅上文注释 72）。

[78] 根据《欧洲合同法原则》，债权人没有可能指定一个宽限期，进而使违约行为转变为根本违约（产生可以解除合同的效力）。

[79] 这在前合同阶段也同样适用；参阅《德国民法典》第 241 条第 2 款，第 311 条第 2 款。

[80] 譬如，参阅恩斯特·卡拉莫尔，载《德国民法典慕尼黑评注》，2003 年第 4 版，卷 2A，第 241 条，注释 31 以下；《慕尼黑评注》\恩斯特（注释 18）第 280 条，注释 93 以下；海因里希斯：《帕兰特民法教科书》（注释 72）第 280 条，注释 28 以下。

[81] "说明"中提到了该种情形，载卡纳里斯（注释 42），第 682 页；比较参阅《律师评注》\道纳里布等，（注释 18）第 282 条，注释 1；福斯特，载胡博\福斯特（注释 18）第 132 页。

该给付的履行条件并非债权人所必须承受的。直接违反影响给付的附随义务（*leistungsbezogene Nebenpflichten*），譬如医生没有提供由他保管的完整连续的治疗资料；销售者没有妥当地包装货物而使其受到损失；这些都由第 280 条第 3 款和第 281 条，而非第 280 条第 3 款和第 282 条予以规范：这里涉及的是不当给付问题。[82]

《欧洲合同法原则》中没有任何关于附随义务的特殊规定；根据一般推定，如果画家或临时婴儿照管者的行为被认为是根本性的不给付时，债权人就可以解除合同。[83] 除此之外，根据《欧洲法合同原则》第 9:501 条（《国际商事通则》第 7.4.1 条）还可以请求损害赔偿。《欧洲法合同原则》第 1:301(4)条以及第 8:101 条的评注特别指出，违反附随义务或者没有履行使合同完全生效的合作义务都属于"不履行"。[84] 然而，依然有疑问的是，该种损害赔偿请求是否会被很多非德国法律人认为应属于侵权法范围呢？

56 （三）给付迟延之损害赔偿

1. 债务人迟延

与替代给付之损害赔偿相反，因债务迟延而发生的损害赔偿并不影响债务人的给付义务。迟延损害是指因债务人未及时给付而产生的损失，包括因给付迟延发生的收益损失或费用支出，还包

---

[82] 关于影响给付的附随义务与不影响给付的附随义务的区别，参阅，譬如，科勒尔（注释 30）第 61 页以下；齐默尔《新法学周刊》，(2002)6；《施陶丁格》\奥托（注释 18）第 280 条 C，第 15 页以下，第 282 条，注释 19 以下；比较《慕尼黑评注》\恩斯特（注释 18）第 281 条，注释 8，第 282 条，注释 2。

[83] 《欧洲合同法原则》第 9:301 条(1)款；《国际商事合同通则》第 7.3.1 条 1)款。

[84] 兰多\比勒（注释 18）第 123、359 页。

括迟延期间标的物价值的减少。[85] 如果是债务人怠于履行给付义务,更技术化的说,就是如果属于"债务人迟延"(*mora debitoris*)(《德国民法典》第 280 条第 2 款、第 283 条),那么这些损失都应得到弥补。新法也考虑了旧法中规定的一些条件,且大致未变,如必须债务已届履行期,债权人必须已经对债务人发出了特别催告(a special warning*Mahnung*),且必须债务人尚未给付。[86] 在很多时候,催告并不是必要条件,尤其是如果已经根据日历具体确定给付期限(期限代人催告 *dies interpellat pro homine*)。[87] 一项重要的变化与双务合同中的支付有关。2000 年 3 月,德国政府通过了一项旨在加快支付的法令,[88]很显然这是对《欧盟关于商业交易中迟

---

[85] 《律师评注》\道纳里布等,(注释 18)第 280 条,注释 47、62;福斯特,载胡博\福斯特(注释 18)第 100 页以下;《慕尼黑评注》\恩斯特(注释 72)第 286 条,注释 117 以下,第 281 条,注释 110 以下;格里格奥赖特和莱姆,《民法实务档案》(2003)203,第 747 页以下;卡纳里斯:"新给付障碍法中迟延损害赔偿的概念和事实",载《经济法杂志》,2003 年,第 321 页以下;《施陶丁格》\奥托(注释 18)第 280 条,注释 E3、E16 以下;《施陶丁格》\罗维施(注释 23)第 286 条,注释 170 以下;海因里希斯:《帕兰特民法教科书》(注释 72)第 286 条,注释 43 以下;《饶尔尼希》\斯塔德勒(注释 33)第 280 条,注释 49 以下;特里特尔(Guenther H. Trettel):《违约救济:比较叙述》,1988 年,注释 108。作为一个普遍指导原则,可以说迟延损害是指即使债务人在迟延的最后时刻履行了债务,但也仍然会产生的损害。在新法中产生的概念问题,参阅《慕尼黑评注》\恩斯特(注释 18)第 275 条,注释 12 以下。

[86] 关于债务人迟延规则的条件,参阅福斯特,载胡博\福斯特(注释 18)第 81 页以下;《慕尼黑评注》\恩斯特(注释 18)第 86 条,注释 18 以下;《施陶丁格》\罗维施(注释 23)第 286 条,注释 5 以下;海因里希斯:《帕兰特民法教科书》,(注释 72)第 286 条,注释 11 以下;《饶尔尼希》\斯塔德勒(注释 33)第 286 条,注释 10 以下。

[87] 关于期限代人催告规则,参阅《债法》(注释 1)第 798 页。关于警告并非必需的所有情形的讨论,参阅《慕尼黑评注》\恩斯特(注释 18)第 286 条,注释 55 以下;《施陶丁格》\罗维施(注释 23)第 286 条,注释 67 以下;《饶尔尼希》\斯塔德勒(注释 33)第 286 条,注释 27 以下。

[88] 《联邦法公报》2000 年第 1 期,第 330 页以下。

延支付指令》的提早实施。[89] 这一法令修改了债务人迟延规则,[90] 该规则被恰当地描述为“构想极其糟糕和不当”:[91]完全是事与愿
57 违。因此需要对改革实行再改革。目前,民法典第 286 条第 3 款明确规定,债务人收到账单或具有相同意义的支付请求之日后的 30 天为最终期限,30 天后,负有支付义务的债务人即自动被认为构成违约。[92]

2. 附记:债务人迟延的其他后果

此时,需要提及的是,请求迟延利益并非债务人迟延规则的唯一法律后果。由此,如果迟延涉及金钱款项的支付,债权人则有权获得该笔款项的利息,对于不涉及消费者的法律交易,利率为超出基准利率的 8%,在其他所有情况下则为 5%(《德国民法典》第 288 条第 1、2 款)。此外,如果构成了债务人迟延,那么债务人就应对迟延期间任何程度的过失承担责任(相关的是,债务人承担责任的标准通常比较宽松);[93]如果给付在迟延后变为不能,即使该给付不能不应归责于债务人,他也应对此承担责任,除非即使债务人及时履行而该损害仍无法避免:《德国民法典》第 287 条。[94]与

[89] 相关评论,参阅慈恩特史(Jürgen Schmidt-Räntsch):“对买卖法指令实施的思考”,载《欧洲私法杂志》,1999 年第 7 期,第 302 页。

[90] 尤其,参见构成第 284 条的第三部分。

[91] 沃尔夫冈 · 恩斯特:“欧洲的德国立法:以迟延法为例”,载《欧洲私法杂志》,(2000)8,第 769 页。详细批评,参阅乌里希 · 胡博:“迟延偿付的新权利与私法自治原则”,载《法学家报》,2000 年,第 743 页以下;“《德国加速支付到期款项法》与《关于商业交易中迟延支付的欧盟指令》”,载《法学家报》,2000 年,第 957 页以下。

[92] 详请参阅《律师评注》\道纳里布 等(注释 18),第 286 条,注释 57 以下;福斯特,载胡博\福斯特(注释 18)第 90 页以下;洛伦茨\莱姆(注释 18)第 135 页以下;《慕尼黑评注》\恩斯特(注释 18)第 286 条,注释 70 以下;《施陶丁格》\奥托(注释 18)第 286 条,注释 89 以下;《饶尔尼希》\斯塔德勒(注释 33)第 286 条,注释 31 以下。

[93] 该种情形,参见海因里希斯,《帕兰特民法教科书》(注释 72)第 277 条,注释 4、6。

[94] 关于该规则的历史溯源,请参阅《债法》(注释 1),第 799 页以下。

旧法相反，第 286 条所规定的债务人迟延的具体条件，不再是替代给付之损害赔偿或解除合同的必备要件；[95]从这一点来看，《德国民法典》与《欧洲合同法原则》的有关规定相似。[96] 与《德国民法典》的规定一样，如果迟延支付金钱款项，《欧洲合同法原则》也支持对迟延款项利息的请求（第 9:508（1）条）；[97]同时还规定了损害赔偿请求权（第 9:501 条）[98]；《欧洲合同法原则》明确规定，债权人返还利息的请求并不妨碍由此而产生的损害赔偿请求权（第 9:508 条）。[99] 不过，与《德国民法典》不同的是，《欧洲合同法原则》 58
并不要求针对给付迟延的特别催告，[100]也没有类似民法典第 287 条的规定。然而，民法典第 287 条第 2 款的实质内容却可能包含在《欧洲合同法原则》第 8:108 条之中，因为债务人应对给付不能负责：即使超出其控制范围并且不可预见，他也本应避免该给付障碍。所以，债务人的债务不履行责任并不能被豁免。

---

[95] 参见《德国民法典》第 280 条第 2 款、第 281 条和第 323 条；关于该问题的协调，参阅《慕尼黑评注》\恩斯特（注释 18）第 275 条，注释 14，第 281 条，注释 112；波尔曼（Petra Pohlmann）：“从迟延到履行迟延？”，载道纳里布、康岑和施密特（注释 12），第 272 页以下；比较《施陶丁格》\奥托（注释 18）第 281 条 B，注释 3 以下。

[96] 比较梅迪库斯（注释 53）第 184 页。

[97] 然而《欧洲合同法原则》第 9:508 条（1）款限定为偿付首次合同义务，而不包括二次金钱债务利益，譬如损害赔偿或利息：兰多\比勒（注释 19）第 451 页；比较《国际商事合同通则》第 7.4.9 条。对《欧洲合同法原则》第 9:508 条（1）款的解释，参阅克孜奥尔（Helmut Koziol）：“欧洲合同法统一与德国损害赔偿法”，载贝斯道（注释 36），第 209 页以下。

[98] 比较参见《国际商事合同通则》第 7.4.1 条。

[99] 比较参见《国际商事合同通则》第 7.4.9 条（3）款。

[100] 有关批评，参阅布赫（Eugen Bucher）：“过去、现在还是其他：罗马人的功绩与债编现代合同法”，载《协定、公约、合约：布鲁诺·施密德林 *Bruno Schmidlin* 教授纪念文集》，1998 年，第 412 页以下、第 426 页以下；比较梅迪库斯（注释 53），第 183 页以下。

(四)"简单"损害赔偿

那么,《德国民法典》第 280 条第 1 款关于损害赔偿的请求还包括什么呢(简单损失)?新法的起草者试图使其涵括间接损失,譬如债权人因债务人违约而遭受的其他受法律保护利益的损害:[101] A 向 B 出售一头牛,但是这头牛感染了某种疾病,并因此传染了 B 的其他牛;这一被出售的感染源使买方遭受了损害。旧法中的积极侵害债权(*positive Forderungsverletzung*)主要应用于诸如此类的情形。旧法在此范围内的区分非常细微,一是依约受领给付的债权人利益(*Mangelschaden* 固有瑕疵损失,这些利益在买卖合同和承揽合同中受到特别请求权的保护),另外就是债权人其他合法权益不因瑕疵给付遭受损害(*Mangelfolgeschaden* 瑕疵结果损失或附随损失)的利益。[102]

然而,这一被视为多余的区分是否以及在多大程度上在这次改革中存活下来,或者其是否已经被另一同样难以理解的制度所替代,还存在很多争论。一方面,可以说,所有的损失,包括间接损失,都已经为《德国民法典》第 281 条的替代给付之损害赔偿所涵括。[103] 假若设想债务得到恰当履行时债权人的情形,那么也就可以进一步考虑到,要不是债务人的义务违反,债权人就不仅得到一头不会传染病菌的健康的牛,而且更不会使债权人的其他牛和人身健康遭受损害。根据这一观点,民法典第 280 条第 1 款的适用
59 范围就会大大降低;但是,如果债权人的健康、财产或其他利益并不是由于主给付义务(main performance)的履行瑕疵而遭受损害,

[101] "说明",载卡纳里斯(注释 42)第 671 页以下,第 834 页。

[102] 譬如,参阅梅迪库斯,《民法》,1999 年第 18 版,注释 351 以下;海因里希·霍恩塞尔(Heinrich Honsell),载《德国民法典施陶丁格评注》,1995 年第 13 版,前言第 459 条以下,注释 78 以下;弗兰克·皮特斯(Frank Peters),载《德国民法典施陶丁格评注》,2000 年修订版,第 635 条,注释 55 以下;梅迪库斯:《法律教育》,2003 年,第 527 页。

[103] 譬如,参阅福斯特,载胡博\福斯特(注释 18),第 137 页。

而是在履行的过程中造成的损害(譬如,画工在作画时损坏了雇主家的吊灯;买主在售方商店里踩到香蕉皮滑倒;医生泄露患者的私密信息而使其遭受损害等),对此债权人如果不想或不能请求替代给付之损害赔偿,那么就仍可以适用民法典第280条第1款。[104] 另一方面,民法典第281条要求债权人为债务人指定特定的履行期间,而对于间接损失而言,这一要求显然是毫无意义的。因此,就可能需要这样的一种区分,即在债权人指定的特定期间内补充履行(supplementary performance)而能够避免的损失(如修理或替代交易的费用),以及无论是否在指定期间履行都会产生的损失(如在前述案例中提到的其他牛的死亡,或者是对买方身体健康的损害)。[105] 前者应适用《德国民法典》第280条第3款和第281条(替代给付之损害赔偿)之规定,而后者则适用民法典第280条第1款的规定(简单损失之赔偿)。

从概念上看,这一区分与旧法中关于固有瑕疵损失和瑕疵结

[104] 参阅上文第55页。

[105] 有关这些区别的详细讨论,参阅《律师评注》\道纳里布等(注释18),第280条,注释39以下,第51页;史蒂芬·洛伦茨:“论新买卖法中因物之瑕疵而产生的合同解除、减价和损害赔偿:卖方还有什么呢?”,载《新法学周刊》,2002年,2500;福斯特,载巴姆伯格(Heinz Georg Bamberger)、罗斯(Herbert Roth)主编:《德国民法典评注》,2003年,卷1,第437条,注释47、51以下;《慕尼黑评注》\恩斯特(注释18)第280条E,注释4以下;格里格奥赖特和莱姆,《民法实务档案》,(2003)203,第751页以下;《施陶丁格》\奥托(注释18)第280条E,注释4以下;维斯特曼(Harm Peter Westermann),载《德国民法典慕尼黑评注》,2004年第4版,卷3,第437条,注释26以下;《帕兰特民法教科书》\海因里希斯(注释72)第280条,注释18。对于必须做出一些区分的观点几乎没有什么争议。迄今只有格伦尼沃尔德(Barbara Grunewald)提出过不同观点:“瑕疵损害赔偿与瑕疵结果损害赔偿”,载道纳里布、康岑和施密特(注释12),第313页以下。

果损失之间的划分,[106]在实践结果上有很大的相似性,但两者并不相同。新的这一区分缘于对替代给付之损害赔偿的一种理解,该观点认为替代给付之损害赔偿必须如此解释,即替代给付之损害赔偿并没有完全剥夺债务人根据《德国民法典》所享有的履行合同义务的第二次机会,以便其仍能获得合同利益。然而,这一区分在实践中并不易于操作。即使在目前,就已经出现了很多针对这
60 一区分的争论。[107] 争论之一就是,债务人交付的瑕疵物品只有在修理或更换后才能使用,由此而遭受损害(旧法中称为固有瑕疵损失)[108]的可复(原)性问题;如果交付的标的物是一台对于企业经营来说至关重要的机器,那么还会进而导致生产上的损失(betriebsausfallschaden)。目前已经至少提出了四种解决建议:适用替代给付之损害赔偿规则;[109]适用第 280 条第 1 款关于简单损失之赔偿的规定;[110]因买方给付不能而遭受损害时,根据具体情形判断(在一定时间内买方是否能够修复该履行瑕疵);[111]或适用迟延给付之损害赔偿规则(第 280 条第 2 款、第 286 条)。[112]

目前的这种情形差强人意(更难以推荐为欧洲的模板),如果要根据德国新债法对每一种损害赔偿请求权进行分析,都首先意

[106] 譬如,参阅,胡博,载胡博\福斯特(注释 18)第 349 页以下;《帕兰特民法教科书》\海因里希斯(注释 72)第 280 条,注释 18;比较《施陶丁格》\奥托(注释 18)第 280 条,注释 26 以下;《慕尼黑评注》\维斯特曼,(注释 105),第 437 条,注释 33。

[107] 譬如,参阅福斯特的讨论(注释 105),第 437 页,注释 50 以下;《施陶丁格》\奥托(注释 18),第 280 条,注释 E1 以下。

[108] 参阅《律师评注》\道纳里布等(注释 18),第 280 条,注释 41。

[109] 胡博,载胡博\福斯特(注释 18),第 351 页以下。

[110] 卡纳里斯,载《卡尔斯鲁厄论坛》(注释 18),第 37 页以下。

[111] 福斯特(注释 105),第 437 条,注释 53。

[112] 格里格奥赖特和莱姆,《民法实务档案》,(2003)203,第 754 页以下;之前可参阅福斯特,胡博\福斯特(注释 18),第 155 页(损失没有产生的原因是卖方交付了瑕疵机器,因为他无法交付没有瑕疵的机器)。

味着要对原告所要寻求救济的损害类型进行复杂的探究。

**四、履行不能时的替代给付请求权**

如果非由于债务人的过错而导致履行不能，债权人当然不能向债务人主张损害赔偿。然而，债务人可以寻求其他方法代替原定给付：从保险公司获得赔偿，或者向第三人主张请求权。要求债务人将其因此而获得的任何利益都转交给债权人，德国法认为这显然是公正合理的：[113]既然债务人有义务交付被毁损、遗失或盗窃的物，那么自然也就不能继续保留上述物的替代品。这在旧法第281条和新法第285条中都有规定。当然，如果债务人拒绝交付，债权人自然有权请求交付该替代品。如此，债权人享有的替代给付之损害赔偿请求权就会因替代品的价值而被削弱。[114] 奇怪的是，《欧洲合同法原则》没有规定这类救济方式，而《联合国国际货物销售合同公约》中也没有规定。《联合国国际货物销售合同公 61
约》的一些德国评论家则试图通过合同解释或类推适用公约的第84条第2款来弥补这一缺陷。[115]

**五、履行信赖的费用开销**

有时，债权人会发现很难计算甚或根本无法确定自己所遭受的具体损失。但是，债权人可能会因为信赖债务人的履行承诺而有很大的支出。B从A那里购买了一处房产，但是后来却发现，与卖方口口声声所保证的相反，B并不能在该房产内经营迪斯科

---

[113] 《最终报告》（注释33），第132页（正义的揭示者）。

[114] 《德国民法典》第285第2款。关于一些新问题的详细讨论，参阅梅尔：《法律评论》，2002年，第122页以下。

[115] 斯托尔和格鲁伯，载施莱希特里姆、施温策尔主编：《联合国国际货物销售公约评注》，2004年第4版，第79条，注释44。乌里希马格奴斯，载《施陶丁格评注，维也纳，联合国国际货物销售公约》，1999年修订版，第79条，注释54。《欧洲合同法原则》和《联合国国际货物销售合同公约》都没有对一些情形予以规范的批评，参阅波伦伯格（Raimund Bollenberger）：《替代之物：参照其他法律制度，奥地利和德国债法上的补偿返还问题》，1999年，第153页以下。

舞厅。[116] 此时,如果根据 B 的可能获利而计算损失,那仅仅只能是在猜测而已。请求损害赔偿的更为保险的策略是,主张 A 赔偿 B 因为预期能够经营迪斯科舞厅而实际支出的费用。然而,这些费用支出并不是由于 A 的不履行而造成的;即使 A 没有违背承诺,这些费用也仍然会发生或存在。只是这些费用发生的目的遭到了挫折或打击。根据旧法,法院通常会支持 B 的请求,因为法院认定该次交易将会获利,因此而允许 B 请求返还与投资相同的款项。这实际上是主张以实际支出为尺度来衡量判断积极利益的多少。[117] 然而,如果债权人进行交易(因信赖而发生了实际支出)的目的并非赚钱而是追求非物质利益,那么问题将无法解决。在这种情况下,请求损害赔偿的障碍是民法典第 253 条,其规定禁止在合同法中救济非物质利益。[118] 当然,这一点被普遍认为是有失公正的。[119] 因此,新法做出了一般性规定,根据这一规定,债权人并不请求替代给付之损害赔偿,而是可以请求恢复因信赖履行或其
62 他合法原因所发生的任何实际支出或费用,除非即使没有债务人的义务违反,这些实际支出或费用的目的也同样无法实现。[120]《欧

[116] 参见《联邦最高法院民事裁判汇编中的案例》,第 114 卷,第 193 页以下。

[117] 譬如,参阅奥托文中的参考资料,载《施陶丁格评注》,2001 年修订版,第 325 条,注释 84 以下;海因里希斯:《帕兰特民法教科书》(注释 24),第 325 条,注释 15。

[118] 在此期间,该规则已经被改革,但是仍然规定限于因以下方面产生的非物质损害:受害方的人身或健康遭受损害、自由丧失或者是侵犯性自主权。

[119] 卡纳里斯:《法学家报》,(2001)516。

[120] 关于该条推理之背景信息,以及在引入民法典之前的争论过程,参阅“说明”(注释 42)第 684 页以下;《律师评注》\道纳里布等(注释 18)第 284 条,注释 1 以下;福斯特,载胡博\福斯特(注释 18)第 157 页以下;《慕尼黑评注》\恩斯特(注释 18)第 284 条,注释 1 以下;格泽尔:“论德国民法典第 284 条规定的无谓费用偿还”,载道纳里布、康岑和施密特(注释 12),第 321 页以下;斯托普尔:“论德国民法典第 284 条规定的落空费用偿还”,载《民法实务档案》2004 年第 204 期,第 81 页以下;《施陶丁格》\奥托(注释 18)第 284 条,注释 1 以下;史蒂芬·洛伦茨:“给付损害赔偿、盈利推定和瑕疵担保上的费用偿还”,载《新法学周刊》,2004 年,第 26 页以下。

洲合同法原则》中没有这方面的规定，但如旧德国法一样，却可以在理解第 9:502 条时糅合进来。[121] 重要的是，《欧洲合同法原则》的损害赔偿包括了对非金钱损害的赔偿：第 9:501 条第 2 款(a)项。[122]

## 六、自始履行障碍

### (一)合同效力

现在我们将注意力转向债务履行的自始障碍。[123] 根据旧民法典第 306 条的规定，自始客观的履行不能并不被认为是某种违约行为，而只是合同的效力障碍："以不能之给付为标的的合同无效。"人们普遍认为，该项规则的基础源于罗马法，但这是错误的。在当时，罗马法学家仅有"法律不能强人所难"(*impossibilium nulla obligatio est*)的短语，[124]其仅仅意味着任何人都不会负有履行他无法或不能给付的义务。这与"以不能之给付为标的的合同无效"的论断截然不同，实际上，罗马法学家主张应适时授予不能 63

[121] 有关《联合国国际货物销售合同公约》、《欧洲合同法原则》、《国际商事合同通则》的比较讨论，参阅沙克尔(Torsten Schackel)："因违反附随义务而产生的消极利益赔偿请求权"，载《欧洲私法杂志》，2001 年第 9 期，第 48 页以下，第 268 页以下。就《联合国国际货物销售合约》而言，这一点尚有争议；参阅斯托尔和格鲁伯(注释 115)第 74 条，注释 5；施莱希特里姆：《联合国国际货物销售公约评注》，1996 年，注释 308。

[122] 比较参见《国际商事合同通则》第 7.4.2 条。国际发展趋势是在越来越广泛的情形下承认非金钱损害赔偿请求权，而其与此是一致的；参阅齐默曼："欧洲合同法原则与欧洲侵权法原则：比较与合同要点"，载克孜奥尔、斯泰因英格(Baroara C. Steininger)主编：《欧洲侵权法 2003》，2004 年，注释 24。

[123] 尤其参阅梅尔："给付障碍法：自始履行障碍、种类之债和尽管可能而不履行"，载《法律评论》，2002 年，第 187 页以下；《慕尼黑评注》\恩斯特(注释 18)第 311a 条，注释 1 以下；卡纳里斯，"民法典第 311a 条第 2 款规定的自始不能责任的基础和法律问题"，载《海德里希纪念文集》，2005 年，第 11 页以下。

[124] 杰尔苏斯：《学说汇纂》，第 50 卷(Celsus D. 50, 17, 185)。

获得给付的买方以提起买物之诉(*actio empti*)的权利。[125] 一开始接受自然法学家的提议,之后这一提议得到耶林的支持。[126]《德国民法典》的起草者们受到这一提议的影响,最终规定,如果卖方知道或应当知道给付不能的,买方可以主张赔偿消极利益,即因相信合同有效而遭受的损害,但赔偿额不得超过另一方当事人在合同有效时享有的利益金额(旧民法典第 307 条)。然而,这样的请求或主张通常是不够的。一项买卖合同使买方产生合理信赖,他相信自己会按时依约收到对方允诺交付的交易物;如果后来发现该给付自始即为不能,那么买方就会希望获得救济,以使自己能够如合同依约获得履行一样(而相反的是,买方从没对合同效力产生信赖的情形)。

拉贝尔指出,《德国民法典》第 306、307 条等确定的规则无法令人接受,甚为遗憾,[127]该评论影响甚大,甫一提出即成为通说:[128]教科书和各种评论都极力鼓吹限制适用第 306 条,以尽力避免使合同无效的糟糕情形。譬如,有时,在合同中加入特定的担保责任条款,从而将自始履行不能的风险转嫁到承诺履行的人那里。《德国民法典》的改革为此画上了句号。修订后的民法典第 §311a 条第 1 款特别规定,合同并不会仅因为给付在订约时不能

---

[125] 详请参阅《债法》(注释 1),第 686 页以下;哈克(Jan Dirk Harke):"不能与义务违反:罗马法、《德国民法典》和债法现代化",载《民法青年学者年鉴》(注释 36),第 31 页以下。

[126] 参阅《债法》(注释 1)第 694 页以下。

[127] 拉贝尔:"履行不能",1970 年和"履行不能与当前的司法实践",1911 年,现都收入《拉贝尔文集》,1965 年,卷 1,第 1 页以下、第 56 页以下。

[128] 茨威格特\克茨(注释 1),第 488 页以下;索德(Reinhold Thode),载《慕尼黑评注》,2001 年第 4 版,卷 2,第 306 条,注释 3。

而无效。[129] 这一规定与《欧洲合同法原则》第 4:102 条完全一致。[130]

(二)责任制度的核心要素 64

旧法中关于自始即无给付能力,也即自始主观不能的法律含义同样不甚清楚但又颇多问题:一张画被偷盗后,就该画而签订的买卖合同;或者,买卖合同签订后发现该画属于第三人或者属于某家博物馆所有。显然,在此情况下,无论他是否知道或应该知道这一给付不能的情形,卖方都应严格的负有责任。[131] 从方法论上看,其源于《德国民法典》第 275、306 条之规定(*argumentum e contrario* 反向推理),因为其内生于合同的允诺自身,因此被认为是一项策略精当的规定。一个人向他人出售画卷,即暗含着他能够将该画之所有权转移与他人的允诺:"我将履行,即意味着我能够履行。"

债法修订后,民法典第 311a 条第 2 款规定了一个完全不同的责任制度。其立法基础包括以下几个方面:(1)自始不能,无论主

---

[129] 当然,如果履行不能,那么债权人就无权请求实际履行:适用第 275 条;譬如参阅,福斯特,载胡博\福斯特(注释 18),第 208 页以下。债务人的责任由《德国民法典》第 311a 条第 2 款予以规定,可参阅下文六(二)部分。第 311a 条是否适用于内容明显荒谬的(譬如买卖半人半马的怪物)合同呢? 根据旧法,这涉及无效是否恰当的问题;参阅《债法》(注释 1),第 696 页,注释 135,及其参考资料;比较对《奥地利一般民法典》第 878 条第 1 款的解释(完全不可能的,不能作为有效合同的标的物)。通常这样的合同会违反善良风俗而无效(第 138 条第 1 款)。否则,其或者无效[劳宾格(注释 23),第 277 页以下],或者有效,而第 311a 条规定的责任仅限于消极利益;参阅《慕尼黑评注》\恩斯特(注释 18)第 311a 条,注释 31;海因里希斯,《帕兰特民法教科书》(注释 72)第 311 条,注释 7(呼吁对第 311a 条第 2 款进行目的限缩)。

[130] 参见《国际商事合同通则》第 3.3 条。

[131] 《施陶丁格评注》\罗维施(注释 24)第 306 条,注释 45 以下;海因里希斯,《帕兰特民法教科书》(注释 72)第 306 条,注释 9 以下;胡博(注释 3)卷 2,§ 22。对旧法下展开讨论之方式的很好的综述,参阅梅尔,《法律评论》,2002 年,第 189 页以下。

观的还是客观的,都将一视同仁。[132] (2)自始不能与嗣后不能皆应适用相同的责任制度。因为如果以被出售的画是在合同签订之前还是签订之后失窃作为责任标准,这必将难以操作,且充满任意性。[133] (3)即使自始就存在给付障碍,也应将过错原则置于首位。[134] (4)然而,过错的归责会因自始不能与嗣后不能的不同而有所区别。如果该画是在合同签订后被偷窃或损毁,那么卖方的过错在于没有妥善照管该画。相应地,如果在合同签订前该画即被偷窃或损毁,那么就很难说卖方因缺乏对买方的勤谨义务而应承担责任。可以归责于卖方的,只是在合同签订时,卖方知道或应当知道该画已失窃或被毁损这一事实。[135] (5)根据一般原则,因没有履行承诺从而违反了义务,即使他知道或应当知道给付不能的情形,那么对方也只能主张消极利益。这意味着请求积极利益不能仅以民法典第 280 条第 1、3 款和第 283 条为依据(债务人的过错在于合同前的信息缺陷,而不是违反合同义务),也不能仅以第 280 条第 1 款(缔约过失,这并不是积极利益请求权,譬如请求替代给付之损害赔偿)为基础。[136]

---

[132] 参阅卡纳里斯(注释 123),第 17 页以下。

[133] 卡纳里斯:《法学家报》,2001 年,第 506 页;《帕兰特民法教科书》\海因里希斯(注释 24)第 311a 条,注释 2;卡纳里斯(注释 123)第 20 页以下。

[134] 为什么自始不能的责任应以过错为基础,对此的详细讨论,参阅卡纳里斯(注释 123)第 21 页以下。

[135] 卡纳里斯:《法学家报》(2001)507。

[136] 参阅卡纳里斯:《法学家报》(2001)507;《法政杂志》,2001 年,第 331 页以下;《债法现代化法案草案中义务违反、自始不能与费用偿还导致的损害赔偿》,伯特利布(Der Betrieb)2001 年出版,第 1817 页以下;福斯特,载胡博\福斯特(注释 18)第 210 页以下;格泽尔:"新债法上的给付损害赔偿",载《民法青年学者年鉴》,2001 年,(注释 36),第 118 页以下。但也请参阅《慕尼黑评注》\恩斯特(注释 18)第 311a 条,注释 4,19(其认为第 311a 条完全没有必要),而卡纳里斯的观点则相反(注释 123),第 34 页以下。

### (三)自始不能与错误 65

以上诸多因素,也是民法典第311a条第2款就自始不能单独规定责任规则的原因,根据该规则,债权人有权请求替代给付之损害赔偿,除非在合同签订时债务人不知道给付障碍的存在,并且该不知道的情形也不应归责于债务人。[137] 后一规则,即民法典第276条之规定,即使在债法改革之后,也还是开启了旧法中主导制度继续存在下去的可能:[138]按照债之关系的内容,特别是默示担保制度,只能说该责任标准比过错原则更为严格。[139] 尽管很难说这些主张有悖于法律文义(*contra legem*),但可以肯定的是,其违背了立法者的原意(*contra intentionem legislatoris*)。然而,也许法律将会以起草者所期望的那样得到适用:如果债务人知道或应当知道就应当赔偿积极利益,而如果债务人的确不知道而且也不应当知道则不承担任何责任。

法律应当允许存在如此明显的差异吗?毕竟根据旧法,即使在后一种情形,债务人也经常被要求赔偿积极利益。于是又建议提出,根据新法,即使不知道的情形不应归责于债务人,他也至少应承担消极利益赔偿责任。[140] 这一建议的基础是《德国民法典》第122条,其规定,如果一个人因错误而主张合同无效,那么他就应当赔偿另一方当事人因信赖合同有效而遭受的损失。由此,该类

---

[137] 从理论连贯和实用性角度提出的批评,参阅梅尔:《法律评论》,2002年,第188以下,第191页以下;比较施瓦策,《法律评论》,2002年,第80页以下;哈克(Harke)(注释125),第56页以下;《帕兰特民法教科书》\海因里希斯(注释72)第311a条,注释7;更多参考资料和对311a条及其理论基础的辩解,参阅卡纳里斯(注释123),第11页以下,第23页以下;比较《慕尼黑评注》\恩斯特(注释18)第311a条,注释15。

[138] 这一点早就由齐默尔提出,《新法学周刊》,(2002)3,以及福斯特,载胡博\福斯特(注释18),第215页。但现在可参阅卡纳里斯(注释123),第29页以下。

[139] 关于《德国民法典》第276条的条件,参阅上文三(一)部分。

[140] 卡纳里斯(注释14),第64页以下;《法学家报》,2001年,第507页以下。

推的正当性在于这样一个事实，即自始不能所针对的情形实质上就是一个错误的问题：买方不知道卖方的画卷被偷窃或毁损。然而，民法典第122条表明，《德国民法典》通常允许一方当事人以
66 赔偿对方当事人的消极利益为代价，从而解除自己的合同义务。因此，在目前的情形下（即自始不能），适用与错误相同的制度实质上是不协调的。[141]

在讨论草案在修订委员会的会议讨论中，这一观点并没有占到上风，其是否会最终胜出，我们还要拭目以待。[142] 从结构上看，这将会使德国新债法与《欧洲合同法原则》中的规定相一致。因为，它们的确都将自始不能视为某种错误。[143] 因此，债务人可以主张合同无效，只要他不应当知道履行不能的事实，或者在合同签订时他客观上的确不知情。[144] 但与《德国民法典》不同的是，《欧洲合同法原则》在此时并没有规定债权人有权请求赔偿消极利益。当然如果不类推适用民法典第122条，那么《德国民法典》的情形也将与此相同。另一方面，如果债务人应当知道自始不能，那么就必须赔偿因他的错误引起的积极利益损失。他的责任基础是有关不履行的一般规则。[145] 因此，没有必要如民法典第311a条第2款那样设置一个关于损害赔偿的特别规定。另外，债权人也可以请求

---

[141] 卡纳里斯，同前注。

[142] 卡纳里斯的观点遭到了反对，参阅《律师评注》\道纳里布等（注释18）第311a条，注释18，以及福斯特，载胡博\福斯特（注释18），第220页；《慕尼黑评注》\恩斯特（注释18）第311a条，注释41；《帕兰特民法教科书》\海因里希斯（注释72）第311a条，注释14；劳宾格（注释23），第297页以下。

[143] 兰多\比勒（注释19），第234页以下。

[144] 《欧洲合同法原则》第4:103条(2)(b)项。《国际商事合同通则》的相应条款第3、5条(2)(a)项在这一点上有所不同。对于国际私法统一协会原则的法律地位，参阅胡博（注释3）第1卷，§22Ⅲ。

[145] 《国际商事合同通则》第8:101条、第9:501条。

赔偿消极利益损失；[146]因为他为错误所害，只能主张合同无效，[147]因此可以根据《欧洲合同法原则》第4:117条有关特别损害赔偿的规定维护自己的利益。[148]

## 七、合同解除

### （一）新债法的理论和历史背景

与《联合国国际货物销售合同公约》一样，《欧洲合同法原则》也规定了针对对方当事人不履行债务的损害赔偿请求权，只要该给付障碍并非超出对方当事人控制范围即可。该损害赔偿请求权 67
并不影响合同效力。然而，很多情况下，债权人更愿意解除合同；或者他希望在解除合同的同时主张损害赔偿。只有在根本性的债务不履行（fundamental non-performance）时，才能行使解除合同的权利；但是，这时并不需要考虑是否存在豁免债务不履行的情形。这是国际上普遍接受的救济模式，《欧洲合同法原则》也再次证明了这一点。[149]

只有在债务不履行达到一定的严重程度时，才可以选择解除

---

[146] 譬如，如果他发现确定积极利益很困难，那么就会这样做，比较胡博（注释4），第129页。

[147] 如果满足《欧洲合同法原则》第4:103条第1款规定的条件（譬如尤其是对方当事人也犯了同样的错误）并且，如果该错误是可以原谅的，那么他就可以这样做。第4:119条特别指出，如果债权人有权解除合同，那么他就不含丧失请求赔偿积极利益的权利，比较《国际商事合同通则》第3.7条、第3.18条。

[148] 乌里希·胡博（他通常支持欧洲合同法原则关于自始不能的规定）认为，民法典中的规则不那么复杂，但大致有相同的结果：胡博（注释4）第128页以下。

[149] 关于合同解除，参见《欧洲合同法原则》第8:101条，第9:301条；比较《国际商事合同通则》第7.1.7条第4款，第7.3.1条；《联合国国际货物销售合同公约》第49条。关于国际发展的情况，参阅施莱希特里姆："论合同义务豁免"，载贝斯道（注释36），第161页以下；施温策尔（注释12），第41页以下；施莱希特里姆，载道纳里布，康岑和施密特（注释12），第77页以下；罗兰德："国际发展背景下债法改革后的解约规则"，载《施莱希特里姆纪念文集》，2003年，第638页以下。有关批评，参阅布赫（注释100），第430页以下。

合同以获得救济,这一观念以不同形式在大部分更为传统的国家法律制度内都有所反映;如此规定的原因在于,通常认为合同解除将会彻底颠覆"约定必须被遵守"(*pacta sunt servanda*)的原则,而且还可能会导致按照合同本应由受害方承担的风险被转嫁给违约方[150]。罗马法在这方面的规定更为严格,其从未在当事人一方违约的情况下确认存在解除合同的权利。[151] 罗马法的这一思路长期以来都主导着欧洲的共同法(*ius commune*),也同样影响了《德国民法典》的规定。[152]《德国民法典》中也没有规定一般性的合同解除权,而是一种相当分散的规定,如此规定的概念基础主要是普遍默认的解约条款(*lex commissoria*):[153]如果不是由于可归责于债务人的原因[154]导致债务履行不能,[155]那么债务人就可以免除义务之履

---

⑮⓪ 特雷特尔(Treitel)(注释85),注释239以下、注释259以下;弗莱斯纳:"因债务不履行的合同解除",载《欧洲私法杂志》1997年第5期,第266页以下。

⑮① 《债法》(注释1),第578页以下,第800页以下。

⑮② 齐默曼:"听到的妙,未听到的更妙:潜在意思(Condicio tacita)、隐含条件和欧洲合同法培训",载《民法实务档案》,(1993)193,第160页以下。

⑮③ 赖泽(Hans G. Leser):《合同解除》,1975年,第16页以下。

* 解约条款,用来描述买卖合同中经常出现的条款,卖方借此为自己保留一种特权,即如果买方不能按时支付货款,则他可以直接解除合同。解约条款并不是附条件买卖。按照附条件买卖,如果货物被损害或毁损,将由卖方承担损失,因为买方没有按时支付货款仅属于条件不成就。相反,附有解约条款的合同是无条件限制的,如果买方没有按时付款,则买方单方有权解约;而如果在合同签订后,买方付款前,货物丢失或毁损的,则由买方承担损失。如果卖方要利用解约条款,就必须在符合条件时表明自己的意图。如果他在约定付款日之后接受或请求任何支付,即视为放弃解约权。通常在解约条款中还会约定,如果买方不得不再次重新出售货物,并且第二次的销售价格低于第一次,那么第一个买受人应该补偿卖方的差价损失[参见《希腊罗马古典词典》(*A Dictionary of Greek and Roman Antiquities*),约翰·穆瑞(John Murray)编,伦敦,1875年,第340页。——译者注]

⑮④ 旧《德国民法典》第275条。

⑮⑤ 旧民法中的主流观点,参阅《帕兰特民法教科书》\海因里希斯(注释24)《德国民法典》第275条。

行;即使不是由于债务人的原因导致债务人的应为给付履行不能,
对方当事人也可以自动终止付款义务;[156]如果给付不能应归责于
债务人,则债权人有权解除合同;[157]在债务人迟延的情形,[158]以及存 68
在积极侵害债权且严重影响合同关系的情形,[159]债权人也可以解
除合同;请求返还合同标的物的权利并不是基于销售标的物或提
供劳务的潜在瑕疵而产生,[160]其部分是根据不当得利请求返还,[161]
部分是根据合同一方当事人行使约定解除权时的一些特别规
定;[162]但是两种返还制度之间存在明显的不协调;[163]另外,损害赔偿
与解除合同两种救济方式之间存在严格的相互排斥关系:[164]《德国
民法典》的规定总是被普遍认为不够简洁和缺乏可操作性。的
确,不同规则相互之间错综复杂的理论关系非常难以理解,也很难
找到具有易操作性和逻辑一致的解决方案。

(二)债务人给付不能时债权人对待给付义务的自动免除

债法改革之后的规则与旧法相比简单了很多,尽管还不能说是非常简单。这主要涉及民法典第275条和第280条以下的规定。其中,民法典第326条的表现尤为明显。这些规定主要涉及根据第275条免除(release)债务人给付义务的情形,无论是由于履行不能而免除给付义务(民法典第275条第1款),或者是根据第275条第2、3款行使拒绝给付的权利。适用第275条时,债务

[156] 旧《德国民法典》第323条。
[157] 旧《德国民法典》第325条。
[158] 旧《德国民法典》第326条。
[159] 通常在旧民法中得到承认;譬如参阅《帕兰特民法教科书》\海因里希斯(注释24)《德国民法典》第276条,注释124。
[160] 旧《德国民法典》第459、462、633、634条。
[161] 旧《德国民法典》第323条第3款、第327条第2款。
[162] 旧《德国民法典》第346条以下。
[163] 参阅《帕兰特民法教科书》\海因里希斯(注释24)第350条,注释3。
[164] 参阅,如《最终报告》(注释33),第19页。

人对债权人的对待给付请求权也归于消灭(民法典第 326 条第 1 款第 1 项)。换言之,债权人无权解除合同,但他的对待给付义务自动免除。“讨论草案”没有规定该规则(《最终报告》中也没有),但后来被纳入新债法的原因有两个:(1)在此情况下,合同解除权已经毫无意义,因为债权人别无选择:考虑到给付之不能,他不可能使合同继续有效。[165] 然而,这一说法缺乏说服力,因为债权人请求替代给付之损害赔偿在逻辑上并不是不可能的,并且他可以要求根据旧法中所说的“交换理论”(exchange theory \
69 *Surrogationstheorie*)计算其损失大小;[166]如此,他就可以获得债务履

[165] 卡纳里斯:《法学家报》,2001 年,第 508 页以下;比较《律师评注》\道纳里布等(注释 18),第 326 条,注释 4;《施陶丁格评注》\奥托(注释 18)第 326 条,B2。

[166] 德国法上评估不履行损害的差额理论和交换理论(*Differenztheorie* and *Surrogationstheorie*),参阅特雷特尔(注释 85)注释 106;《帕兰特民法教科书》\海因里希斯(注释 23)§ 325,注释 9 以下;《施陶丁格评注》\奥托(注释 117)第 325 条,注释 38 以下。对新法之规定的分析,参阅福斯特,载胡博\福斯特(注释 18)第 142 页以下;洛伦茨和莱姆(注释 18)第 106 页以下;梅尔:《法律评论》,2002 年,第 124 页以下;《慕尼黑评注》\恩斯特(注释 18)第 281 条前言,注释 19 以下;《帕兰特民法教科书》\海因里希斯(注释 72)第 281 条,注释 19 以下;在履行不能以及履行不能应归责于债务人的情形(譬如根据民法典 § §2751 和 3261 条,当事人双方都免除各自的义务),债权人是否只能根据差额理论或者是交换理论请求损害赔偿,这在新法颁行后不久就陷入了争论之中,福斯特,载胡博\福斯特(注释 18)第 148 页以下。对比于施瓦策:《法律评论》,2002 年,第 82 页。根据福斯特的观点,第 326 条第 1 款只是规定债权人不必履行,而不是说不允许债权人履行。如此,债权人即有权根据《德国民法但》第 280 条第 1、3 款,第 283 条或第 311 a 第 2 款请求损害赔偿,并根据交换理论计算损失(譬如,债权人在履约后即可主张债务人应付履行的全部价值)。实际上,这是恩斯特认为应归责于债务人的履行不能无法适用第 326 条第 1 款的原因:《慕尼黑评注》(注释 18)第 326 条,注释 13 以下;相反意见,参阅《施陶丁格评注》\奥托(注释 18)第 326 条,B5;比较《帕兰特民法教科书》\海因里希斯(注释 72)第 326 条,注释 2a。关于差额理论与交

行的全部利益,当然前提是他也要履行自己的允诺。[167](2)第二个理由的说服力要强一些。针对债务不履行的救济并不仅仅适用于买卖合同与承揽合同,譬如还适用于雇佣合同。如果雇员一时无法赶到工地——无论该给付障碍是否可归责于他——此时赋予雇主以解约权将是不合理的,因为这样只会人为地把解约权限定于雇员没有履行义务的特定期间内。[168]因此,最为恰当的方式是,债务人的债务被免除时,债权人的对待给付义务也即免除。

在给付不能的情况下,根据法律自动排除(exclusion *ipso iure*)对方当事人的给付义务,这一规则与解约权的功能相同。该规则适用于应归责和不应归责于债务人之给付不能的两种情形。[169]如果给付不能应归责于债权人,或者债权人迟延受领债务人的给付,那么债务人就仍然可以行使对待给付请求权。但是,债务人在请求对待给付时,必须扣除自己因免除给付而节省的或将自己的精力用于其他工作而获得的或恶意不取得的利益(民法典第326条第2款)。旧法在第324条中也有类似规定;至于第二种情 70

---

换理论可参阅王泽鉴:《法律思维与民法实例》,中国政法大学出版社2001年版,第88页以下。在因可归责于债务人的给付不能之情形,债权人请求损害赔偿可有两种方式。一是请求全部履行利益损失之赔偿,此时不影响债权人履行对待给付,此即交换理论;二是请求对待给付与损害赔偿的差额,即差额理论。——译者注

⑯⑦ 根据《德国民法典》第325条第5款的规定,债权人不需要依赖自己所负债务的自动免除,就有权解除合同。关于该规则的原理,参阅《律师评注》\道纳里布等(注释18)第326条,注释15以下;胡博,载胡博\福斯特(注释18)第199页以下。

⑯⑧ 胡博,(注释4)第102页;卡纳里斯(注释14)第54页;《法学家报》(2001)508。

⑯⑨ 当然,除非法院同意恩斯特的观点(《慕尼黑评注》(注释18)第326条,注释13以下),否则第326条第1款就必须通过目的限缩适用于不能归责于债务人的给付不能的情形;比较上文注释166。否定了债权人履行应负义务的可能(不允许他根据交换理论请求损害赔偿),债权人将被置于相当不利的情形之下,因为他已经因债务人的过错丧失了请求债务人履行的权利。

形(如果发生的话)，涉及的则是《德国民法典》第293条以下所规定的债权人迟延受领的各种条件。[170] 旧法中其他涉及债权人给付义务的详细情况已被删掉：如果债权人主张，根据合同债务人的所得应作为标的物的替代品，那么债务人也就可以向债权人请求对待给付；然而，如果替代物的价值低于应为给付的价值则不然。[171] 根据第326条，如果债权人已经履行的给付应被免除，那么他可以请求返还。[172]

(三)合同解除机制及其条件

如果是存在违约行为而非给付不能，并且满足民法典第323或第324条规定的条件，那么债权人就有权解除合同。这些条件大部分与民法典第281条和第282条中的相关规定(有关替代给付之损害赔偿)相对应。这一相互吸收的过程反映了新法的部分起草者试图防止这样的危险，即将合同解除条件有效地转化为请求替代给付之损害赔偿。[173]民法典第323、324条的规范结构也大部分在第281条以下的规定中有所反映。但第323、324条的规定区分了两种情形：(1)在债务人必须履行，但他又没有履行或履行不当的情形(包括债务人违反直接影响给付的附随义务的情况)；

[170] 应归责于债务人的履行不能之情形的法律问题，在旧民法之中就有很多争论，并且在新法中也持续存在；参阅格鲁伯："债法现代化2001\2002：应归责之履行不能的两个方面"，载《法学家报》，2002年，第1066页以下；《施陶丁格评注》\奥托(注释18)第326条，引注65以下；《饶尔尼希》\斯塔德勒(注释33)第326条，注释22；《帕兰特民法教科书》\海因里希斯(注释72)第326条，注释15；卡纳里斯："可归责于双方当事人的履行不能"，载《保险法的延续与变化：伊根·洛伦茨纪念文集》，2004年，第147页以下。

[171] 《德国民法典》第326条第3款；比较旧民法典第323条第2款。

[172] 《德国民法典》第326条第4款；比较旧民法典第323条第3款。在旧德国法中对此适用不当得利法，现在则适用第346条以下有关返还的特别规定。

[173] "说明"(注释42)第757页。关于新法的起草者们在多大程度上使损害赔偿和合同解除的救济方式同步，相关讨论，参阅格泽尔(注释136)第122页以下；对新法第323条与旧法第326条之间的详细比较，参阅梅尔：《法律评论》，2002年，第194页。

以及(2)债务人虽然违反了附随义务但并不影响主给付义务之履行的情形(譬如,民法典第241条第2款中提到的保护债权人一般权益的注意义务)。对于后一种情形,民法典第324条规定,如果再无合理理由期待债权人受领给付,那么债权人即可解除合同。
在前者包括的所有情形下,如果债务人未能在债权人指定的合理 71
期间内履行债务或补正履行瑕疵(民法典第323条第1款),那么债权人即可解除合同。[174] 第323条第2款规定了很多免于指定履行期间的情形;[175]根据第323条第3款,如果指定期间并不可行,那么即可以催告替代履行期间的指定。[176] 第323条第6款与第326条第2款相互对应,如果债务人违反义务应归责于债权人,或者义务违反是在债权人迟延受领之后,那么债权人即无权解除合同。当然,在合同的解除条件与请求替代给付之损害赔偿之间存在一个重要的不同:合同解除之救济并不以债务人是否有过错为

[174] 债权人可以解除合同之前,债务人没有履行,此时是否需要满足债务人迟延的条件(明显的除了过错),参阅波尔曼(注释95),第283页以下。

[175] 这些情形包括:(1)债务人郑重确定将拒绝履行;(2)在合同确定的期日,或特定期间内,债务人没有履行,而且债权人的受领利益计算限于及时履行;(3)考虑到当事人双方的利益,有特殊理由允许立即解除合同。稍有修改,所有这些情形都为旧民法典所确认,参阅《律师评注》\道纳里布等(注释18)第323条,注释15以下;胡博,载胡博\福斯特(注释18),第190页以下;《慕尼黑评注》\恩斯特(注释18)第323条,注释91以下;《施陶丁格评注》\奥托(注释18)第323条,B81以下。

[176] 对替代履行之损害赔偿适用相同的规则:《德国民法典》第281条第3款。该规则也适用于债务人负有不作为义务的情形:《律师评注》\道纳里布等(注释18)第281条,注释25和第323条,注释21;福斯特,载胡博\福斯特(注释18),第123页;洛伦茨\莱姆(注释18),第105页以下。福斯特与洛伦茨\莱姆都注意到这一规则被理解错了,因为不可能存在有意义警告的情形。譬如,如果一个人的行为违反了竞业禁止义务,对于具体的违反行为(也包括因该行为而产生的法律后果)而言,警告没有什么意义。比较《慕尼黑评注》\恩斯特(注释18)第281条,注释41,第323条,注释79;《施陶丁格评注》\奥托(注释18)第281条,B73。

前提。[177] 同时,这也是新法和旧法在违约制度方面最具有意义的实质性区别。[178]

根据旧法,合同解除在向对方当事人宣告后即行生效。[179] 而根据旧法,合同解除的效果是使当事人双方都免除各自的给付义务,对于已为给付则需要相互返还。但是,返还的根据并不是不当得利:民法典对此做出了特别规定(《德国民法典》第 346 条以下
72 之规定)。正式地说,其得以适用的根据就在于其属于特别规定(*leges speciales*)。理论上看,合同解除并不意味着整个合同关系已经完全消灭(be it *ab initio* or *ex nunc*),也不能说已为的履行或给付“缺乏法律根据”,[180]而是把意在实现当事人最初合意的合同关系转化成了合同清算关系(contractual winding up relationship),[181]这通常被认为是该特别返还制度的正当性基础。有关这方面的法律规则遭到了激烈的批评,[182]因此《债法现代化法案》对此作出了修

---

[177] 这一不同与上文提到的 173 号文件的政策相冲突;因为其无论如何都不会让替代履行之损害赔偿破坏合同解除规则。

[178] 《最终报告》(注释 33),第 31 页;施莱希特里姆,《欧洲私法杂志》(1993)1,第 236 页;卡纳里斯,《法学家报》,2001 年,第 522 页;比较评价,参阅弗莱斯纳,《欧洲私法杂志》(1997)5,第 296 页以下;并参阅施温策尔(注释 12),第 41 页以下;比较布赫(注释 100)第 421 页以下;梅迪库斯(注释 53),第 189 页以下。

[179] 第 349 条(新、旧德国民法典)。

[180] 这是《德国民法典》第 812 条第 1 款适用的主要前提条件;详细参阅齐默曼:“不当得利:当代民法传统的思路”,载《牛津法律研究杂志》1995 年第 15 期,第 403 页以下。

[181] 《联邦最高法院民事裁判汇编》第 88 卷,第 46 页以下;BGH, NJW 1990,第 2068 页以下;卡泽尔,载《施陶丁格评注》,1995 年第 13 版,第 346 条以下的前言,注释 53 以下;《帕兰特民法教科书》\海因里希斯(注释 72)第 346 条,注释 2。关于新法,参阅哈格尔,载《律师评注》(注释 18)第 346 条,注释 13;盖尔,载《慕尼黑评注》,2003 第 4 版,卷 2a,第 346 条前言,注释 40;《饶尔尼希》\斯塔德勒(注释 33)第 346 ~ 354 条前言,注释 3。

[182] 详细参阅齐默曼:“德国法上因违约解除合同后的返还问题”,载《返还法评论》,1997 年,第 13 页以下。

正；我们将会在其他地方对合同解除后返还的有关制度展开详细讨论。[183]

(四)对比

如果现在把修订后的德国债法与《欧洲合同法原则》就合同解除的有关制度进行对比，以寻找两者的主要相同点和不同点，[184]那么结果如下：

1. 至少一般看来，两者的解除机制相同，因为根据《欧洲合同法原则》，当事人的合同解除权在通知对方后立即生效，[185]而不需要法院的裁判(第9:303条第1款)。[186]

2. 有时，甚至连通知都不需要，因为合同已经被自动解除。《德国民法典》第326条有关给付不能的规定即是如此，《欧洲合同法原则》第9:303条第(4)款规定，如果给付障碍完全且恒久， 73
那么根据第8:108条，当事人即可免除给付义务。[187]

3.《德国民法典》和《欧洲合同法原则》都规定，合同解除即自此免除双方当事人各自的给付义务。[188] 就已为给付而言，《欧洲合同法原则》通过评注尽力使其清晰化，且与法国法不同，合同的解

[183] “违约解除合同后的返还问题：2002年改革后的德国法”，载巴罗斯、罗德格主编：《详绘法律：比尔克斯纪念文集》，牛津大学出版社2006年版，第323～342页。

[184] 以《联合国国际货物销售合同公约》为参照的比较评价，参阅施莱希特里姆(注释12)，第78页以下。

[185] 比较参见《国际商事合同通则》第7.3.2条第(2)款。

[186] 譬如，在法国和西班牙的情形；有关比较分析，参阅弗莱斯纳：《欧洲私法杂志》，1997年第5期，第302页以下；施莱希特里姆(注释149)，第172页以下。

[187] 弗莱斯纳[《欧洲私法杂志》，(1997)5，第303页]注意到，法定解除与对方通知解除之间的区别在实践中并不明显。《国际商事合同通则》中并没有与《欧洲合同法原则》第9:303条第(4)款相匹配的原则。

[188] 《欧洲合同法原则》第9:305条，比较《国际商事合同通则》第7.3.5条第(1)款。《德国民法典》没有明确规定这一点，但却被认为是不证自明的：洛伦茨\莱姆(注释18)，第216页；盖尔：《慕尼黑评论》(注释181)Vor第346条，注释41。

除不具有溯及力。[189] 如此规定的主要原因在于:(a)不应限制债权人就信赖利益请求损害赔偿;[190](b)合同中可能有一些条款明确约定,即使合同被解除,这些条款也应继续适用,譬如纠纷解决条款;[191]以及(c)如果合同履行已经经过了一段时间之后,再消除当事人相互之间的已为给付,可能是不合适的。[192] 在所有这些方面,德国法采纳了相同的看法。合同解除并不妨碍根据合同请求损害赔偿。[193] 此外,合同解除仅仅转化了合同关系,因此不应影响诸如争议解决条款之类的约定。对于那些一段时间以前即已履行的合同,修订后的《德国民法典》也做出了特别规定,即允许受害方基于"重要原因"(a good cause)而解除合同。[194] 这类解除被称为终

---

[189] 兰多\比勒(注释 19),第 420、422 页。对解除效力的比较评价,特别是关于合同解除的效力向前溯及还是仅向未来发生的一般评述之有限价值,参阅特雷特尔(注释 85)注释 282 以下。

[190] 《欧洲合同法原则》第 8:102 条;《国际商事合同通则》第 7.4.1 条。

[191] 参见《欧洲合同法原则》第 9:305 条第(1)款;《国际商事合同通则》第 7.3.5 条第(3)款;这些规定的雏形是《联合国国际货物销售合同合约》第 81(1)2 项。

[192] 兰多\比勒(注释 19),第 420 页。

[193] 《德国民法典》第 325 条。对此予以特别规定,对目前已经得到确认的规则来说是一个巨大的改变。根据旧法,合同解除和损害赔偿被认为是相互排斥的。对此,存在普遍的不满:譬如,参阅《最终报告》(注释 33),第 19、31 页;齐默曼:《法学家报》,1995 年,第 485 页以下;克孜奥尔(注释 97),第 205 页以下;梅尔:《法律评论》,2002 年,第 196 页以下;格泽尔(注释 136),第 122 页以下。这一模式的知识基础是《联合国国际货物销售合同公约》第 45 条第 2 款。

[194] 《德国民法典》第 314 条。该条规定仅仅是之前已经为法院和法学著作普遍确认之规则的法典化而已,之前其以对《德国民法典》第 626、723 条的分析为基础。参阅《律师评注》(注释 18)第 314 条,注释 1;洛伦茨\莱姆(注释 18),第 120 页以下;盖尔:《慕尼黑评注》第 313 条,注释 1;瓦克巴斯(Ulrich Wackerbarth):"因特别原因而终止继续性债务关系与通知:民法典第 314 条中的矛盾之处,"载道纳里布、康岑和施密特(注释 12),第 159 页以下。

止(*Kündigung*),而且只能向将来生效(*ex nunc*)。[195]

4.就合同解除的条件而言,《德国民法典》放弃了一贯坚持的过错原则,这与《欧洲合同法原则》的规定(以及主要的国际发展)一致。[196] 74

5.《欧洲合同法原则》规定,只有在根本违约的情况下才允许解除合同。[197]《德国民法典》规定,在合同解除前必须给予一定的宽限期。[198] 从理论上看,这有很大不同。然而,必须记住的是,在严重违约的时候,两者关于解除条件的规定并无不同。[199] 另一方面,《欧洲合同法原则》允许债权人通过设置宽限期来判断迟延之履行是否构成根本违约,[200]但是这并不适用于瑕疵履行的情形。[201]

---

[195] 关于比较讨论,参阅特雷特尔(注释85)注释283;施莱希特里姆:《欧洲私法杂志》,(1993)1,第240页以下;弗莱斯纳:《欧洲私法杂志》,(1997)5,第293页以下、第313页。

[196] 弗莱斯纳:《欧洲私法杂志》,(1997)5,第296页以下;施莱希特里姆(注释97),第166页以下。

[197] 《欧洲合同法原则》第9:301条(1)款;《国际商事合同通则》第7.3.1条。《欧洲合同法原则》第8:103条对根本违约进行了界定;比较《国际商事合同通则》第7.3.1条(2)款;关于比较讨论,参阅弗莱斯纳:《欧洲私法杂志》,(1997)5,第266页以下;施温策尔(注释12),第41页以下;《慕尼黑评注》\恩斯特(注释18),第323页,注释5;《施陶丁格评注》\奥托(注释18),第323页,A13以下。

[198] 债务人违反不影响给付的附随义务的情形,债权人如果不能合理的期待受领给付,那么就可以解除合同:参见《德国民法典》第324条,以及上文八(三)部分。这可以被视为一种根本违约。

[199] 《德国民法典》第323条第2款;比较上文注释175。

[200] 《欧洲合同法原则》第8:106条(3)款,第9:301条(2)款;比较《国际商事合同通则》第7.1.5条(3)款。这一规则受到旧民法第326条的启发[参阅兰多\比勒(注释19),第377页],之前就已为《联合国国际货物销售合同公约》第49第1款(b)项和第64条第1款(b)项(额外期限)所采用。

[201] 兰多\比勒(注释19第374页)中明确规定了这一点,与《欧洲合同法原则》第8:106条(3)款,第9:301条2款一样用语清晰。《联合国国际货物销售合同公约》中也是如此,参阅《施陶丁格评注》\马格奴斯(注释115)第49条,注释21;施莱希特里姆(注释149),第167页以下,此两者对《欧洲合同法原则》的解释似有不同。

6.《德国民法典》和《欧洲合同法原则》都规定,当债权人发出解除通知后,通常只是丧失在请求给付与解除合同之间进行选择的权利。[202]其实,法律使债权人可以以债务人的支出为代价进行权衡:因为他可以使债务人处于悬而未决的状态,进而根据市场的发展变化做出最终决定。[203] 德国债法修订的起草者们认为这是没有问题的,因为毕竟债务人的行为已经构成违约。[204]

75 **八、其他救济方式**

针对违反合同义务的其他救济方式可以非常概要的予以介绍。

第一,是现代德国法上的契约不履行之抗辩规则(exceptio non adimpleti contractus《德国民法典》第320条);此次债法改革对此未作变动,而《欧洲合同法原则》第9:201(1)条的规定也与此相同。[205] 在双务合同中,通常由一方当事人先为履行,但在合同签订后,如果一方当事人发现另一方当事人缺乏对待给付的能力并会危及自己所享有的请求权,那么即可拒绝履行(民法典第321条)。这被称为"不安抗辩权"(defence of precariousness\ *Unsicherheitseinrede*)。其中的新变化是,抗辩事由不再局限于对

---

[202] 关于《欧洲合同法原则》,参见第8:106条(3)款第2句话,其指出,债权人可以在通知中规定,如果对方当事人没有在指定的期间内履行,合同自动解除。

[203] 然而,根据《欧洲合同法原则》,在债权人知道或应当知道不履行时,除非他在合理期间内发出了通知,否则,债权人将丧失解除合同的权利:《欧洲合同法原则》第9:303条;比较《国际商事合同通则》第7.3.2条。德国的情形,参阅《慕尼黑评注》\盖尔(注释181)第350条,注释2;《帕兰特》\海因里希斯(注释72)第350条,注释1。

[204] 参阅"说明"(注释42),第762页;胡博,载胡博\福斯特(注释18),第189页。关于债权人单方变更合同(*ius variandi*)问题的比较讨论,参阅福利斯纳,《欧洲私法杂志》,1997年第5期,第305页以下。

[205] 比较《国际商事合同通则》第7.1.3条。关于其历史基础,参阅沃尔夫冈·恩斯特:《合同不履行之抗辩》,2000年;比较讨论参阅特雷特尔(注释85)注释188以下。

方当事人资金状况恶化的情形。[206]《德国民法典》在这方面的发展开始接近《欧洲合同法原则》第9:201条第2款的规定,即只要存在另一方当事人有明显不履行的情形即可。[207]

第二,即使撇开民法典第321条不说,预期不履行(anticipatory non-performance)也在新法典中有所规定。如果债务人郑重明确地拒绝履行(*Erfüllungsverweigerung*),债权人无须指定履行期间即可请求债务不履行之损害赔偿(民法典第281条第2款)或者直接解除合同(民法典第323条第2款第1项)。第323条第4款特别规定,即使合同履行期届满前表示拒绝也适用上述规定,同时也需要这样理解第281条第2款的适用。[208]尽管只是以判例和学理为基础,但旧法甚至也对有关预期不履行规则作出了规定。[209]《欧洲合同法原则》第9:304条也规定,如果在给付之前很明显地将会发生根本违约,那么即可以解除合同;[210]其评注进一步明确,基于预期不履行而产生合同解除权,与发生实际

---

[206] 旧民法第321条,关于改革的评论,参阅《最终报告》(注释33),第158页以下;《律师评注》\道纳里布等(注释18)第321条,注释1;胡博,载胡博和福斯特(注释18),第180页以下;《施陶丁格评注》\奥托(注释18)第321条,注释1以下。

[207] 比较《联合国国际货物销售合同公约》第71条第1款。《联合国国际货物销售合同公约》和《欧洲合同法原则》的规定并不仅仅适用于一方当事人负有先履行义务的情形。

[208] 主张这一观点的,还有《律师评注》\道纳里布等(注释18)第281条,注释20;福斯特,载胡博和福斯特(注释18),第120页;《慕尼黑评注》\恩斯特(注释18),第281条,注释62;《施陶丁格评注》\奥托(注释18)第281条,B103;《饶尔尼希》\斯塔德勒(注释33)第281条,注释9。

[209] 《帕兰特》\海因里希斯(注释24)第276条,注释124,第326条,注释20以下。有关详细讨论,参阅胡博(注释3)第2卷,第51~53段。

[210] 比较《国际商事合同通则》第7.3.3条和《联合国国际货物销售合同公约》第72条。

不履行时一样,即也可以解除合同,同时还享有损害赔偿请求权。[211]

76 第三,修订后的德国法依然将减价权限制适用于一些传统领域,譬如买卖(民法典第441条)、租赁(民法典第536条)和承揽(民法典第638条)。曾有建议试图将此种救济方式一般化,[212]但未获采纳,而倘若采纳此建议将会使德国法与《欧洲合同法原则》第9:401条的规定一致。

第四,债法改革只对债权人迟延(*mora creditoris*)规则进行了非常细微的调整。[213] 根据旧法,受领给付是债权人的权利而非义务。与债务人迟延不同,在债权人迟延的情况下,债务人无权请求损害赔偿或者解除合同:因为债权人拒绝受领给付并不构成违约。债权人迟延规则的设置仅仅是为了减轻依法守约的债务人的负担。[214] 与此不同,英国法通常认为债权人可能会因此而与债务人一样构成违约。[215]《欧洲合同法原则》的规定(而《国际商事通则》中则没有)在结构上与德国法相似,尽管第7:110条和第7:111条的有关规定与《德国民法典》第293条以下的规定相比还不够具体;另外,这两款规定还涉及德国法的其他规则体系。[216]《欧洲合

---

[211] 兰多\比勒(注释19),第418页。关于比较评价,参阅施莱希特里姆,《欧洲私法杂志》,(1993)1,第237页以下。

[212] 参阅道纳里布:“服务合同”,载联邦司法部长主编:《债法修订之意见和建议》,1983年,第3卷,第209页以下;比较鲁施(Konrad Rusch):“违反合同的利润征收,第2部分”,载《欧洲私法杂志》,(2002)10,第132页以下。

[213] 关于《德国民法典》第296条的变化(随之民法典第286条第2款也有所变化),参阅《律师评注》\道纳里布等人(注释18)第296条,注释2;洛伦茨\莱姆(注释85)注释35。

[214] 《德国民法典》第293条以下;参阅《债法》(注释1),第817页以下;特雷特尔(注释85)注释35。

[215] 参阅特里特尔(注释85)注释36;比较,相关比较讨论,许福尔(Uwe Hüffer):《债权人行为的给付障碍》,1976年,第134页以下。

[216] 齐默曼:《法学家报》,1995年,第489页以下。

同法原则》没有如《德国民法典》第 300 条第 1 款那样规定减轻债务人的责任；也没有类似于民法典第 300 条第 2 款那样的风险分担规则。

**九、结论性观察**

曾有论者指出，新德国法最为显著的特点就是违约规则（给付障碍法）结构之简洁。[217] 这一说法看起来有点夸张。与旧法相比，新法的规则结构的确更容易理解，[218]而且新法还与越来越为国 77
际所接受的救济制度相当接近，主要体现是《欧洲合同法原则》和《国际商事合同通则》。在德国法的这一新近改革中，也的确把这些原则纳入了参考范围。[219]现在，这些原则应该更愿意被作为评价、解释和发展德国法新规则的比较法基础。[220] 另一方面，德国法的很多规则和观念也可以及应该被用来进一步精练这些国际性原则。的确如此，特别是有些新规则反映了德国旧债法历经百年磨砺且深入人心的法律发展。《德国民法典》采纳了新的思维模式，并试图采取新的理论工具解决旧问题，但是其在当代比较法讨论中的价值却大为降低：因为这些新的思维模式和理论工具是否能

[217] 齐默尔：《新法学周刊》，2002 年，第 12 页。

[218] 或许对外国观察者来说，比较恼火的是，这些规则有两个不同的体系安排：第 2 编，第一部分（债的内容）（第 275 条以下）和第 2 编，第三部分，第二章双务合同（第 320 条以下）。这反映了一种传统的想法，即尽可能使法律规则能够规范所有类型的债，包括单方合同、不完全的双方合同。第 275 条以下实质上涉及的是，从实际履行请求权过渡到损害赔偿请求权的问题，而非双务合同的问题。第 320 条以下则涉及的是，一方当事人没有履行或没有恰当履行义务时对另一方当事人之对待给付义务的影响。这就模糊了损害赔偿请求权和解除请求权两者之间的对应。《欧洲合同法原则》和《国际商事通则》都制定了一套关于不履行合同义务的统一规则：《欧洲合同法原则》第 8:101 条（1）款和《国际商事合同通则》第 7.1.1 条。

[219] 比较上文注释 11。

[220] 关于《欧洲合同法原则》在一个国家法律制度法源体系内的作用，譬如在德国，参阅卡纳里斯："论《国际商事通则》与《欧洲合同法原则》在法源体系中的地位"，载贝斯道（注释 36），第 5 页以下；齐默曼：《海因 · 克茨纪念论文集》，2005 年。

够经受得起法律实践的检验,还需要很多年后才能得出较为稳妥的结论。[221] 目前对于一些规则设置的疑虑尚未消除,诸如第275条第2款或第311a条这样的规则,或者是旧法中既有的各种不同违约行为与新的一般性概念"义务违反"之间的调和问题。[222]《德国民法典》第280条规定了对不同损害类型的区分,尽管这是一项可怕而复杂的任务,但却是确定所有损害赔偿的起点。围绕着
78 这些问题,已经产生了很多深入的理论争论。[223] 与此同时,德国法学理论也还仍然处在面对新形势进行自我调整的阶段。德国两家主要的法律出版机构同时最先推出了两本关于德国新债法的教科书,其中一本主要是以救济为结构基础,[224]而另一本则是以各种不同的违约形式作为法律的结构基础。[225]这并不能必然反映出德国法的弱点,即试图在债法改革前的既有制度与《欧洲合同法原则》的纯粹以救济为基础的规则结构之间寻求平衡。《欧洲合同法原则》的规范结构清晰易懂,但同时也非常一般化,若要应用于实践,就必须有关于各种特定违约形式的具体规则。因此,也就需要进一步进行理论提炼,而德国法新规则的各种经验将对此大有裨益。但无论如何,对于德国法上关于违约的新规则和《欧洲合同法原则》中关于债务不履行规则两者的批评性评价都才刚刚开始。

---

[221] 齐默尔:《新法学周刊》,(2002)12,甚至预言会有几十年的时间,法院将以重新建立法律之确定性的方式适用新规则。

[222] 比较有关新规则的评价,参阅《慕尼黑评注》\恩斯特(注释18)第275条前言,注释25以下。

[223] 比较上文三(四)部分。

[224] 胡博\福斯特(注释18)。

[225] 洛伦茨\莱姆(注释18)。

# 第三章　德国买卖法中给付不一致责任* 的发展



## 一、导论

### (一) 旧模式

在发达经济中,买卖一直而且也将继续是

* 本章主要内容涉及的是德国债法现代化中买卖法的改革,"给付不一致(non-conformity)"是此次债法改革采纳的另一个重要概念,第二章涉及的是"不履行(不给付 Nichterfüllung \ non-performance)"概念,属于一般给付障碍法的内容。所谓履行障碍或给付障碍,通常是指妨碍债之关系追求的特定法律效果实现的各种情形。这是一个学术概念,而在德国债法中采用的是统一的"义务违反"概念。另外,如作者第二章中所提到的,有时也会用"不履行"来表示(第 78 页)。当然这里的不履行要从广义理解,其包括不完全履行的情形。给付不一致概念,所针对的核心问题是,在买卖中,出卖人有无交付无瑕疵标的物的义务,应该如何界定其中的无瑕疵交付(magelfreielieferung)。这一问题在德国法的理论和实践中一直都存有争议,有履行理论(Erfüllungs-theorie)和瑕疵担保理论(Gewährleistungstheorie)两种不同学说。改革之前,《德国民法典》采纳瑕疵担保理论,第 459 条即规定了物的瑕疵担保责任,"(1)物的出卖人应向买受人担保其物在风险责任移转于买受人时,无灭失或者减少其价值,或者其通常效用或者合同预定的效用的瑕疵。价值或者效用的减少程度无足轻重的,不视为瑕疵。(2)出卖人也应担保,物在风险责任转移时,具有其所保证的品质。"改革后的买卖法,则在很大程度上倾向于履行理论,譬如将物的瑕疵与权利瑕疵同等对待;取消种类物与特定物买卖之间的区别等。关于德国债法改革的中文资料,譬如,可参阅杜景林、卢谌:《德国债法改革:〈德国民法典〉最新进展》,法律出版社 2003 年版;比较研究可参阅齐晓琨:《德国新旧债法比较研究:观念的转变和立法技术的提升》,法律出版社 2006 年版。——译者注

交易的核心类型。[①] 当然，商事交易（commercial transaction）和消费交易（consumer transaction）也同样重要。[②] 与此同时，日常生活中还有很多买卖发生，而无法归入任何一种现代分类之中。[③] 任何一个购买者，无论他是一个商人或者是一个消费者，都愿意买到无任何瑕疵的商品。通常，这也是购买者最为关心的事情。当然，法律可能会规定：买者当心，或者是，让眼睛成为买者的商人；再或者是“不睁大眼睛就得多花钱（*qui n' ouvre pas les yeux doit ouvrir la bourse*）”。[④]这很严厉但却是有益的，因为这可以防止那些本来

---

① 在早期自给自足经济中，情形则不同；参阅保罗：《论告示》，第 33 章，载《学说汇纂》第 18 卷，（D. 18. 1，1，1）（中文可参阅尤士丁尼：《买卖契约》，刘家安译，中国政法大学出版社，第 3 页，译者注）；盖尤斯《法学阶梯》，Ⅲ，141。

② 现代德国法中有关于这些买卖合同的特别规则；参阅《德国商法典》第 373 条以下之规定，以及《德国民法典》第 474 条的规定。但是这些规则并不是一应俱全的自足规定，必须根据《德国民法典》第 433 条以下关于买卖法的一般规则进行理解。

③ 譬如，一个消费者（如《德国民法典》第 13 条所界定）不是从经营者（如《德国民法典》第 14 条所界定）那里购买某动产，而是从另一个消费者手里买得。有关土地的合同则是另外一种情形。

④ 古谚语，参阅汉密尔顿：《耶鲁法律评论》（1931）40，第 1164 页。参阅齐默曼：《债法：民法传统的罗马基础》，1996 年平装本，第 306 页以下，及其参考资料；关于英国法，比较参阅尼可·施耐德，《绝对诚信：英国法上的诚实信用与前合同告知义务》，2004，第 111 页以下。

汉密尔顿在该文［《耶鲁法律评论》（1931）40］中论及作为基督徒的商人之行为准则，并提到了托马斯·阿奎那的观点。阿奎那提出两个问题，第一，“买卖是否因标的物瑕疵而违法”？阿奎那认为，如果卖方知悉而隐瞒标的物在数量或质量上的瑕疵，那就是有罪（sin）和欺诈，买卖因此应属无效。如果事先不知，则无罪（sin）。但卖方必须赔偿买方的损失，同样如果买方多得不应得之物，也应该偿还卖方。第二，他接着问：“卖方是否有义务告知买卖标的物的任何瑕疵？”阿奎那认为，卖方有义务揭示商品之瑕疵，但如果瑕疵已经显露无疑，则无任何正义上的理由（by any duty of justice），要求卖方告知。汉密尔顿认为，阿奎那的这一判断来自于一条古老的谚语，即“瑕疵明显处，买方的眼睛就是他的商人（a buyer's eye is his merchant where the defect is obvious）”。但后来，这一说法不断变迁，范围扩大，“眼睛”就用来指一个人的判断能力，前面五个字（瑕疵明显处）也就省略掉了。——译者注

有机会检验买卖标的物的买者反悔并推翻合同。⑤ 如果最终发现合同标的物有瑕疵，通常很难判断瑕疵自什么时候就已经存在，是在合同签订时，还是标的物交付时，⑥再或者是标的物在卖方那里时就已产生。即使在罗马共和时期，买卖合同的签订和实际履行 80
也并不必然是同一和同时的。如此，买方也并不总是能把交易标的物置于自己的看管之下。并且，即使买方能够如此，但也无法期望自己能够发现一个奴隶是否会自杀，或者他是否具有其他不良习惯。⑦ 因此，任何一个发达的法律制度，都会为因标的物瑕疵而遭受损失的买方提供救济。传统大陆法系提供的救济规则具有以下特点：买方可以解除合同并请求返还价款，也可以要求减价。只能在一些特别情形才能请求损害赔偿，即如果标的物达不到约定的质量标准，或者卖方欺诈隐瞒了该瑕疵。除了欺诈的情形外，其他请求权都受短期诉讼时效的约束，至于买方是否知道或有理由知道该瑕疵则并不影响诉讼时效期间的计算。⑧ 当然，不同国家的法律制度之间还有很多细节上的不同，但对于包括 1942 年《意大利民法典》在内的所有民法典来说，该责任制度在大致结构上都是非常相似的。

---

⑤　关于英国的情形，参阅阿蒂亚：《契约自由的兴衰》(1979)，第 179 页以下；“但是当居民从当地市场或集市上购买大部分的商品时，当他们能够通过外观和触摸检验购买物并讨价还价时，与受到诈骗相比，他们更耻于在智力上输给别人。”

⑥　前者是罗马法上的规定，而后者则是现代德国法上的规定：《德国民法典》第 434 条第 1 款与第 446 条。

⑦　关于这些瑕疵的特征(罗马的市场监察官将这些情形视同为物理上的瑕疵)，参阅乌尔比安，《论市政官告示》第 1 卷，载《学说汇纂》第 21 卷，第 1 章(D. 21. 1. 1. 1)；乌尔比安，《学说汇纂》第 21 卷，第 1 章(D. 21. 1. 23. 3)；乌尔比安，《学说汇纂》第 21 卷，第 1 章(D. 21. 1. 17. 14)。

⑧　对此问题的全面比较分析，参阅施瓦策：《欧洲法上的货物买卖物之瑕疵担保责任》(2000)，第 174 页以下(相互返还)；第 220 页以下(减少价金)；第 261 页以下(质量保证)；第 272 页以下(欺诈)，第 493 页以下(时效期间)，第 496 页以下(时效期间的起算)。

(二)《消费品买卖指令》*

关于买卖标的物质量瑕疵问题,这套被普遍接受的规则是唯一可以想象得到但或许尚不明显的解决方法,虽然没有打动那些不持偏见的观察者,但也表明了传统观念的影响之深。负责监管公开市场上奴隶和牲口之买卖的罗马治安官(magistrate)在公元前2世纪早期就发布了一项法令,⑨但直到相当晚近时期,隐蔽瑕疵责任制度⑩才据此而定。尽管由于合同法上关于隐蔽瑕疵的特别规则与一般侵权责任规则两者之间的调和所产生的难题非常复
81 杂,但德国法一直特别忠实地遵循着这一传统。德国必须实施

---

* 该指令的全称为《欧洲议会及欧盟理事会,1999年5月25日关于消费品买卖及相关担保问题的1999\44\EC号指令》。该指令要求欧盟成员国必须于2002年1月1日前转化为国内法,即修改国内立法以与该指令一致,借此统一欧盟成员国之间的不同法律。指令认为,消费者购买货物时有两个主要问题。第一,购买的货物与合同的具体约定一致;第二,如果没有具体的协议约定,或者如果约定放弃或限制这些权利,则应该对消费者予以保护。指令统一规定,所有新消费品买卖,包括汽车,必须给予最少两年的担保期间,而旧消费品则至少给予一年的担保期间。指令赋予消费者以高度保护,不仅适用于商业经营,而且还包括私人交易。除了加强对消费者的保护,指令还提高了消费品网络交易的发展。指令的适用范围为:(1)任何有瑕疵的动产消费品;(2)卖方,任何在营业中依照合同出售消费品的人;(3)制造商,消费品的制造厂商、进口厂商,或任何以冠名、商标或其他显著方式标示为生产制造者的人。——译者注

⑨ 通常参阅卡泽尔:《罗马私法》,卷1,第2版,1971年,第557页以下;《债法》(注释4),第311页以下;伊瓦·雅克布(Jakab):《论希腊罗马法上市场买卖物之瑕疵的预告与自己当心原则》,1997。第125页以下;作者同前,“偷盗的奴隶、破烂不堪的酒馆:物之瑕疵担保责任的罗马法溯源”,载舍尔迈尔(Marrin Schermaier)主编:《欧洲的消费品买卖》,2003,第27页以下。

⑩ 如果买方知悉或能够轻易知悉该瑕疵,对此,所有的法律制度都排除买方的请求权;详请参阅施瓦策(注释8),第120页以下。在罗马法上,卖方责任在严格意义上是指对隐蔽瑕疵的责任。在此方面最接近罗马法的是法国法(《法国民法典》第1642条规定,出卖人对明显的且买受人自己就能辨认的瑕疵,不负担保责任)和奥地利法(《奥地利民法典》第928条第1款规定,必须是非明显瑕疵)。

1999年5月25日的《消费品买卖指令》,⑪而这恰好为德国政府提供了可以进行彻底改革的大好机会。这一改革及其他措施都意在促进德国私法的欧洲化。由此,一个正当合法的问题是,德国的新买卖法是否可以被视为正在形成的欧洲买卖法的一部分呢?本章将会采取历史的和比较的视野,对《德国民法典》采取的新思路的主要特点展开讨论。讨论将主要限于隐蔽瑕疵责任制度,⑫以及遭

⑪ 同上文"(一)旧模式"。关于《消费品买卖指令》如何在欧盟成员国得到实施的全面分析,请参阅曼泽尔(Heinz-Peter Mansel),"欧洲买卖法改革与德国给付障碍法教义学"(2004)204,载《民法实务档案》第408页以下。

⑫ 对于标的物什么时候发生瑕疵的问题,新《德国民法典》第434条第1款规定,标的物在风险转移时具备约定之性能的即为无质量瑕疵。如果当事人之间没有约定,那么在下列情形,标的物也不存在质量瑕疵:(1)如果其适于合同的预定效用,或者(2)其适于通常效用,并具备同类物的一般性能,从其性质上符合买方的要求。如此看来,修订后的民法典现在认可了旧民法中所称的关于瑕疵判断的主观观念:即首先通过当事人的约定来判断是否存在瑕疵。关于这方面的讨论,请参阅乌里希·胡博,载祖尔格尔(Soergel),《民法典》,卷三,1991年第12版,第459条前言,注释20以下。与《消费品买卖指令》的第2条(运用了与合同约定一致的观点,《指令》2(1)规定:"卖方必须向消费者交付与买卖合同约定一致的货物。")相反,《德国民法典》第434条第1款并没有仅仅规定标的物不存在瑕疵的推定规则(presumptions)(譬如与合同的约定一致)。恰如佛罗里安·福斯特所指出的,《消费品买卖指令》所采取的进路并不合理,因为标的物被推定为不符合合同约定,并不就意味着标的物就一定不符合合同之约定(譬如有瑕疵):福斯特,载班贝格(Georg Bamberger)和罗斯(Herbert Roth)主编:《民法典评注》(2003)卷1,第434条注释7。根据《指令》的第8(2)条,只要是为了买方的利益,那么就可以与指令的规定有所不同(在与指令不相冲突的前提下,成员国可以采取更为严格的规定,为消费者提供更高程度的保护)。关于《指令》第2条的详细讨论,参阅彼得·胡博(Peter Huber):"买卖法——欧洲造!《消费品买卖指令》及其之后德国法上的物之瑕疵担保权",载《迪特尔·恩里希纪念文集》,2000年,第298页以下;格鲁德曼(Stefan Grundmann),载比安卡(Massimo C. Bianca)、格鲁德曼主编:《消费品买卖指令:评注》,2002,第2条(注释117以下);关于《德国民法典》第434条第1款的解释,参阅格里格奥赖特·赫尔斯塔尔(Carsten Herresthal):"买卖法上质量瑕疵责任的基

受损害的买方可以就此寻求的救济措施。[13]

82 二、隐蔽瑕疵责任:旧《德国民法典》及其历史背景

(一)罗马法

对于因一些特定的个别商品而出现的问题,市政官救济(Aedilitian

本问题",载《法学家报》,2003年,第118页以下;福斯特(如上),第434条,注释1以下;维斯特曼,载《德国民法典慕尼黑评注》第4版,卷3,2004年,第434条,注释1以下;贝克曼(Annemarie Marusche Beckmann),载《德国民法典施陶丁格评注》,2004年修订版,第434条,注释1以下。《消费品买卖指令》从《联合国国际货物销售公约》中吸收了"与合同约定一致"的观点,这表明了《指令》的起草者使两者相互协调的倾向。参阅施陶顿梅耶(Dirk Staudenmeyer):"欧盟消费品买卖指令",载《新法学周刊》,1999年,第2394页以下;马格奴斯:"《消费品买卖指令》与《联合国国际货物销售合同公约》",载格鲁德曼、梅迪库斯、罗兰德主编:《欧洲的买卖给付担保权》,2000年,第79页以下;作者同前,"《联合国国际货物销售公约》对欧洲立法的影响",载费拉里(Franco Ferrari)主编:《1980统一买卖法:基于最近发展的旧题新思》,2003年,第129页以下。最终来看,《联合国国际货物销售公约》第35条"与合同约定一致"的观念来源于普通法;参阅拉贝尔:《货物买卖法》卷2,1958年,第107页,第161页以下。对这一问题与《美国统一商法典》的比较研究,请参阅海兰(Richard Hyland):"《联合国国际货物销售合同公约》与《美国统一商法典》中的卖方交付与约定一致之货物的责任",载施莱希特里姆主编:《统一买卖法与各国债法》,1987年,第305页以下。比较参阅塔隆(Denis Tallon):"《联合国国际货物销售合同公约》与《国际商事合同通则》中合同约定一致观念研究",载《比较法、欧洲法与国家融合:康斯坦丁·内斯科教授纪念文集》,1983年,第753页以下。

⑬ 本章的写作基础是作者为纪念约翰·凯利教授(1931~1991)所做的一次讲演。凯利是都柏林剑桥大学法学院的罗马法与法理学教授,之后曾任国会参议院议员,商业和工业部部长,总检察官。他精通罗马法和现代法。他极力主张从历史的角度理解法律,因此肯定不愿意看到古代的观念或规则因环境变化而无法安置。凯利对德国法也非常有兴趣,他在海德堡大学曾经度过两年的学术成长时期。

Remedies)*提供了公允而衡平的解决方法。[14]这些商品(1)在公开市场定期销售,(2)普遍知道其易存在缺陷,但即使警觉的买方也无法一下看出,以及(3)由信誉不怎么样的人销售。[15]买方可以提起减价之诉(*actio quanti minoris*)或解约返还之诉(*actio redhibitoria*)。

---

* aediles,是指罗马建筑营造官,名字来源于其看管谷神神庙(aedes)的职能,其负责监管罗马的建筑和公共节日。公元前365年设立了Aediles Curules,即市政官,是一种负责公共治安的官员(formal magistrates),包括一些治安工作和监督管理街道和市场。市政官最初从贵族中选出,只有两名,后来增加到四名,贵族和平民各两名。市政官有权发布告示(edicta),即法令。这些告示主要是监管公开市场上的买卖行为(李维称之为经济管制)。市政官告示是后来的市政官救济(actiones aediliciae)的基础,这些市政官救济方式包括解约之诉(the actio redhibitoria)和减价之诉(quanti minoris)(Dig. 21 tit. 1 *Aedilicio Edicto*)。其中他发布的市政官告示对罗马买卖法和动物侵权责任有巨大影响。后来,到帝国时期,市政官的职能逐渐被其他几种高级行政官所取代[参阅乔治·朗(George Long, M. A)词条,载史密斯(William Smith, D. C. L., LL. D),古希腊罗马词典(A Dictionary of Greek and Roman Antiquities), John Murray, London,1875. 第18~20页;《尤士丁尼 法学阶梯》,沃森 译,1998修订版,宾夕法尼亚大学出版社,术语部分]。在罗马法中,裁判官法是一种不同于市民法的重要法律渊源。裁判官法通常以告示的方式发出,而除了裁判官(包括城市裁判官和外事裁判官)外,市政官、各行省总督也发布告示,这些告示也是罗马法令的组成部分,当然应该属于不同于市民法的荣誉法(参阅[意]朱塞佩·格罗索,《罗马法史》,黄风译,中国政法大学出版社1996年第1版,第252页)。——译者注

⑭ 同样的评价,可参阅雅克布,载舍尔迈尔(注释11),第37页。

⑮ 譬如,参阅保罗:《论市政官告示》第2卷,载《学说汇纂》第21卷,第1章(D. 21. 1,44, 1);奥卢斯·格利乌斯(Aulus Gellius):《阿提卡之夜》(*Noctes Atticae*), Lib. Ⅳ II, 5;比较参阅乌尔比安:《论市政官告示》第2卷,载《学说汇纂》第21卷(D. 21. 1, 38)。

奥卢斯·格利乌斯(125~180),罗马时期拉丁作家和语法学家,他唯一留传下来的作品就是《阿提卡之夜》,名字源于他在阿提卡度过的漫漫冬夜,内容是一些杂录、摘录,主要是他与别人的谈话和读书笔记,内容涉及语法、几何、历史和哲学,以及几乎所有的知识领域。该书的主要价值就是反映了当时的社会状况,因为其中保留了很多已经失传的古代作家的作品内容。——译者注

买方可以主张差价返还(*quanto ob id vitium minoris fuerit*)请求权,[16]譬如一个奴隶或一头牲畜的实际价值与如果没有瑕疵或达到约定质量所应有的价值之间的差价;也可以主张退回该奴隶或牲畜,要求返还全部价款。[17] 第一种救济方式(减价之诉)必须在1年内提起,[18]后者(解约返还之诉)则需要在6个月内提起。[19] 买方不能请求损害赔偿;而另一方面,无论卖方对于货物质量瑕疵是否有过错或者是否曾经做出具体保证,卖方皆须承担责任。当然,除此之外,鉴于卖方的行为,如果不使其承担责任则将有违诚信,那么无论买卖的标的物类型如何,皆可适用买主之诉(*actio empti*)。[20] 有两种案件属于此类,皆应由卖方承担责任:其一,如果卖方欺诈隐瞒自己知悉的货物缺陷;其二,在签订合同中,卖方向买方做出了特别保证,声称该货物毫无瑕疵或具有特定性能。[21]

---

⑯ 格利乌斯(注释15);比较参阅乌尔比安:《论市政官告示》第2卷,载《学说汇纂》第21卷(D. 21, 1,38)。

⑰ “尤里安说,解约返还之诉的判决是指,当事人双方,即买方和卖方,有效地回复到原初状态”,见乌尔比安,《论市政官告示》第1卷,载《学说汇纂》第21卷(D. 21, 1, 23, 7);比较乌尔比安,《论市政官告示》第1卷,载《学说汇纂》第21卷(D. 21, 1,21)。

尤里安(Salvius Julianus),公元2世纪中期罗马著名法学家,古典罗马法时期萨宾学派的代表。曾为哈德良皇帝的枢密顾问,并受命于后者汇编裁判官告示,由此而有《尤里安永久告示》。除此之外,他还起草编纂了《法学汇纂》90卷,这是后来《民法大全》中《学说汇纂》的重要来源。——译者注

⑱ 乌尔比安,载《学说汇纂》(D. 21, 1, 38);帕比尼安,《解答》第12卷,载《学说汇纂》第21卷(D. 21, 1, 55)。

⑲ 乌尔比安:《论市政官告示》第1卷,载《学说汇纂》(D. 21, 1, 19. 6);帕比尼安:《解答》第12卷,载《学说汇纂》第21卷(D. 21, 1,55)。参阅克里斯汀安·巴尔杜斯(Christian Baldus):“应提起一个诉吗? 罗马买卖法中物之瑕疵的请求权竞合问题”,载《罗马法世界》(1999)5,第36页以下。

⑳ 关于诚信在罗马合同法,尤其是买卖(*emptio venditio*,产生诚实信用之交易类型的最好例子)中的作用,参阅舍尔迈尔:“罗马合同法中的诚实信用”,载齐默曼、惠特克主编:《欧洲合同法中的诚信原则》,2000年版,第63页及以下。

㉑ 参阅卡泽尔(注释9),第557页以下;《债法》(注释4),第308页以下。

(二)共同法(Ius Commune) 83

共同法是现代法典编纂不断发展进而达到顶峰的起点。甚至在古典罗马法学时期,*就已经很积极地向隐蔽瑕疵责任一般化发展。市政官救济非常公允衡平,恰好可以被融入买物之诉诚实信用条款(oportere ex fide bona)的解释之中,并最终被纳入市民法(*ius cvile*)。㉒ 在一般的买卖诉讼中,可以依据诚实信用原则对债务内容进行更为精确的解释,而这实际上使得最初的市政官救济作为一套独立自主的救济方式已经没有存在的必要。正因如此,尤士丁尼才打算将其废除。而实际上,真正的市政官救济(proprio sensu)不仅得以保留,㉓而且还进一步扩大适用范围,不仅只适用于奴隶和牲畜的买卖,还适用于所有物的买卖(Tam earum quae soli sint quam earum quae mobiles aut se moventes)。㉔对于货物买卖的隐蔽瑕疵,一直存在两套不同的救济方式,而这必

---

* 很多著作都把罗马法视为统一的法律制度,但实际上其发展经历了漫长的历史过程。公元前201年到27期间,称为前古典时期,在此时期法律发展更为灵活,除了传统的正式市民法外,荣誉法、万民法开始出现。公元后的前250年,即到3世纪中叶为古典法学时期,在这一时期,罗马法及罗马法学的发展达到顶峰,进入真正的法学家时代。公元3世纪中叶之后,罗马的政治、经济状况开始恶化,罗马皇帝开始掌控一切,法学家的作用变得微乎其微。在东罗马帝国,法学和法学教育在某种程度上得以维系,而在西罗马帝国古典法学基本被废弃,逐渐被粗俗法(vulgar law)所代替。——译者注

㉒ 卡泽尔(注释9),第558页;《债法》(注释4),第319页以下;巴尔杜斯(1999)5《罗马法世界》第40页以下。对这一发展更为谨慎的评价,参阅雅克布,载舍尔迈尔(注释9),第37页以下。

㉓ 比较《尤士丁尼敕令》(Constitutio Omnem4, Constitutio Tanta 5);恩斯特·李维(Ernst Levy):《西罗马帝国粗俗法:债法》(1956),第223页以下。

Constitutio,是指罗马皇帝所发布的敕令,Constitutio Omnem 和 Constitutio Tanta 实际上都是尤士丁尼皇帝发布的赋予《学说汇纂》以法律效力的敕令。——译者注

㉔ 乌尔比安:《学说汇纂》第21卷[D. 21, 1, 1 pro(添加)];进一步比较,譬如《尤士丁尼法典》(C. 4,58, 4, 1);卡泽尔《罗马私法》卷2,第2版,1975年,第93页以下。

然会带来诸多难题。[25] 一代代的法律人都在思考其背后的原理，并试图寻找市政官（praetorian）和平民官（civilian）在处理买卖无效货物退还或减价时所采取方式的不同。[26] 然而，只要不同的救

---

㉕ 《债法》（注释4），第322页以下（及文献参考资料）；施拉格（Eltjo Schrage），“中世纪的买卖担保责任”，载舍尔迈尔（注释9），第55页以下；维基（Paolo Mana Vecchi），“论共同法中的买卖保证”，载舍尔迈尔（注释9），第67页以下。

这里所说的两套不同的救济方式，是指传统罗马市民法与市政官法令，根据前者，卖方只对自己的声明承担瑕疵担保责任，也就是说，即使买卖标的物存在隐蔽瑕疵，但由于卖方没有针对该种瑕疵做出声明或保证，因此其不承担任何担保责任；而根据后者，卖方即使没有声明且是善意的也应对隐蔽瑕疵承担担保责任，责任方式就是市政官救济方式（解约返还之诉和减价之诉）（参阅彭梵得：《罗马法教科书》，第374～375页）。早期罗马法中，瑕疵声明担保责任最常见的例子就是，曼兮帕蓄买卖中，卖方声明的出卖土地面积小于实际土地面积，而买卖价款又是根据土地面积计算的，那么买方就可以提起买物之诉，要求卖方返还多付的款项。买物之诉中，开始卖方只有在心存欺诈故意隐瞒已知的瑕疵或明确保证无瑕疵或符合特定质量要求的情况下，才承担责任，这一责任包括赔偿买方的所有损失。对此，买方当然也可以提起买物之诉要求减价或者解约返还。尤里安还认为，即使卖方没有保证标的物之瑕疵，也应承担减价责任（参阅D 19.1.13；卡泽尔：《罗马私法》，第180～181页）。如此按照买物之诉，买方可以请求返还合同价款与如果他知道标的物瑕疵而可能的实际出价之间的差价；而按照市政官救济的减价之诉，也使得买方可以请求返还合同价款与瑕疵标的物实际市场价之间的差价。解约返还之诉也面临此同样的情形（参阅齐默曼，《债法：民法传统的罗马基础》，1992年，第322～323页）。——译者注

㉖ “然而令人奇怪的是，市政官为什么会引入解约返还之诉与减价之诉，因为从这些案件事实所反映的情况来看，其属于市民法救济之诉……而市政官救济之诉与市民法救济之诉差别很大。”维森巴赫（Johannes Jacobus Wissenbach），《〈学说汇纂〉评注》（*Exercitationes ad Quinquaginta Libros Pandectarum*），第4版，莱比锡（1673），Disp. XLI，注释9。

维森巴赫，著名的荷兰法学家，生于1607年，在哥廷根和马尔堡接受法学教育，之后去了巴黎。后来他被选为荷兰弗兰克大学（Franeker University）的教授，直到1665年去世。维森巴赫的主要著作是《〈学说汇纂〉评注》和《〈尤士丁尼法典〉前七编评注》。他是约翰内斯·伏特（JohannesVoet，1647～1713年，著名荷兰法学家）之前的法学教授，伏特对《学说汇纂》的评注就受到维森巴赫很大的影响。*Exercttationes ad Quinquaglnta Libros Pandectarum* 是维森巴赫对《学说汇纂》50卷的评注，于1661年发表（参阅魏瑟勒斯（wesseles），《罗马荷兰法史》，1908年，第298页）。——译者注

济方式之间发生重叠,其最终肯定会相互吸收并合。尤士丁尼
《学说汇纂》第21卷第1章(D. 21. 1 市政官法令、解约返还以及
减价之诉)经常被认为是市政官救济制度的核心实体(*sedes
materiae*),也最适于讨论隐蔽瑕疵的相关规则。在此情况下,隐
蔽瑕疵是否逐渐衰弱乃至最终完全消失,[27]或者另一种救济方式,
即市政官救济是否融入了买主之诉的一般框架和买卖合同的相应
义务之中[28],对于实际结果来说都是一样的:整个复杂的情形都由 84
一套单一规则予以规范(有时就是指买主减价之诉\买主解约返
还之诉 *actio empti quanti minoris/actio empti redhibitoria*)。这也
是处理该法在实践应用中遇到的一个主要难题的最为简单的办
法;无论这些救济方式之间如何相互地同化融合,仍有一点特性上
的区别:返还之诉与减价之诉只能分别在6个月和1年内提起,而
买主之诉则只受一般时效期间30年的约束。[29] 这些救济方式各
自的个性越强,对于这些分歧的不满也就越强。最终,解约返还请
求权和减价请求权都受到市政官所确定的严格短期时效的限制,

---

㉗ 譬如,参阅乌里希·胡博:《民法讲义》,第4版,法兰克福与莱比锡(1749),Lib. XXI, Tit. 1,注释4以下。

㉘ 譬如,参阅劳特巴赫(Wolfgang Adam Lauterbach):《理论与实践演讲录》,图宾根(第1723页以下),Lib. XXI, Tit. Ⅰ, XXXⅣ。

㉙ 其基础为C. 7,39,3,1(《西奥多西法典》)。

而无论其理论基础如何。[30] 在起草《德国民法典》时,普遍认为源于罗马法的统一隐蔽瑕疵责任制度已经趋于完善,且经受了检验,[31]因此这一责任制度也得以在《德国民法典》中延续。

(三)种类物买卖

1.罗马法

在救济制度一般化(generalization)的过程中,最重要但同时也最成问题的是,罗马法上的隐蔽瑕疵救济制度,最初仅仅适用于特定物(specific objects/goods)买卖,[32]之后逐渐适用于某类物(particular kind)之买卖或某种物(particular class)之买卖(非特定

---

[30] 譬如,参阅格吕克(Christian Friedrich Glück):《赫尔菲尔德〈潘德克顿教科书〉详解:一项评注》卷 20,(1819)第 153 页以下。否则买主诉权将会因为市政官诉讼而完全丧失其基础;譬如,参阅胡果·道纳鲁斯(Hugo Donellus):“评注参考:市政官告示”,载《全集》(*Opera Omnia*),卷 10, Maceratae(1832),第五章,注释 4。

《学说汇纂》的“现代运用”时代不仅出现了很多伟大的对后世影响巨大的相关评注式著作,譬如 Samuel Stryk, Agustin von Leyser、Wolfgang Adam Lauterbach 等人,这些著作成为了各国的罗马法手册,另外也出现了很多重要的教科书,其中在十七八世纪最为重要的作家包括 J. H. Böhmer, Georg Adam Struve, Wolfgang Adam Lauterbach, Johann Gottlieb Heineccius 和 Johann August Hellfeld。赫尔菲尔德(1717 ~ 1782),他自 1755 年开始在耶拿大学担任学说汇纂教授,1764 年编辑出版了他的法学著作《潘德克顿教科书》,之后由于格吕克的伟大评注而获得了持续的美誉。该教科书遵循了《学说汇纂》的基本结构,最后一版发行于 1806 年,不久之后就开始出现萨维尼的历史法学派。——译者注

格吕克(1755 ~ 1831),著名德国法学家,出生于马格德堡的哈勒(Hall)。1770 年到 1776 年在哈勒大学学习,1777 年获得博士学位。在担任私人讲师 7 年之后,他于 1784 年前往埃尔兰根,成为弗里德里希·亚历山大大学的法学教授。其最重要的著作就是在赫尔菲尔德的基础上对《学说汇纂》的进一步注释。——译者注

[31] 譬如,参阅邓恩伯格(Heinrich Dernburg):《潘德克顿》,卷 2,第 6 版(1900),第 100 和 101 段;温德沙伊德和基普(Theodor Kipp):《潘德克顿教科书》,第 9 版,(1906),第 393 ~ 395 段;库伯尔(Franz Philipp. von Kübel)“编者推荐”,载舒伯特(Werner Schubert)主编:《民法典债法修订案第一委员会之修订报告》第一部分,(1980)第 411 页以下(在此方面,该草案实质上遵循了罗马法原则,这些原则在商业实践中饱经磨砺,并几乎毫无例外地为现代立法所采纳:第 412 页)。

[32] 拉贝尔(注释 12),第 101 页以下。

物\种类物)。罗马法上的买卖(*Emptio venditio*)是一种债务行为,基于该合同买卖双方都负担一定的义务(卖方需交付货物,买方需支付约定的价金)。同时,就当事人双方的关系而言,该合同还具有将货物所有权分配(allocate)给买方的效力。[33] 这实际上也就解释了罗马买卖法的种种独特性,尤其是著名的买主承担风险 85

[33] 皮特斯(Frank Peters),"论自卖方取得所有权",载(1979)96《萨维尼基金历史法学杂志,罗马部》,第185页以下;《债法》(注释4),第239页以下;马丁鲍尔,《购者当心:买卖标的物灭失风险的一个历史教义式研究》(1998),第75页以下;沃尔夫冈·恩斯特:"同时履行抗辩权的早期史研究",载《弗卢梅祝贺文集》,1998,第36页以下;拉尔夫·米歇尔:《通过买卖合同的物之所属》,2002年,第70页以下。

需要注意的是,关于买卖行为(首先需要将买卖限于罗马法上合意合同的一种,即emptio venditio,而不能理解为现代法上的买卖观念)与标的物所有权转移之间的关系,在罗马法上因不同的历史时期和不同的交易类型而有所区别。卡泽尔在《罗马私法》中介绍了罗马共和时期到尤士丁尼时期的大概演变过程。(参阅卡泽尔:《罗马私法》,第174~175页)但是到了尤士丁尼时期,买卖行为不再涉及所有权的转移,其债务效力包括自买卖契约签订之日,标的物的风险和可能产生的收益都归买主承担或享有。《尤士丁尼 法学阶梯》中明确地说:"买卖契约一经缔结,也就是说,不用书面缔结的买卖契约,一经当事人就价金达成协议时,即使买卖标的物尚未交付,买受人立即承担其物的一切风险。……但是无论如何,出卖人应将对物的诉权和对人的诉权移转于买受人,因为其物在未交付于买受人前,仍属于出卖人所有。"[参阅3.23.3,《法学总论》,张企泰译,商务印书馆;桑达尔斯(Thomas Collett Sandars):《尤士丁尼〈法学阶梯〉:英文导论、翻译与注释》,第15版,1922年伦敦,第366~367页。]彭梵得在《罗马法教科书》中论及"买卖"时指出,"对于原始的买卖来说,卖主不是必须转移物的所有权……物的买卖不仅不是转移所有权的契约,而且也不是一种要求人必须获得所有权并转移它的契约"(第373页)。这方面的证据很多,譬如,罗马法上的让渡(traditio)这一概念(一般认为,让渡是使所有权转移的行为,而让渡并不仅指物理意义上的交付,还必须包括价金交付或所有权保证);以及罗马法上存在的"期货"买卖;乌尔比安曾经明确地说,"出卖他人之物毫无疑问是可以的" 等,都可以说明契约行为与所有权转移行为之间的区别。(参阅布克兰(Buckland):《罗马私法的要素原则》,第268页;卡泽尔:《罗马私法》,第173~174页;彭梵得:《罗马法教科书》,第373页;哈维(William Frederick Harvey):《罗马合同法概要》,1878年,第53页。)但是,至于这一买买结构的起源则尚未有清晰的文献说明。沃森认为,在古典法时期这一规则尚未出现,而尤士丁尼则明确地采纳了这一规则,他推测其大概出现在公元294年之后(参阅《尤士丁尼法学阶梯》中提到,这一规则可以追溯到十二表法时期,J.2.1.41,参阅沃森:《罗马共和后期的债法》,第62~67页)。——译者注规则(*emptione perfecta periculum est emptoris*)[34]。同时,还解释了这样一种事实,即根据这种交易的整体结构来看,罗马法上的买卖并不涉及非特定物的交易问题。[35]尽管可以存在一项交付20桶特定型号的白葡萄酒或5吨冬小麦的义务,但是只要货物还没有特定化,那么就不能认为这些货物已经分配给(allocate)了买方。当然,货物一经特定化之后,也就不再涉及非特定物买卖的问题了。然而,这并不意味着罗马时代的商人不会从事种类物(goods by description)的交易。罗马法上尚有很多其他各种选择以解决对种类物交易的需要。[36] 但确定的是,无法通过买卖行为进行种类物交易。这也意味着,罗马法学家在买卖的交易框架下发展出的各种规则都必然只涉及特定物买卖,而且这也的确是这些规则发展的趋向。市政官救济就是一个很好的例子。如果出卖一个特定的奴隶,而该奴隶患有近视[37]或在一段时间后眼睛失明[38]、癫痫病发作[39]或有其他的慢性疾病[40],再或者该奴隶无法生育[41],对此是不可能要求卖方消除该种瑕疵的;也不能主张卖方只有在更换另一个

---

[34] 关于这一点,参阅恩斯特:“论购者当心原则”,载《萨维尼基金历史法学杂志:罗马部》(1982)99,第216页以下;《债法》(注释4),第281页以下;鲍尔(注释33),第26页以下,第72页以下。

[35] 皮特斯:《萨维尼基金历史法学杂志:罗马部》,第189页;《债法》(注释4),第240页。

[36] 恩斯特:“种类物买卖之法律简史”,载《欧洲私法杂志》(1999)7,第600页以下[注意惩罚条款的运用——交付种类物的承诺可以间接具有强制执行力——返还特定物之要式口约(*stipulatio triticaria*),希腊式的债之文书(obligatory instruments of Hellenistic provenance),延期清偿契约(the constitutum debiti),海运借款契约(*the. fenus nauticum*)以及其他形式]。

[37] 乌尔比安,《学说汇纂》第21卷(D 21,1,10,3)。

[38] 乌尔比安,《学说汇纂》第21卷(D 21,1,10,4)。

[39] JAV D 21,1,53

[40] 乌尔比安,《学说汇纂》第21卷(D21,1,6)。

[41] 乌尔比安,《学说汇纂》第21卷(D21,1,14)。

毫无瑕疵的奴隶后才能获得价金。由此,请求解约返还、减少价金和损害赔偿就是诸多救济方式中唯一现实可行的选择,实际上这也是罗马法学家所主要关注的救济方式。

2. 张力

根据买卖行为(*Emptio venditio*)的交易结构,非特定物不能作为此类交易的标的物,但对于《民法大全》(*corpus iuris*)而言,其 86
自然不具有这样禁止性的特定效力,其中含有各种定量供应的非特定物买卖,即定量买卖(*emptio ad mensuram*)(譬如,出卖我酒窖中的10罐葡萄酒)。以现代观点看来似乎有些奇怪的是,该种交易被概念化为定量买卖,通过称重(*adpendere*),计数(*adnumerare*),或测量(*admetiri*)进行定量分配。[42] 与此同时,定量买卖很容易被认为是承认非特定物买卖的具有重大意义的第一步。中世纪注释法学派就是如此认为的,但他们没有看到种类物买卖与定量买卖两者之间在原则上的区别。[43] 尤士丁尼的《学说汇纂》强调买卖合意的债务属性,[44]这也使得中世纪注释法学派将两者等同而忽视其差别。合同也构成(权属)分配行为(act of allocation)的属性不再非常明显。最后,在中世纪法中,有关买卖

---

㊷ 恩斯特:"罗马法上的种类物买卖(Gattungskauf)与特定交付买卖(delivery sale\Lieferungskauf)",载《萨维尼基金历史法学杂志:罗马部》(1997)114,第303以下,第315页以下;关于定量买卖,参阅《债法》(注释4),第236页以下;恩斯特《欧洲私法杂志》(1999)7,第597页以下;托马斯·吕福纳(Thomas Rüfner):《替代物? 重量、数量及容量买卖的历史考察》,2000年,第49页以下。

参阅《德国民法典》第91条,"本法所称的替代物,是指在交易中按习惯能够以数量、容量和重量加以确定的动产"。——译者注

㊸ *Glossa vaeneant* ad C. 4, 48, 2;详情参阅鲍尔(注释33),第98页以下;恩斯特:《欧洲私法杂志》(1999)7,第612页以下。

㊹ 恩斯特:《萨维尼基金历史法学杂志:罗马部》(1997)114,第343页以下;比较科英:"罗马买卖法的独特发展",载科英:《法律史、法哲学与民法文集汇编》卷1,1982年,第71页以下;卡泽尔(注释24)第264段,第1~2节。

(*emptio venditio*)的规则也适用于非特定物买卖:而非特定物买卖在十二三世纪日新月异的经济发展中变得越来越重要。[45]

很快地出现了一套规则,从经济上说则是最为重要的买卖形式,其目的在于向买方分配特定标的物,而这在很多方面引起了理论上的紧张,其中最为突出的就是风险分担[46]和隐蔽瑕疵的责任问题。[47] 间或地,其他方面也得到了发展。很多作者概念化地认为,种类物买卖涉及的是无形客体。[48] 1794 年普鲁士法典的起草者设计了一套特定规则,用以规范将来交付之买卖(*Lieferungskauf*),如
87 此,其在买卖法中有效地引入了双轨制。[49] 然而,最为显著的是,特定物和种类物买卖继续被认为是同一买卖的不同实例,是适用同一套规则的同类交易。其主要原因是现代一般化合同观念的兴起。[50] 任一合同都以双方允诺或意思表示为基础,进而为实现该意思而产生义务。买卖行为通常被作为合同的范例,其使买卖双方当事人互负债务。但是,其仅仅产生这些债务,并不进而向买方分配标的物。因此,很明显地,将种类物买卖作为一般买卖法的组

---

㊺ 譬如,参阅伯尔曼:《法律与革命:西方法律传统的形成》,1983 年,第 99 页以下,第 333 页以下。

㊻ 鲍尔(注释 33),第 113 页以下(关于罗马—荷兰法);恩斯特:《欧洲私法杂志》1999 年第 7 期,第 624 页以下。

㊼ 恩斯特:《欧洲私法杂志》(1999)7,第 627 页以下。

㊽ 参阅吕福纳(注释 42),第 96 页以下;恩斯特:《欧洲私法杂志》(1999)7,第 630 页以下,以及两者的参考资料。

㊾ 恩斯特:"《普鲁士一般邦法》中作为合同类型的交付交易",载《沃尔夫冈·泽尔纳(*Wolfgang Zöllner*)纪念文集》卷 2,1998 年,第 1097 页以下。

㊿ 科英:《欧洲私法》卷 1(1985),第 398 页以下;纳兹(Klaus-Peter Nanz):《16～18 世纪一般性合同概念的出现》(1985);《债法》(注释 4),第 537 页以下;巴顿(John Barton)主编:《迈向统一合同法》(1990);费恩斯特拉(Robert Feenstra):"裸体简约的强制执行力",载费恩斯特拉、齐默曼主编:《罗马—荷兰法:十七、十八世纪民法的发展》,1992 年,第 123 页以下。

成部分也已经毫无障碍。[51] 与此同时，这一概念基础之转变也进一步突出了罗马法上有关买卖合同(*emptio venditio*)的规则在适用中所存在的问题。严格地说，其中的一些规则，现在都已经不再适合应用于特定物买卖。[52] 为什么买卖合同标的物偶然损毁的风险自纯属义务性的合同签订之日起即由买方承担，这仍然是个谜。[53] 因此，18 世纪启蒙时期的法学作家和法典编纂大都对罗马法上的买主风险承担规则(*emptione perfecta periculum est emptoris*)怀有敌意，[54]而《德国民法典》的起草者们也是如此。[55]

3. 争论与妥协

另一方面，关于隐蔽瑕疵的传统责任制度一直被认为很适合于特定物买卖。在 19 世纪的法学作家之间发生争论的是，该责任制度是否也可以充分适用于规范非特定物买卖。[56] 因为，越来越 88
多的人认识到，罗马法上的买卖仅仅适用于特定物，将其扩充到非

---

[51] 恩斯特：《欧洲私法杂志》1999 年第 7 期，第 632 页以下。

[52] 恩斯特强调了这一点，参阅《欧洲私法杂志》1999 年第 7 期，第 634 页。

[53] 参阅鲍尔(注释 33)，第 261 页，他正确地指出，根据现代合同观念，不可能对罗马法上的风险承担规则进行令人信服的理论论证；请比较布赫(Eugen Bucher)，“债务合同的所有权转移效力：《法国民法典》的示范范围”，《欧洲私法杂志》(1998)6，第 651 页，以及其他各处。

这里需要注意的是，齐默曼认为，如果按照早期罗马的买卖规则，买卖行为不仅产生债务，而且还能够引起所有权的转移，那么就可以解释罗马法上的买主风险规则(参阅前文注释 33 及译者注)；但是到尤士丁尼时期，买卖行为不再具有转移所有权的效力，但另一方面又继续保留了前期的买主风险规则，为什么会如此呢？对于这一问题的解释，“仍然是个谜”。——译者注

[54] 参阅《债法》(注释 4)，第 283、291 页。

[55] “动机”，载穆格旦：《德意志帝国民法典材料汇编》，卷 2(1899)，第 113 页以下；并参见《德国民法典》第 446 条(该条在德国债法现代化的过程中丝毫未有改变)。

[56] 参阅恩斯特：《欧洲私法杂志》1999 年第 7 期，第 635 页以下。

特定物的买卖,从历史上看是不正确的。[57] 这一认识为非特定物买卖的重新概念化铺平了道路。当然,考虑到买卖实质上已成为关于支付的约定(*pactum de trahendo et solvendo*),也不会再有实质性的反对意见认为非特定物不适用于作为买卖的标的物。但是,卖方的允诺是什么呢?他没有承诺交付特定的标的物(交付特定物的结果是,如果他已经交付了标的物,那么即使后来发现标的物存在瑕疵,那么他也可以借此证明自己遵守了合同义务),但却以默示的方式允诺将会交付具有一般属性或质量的标的物,或者至少满足于当事人双方所设想之用途或通常用途的标的物。那么,这就意味着,如果在非特定物买卖中,卖方最终交付了瑕疵标的物,那么他即违反了自己的合同义务。结果很明显:他将如其他未履行的情形一样承担债务不履行责任。他将面临买物之诉,买方可以通过该诉请求给付或主张自己的利益。[58] 由此,另外一种以法定担保为基础的责任制度不仅多余,而且也是不恰当和不充分的,因为该责任制度并没有使买方有权请求交付符合一般属性和质量要求的标的物,而是要求买方保有该瑕疵标的物,然后可以提起减价之诉。该责任制度一方面认为应当接受该交付并视为卖方恰当履行了合同义务,而另一方面又同时认为此属于债务不履行之情形。[59]

但是,其他一些法学作家声辩认为,市政官救济也应当适用于

---

[57] 譬如,参阅布里茨(Alois Brinz):《潘德克顿教科书》第2款第2部,第2版,1881年,第730页以下;贝克曼(August Bechmann):《一般买卖法》卷2,1884年,第330页以下。

[58] 贝克曼(注释57),第333页;特尔(Heinrich Thöl)《商法》,第1卷第2部,第5版,1876年,第275段;比较温德沙伊德、基普(注释31)第394段之5。

[59] 加莱斯(Carl Gareis):《现代德国商法之后的安排》,1870年,第153页以下(强调减价之诉会损害商业利益,不利于商业稳定)。

非特定物买卖。[60] 其中最为突出的，是当代德国商法学的创始人高德施密特。[61] 他认为，交付行为将卖方的义务限定于他所选择的特定标的物：最初为非特定物买卖，但之后必然转换为适用市政官救济的特定物买卖。[62] 高德施密特先是在北德联盟，之后是在 89
德意志帝国担任商事最高法院的法官，借此他即可以在当代法律实践中融入自己的观点；[63]而帝国最高法院也遵循了他的观点和做法。[64] 这两种不同观点的争论最终反映在《德国民法典》第 480 条之中。民法典的起草者原则上遵循了高德施密特的观点，将特定物和非特定物买卖同等对待：皆可适用解约返还之诉、减价之诉、针对欺诈请求损害赔偿以及实际履行。然而，除此以外，买方还有权请求交付无瑕疵标的物以替代瑕疵标的物，即更换。该请求权之行使并不优先于其他救济方式：买方有权选择请求解约返

---

[60] 邓恩伯格（注释 31）第 101 段之 3。

[61] 卡斯滕施密特，“莱文·高德施密特（Levin Goldschmidt）（1829～1897）：现代商法学的创始人”，载海因里希斯、弗朗茨基（Harald Franzki）、施玛尔茨（Klaus Schmalz）和斯托雷斯主编：《犹太血统的德国法学家》，1993 年，第 215 页以下；韦额（Lothar Weyhe）：《莱文·高德施密特：德国的学者生活》，1996 年。

高德施密特（1829～1897）著名商法学家，曾在柏林、波恩和海德堡等地学习医学、哲学和法律，1851 年获得法学博士。曾在法院工作，后任教于海德堡大学。1858 年他创办了《商法综合杂志》，1866 年任海德堡大学法学教授，1870 年出任北德联盟最高商事法院的法官，1875 年任柏林大学教授。他出版了如《商法学体系》等大量的商法著作，被称为德国商法学的鼻祖。——译者注

[62] 莱文·高德施密特：“论市政官救济对种类物买卖的可适用性”，载《商法综合志》（1874）19，第 105 页以下。

[63] 很明显地，虽然在 1872 年 4 月 16 日《帝国最高商事法院判决汇编》没有出版，但高德施密特就已经提到了。《商法综合杂志》（1874）19，第 98 页以下。

[64] 《帝国最高法院民事裁判汇编》第 6 卷，第 189 页以下（1882 年 2 月 28 日）；《帝国最高法院民事裁判汇编》第 12 卷第 78 页，第 84 页以下（1884 年 11 月 25 日）。关于帝国法院根据共同法和 1794 年普鲁士法的实践发展，可以参阅塞勒（Christoph Seiler），“从一般邦法到民法典”，1996 年，第 181 页以下，第 187 页以下，第 190 页以下。

还或减价或更换交付（或在特定情形下请求损害赔偿）。这使得卖方根本就没有第二次机会：他无法通过交付另一无瑕疵标的物来避免买方选择其他救济方式。

因此，总体说来，传统的思维模式在1900年的《德国民法典》中基本占据了优势。特定物买卖被置于重要醒目之处，而种类物买卖则不被视为正统，需要通过修订买卖法之一般规则的特别规定予以规范。[65] 如此，隐蔽瑕疵之责任仍由一套在适用范围上已经一般化的特别规则予以规范，但也只是稍作调整。[66]

### 三、问题范围

这套特别规则直到2001年12月31日都一直为《德国民法典》所采用。对该规则的研究表明，有三种情形明显背离民法典规定的一般责任制度，而这也引发了一些问题。[67]

90 （一）补充履行*

如前所述，卖方没有第二次机会通过消除瑕疵或更换无瑕疵标的物而获得价金。交付瑕疵标的物被视为债务不履行的一般情

---

[65] 参阅，（旧）《德国民法典》第480条和第243条第2款。

第480条：（1）买卖的物仅指特定种类的，其买受人可以要求向其提供无瑕疵的物代替有瑕疵的物，而不要求解除合同或者减少价金。对此请求权准用关于解除买卖合同的第464条至第466条，第467条第1句和第469条，第470条，第474条至第479条的规定。（2）在风险责任移转于买受人时，标的物缺少出卖人所保证的品质的，或者出卖人故意隐瞒其瑕疵的，买受人可以请求债务不履行之损害赔偿，而不要求解除合同、减少价金或者提供无瑕疵的物。

第243条第2款：债务人为交付前款种类物而完成其必要行为时，债的关系仅限于此物。

[66] 减价之诉和解约返还之诉的短期时效被进一步缩短；比较下文"三（三）时效"部分。

[67] 特别的，请参阅梅迪库斯："物之瑕疵责任的历史研究"，载齐默曼、克努特尔和梅恩克（Jens Peter Meincke）主编：《法律史与私法教义学》，2000年，第307页以下。

* 英文表达为supplementary performance，德文为Nacherfüllung，有学者译为后续履行，本文翻译为补充给付或补充履行。——译者注

形,如果卖方未能在买方指定的特定时间内履行初始债务,那么买方只能解除合同,或者请求债务不履行之损害赔偿。[68]

就特定物买卖来说,另行更换无瑕疵之标的物是不切实际的,在概念上更不协调。毕竟,当事人允诺的是特定标的物,因此卖方无法通过给付其他标的物来履行合同义务。[69] 即使对于种类物买卖,也是直到19世纪最后20年才出现争论,即如果卖方已经准备通过替代给付进行瑕疵修正,那么买方是否还有权提起解约返还之诉。[70] 法院实际上已经确认了买方的解约返还请求权,对此几乎没有什么出乎意料的,因为之前的任何法典都没有规定卖方有对其瑕疵履行进行补救的权利。[71]《德国民法典》第二委员会发现了这一问题并展开讨论,但最终还是驳回了不同于既定常规思维方式的提议。[72] 事实上买方已经有权请求重新交付无瑕疵标的物,[73]如此与卖方相比,买方的地位已经相当强势。

对于特定物和非特定物的买卖来说,通过譬如修理以消除瑕疵的补充履行都是完全可以想象的。第二委员会就此进行讨论,

---

[68] 《德国民法典》第326条(旧版)。

(1)一方当事人对于由双务合同产生的自己应履行的给付有迟延时,另一方当事人可以为其指定一个适当的履行期限,并声明,逾期将拒绝受领给付。期限届满后,如果一方当事人未及时给付,另一方当事人可以因不履行而要求损害赔偿或者解除合同;其履行请求权即归消灭。期限届满前部分给付未履行时,准用第325条第1款第2句的规定。

(2)合同迟延履行对另一方当事人无利益的,另一方无须规定期限即享有本条第1款规定的权利。

[69] "草案",载穆格旦,(注释55),第684页。

[70] 多额特(Hans GrofSmann-Doerth):《违约交付的法律后果》(1934),第34页以下。

[71] 参阅多额特(注释70),第44页以下。

[72] "草案",载穆格旦(注释55),第684页以下;《祖尔格尔,民法典》,胡博(注释12),第459条前言,注释14。

[73] 参阅上文二(三)部分。

但最终也予以否决,理由是,如果授予卖方修理的权利将会引发不
91 必要的麻烦,使问题更加复杂。[74] 甚至连买方是否应该有权请求对标的物进行修理,也未在考虑之中。[75] 再一次地,罗马法思维模式占据了主流。罗马法上的市政官救济最初是为了适用于奴隶和牲畜的买卖,譬如标的物存在身体上或者是品质上的瑕疵,而这些瑕疵通常是卖方无法轻易消除的。[76]

买卖合同中隐蔽瑕疵责任制度的传统模式在《德国民法典》中得到延续,但在法典生效后,人们很快就清楚地看到,这一责任模式对卖方是非常不利的。在出售技术非常复杂的设备时,如果标的物瑕疵能够轻易地通过更换或修理瑕疵部分而得到矫正,那么解约返还将成为一种非常严厉的惩罚性措施。同样的情形在日常交易中也存在:一个人在商店购买了一件有瑕疵的样品,那么他会很合理地希望更换为另一件合格的商品。[77] 买方根据民法典的

---

[74] “草案”,载穆格旦(注释55),第675页以下。随后,经常如此来论证否决的正当性,即卖方如果与标的物的生产者不同,那么其通常缺乏修理的能力和手段。尽管这与《德国民法典》第633条第2款(旧法)的规定一致,其规定承揽合同的消费者有权要求承揽人消除瑕疵,但却很难说与租赁合同一致,德国民法典第536条(旧法,新法第535条第1款第2项的规定相同)规定,即使出租人通常并不是生产者,但必须承担对出租物的维护修理义务。

第633条 【修补;排除瑕疵】(1)承揽人有义务完成其工作,使其具有所保证的品质,并无灭失或者减少其价值或者其通常效用或者合同约定的效用的瑕疵。(2)如果工作不具备此种品质,定做人可以要求排除瑕疵。于此准用第476a条的规定。如果所需费用过巨,承揽人有权拒绝排除瑕疵。(3)承揽人迟延排除瑕疵时,定做人可以自行排除,并要求偿还必要的费用。

第536条 【出租人的义务】出租人应将符合约定使用状态的租赁物交付承租人,并在租赁期间使租赁物保持此种状态。

[75] 《祖尔格尔,民法典》\胡博(注释12)第459条前言部分,注释16,进一步讨论了没有提出该问题的可能原因。

[76] 梅迪库斯(注释67),第310页。

[77] 乌里希·胡博:“论买卖合同”,载联邦司法部长主编:《债法修订之意见建议》,卷1(1981),第915页以下。有关比较讨论,参阅施瓦策(注释8),第158页以下。

规定行使相互返还之诉,通常是由于他对该交易后悔了,而这种情形是不值得法律予以保护的。偶尔的,法院也会借助诚实信用的一般原则予以矫正(《德国民法典》第242条)。[78] 然而,更多的情形是,卖方在合同中约定自己拥有补充履行的权利,从而使自己的利益得到维护。于是,人们发现格式合同条款特别适合于这一点。[79] 当然,这同时也可以很好地削弱限制买方的补充履行请求权,进而可以在《德国民法典》第459条以下规定的各种法定救济制度之间进行选择。另外,卖方也可确保由买方承担消除瑕疵的任何费用。不断扩张的诉讼最后导致《一般交易条件法案》采纳了两条规定以禁止此类条款,[80]并且也导致了《德国民法典》的修订。[81]

有时,买方的合理利益是要求对标的物缺陷进行修理,而不是被迫采取相互返还或减价救济。但是法律没有赋予买方此类权利,人们普遍认为这是旧德国民法典的不足。[82]

---

[78] 霍恩泽尔(Heinrich Honsell),载《施陶丁格民法典评注》,第13版,1995年,第462条,注释12;第480条注释9;《祖尔格尔》\胡博(注释12)第462条,注释73。

[79] 多额特追溯和分析了这一发展的起源,(注释70),第61页以下,他还提到了商人法(*lex mercatoria*)的现代形式(经济法的自我创造)。

[80] 《奥地利一般民法典》第11条第10款b和c项。

[81] 《德国民法典》第476 a条(旧版)。

第476a条　【修正权】如约定以修正权代替买受人的解约权或者减价权时,负修正义务的出卖人应负担为修正目的而支付的必要费用,尤其应负担运输费、公路费、工资以及材料费。因买卖标的物送交受领人的住所或者居所以外的其他地点而增加的费用,不适用前句规定,但送交符合标的物规定的使用的除外。

[82] 胡博(注释77),第915页。在这方面,一些自然法法典编纂已取得了更大的进步;比较1794年普鲁士法第325条,第331条第1款第5项以及《奥地利一般民法典》第932条(1811)。如果可以通过修理消除瑕疵,奥地利法典通常会授予买方请求修理的权利(*Verbesserung*);但在此情形下,买方请求返还的权利则被排除。有关比较分析,参阅拉贝尔(注释12),第251页以下;施瓦策(注释8),第137页以下。施瓦策指出,在《消费品买卖指令》之前,在欧洲只有5个国家的法律制度规定了瑕疵消除请求权:奥地利、葡萄牙、瑞典、芬兰和荷兰。

92 (二)损害赔偿

如果标的物没有达到承诺的质量标准,或者如果卖方欺诈性地隐瞒了标的物瑕疵,仅此两种情况下才能主张损害赔偿:《德国民法典》第463条(旧法);后一种情形很快就被法院扩展到存在其他欺诈行为的情形。[83] 但是,如果由于卖方的疏忽而导致了损害的发生,那么责任将如何呢？通常的,买方可以行使"积极侵害债权"请求权。积极侵害债权主要是为了规范合同当事人一方因过错而没有依约履行债务的情形(当然,除非可以适用有关迟延给付或给付不能的规则)。[84] 然而,如果对于积极侵害债权规则的适用没有限制,其将会使《德国民法典》第463条丧失作用。一方当事人交付了易燃易爆的瑕疵标的物,但如果仅仅因为该交付出于疏忽,就降低对买方健康或财产的安全保障,这是毫无合理性或正当性可言的。因此,法院试图寻找折中的解决办法。原则上,这些情形可以适用有关积极侵害债权的责任制度,但又仅限于请求间接损失赔偿(譬如,损害了买方任何其他受法律保护的客体,而不是买卖之标的物本身)。[85] 但是瑕疵结果损失(*Mangelfolgeschaden*)与固有瑕疵损失(*Mangelschaden*)之间的区

[83] 《祖尔格尔》\胡博(注释12)第463条,注释26以下。

[84] 德国法上积极侵害债权的理论,是由著名的商法学家赫尔曼·施陶伯在1920年提出的(仅在《德国民法典》生效后两年),参阅齐默曼:《罗马法 比较法和欧洲法》,2001年,第92页以下;马克西尼斯、沃纳·洛伦茨和丹纳曼(Gerhard Dannemann):《合同法与返还:比较导论》,1997年,第418页以下。关于赫尔曼·施陶伯,参阅埃尔施纳(Günter Elschner):"施陶伯与积极侵害债权学说",载霍尔恩(Thomas Hoeren)主编:《民法上的发现》,2001年,第191页以下。

[85] 梅迪库斯:《民法》,第17版,1996年,注释361以下;《祖尔格尔》\胡博(注释12)第459条前言,注释38以下;《施陶丁格》\霍恩泽尔(注释78)第459条以下的前言,注释78以下。

分已被证明是模糊不定的。[86]如果卖方违反了根据买卖合同应承担的附随义务(ancillary duties),而无论该附随义务是否与标的物瑕疵相关,法院都会支持积极侵害债权之损害赔偿请求权,包括赔偿买方的所有损失,当然这也存在界定或区分上的困难。[87] 93

(三)消灭时效

当然,根据《德国民法典》第459条以下之规定,因隐蔽瑕疵而产生的法定请求权,只要不是以卖方的欺诈行为为基础,那么就要适用短期诉讼时效:涉及动产的为6个月,而与土地有关的则是1年。[88] 只要买方已经发现或者至少有合理机会发现该瑕疵,那么6个月的时效期间就不算太短。《德国民法典》第477条规定的期间特别麻烦,因为如果买卖标的物涉及动产则从交付时开始起算,而如果涉及土地则从所有权转移时开始起算。因此,在买方有机会知悉是否存在瑕疵之前,其请求权就已经受到了时效的限制。

---

⑯ 参阅这一问题的诀疑,《祖尔格尔》\胡博(注释12)Anh. 第463条,注释21以下。

⑰ 福尔科莫尔(Max Vollkommer),载饶尔尼希主编:《民法典》,第7版,1994,第459条第4款6b)项。关于这些义务的范围,参阅《祖尔格尔》\胡博(注释12)Anh. 第433条,注释1以下。

⑱ 《德国民法典》第477条(旧);第一次草案,参阅库伯尔(von Kübel)(注释31)第421页以下。

第477条　【担保请求权的时效】

(1)解除合同请求权或者减少价金请求权以及在所保证的品质有瑕疵时的损害赔偿请求权,对动产,于交付后六个月内不行使而消灭;对土地,在移转后一年内不行使而消灭,但出卖人故意隐瞒其瑕疵的除外。可以通过合同延长上述时效期间。

(2)买受人根据《民事诉讼法》的规定,请求法院进行独立的调查证据程序时,时效中断。中断存续至调查程序终结之时。于此准用第211条第2款和第212条的规定。

(3)本条第1款所列举的请求权的时效中止或者时效中断,对其他请求权也产生时效中止或者时效中断的效力。

人们普遍地认为这是明显不公平的。[89] 为什么会有这样的一个如此有利于瑕疵标的物出售方的时效制度呢,对此也从来都是很不清楚的。《德国民法典》的起草者曾认为:在买卖标的物交付之后,要想确定标的物之瑕疵是在交付时就已经存在还是在交付之后才出现,这是非常困难的。[90] 另外他们还主张,可以想见的是,卖方完全有合理的利益需求去隐蔽与买卖相关的信息。[91] 然而,就第二点而言,其对于交付瑕疵标的物的卖方和其他任何债务人来说都一样有效;而对于第一点而言,需要注意的是,买方必须证明标的物瑕疵在交付时就已存在,而不是由卖方证明标的物在交付时毫无瑕疵。[92]

当然,对于《德国民法典》第459条以下之规定的主要适用范围来说,存在恶法亦法(*dura lex sed lex*)的情形。实际上,只要认真考虑一下短期时效期间的政策因素以及为避免时效计算上的不一致,《德国民法典》第477条甚至也得适用于积极侵害债权之间接损失赔偿请求权。[93]如此,在这样的情形下,法院需要适用请求权竞合(*Anspruchskonkurrenz*)的规则。[94]

94 就违反买卖合同中的附随义务而产生的积极侵害债权之损害

---

[89] 《祖尔格尔》\胡博(注释12)第477条,注释3以下;皮特斯、齐默曼:"论诉讼时效期间(Verjährungsfristen)",载联邦司法部长主编:《债法修订委员会最终报告》,1992年,第23页以下,第28页。

[90] "草案",载穆格旦(注释55),第660页以下。

[91] 参阅《祖尔格尔》\胡博(注释12)第477条,注释2。

[92] 梅迪库斯(注释67),第309页。

[93] 《帝国最高法院民事裁判汇编》RGZ 53, 200(203)(12月19日,1902); RGZ 117, 315(316)(6月24日,1927);《联邦最高法院民事裁判汇编》,BGHZ60, 9(12)(11月29日,1972); BGHZ 77, 215(219 ff)(6月2日,1980);《施陶丁格》\霍恩泽尔(注释78)第477条,注释2。

[94] 总体情况,参阅曼泽尔,载饶尔尼希主编,《民法典》第11版,2004,第241条,注释14。

赔偿请求权而言,情形就不同了。毕竟该请求权并不以证明买卖标的物的瑕疵为基础,如此也就应受一般诉讼时效期间 30 年的限制。[95] 然而,总是无法轻易弄清楚的是,如果买方因卖方提供的有关产品耐水性的错误建议而遭受损害,为什么在请求损害赔偿时要适用《德国民法典》第 477 条规定的 6 个月诉讼时效期间;[96]而对因交付未包装的电池引发火灾的损害赔偿请求权则要适用 30 年诉讼时效期间。[97] 上述两个例子都说明,标的物瑕疵与违反附随义务之间的区别已变得很微弱了。[98]

请求权竞合原则可以使德国法院能够进行仔细的甄别分析,以避免适用民法典第 477 条的不公正规定。譬如,法院认为,买卖标的物由于某个具有瑕疵的操作部件而遭受损坏,买方即可以请求侵权损害赔偿,因为很明显的根据《德国民法典》第 823 条第 1 款的规定,卖方损害了买方的财产。[99] 根据民法典第 852 条第 1 款的规定(旧法),这一请求权适用 3 年诉讼时效期间,并自受害方知道该损害及赔偿责任人之日起算。譬如,买方的汽车由于所

---

[95] 《帝国最高法院民事裁判汇编》RGZ 144, 162 ff. (3 月 16 日,1934);《联邦最高法院民事裁判汇编》BGHZ 66, 208(213 以下)(4 月 28 日,1976);《施陶丁格》\霍恩泽尔(注释 78)第 477 条,注释 31。

[96] 《联邦最高法院民事裁判汇编》,第 88 卷,第 130 页,第 136 页以下,1983 年 7 月 13 日。

[97] 《联邦最高法院民事裁判汇编》,第 66 卷,第 208、214 页,1976 年 4 月 28 日。

[98] 有关判例法的讨论,参阅《祖尔格尔》\胡博(注释 12)第 477 条,注释 12 以下;有关英国法中的时效制度概要,参阅齐默曼:"德国法上的消灭时效",载杰姆(Erik Jayme)主编:《第十四届比较法大会之德国民法报告》,1994 年,第 168 页以下。

[99] 这一判断始于联邦最高法院的民事裁判(第 67 卷,第 359 页以下,1976 年 11 月 24 日,浮空开关案);进一步参阅斯普劳(Harrwig Sprau),载《帕兰特民法教科书》,第 64 版,(2005), 第 823 节, 注释 177 以下;梅迪库斯:《民法学》第 20 版,2004 年,注释 650b;史蒂芬(Erich Steffen):"制造商责任中的纯粹经济损失",载《保险法》,1988 年,第 977 页以下;参阅格泽尔的专著:《实质损害与产品》,2003 年。

购买的瑕疵油门踏板而遭受损害,那么他可以请求侵权损害赔偿。[100] 因此,为了避免适用第477条的诉讼时效期间,法院可以有效地通过侵权法为隐蔽瑕疵损害提供另外的一种救济方式。

应该指出的是,第477条中规定的6个月诉讼时效期间效仿于罗马法上减价之诉和解约返还之诉的短期时效限制,[101]但后者
95 最初仅仅适用于奴隶和牲畜的买卖。因此,严格说来,罗马法的规定为规范牲畜买卖提供了一个范本,但《德国民法典》的起草者却对此另外设置了特别的制度规则。[102] 在德国制定法中,罗马法规则被扩展适用于其从未打算适用的标的物。而且,《德国民法典》还使得罗马法上的时效规则变得相当严格。根据罗马法和共同法,时效的起算取决于买受人是否知道或应当知道标的物的瑕疵,这一点也并不适用于损害赔偿请求权。最后,减价之诉也只受1年时效期间的限制,即使涉及动产也是如此。[103]

(四)其他不确定的界分

还有很多问题与有关隐蔽瑕疵的特别制度相关。仅仅是所交付的物具有瑕疵的情形(《德国民法典》第459条及以下),而不同于买卖标的物的瑕疵(对债务不履行的通常救济方式),对此需要进行细致的区分。但即使对于特定物买卖而言,此两者之间的界限也并不总是那么容易确定(一件小提琴被作为单一乐器出售,

---

[100] 《联邦最高法院民事裁判汇编》,第86卷,第256页以下,1983年1月18日。

[101] 这与罗马法稍有不同,罗马法上针对两种诉讼有两种不同的时效期间(分别是六个月和一年),尽管《德国民法典》的起草者参照了很多早期的法典和法典草案,基本同等对待两种诉讼,但也在动产和土地之间做出了区分。参阅库伯尔(von Kübel)(注释31),第421页。

[102] 《德国民法典》第490条(旧法):"解除合同的请求权以及因出卖人保证不存在的主要瑕疵的损害赔偿请求权,因担保期限届满后六个星期内不行使而消灭";参阅《债法》(注释4),第326页以下。

[103] 邓恩伯格(注释31)§ 101, 1以下以及2c;温德沙伊德和基普(注释31)第393条;比较 梅迪库斯(注释67),第310页以下。

但后来发现其被管弦乐队的乐手作为演奏乐器)；[104]而当涉及非特定物买卖时,这一区分就完全变得模糊不清了。[105]《德国民法典》第459条及以下是关于标的物质量瑕疵的规定,而对于标的物之权利瑕疵则适用不同的制度规则(第440条,以及联系第320~327条,旧法),这一事实也使得上述区分面临困难。[106] 根据第462、465条(旧法)的复杂规定,买方不能单方解除合同或减价;他只有权请求卖方解约返还或减价。[107] 因此,严格的说,买方如果欲 96
取回其支付的全部或部分价款,他必须采取两种行为:一是使相互返还或减价之法律行为生效;二是一旦此行为生效,即请求自己的全部应得。帝国法院很快就发现一种更为实际可行的解决办法,尽管很难予以概念化。[108]

## 四、改革

### (一)特性

因此,总的来说,非常普遍的认为早就该进行改革了。[109] 第

---

[104] 《施陶丁格》\霍恩泽尔(注释78)第459条,注释25以下;《祖尔格尔》\胡博(注释12)第459条前言,注释132以下;梅迪库斯(注释85)注释332以下。

[105] 《帝国最高法院民事裁判汇编》,第86卷,第90页(12月18日,1914)(Kawamatta丝绸案);《施陶丁格》\霍恩泽尔(注释78)第459条,注释44以下;《祖尔格尔》\胡博(注释12)第459条前言,注释106以下;梅迪库斯(注释85)注释335以下。

[106] 围绕这一问题的讨论,参阅《祖尔格尔》\胡博(注释12)第459条,注释29以下;《最终报告》(注释89)第21页以下。

[107] 买方没有自然的享有单方解除合同或降低价款的权利,他仅仅有针对卖方的请求权(*Anspruch*),这是出于技术上的考虑:根据民法典第194条第1款,请求权受诉讼时效的限制。"动机",载穆格旦(注释55),第131页,但形成权(*Gestaltungsrechte*)却并不适用。《德国民法典》的起草者选择这样的一个如此复杂的双层机制的原因解释,参阅《祖尔格尔》\胡博(注释12)第462条,注释33以下。

[108] 《帝国最高法院民事裁判汇编》,第58卷,第423、425页(1904年9月16日);关于学者发展的关于解约返还(和减价)概念化的理论,相关评论,参阅《施陶丁格》\霍恩泽尔(注释78)第465条,注释1以下;《祖尔格尔》胡博(注释12)第462条,注释48以下。

[109] 胡博(注释77)第915页以下;在《最终报告》(注释89)第20页以下;巴尔杜斯:《欧洲法上的买卖物瑕疵担保请求权竞合》,1999年,第37页以下。

459 条及以下之规定使得一项陈旧过时的原则得到不合理的延续。恩斯特·拉贝尔在其关于货物买卖法的巨著中非常明确地确认了这一点。[110] 交付质量瑕疵的标的物可以被认为是债务不履行的情形之一,因此在很大程度上可以适用债务不履行的一般规则。这就需要,用拉贝尔的话说,“仅仅是一种适中而明确的制定法”。[111] 这是一种非常重要的洞见卓识,据此先是制定了 1964 年海牙《国际货物销售统一法》,然后是 1980 年维也纳《国际货物销售合同公约》。[112] 目前已经有大约 60 个国家批准签署了《联合国国际货物销售合同公约》,[113]并在世界各国法院产生了大约 1000
97 项判决。[114] 其中超过四分之一的判决是由德国法院做出的。[115] 如此,通过《联合国国际货物销售公约》,关于债务不履行的现代模式成为德国买卖法的重要组成部分。当然,《公约》在一开始就对

---

[110] 拉贝尔(注释 12),第 101 页。市政官救济方式仍然在制定法中广泛存在,如今这一观点被普遍接受;关于意大利,譬如参阅加洛法罗(Luigi Garofalo):“1999\44\CE 指令在意大利的实施”,载舍尔迈尔(注释 10),第 245 页以下,及其参考资料。

[111] 拉贝尔(注释 12),第 132 页。

[112] 参阅施莱希特里姆:“统一买卖法之历史评论”,载施莱希特里姆主编:《统一买卖法与各国债法》,1987 年,第 27 页以下;乌里希·马格奴斯,载《施陶丁格评注:德国民法典、联合国国际货物销售公约》(1999),注释 20 以下。

[113] 有关国家的完整名单,截至 2003 年 3 月 1 日,参阅皮尔兹(Burghard Piltz):“《联合国国际货物销售公约》的新发展”,载《新法学周刊》,2003 年,第 2056 页以下;比较加德纳、比勒、齐默曼、舒尔策主编:《欧洲私法基本文件》,2003 年,第 240 页以下。

截至 2012 年 7 月,共有 78 个国家签署了《联合国国际货物销售公约》,有关国家的名单可参阅联合国国际贸易法委员会网站,http://www.uncitral.org。——译者注

[114] 参阅马格奴斯:“《联合国国际货物销售公约》的发展与司法实践”,载《欧洲私法杂志》,2002 年第 10 期,第 524 页;泽尔(Kurt Siehr)、齐默曼主编:“专题研讨:《联合国国际货物销售公约》及其适用的比较分析”,《拉贝尔外国与国际私法杂志》(2004)68,第 427 页以下。

[115] 马格奴斯,《欧洲私法杂志》(2002)10,第 524 页。

改革德国债法的各种努力产生了巨大的影响。[116] 在1978年首次提出的债法全面改革建议中,给付障碍法与买卖和承揽合同中的隐蔽瑕疵责任,以及消灭时效规则,就为改革的首选项。[117] 最终《欧盟消费品买卖指令》的实施启动了债法的改革。但是德国债法改革的范围远超出了《指令》的要求。[118] 一套关于消费品买卖的瑕疵责任和担保责任的特殊规则得以通过实施。[119] 当然,联邦司法部是想尽力保持德国买卖法的整体统一性。德国买卖法改革的两个主要特征之一[120]就是,努力将《指令》的要求扩展到所有类型的买卖,包括商事买卖。[121] 改革的第二个特征是,尽可能地将隐蔽瑕疵责任整合到修订后的德国债法统一的给付障碍法中,而统一

---

[116] 《最终报告》(注释89)第19页以下;施莱希特里姆:"欧洲的法律统一与德国的债法改革",载《欧洲私法杂志》(1993)1,第217页以下。乌里希·胡博:"给付障碍",载联邦司法部长主编(注释77)第647页以下,及第911以下,仍然以《国际货物买卖统一法》(ULIS)为指导。

[117] 上文第30页以下。

[118] 关于德国立法机构实施欧盟指令的各种选择,有很多论著进行讨论,参阅梅迪库斯、弗莱斯纳、维特曼、格鲁德曼、恩斯特等的论文,载格鲁德曼、梅迪库斯、罗兰德主编:《欧洲买卖担保权》,2000年,第219页以下,第233页以下,第25页以下,第281页以下,第325页以下;比较胡博(注释12),第311页以下。

[119] 譬如,恰意大利所已经发生的,意大利民法典第1519条以下;参阅加洛法罗(注释110),第237页以下。

[120] 卡纳里斯:"给付障碍变革与买卖法:基本结构与重点问题",载伊根·洛伦茨主编:《卡尔斯鲁厄论坛2002:债法现代化》,2003年,第54页以下。

[121] 这将涉及一个方法论上的问题,即必须追问德国买卖法的规则是按照仅适用于消费买卖的消费买卖指令进行解释,还是按照适用于各种买卖类型的指令进行解释;参阅乌里希·布顿本德(Ulrich Büdenbender):"债法改革之后消费品买卖指令对德国买卖法的意义",载《欧洲私法杂志》(2004)12,第36页以下;德雷克斯勒(Josef Drexl):"按照与指令一致原则解释混合法律规范的共同体义务及其限制",载《安德里亚·海因里希纪念文集》,2005年,第67页以下;以及下文注释227引注文献。关于按照与欧洲指令规定相一致的原则解释国内法的方式,参阅卡纳里斯:"符合指令的法律解释与法学方法论上的体系化法律续造",载《正义的职责:弗朗茨·拜德林斯基纪念文集》,2002年,第47页以下。

的给付障碍制度则主要是受到了《联合国国际货物销售合同公约》的影响。[122] 因此，在讨论德国买卖法中瑕疵责任的新救济结构
98 时，一个似乎正当的问题是，其多大程度上反映了《指令》的要求（尽管指令仅针对消费品买卖），以及其多大程度上与国际发展相一致，特别是以《联合国国际货物销售公约》为参照。[123]

（二）基本结构

对德国新买卖法来说，最重要的可能就是规范种类物买卖的规则模式。新法的起草者走得很远，甚至认为没有必要区分特定物买卖和种类物买卖。[124] 然而，由于这不是任意的法律解释，而是要根据当事人的交易内容予以确定，这一区分仍然决定了新规则适用的一些细节问题。[125] 譬如，在特定物买卖中，买方不能请求更

---

[122] 参阅前文第二章。

[123] 另外，《欧洲合同法原则》与《国际商事合同通则》也将被作为国际发展的典范。但是由于这些原则并不仅仅规范调整买卖合同，因此在目前的讨论语境中意义有限。关于《联合国国际货物销售公约》、《欧洲合同法原则》以及《国际商事合同通则》的影响，请参阅弗莱策纳（Harrv M Flechtner）："《联合国国际货物销售公约》对国际统一的影响：《国际商事合同通则》与《欧洲合同法原则》"，载费拉里主编：《1980 统一买卖法：基于最近发展的旧题新思》，2003 年，第 169 页以下。

[124] "债法现代化法案政府草案之说明"，载卡纳里斯：《2002 债法现代化》，2002 年，第 596、844 页。

[125] 福斯特（注释 12）第 433 条前言，注释 4；贝克曼（Roland Michael Beckmann），载《施陶丁格民法典评注》（2004）修订版，第 433 条以下前言。舍尔迈尔："关于买卖物之瑕疵责任法的法学研究与法律融合"，载同一作者（注释 10），第 16 页以下，其中作者批评指出，新规则没有充分考虑特定物买卖。

换无瑕疵标的物之补充给付。[126] 新的规则模式（包括特定物和非特定物买卖的统一规范）[127]与《联合国国际货物销售合同公约》一致；由于拉贝尔的主张，[128]《公约》早在1861年的德意志联盟统一商法典中就已经开始在德国施行。[129] 同时，《公约》也是《消费品买卖指令》的规范基础。[130] 99

其变化自这样的一种观点，即卖方并没有交付无瑕疵标的物的义务。根据旧法，特定物买卖的卖方仅负有交付特定物的义务。即使如果后来发现标的物有瑕疵，那么这并不属于债务不履行。对此，通常应适用另外的规则，即第459条及以下规定的法定担保

---

[126] 皮特·胡博："论新买卖法中的补充给付请求权"，载《新法学周刊》，2002年，第1006页；作者同前，载皮特·胡博、福斯特：《2002年债法现代化》，第321页以下；史蒂芬·洛伦茨、托马斯莱姆：《新债法教科书》，2002年，注释505；福斯特（注释12）§439，注释27；雅克布斯（Matthias Jacobs）："论买卖法上的补充给付"，载里布、康岑、施密特主编：《新债法实务》，2003年，第377页以下；关于《联合国国际货物销售公约》，参阅缪勒陈（Markus Müller-Chen），载施莱希特里姆、施瓦策尔主编：《联合国国际货物销售公约评注》，2004年，第4版，第46条，注释18；《施陶丁格》\马格奴斯（注释112）第46条注释33，相反："说明（Begründung）"（注释124）第806页；蒲佐（Hans *Putzo*），载《帕朗德特，民法典》，第64版，2005年，第439页，注释15；卡纳里斯（注释120）第79页以下；作者同上："特定物买卖中通过交付无瑕疵物的补充给付"，载《法学家报》，2003年，第831页以下；布伦瑞克（OLG Braunschweig），载《新法学周刊》，2003年，第1053页（帕尔默 Pammler 的评论，《新法学周刊》，2003年，第1992页以下）；并参阅阿克曼和卡纳里斯的争论，《法学家报》，2003年，第1154页以下；《慕尼黑评注》\维斯特曼（注释12）第439条，注释11以下；《施陶丁格》\贝克曼（*Marusche-Beckmann*）（注释12）第439条，注释28以下；伯格，载饶尔尼希主编《民法典》，第11版，2004，第439条，注释13。

[127] "一种包容性类型：种类物买卖"，沃尔夫冈·恩斯特的类型划分，载《欧洲私法杂志》（1999）7，第586页。

[128] 恩斯特，《欧洲私法杂志》（1999）7，第584页以下。

[129] 拉贝尔：《货物买卖法》卷1，1936年，第65页。

[130] 譬如，参阅布鲁格迈尔（Gert Brüggemeier）："通过《欧盟消费品买卖指令》改革德国买卖法"，载《法学家报》，2000年，第531页以下。

制度要求卖方承担责任。[131] 新法第433条第1款第2项毫无疑问地采纳了相反的观点,该观点在旧民法典时就得到了拉贝尔[132]、胡博[133],以及其他很多法学作家[134]的大力宣传,并普遍认为这也适用于非特定物买卖[135]。这一观点目前已经成为隐蔽瑕疵责任的理论基础:卖方不仅有义务交付标的物和转移标的物所有权给买方,而且还应保证标的物不存在质量和权利瑕疵。[136]

## 五、补充履行

### (一)修理或更换

这在逻辑上源于这样一种观念的变化,即交付瑕疵标的物并

---

[131] 卡尔·拉伦茨:《债法教科书》卷2上册,1986年第13版, § 41 II e);《施陶丁格》\霍恩泽尔(注释78)第459条以下之前言,注释9以下。

[132] 拉贝尔(注释12),第104页以下。

[133] 《施陶丁格》\霍恩泽尔(注释78)第459条以下之前言,注释169以下。

[134] 参阅,譬如,《饶尔尼希》\福尔科莫尔,(注释87)第459条第2款B项;有关综合分析,参阅《祖尔格尔》\胡博(注释12)第459条前言,注释145以下。

[135] 《祖尔格尔》\胡博(注释12)第459条前言,注释156以下。

[136] 这与指令的规定一致[参见《消费品买卖指令》第2条第1款,格鲁德曼(注释12)第2条,注释1],也与《联合国国际货物销售公约》的规定一致(第35条第1款);比较《国际商事合同通则》第7.1.1条。(不履行是指当事人一方没有履行任何一项合同义务,包括瑕疵履行或迟延履行);必须按照相同的意识理解《欧洲合同法原则》第8:101条,兰多、比勒主编:《欧洲合同法原则,第一、二部分》(2000),第359页。比较分析,参阅施瓦策(注释8),第38页以下。

《消费品买卖指令》第2条第1款:“卖方向消费者交付的货物,必须与合同的约定一致。”

《联合国国际货物销售公约》第35条第1款:“卖方交付的货物,必须与合同所规定的数量、质量和规格相符,并须按照合同所规定的方式装箱或包装。”

《欧洲合同法原则》第8:101条:“(一)只要一方当事人没有履行合同债务,而且该不履行未能依第8:108条而免责,则受害方当事人可寻求第九章中规定的任何救济方式。(二)如果一方当事人的不履行能依第8:108条而免责,受害方当事人可寻求第九章中规定的除请求履行和损害赔偿之外的任何救济方式。(三)只要一方当事人自己的行为造成了另一方当事人的不履行,该方当事人不得寻求第九章中规定的任何救济方式。”——译者注

不影响买方请求卖方实际履行债务的权利：毕竟，交付瑕疵标的物属于不履行债务的行为。[137] 然而，在此情形下，实际履行可以采取 100
两种形式中的一种。买方可以要求交付无瑕疵标的物，但此仅适用于非特定物买卖；[138]或者，他可以请求消除瑕疵，该请求权适用于特定物和非特定物买卖。《德国民法典》（第437条第1款第1项，第439条）实际上的确授予了买方上述权利，以实施《消费品买卖指令》的第3条第2款之规定。[139]《联合国国际货物销售公约》第46条第2、3项也规定，买方有权要求卖方修理或交付替代物（尽管后者仅限于履行不一致并构成根本违约的情形）以为救济。[140] 根据《德国民法典》第439条第1款的规定，买方有权在两种补充履行形式中自由选择。就承揽合同而言，尽管新民法典的

---

[137] 不履行，这一术语获得广泛的国际应用；譬如，参阅《欧洲合同法原则》第1:301(4)条和《国际商事合同通则》第7.1.1条。德国新债法的起草者选择的术语是"义务违反"（breach of duty*Pflichtverletzung*）；参阅上文第51页。

《欧洲合同法原则》第1:30 1(4)条，"(4)'不履行'意指任何没有履行合同债务的行为，无论是否被谅解，并可包括迟延履行、瑕疵履行和没有协助以使合同得到充分的实现。"——译者注

[138] 上文 注释126。

[139] 在这一点上，与英国法实施指令方式的比较，参阅策尔斯（Thomas Zerres）："德国与英国买卖法上的补充履行权"，载《经济法杂志》，2003年，第746页以下。

[140] 参阅缪勒陈（注释126）第46条，注释4；比较舒尔兹（Florian Schulz）："论德国法、《美国统一商法典》和《联合国国际货物销售公约》上买方的更换和修理请求权"，2002年，第234页以下。

关于术语的一个注释：目前的德国法区分了消除瑕疵（*Beseitigung des Mangels*）与提供无瑕疵物（*Lieferung einer mangelfreien Sache*），认为这是两种不同的补充履行形式（supplementary performance*Nacherfullung*）。指令将修理（repair，*Nachbesserung*）和更换（replacement，*Ersatzlieferung*）作为使货物与合同约定一致（*Herstellung des vertragsgemässen Zustands*）的两种不同形式。《联合国国际货物销售公约》选择的是修理（repair，*Nachbesserung*，奥地利翻译为 *Verbesserung*）和交付替代物（delivery of substitute goods，*Ersatzlieferung*）：并不存在一个综合的名字（*nomen collectivum*）。有关其他国家法律制度所选择的术语，参阅施瓦策（注释8），第136页。

起草者认为情形有所不同,但还是再次遵循了《消费品买卖指令》的规定:[141]承揽人而非消费者有权选择要求消除瑕疵或要求提供新产品。[142] 买卖法的规定并没有说服力,因为卖方的地位将因买方的选择而受到严重影响,而买方的地位则是有保障的,因为无论如何,买方都将通过一种补充履行彻底消除瑕疵满足自己的合理利益。同时,通常卖方能相对容易地判断和确定各种不同补充履行的时机和效率。[143]

---

[141] 参阅《消费品买卖指令》前言之10。指令在这方面与《联合国国际货物销售公约》的规定并不相同,《公约》授予卖方以选择权:参见《联合国国际货物销售公约》第37条,第48(1)条,以及缪勒陈(注释126)第48条注释6;勒姆库尔(Heiko Lehmkul),《联合国国际货物销售公约中消费者的补充给付权》,2002年,第18页以下;相反的参阅:《施陶丁格》\马格奴斯(注释112)第48条,注释32。

《消费品买卖指令》前言之10,"如果交付的货物与合同约定不一致,消费者有权选择修理或重换以获得与合同约定一致的货物,否则即可请求减价或解除合同"。

《联合国国际货物销售公约》第37条,"如果卖方在交货日期前交付货物,他可以在那个日期到达前,交付任何缺漏部分或补足所交付货物的不足数量,或交付用以替代所交付之不符合同约定的货物,或对所交付货物中任何不符合同约定的情形做出补救,但是,此一权利的行使不得使买方遭受不合理的不便或承担不合理的开支。同时,买方保留本公约所规定的要求损害赔偿的任何权利"。

《联合国国际货物销售公约》第48条第1款,"(1)在第49条的条件下,卖方即使在交货日期之后,仍可自付费用,对任何不履行义务做出补救,但是这种补救不得造成不合理的迟延,也不得使买方遭受不合理的不便,或者无法确定卖方是否将偿付买方预付的费用。但是,买方保留本公约所规定的要求损害赔偿的任何权利"。

第49条规定了宣告合同无效之权利的存废条件。——译者注

[142] 《德国民法典》第635条第1款:"(1)定作人请求补充履行的,承揽人可以根据自己的选择除去瑕疵或制作新的工作物。"

[143] 有关批评,参阅齐默尔:"买卖法的草案",载恩斯特、齐默曼主编:《民法学与债法改革》,2001年,第199页;胡博:《新法学周刊》,2002年,第1005页;福斯特(注释12)第439条,注释8;雅克布斯(注释126)第375页;比较卡纳里斯(注释120)第75页以下(他提到买卖法和承揽法之间有一点令人不快的对比)。正如法律所规定的,如果买方所选择的"补充履行只有支出不合理费用才为可能",那就必须从宽解释卖方的拒绝权,以保障卖方的合理利益。在这里,除了其他因素,还必须考虑是否可在不对卖方严重不利的情况下补救该瑕疵:第439条第3款;比较《消费品买卖指令》第3(3)条。

(二)详细情况 101

从概念上看,补充履行(补充给付)的权利被认为是以一种修正的形式延续了最初的实际履行的权利。[144] 根据德国法(民法典第446条),当交付(*Ubergabe*)标的物,风险转移给买方后,即发生这一转变。[145] 这是否等同于根据《消费品买卖指令》第3条第1项规定的交付,目前还尚难确定;这取决于欧洲法院(European Court of Justice)如何对后者进行解释。[146]《消费品买卖指令》第3条第1项不经意地偏离了《联合国国际货物销售公约》第36(1)条的规定,后者与德国法相似,条件是"当风险转移给买方时"。[147] 根据《德国民法典》第439条第2款,卖方必须承担与补充履行相关

---

[144] 关于实际履行的历史和比较分析,参阅《债法》(注释4);茨威格特、克茨《比较法导论》,英译者 托尼维尔(Tony Weir),1998年第3版,第470页以下;桑德罗克(Andrea Sandrock):《实物履行的合同违反性》,2003年,第170页以下;比较《联合国国际货物销售合同公约》第46条,以及缪勒陈(注释126)第28条,注释1以下;第46条,注释1以下;《欧洲合同法原则》第9:102条,以及兰多、比勒(注释136)第394页以下。有观点认为,补充给付请求权乃是实际履行以修正形式的延续,参阅胡博:《新法学周刊》,2002年,第1005页;作者同前,载胡博、福斯特(注释126)第319页以下;洛伦茨、莱姆(注释126)注释504;福斯特(注释12)第439条,注释6;雅克布斯(注释126)第373条以下;卡纳里斯(注释120)第77页以下。《施陶丁格》\贝克曼(注释12)第439条,注释1;奥驰斯勒(Jurgen Oechsler):"补充履行请求权的实践应用问题",载《新法学周刊》,2004年,第1825页以下。

[145] 胡博:《新法学周刊》,2002年,1005;胡博,载胡博、福斯特(注释126)第331页以下;洛伦茨、莱姆(注释126)注释497;卡纳里斯(注释120),第72页以下;关于旧法(有关非特定物之买卖,旧民法典第480条第1款),参阅《祖尔格尔》\胡博(注释12),第480页,注释11以下;相反观点:福斯特(注释12)第439条,注释6,第437条,注释4。

[146] 卡纳里斯(注释120),第73页。

[147] 关于指令与《联合国国际货物销售合同公约》之间的区别,参阅比安卡(Massimo C. Bianca),载比安卡、格鲁德曼(注释12)第3条,注释13以下。

的所有费用,特别是运费、人工和质料等费用。[148]

在事实不能、实际不能或道德不能(《德国民法典》第 275 条
102 第 1 ~ 3 款)的情况下,根据一般原则补充履行也被排除。[149] 另外,如果买方选择的补充给付所需的费用不合理,那么卖方即可以拒绝(《德国民法典》第 439 条第 3 款)。买方选择的补充给付费用之不合理可以通过比较确定:通过与另外一种补充给付相比不合理(相对不合理),或者与买方接受补充给付所获得的一般利益相比不合理(绝对不合理)。[150] 民法典第 439 条第 3 款涵括了两种情形,除了履行不能的情形外,《消费品买卖指令》仅针对前者有所规定。[151] 为了避免第 439 条第 3 款和指令之间的冲突,第 439 条第 3 款只能规范绝对不合理的情形,并将其等同于《消费品买卖指令》第 3(3)1 条规定的履行不能。[152] 而在《消费品买卖指令》中并没有对"不能"予以界定,因此国内法必须给出指引或说明。根据《德国民法典》第 275 条第 2 款,考虑到债务的内容和诚实信用的

[148] 参阅《消费品买卖指令》第 3(2)条(费用免除);关于《联合国国际货物销售合同公约》(其并没有对此明确做出规定),参阅乌里希·胡博,载施莱希特里姆主编:《联合国国际货物销售合同公约评注》,2000 年第 3 版,第 46 条,注释 54。

[149] 关于民法典第 275 条第 2 款(事实不能)在当前背景中的意义,参阅乌里希·胡博:"卖方不履行补充给付的损害赔偿责任与新民法典第 275 条第 2 款的责任限制",载《施莱希特里姆纪念文集》,2003 年,第 542 页以下。只有在补充给付不能时,补充给付请求权才能被排除;譬如,如果买方主张,那么卖方就只能修理出售的标的物,尽管瑕疵并不能通过修理完全消除。参阅(注释 12)第 439 条,注释 34 以下。事实不能、实际不能和道德不能之间的区别,以及德国民法典第 275 条对经济不能的排除,参阅上文注释 43 以下。

[150] 参阅福斯特的区分(注释 12)第 439 条,注释 36;《慕尼黑评注》\维斯特曼(注释 12)第 439 条,注释 21;《施陶丁格》\贝克曼(注释 12)第 439 条,注释 40。

[151] 参见《消费品买卖指令》第 3(3)条,参阅《指令说明 11》。关于《联合国国际货物销售合同公约》,参见第 46(3)条(有关修理权),以及缪勒陈(注释 126)第 46 条,注释 40 以下;舒尔兹(Schulz)(注释 140)第 299 页以下。

[152] 福斯特(注释 12)第 439 条,注释 38;《施陶丁格》\贝克曼(注释 12)第 439 条,注释 41;采取的不同方案,参见《慕尼黑评注》\维斯特曼(注释 12)第 439 条,注释 21。

要求，如果履行债务的费用或支出与债权人的受领利益极不成比例，那么债务人就可以拒绝履行。[153] 按照《指令》对德国法进行解释，这有可能会使德国法院无法引入“绝对不合理”这一观念，进而确立一个相当低的门槛标准。[154] 当然，如果卖方通过补充给付交付了没有瑕疵的标的物，那么买方必须将原瑕疵标的物返还给卖方。[155]

（三）开放性问题

已经很清楚的是，有很多相当重要的问题，新法还尚未予以规定。在两种不同形式的补充给付中，买方是否在确定选择后即受自己所选择形式的约束，[156]抑或是，譬如，他可以在卖方无法满足 103
其最初的维修要求后，再要求重新交付没有瑕疵的标的物。[157] 尽管《德国民法典》第 439 条第 1 款规定买方有权选择两种不同形式的补充给付（消除瑕疵，或重新更换无瑕疵的标的物），但对于可以通过修理或更换新的瑕疵部件以消除标的物瑕疵的情形，民法典没有做出规定。在此情况下，卖方更能判断哪种选择更为恰

[153] 《德国民法典》第 439 条，联系第 346 条以下。

[154] 详请参阅福斯特（注释 12）第 439 条，注释 50；比较《慕尼黑评注》\维斯特曼（注释 12）第 439 条，注释 26；《施陶丁格》\贝克曼（注释 12）第 439 条，注释 42。

[155] 《德国民法典》第 439 条，联系第 346 条以下。

[156] 他的选择权受民法典第 263 条第 2 款规范；这一提议由布顿本德尔（Ulrich Büdenbender）提出，载道纳里布、海德勒、里帕和瑞英主编：《债法之律师评注》，2002 年，第 438 条，注释 5；《饶尔尼希》\贝格尔（注释 126）第 439 条，注释 9。

[157] 原则上，他将会享有单方变更权（*ius variandi*）（当然，其行使将受到诚信原则的约束）；参阅斯皮克霍夫（Andreas Spickhoff）：《买方的补充履行请求权：教义分类与法律性质》，2003 年，*Betriebs-Berater* 公司出版，第 589 页以下；雅克布斯（注释 126）第 376 条以下；福斯特（注释 12）第 439 条，注释 9 以下；《慕尼黑评注》\维斯特曼（注释 12）第 439 条，注释 4 以下；《施陶丁格》\马舒赫—贝克曼（注释 12）第 439 条，注释 7。

当，因此应该授予卖方以选择权。[158]《德国民法典》第439条第1款规定买方享有选择权，但通过扩展解释该规定的意义，即可以填补双方之间的差距。[159] 但是在此情形，买方是否可以自行消除瑕疵，尚有争议。[160]

《德国民法典》并没有限定补充给付的范围，而这也会产生一些难题。譬如，在标的物风险转移时就已经存在的瑕疵可能已经扩展到了标的物的其他部分；或者该部分瑕疵可能对买受人的其他财产造成损害；相似的情形还有，买受人将买受标的物进行了涂画或其他改进，或者安装到了其他物件之中。在上述及其他类似情形中，最基本的问题是，买方不能只是要求交付和风险转移时标
104 的物状态一致，就买卖标的物自身而言，他可以要求已经交付的标

---

[158] 这种观点，参阅胡博，载胡博\福斯特（注释126），第323页；作者同前，2002年《新法学周刊》1006；《慕尼黑评注》\维斯特曼（注释12）第439条，注释4；《施陶丁格》\马舒赫—贝克曼（注释12）第439条，注释10。

[159] 雅克布斯（注释126），第377页。就民法典第439条授予买方以选择权的规定提出的批评，参阅上文五（一）部分。

[160] 承揽合同（《德国民法典》第637条）中确认了这一自力救济权，旧民法曾予以肯定。（《祖尔格尔》\胡博（注释12）第462条，注释68）。关于新法，请参阅《饶尔尼希》\伯格尔（注释126）第439条，注释8；相反：《律师评注》\布顿本德尔（注释156）第437条，注释14；福斯特（注释12）第439条，注释4；《施陶丁格》\舒马赫—贝克曼（注释12）第439条，注释25。史蒂芬·洛伦茨："买卖法上瑕疵补正之自力救济"，载《新法学周刊》，2003年，第1417页以下，该文讨论了新法中买方寻求自力救济的法律后果。根据洛伦茨的观点，买方通过卖方实施补充履行是不可能的。最终，他仍然有义务支付（全额）价款；他丧失了解除合同、减价以及请求替代给付之损害赔偿的权利。另一方面，他可以要求偿还卖方因不需要补充履行而节约的利益（类推适用《德国民法典》第326条第2款第2项）。比较《慕尼黑评注》\维斯特曼（注释12）第439条，注释10；相反的：奥彻斯勒（Oechsler），《新法学周刊》，2004年，第1826页以下。

的物在风险转移时应该是毫无瑕疵的。[161]

(四)第二次机会

如果买到了瑕疵标的物,尤其是在消费品交易中,通常希望能够更换为没有瑕疵的标的物或者得到修理,而不是减价或相互返还。[162] 而新《德国民法典》不仅规定买方有权请求以上两种补充给付,而且还肯定了旧法规定的另外一种救济方式。新法引入了一种救济分级制度,买方首先被限于请求补充给付。请求补充履行是买方的首要权利。《德国民法典》第437条以下的规定对此并没有明确区分,因为事实是,买方的其他各种权利(解除合同、减价和损害赔偿)一般都有一个条件,即要求为由买方为卖方的履行或补充给付指定一个额外期限,并且在该期限内没有获得履行或补充给付。[163] 使补充给付优先,这再一次与《消费品买卖指令》的规定相一致,指令在第3条第3款中规定,消费者首先只能要求卖方更换或修理;如果买方没有权利要求修理或更换,或者卖方没有在合理期间内修理或重换,再或者修理或重换将会给消费者造成极大不便时(《消费品买卖指令》第3条第5款),才有权要求减

---

[161] 这一思路由福斯特提出(注释12)第439条,注释14以下;比较其他讨论,《慕尼黑评注》\维斯特曼(注释12)第439条,注释9;《施陶丁格》\舒马赫—贝克曼(注释12)第439条注释10以下。因此,原则上,除了对买方财产的其他部分造成损害外,补充履行必须包括上述的各种可能情形。就第一种可能情形而言(瑕疵扩散到买卖标的物的其他部分),解释可以为《消费品买卖指令》第3(2)条所支持(该条并没有仅仅规定消除瑕疵,而是要求货物必须与合同约定一致)。

[162] 参阅“说明”(注释124),第84页。

[163] 解除,《德国民法典》第323页;减价,第441条第1款第1项与第323条第1款结合;替代给付之损害赔偿,第281条第1款第1项。参阅洛伦茨,《新法学周刊》,2003年,第1417页以下;洛伦茨、莱姆(注释126)注释504;雅克布斯(注释126),第386页以下;福斯特(注释12)第439条,注释2;《施陶丁格》\舒马赫—贝克曼(注释12)第439条,注释5 。

价或解除合同。[164]

105 这意味着卖方有权补正标的物之瑕疵:他有第二次机会履行自己的合同义务。但是在《指令》和《德国民法典》中,考虑到是否能够合理地期待买方接受补充给付,因此对该权利都有所限制;[165]而且卖方所采取的补救方式(修理或重换)也是由买方决定的。[166]《联合国国际货物销售合同公约》第48条甚至特别规定,允许卖方自付费用对任何不履行义务的情形进行补救:[167]该规定主要对交付不符合约定之标的物的情形具有意义。[168]《国际货物销售统一法》(ULIS)第44条第1款也有非常相似的规定。[169] 在此方面,对于各国的法典编纂来说是没有模本的,但是在拉贝尔的推动下,与商业活动相一致的范本开始出现。[170] 给予卖方第二次机会以履行其合同义务,对此,拉贝尔的观点在1934年由多额特出版的专著

---

[164] 参阅朱得(Brigitta Jud):"履行担保法律机制的等级:《消费品买卖指令》、奥地利法、德国法与《联合国国际货物销售公约》之间的比较",载《青年民法学者年鉴:新债法》,2001年,第205页以下。指令中使用"救济"一词不妥,因为其模糊不清。目前的语境中,"救济"所指的并不是买方的所有救济策略,而是作为(补正瑕疵的)修理和更换的综合名称。《消费品买卖指令》第3(5)条中的两种救济方式在过去就存在一种奇怪的紧张关系;参阅下文到注释194。

[165] 有关详细讨论,请参阅雅克布斯(注释126),第387页以下。

[166] 上文五(一)部分。

[167] 有关详细讨论,参阅勒姆库尔(注释141)。卖方的权利也当然受合理性标准的限制;参阅缪勒陈(注释126)第48条,注释13以下勒姆库尔(注释141),第19页以下。

[168] 缪勒陈(注释126),第48条,注释1。

[169] 有关比较请参阅《施陶丁格》\马格奴斯(注释112)第48条,注释4。

[170] 拉贝尔(注释12),第252页以下,第373页;有关现代状况的比较概览,请参阅施瓦策(注释8),第242页以下。

(《违约交付的法律后果》)中获得了支持。[171] 由《联合国国际货物销售公约》和《消费品买卖指令》引介，德国新民法采纳的新救济体系在结构上也与拉贝尔的观点相似，[172]这表明其欲加强“契约必须遵守”(*pacta sunt servanda*)原则，以尽量合理的维护合同的效力。[173] 在受领了不符合约定的货物后，买方并不会因此而立即解除合同或要求损害赔偿。因此，瑕疵标的物的交付并不能成为解除合同的理由，而买方在开始恰恰是以该合同为目标的。同时，消费

---

[171] 多额特(注释 70)。马科斯·普朗克外国法与国际私法研究所(汉堡)藏有拉贝尔对该作品的复印件(书号是 Rvgl. 14786 2. Ex.)。拉贝尔对该书进行了精详的注解，其中部分简略，大部分的注解都是批评性的。在第 19 页，多额特反思了北德、奥地利之间的不同，并指出奥地利并没有如北德那样在很多方面都采取认真对待的态度，拉贝尔用铅笔注解说，“纯粹是胡说八道”。拉贝尔是奥利地裔人。

[172] 比较《国际商事合同通则》第 7.1.4 条。《欧洲合同法原则》第 8:104 条规定的解决办法具有结构上的不同：如果买方拒绝受领瑕疵货物，那么卖方只有进行补救的权利。这与美国统一商法典的规定相似；参阅勒穆库尔(注释 141)，第 55 页以下，第 87 页以下。

《国际商事合同通则》第 7.1.4 条(不履行方的补救)，“1. 不履行一方当事人可自己承担费用对其不履行进行补救，但须符合下述条件：(1)该方当事人毫不迟延地通知另一方当事人其进行补救的方式和时间；(2)该补救在当时情况下是适当的；(3)受损害方对于拒绝补救无合法利益；并且(4)补救是立即进行的。2. 补救的权利并不因终止合同的通知被排除。3. 在收到有效的补救通知后，受损害方所享有的与不履行方的履行行为不一致的权利应予中止，直至补救期限届满。4. 有损害方在补救期间有权停止履行。5. 尽管进行补救，受损害方仍保留对迟延以及因补救所造成的、或补救未能阻止的损害要求损害赔偿的权利。”

《欧洲合同法原则》第 8:104 条，“一方当事人若因其提交的履行不符合合同约定而未被另一方当事人受领的，如果履行期尚未到来或者其迟延并没有构成根本性不履行，则该方当事人可以进行新的和符合要求的交付”。——译者注

[173] 譬如，参阅史蒂芬·洛伦茨：“义务违反之损害赔偿：以对债法改革的批评为例”，载《法学家报》，2001 年，第 743 页；雅克布斯(注释 126)，第 372 页；福斯特(注释 12)第 440 条，注释 2。

106 者在德国的地位的确因新的法律规定而被弱化了。[174] 根据旧民法典,买方立即享有很强势和在买方看来很麻烦的支配权:解约返还之诉。由此,买方可以在他对卖方完全履约失去信心时解除该合同。另一方面,买方可以此作为谈判工具而使卖方同意有利于买方的补充给付形式。此时,买方面临的是冗长的谈判协商,以及在解除合同前尽量获得瑕疵补救。曾有人认为,根据新法,如果补充给付只能以修理的方式做出,那么买方就无权拒绝瑕疵交付。[175]

## 六、次级权利

除了补充给付外,买受瑕疵标的物的买方还享有如下权利:(1)解除合同;(2)请求损害赔偿;(3)请求因期待履行而支出的任何费用;以及(4)减少价金。[176] 即使在《消费品买卖指令》中也仅规定了解除合同和减价的权利,当然其并没有禁止欧盟成员国在各自的法律制度中规定买方享有其他权利并进一步强化这些权

---

[174] 里布:"债法现代化进程:突破性进展还是急就章?",载《法学家报》,2001 年,第 13 页;维斯特曼:《法学家报》,2001 年,第 537 页;雅克布斯(注释 126),第 372 页。关于新制度对买卖双方的利弊衡平分析,参阅福斯特(注释 12)第 440 条,注释 5;比较舒尔兹(注释 40),第 446 页以下。

[175] 詹森:"受领迟延时的保证责任与买卖标的物之灭失风险?",载《经济法杂志》,2002 年,第 877 页以下。因此,如果买方不接受瑕疵标的物,就会构成债权人迟延。相反(譬如旧法中存在的一般拒绝权):拉姆普莱希特(Philipp Lamprecht):"再论:受领迟延时的保证责任与买卖标的物之灭失风险?",载《经济法杂志》,2002 年,第 1790 页以下;福斯特(注释 12)第 433 条,注释 14;《慕尼黑评注》\维斯特曼(注释 12)第 437 条,注释 16。

[176] 《德国民法典》第 437 条(在瑕疵情形,买受人的权利),"物有瑕疵的,以具备下列规定的要件,并且物其他规定的,买受人可以:(1)依第 439 条请求补充履行;(2)依第 440 条、第 323 条和第 326 条第 5 款解除合同,或依第 441 条减少价金;以及(3)依第 440 条、第 280 条、第 281 条、第 283 条和第 311a 条请求损害赔偿,或依第 284 条请求偿还无谓费用"。

利。[177] 然而，所有这些权利（除了简单损害赔偿之外，simple
damages）[178]都是次级权利（secondary rights），即其规则是，只有在
买方为卖方指定了合理期间，并且在该期间届满卖方仍未履行的
情况下，才能行使这些权利。[179] 当然该规则的适用也有很多例外
情形，即无须指定履行期间的情形，包括如果补充给付不能；[180]如
果卖方郑重且明确地拒绝补充履行；[181]如果在特定情形下对当事
人双方之利益的权衡能够证明采用某种次级权利是正当的；[182]如
果卖方没有在合同确定的期日前或特定期间内履行，而买方的合 107
同利益又以及时按约受领为前提；[183]尽管补充履行可能但需要不
合理的花费，卖方因此而拒绝任何形式的补充履行；[184]如果卖方有
权选择的补充履行形式失败的；[185]或者如果没有合理理由期待买
方受领补充履行。[186] 这些例外情形，在某种程度上是相互重叠
的，[187]有些被规定在一般给付障碍法中，有些则属于买卖法的特别

---

[177] 参见《消费品买卖指令》第8(1)条，“指令所规定的消费者权利与消费者根据规范合同或非合同责任的内国法规则而享有的权利应予以同等对待”。

[178] 参阅下文 八(二)部分。

[179] 上文 五(四)部分。

[180] 如果根据民法典第275条第1款，如果属于履行不能的情形，则适用《德国民法典》第283条、第311 a条和第326条第5款。

[181] 《德国民法典》第281条第2款，第323条第2款第1项。

[182] 《德国民法典》第281条第2款，第323条第2款第3项。

[183] 《德国民法典》第323条第2款。该规则适用于合同解除，以及通过民法典第441条第1款第1项也适用于减价［尽管这似乎没有多大意义，因此福斯特提出了目的论限制，参阅福斯特（注释12）第440条，注释23］；另一方面，其不适用于损害赔偿请求权；有些学者因此而主张推定适用民法典第323条第2款第2项［相关讨论请参阅福斯特（注释12）第440条，注释24］。

[184] 《德国民法典》第440条第1款第1项与第439条第3款相结合。

[185] 《德国民法典》第440条，第1款。作为一项规则，在两次尝试而不成功后，维修即被认为失败：民法典第440条第2款。

[186] 《德国民法典》第440条第1款。

[187] 详细讨论参阅福斯特（注释12）第440条，注释18以下。

规定。然而,其中只有一部分是以《消费品买卖指令》为基础的,[188]当然其他的那些有利于买方的规定与《指令》也是一致的。[189]

**七、解除**

根据民法典第437条第1款第2项的规定,买方享有解除合同的权利,以代替旧法中的合同无效之相互返还请求权。这表明新法的起草者简化违约救济方式的愿望,尤其是要将买卖法相关规则整合到违约救济的一般规定中。这意味着将适用民法典第323条和第326条第5款规定的一般规则;[190]而仅根据民法典第440条的特别规定予以修正。与旧法中的返还请求权不同,新法规定,合同解除自向对方当事人声明时即生效。[191]《消费品买卖指令》第3条第2款规定,买方有权解除合同。《指令》似乎认为,买方只是享有合同解除请求权,而不能通过自己的单方行为解除合同。然而,一如既往的,德国法的规则与《联合国国际货物销售公约》的规定一致,因为该规则有利于买方解除合同。[192]

108 更有问题的是,德国法新规则与《指令》之间的另一点差异。根据第323条第2款的规定,如果买方在指定的期间内没有获得履行,那么买方即可解除合同。而《指令》第3(5)条却规定,"如果卖方没有在合理期间内完成补救",消费者即可解除合同。如此,与《指令》的规定相比,德国法对买方的要求更多,因为即使卖方没有在合理期间内履行,买方也不能直接解除合同,除非这一期

---

[188] 《消费品买卖指令》第3条第(3)、(5)项。

[189] 福斯特(注释12)第440条,注释7。

[190] 对此,参阅上文第68页以下。

[191] 《德国民法典》第349条。

[192] 《消费品买卖指令》第8(2)条,参阅福斯特(注释12)第437条注释8。民法典第218条解决了消灭时效仅适用于请求权的问题:如果履行请求权或补充履行请求权经过诉讼时效,而债务人就此提出抗辩,那么因不履行或未按负担的方式履行而对合同提出的解除,即为无效。

间是由他事先指定的。[193] 更何况,按照上文引述的《指令》之规定,似乎可以这样理解:即使卖方成功予以修复或更换为无瑕疵标的物,但只要不是在合理期间内("……完成……"),那么买方仍有权解除合同。[194] 在此情况下,德国法是不允许解除合同的,那么以此看来,德国法与《指令》之规定是否一致还是有疑问的。[195] 另一方面,有建议认为,对《指令》的有关规定应予以严格解释;因为在买方已经获得并支配一个毫无瑕疵的标的物时,允许其解除合同时很不合理的。[196]

## 八、损害赔偿

对损害赔偿请求权的思考往往面临着各种细分构成的"泥沼"。就如合同解除的情形一样,尽管新买卖法的起草者试图将损害赔偿请求权整合到一般给付障碍法中,[197]尽管《消费品买卖指令》并没有涉及损害赔偿请求的问题,因此也就没有如合同解除那样使问题更加复杂;但依然问题多多,譬如必须区分损害赔偿的
各种类型;有不少于六种损害赔偿请求权基础需要予以考虑;损害 109

---

[193] 福斯特极富智慧的对该问题进行了讨论,参阅(注释12)第437条,注释17以下。他指出,民法典第323条第2款第3项的规定,在特别情形下,甚至允许买方立即解除合同。

[194] 比较《消费品买卖指令》第3(5)条规定的第三种选择("如果卖方没有采取救济措施而给买方造成极大不便",消费者即可解除合同)。

[195] 参阅罗斯(Wulf-Henning Roth):"债法现代化的欧洲法说明",载沃尔夫冈、齐默曼(注释143),第243页以下;格泽尔(Beate Gsell):"买卖法指令与债法现代化",载《法学家报》,2001年,70;特拉格尔(Tobias Trager):"欧洲债务合同法的体系化思考:通过指令的法律融合问题,以消费品买卖指令为例",载《欧洲私法杂志》2003年第11期,第531页以下。

[196] 维特斯曼:"论包括消费品买卖的新买卖法",载《法学家报》,2001年,第537页;福斯特(注释12)第437条,注释24;《施陶丁格》\舒马赫—贝克曼(注释12)第441条。

[197] 《德国民法典》第437条第3项即是关于一般违约责任规则的规定。

赔偿请求权、违反义务的关键特征好像也有很多不同的表现。[198]损害赔偿的三种不同类型包括替代给付之损害赔偿、迟延履行之损害赔偿和简单损害赔偿。[199]

（一）替代给付之损害赔偿

1. 概念阐释

理解相关规定之规则结构的关键概念是替代给付之损害赔偿。[200] 通过损害赔偿，使买方处于如卖方依约履行合同义务一样的情形。给付义务被损害赔偿义务所替代。然而，如果卖方不是没有履行，而是交付了瑕疵标的物，那么就可能有两种选择，而这也通常能够为买方所同意：或者买方保有瑕疵标的物而请求损害赔偿，以弥补其与完全履行之间的差距（譬如保有瑕疵标的物与保有符合约定之标的物之间的差距）；或者买方可以返还该瑕疵标的物而要求赔偿其应得之完全履行的总价。[201] 在后一种选择

---

[198] 对此格外清晰的分析，请参阅福斯特（注释12）第437条，注释41以下；胡博（注释149），第521页以下；格里格奥赖特、莱姆："论给付障碍法中的损害赔偿类型"，《民法实务档案》（2003）203，第727页；《慕尼黑评注》\维斯特曼（注释12）第437条，注释21以下。

[199] 这些区别，参阅上文第52页以下。

[200] 《联合国国际货物销售合同公约》与《欧洲合同法原则》都没有确认替代给付之损害赔偿这一概念；参阅胡博（注释149）第45条，注释41；斯托尔（Hans Stoll），载施莱希特里姆（注释148）第74条，注释3（根据公约，买方只能通过解除合同和请求损害赔偿两种方式一起才能达到与德国法上规定的替代给付之损害赔偿相同的实际效果），也参阅兰多、比勒（注释136），第363页以下（《欧洲合同法原则》第8：102条之注释）就欧洲其他国家的法律规定，请参阅比较研究施瓦策（注释8），第312页以下。

[201] 这一区别在德国法理论上被称为小损害赔偿（kleiner schadenseratz）和大损害赔偿（grosser schadensersatz），参阅洛伦茨、莱姆（注释126）注释206以下；福斯特，载胡博、福斯特（注释126），第137页以下；作者同前（注释12）第437条，注释125；沃尔夫冈·恩斯特，载《民法典慕尼黑评注》，卷2. a，第4版，（2003）第281条，注释123以下；《慕尼黑评注》\维斯特曼（注释12）第437条，注释35；《饶尔尼希》\贝格尔（注释126）第281条，注释21；关于旧法，参阅《祖尔格尔》\胡博（注释12）第463条，注释38以下，注释53以下。

中,买方可以请求无瑕疵标的物的价值,或者是重新交易(covering transaction)的成本费用。只要在最后可能的时刻卖方没有补充履行,针对因买方无法使用该标的物、运输费用、改善费用、对买方其他财产或身体健康等方面的损害赔偿都可以被称为替代给付之损害赔偿。[202] 如果在任一阶段提供了补充履行,譬如卖方在买方指定的期间内提供了补充履行,那么这些损失都只能作为"简单"损害赔偿。 110

2. 请求损害赔偿的时间

如果卖方交付的标的物有瑕疵(即没有恰当履行,民法典第281条第1款第1项),那么买方即可根据民法典第280条第1、3款和第281条第1款第1项请求替代给付之损害赔偿。当然,这要求违反合同义务应归责于卖方(根据德国法,这是请求违约损害赔偿的一般条件)[203],还要求买方为卖方指定了合理的补充履行期间,而在此期间未获履行(这是请求替代给付之损害赔偿的特别条件)。[204] 然而,交付瑕疵标的物并不是卖方应承担违反义务责任的唯一情形,还可能是卖方没有提供补充履行,或者没有恰当地提供补充履行。只要请求损害赔偿的一般条件和请求替代给付之损害赔偿的特别条件满足,那么买方即可请求替代给付之损害赔偿(《德国民法典》第280条第1、3款,第281条第1款)。[205] 当然,买方并不能双倍请求替代给付之损害赔偿。然而,这也并不意味

---

[202] 原则上,只有在买方指定的期间届满而没有履行时,才能请求替代给付之损害赔偿。为了区分替代给付之损害赔偿和简单损害赔偿,需要提问的是:如果卖方及时履行,该损害能否得以避免,譬如卖方在买方指定的期间内完成了补充履行?福斯特(注释12)第437条,注释47、51以下;是否需要区分替代给付之损害赔偿和简单损害赔偿,对此一直有很多争论:上文第58页以下。

[203] 《德国民法典》第280条第1款第2项,参阅上文第50页及下一页。

[204] 《德国民法典》第281条第1款。

[205] 详细请参阅福斯特(注释12),第437条,注释90以下;胡博(注释149),第528页以下。

着因不履行补充给付或补充履行不当而产生的损害赔偿请求仅具有学理上的意义。很容易就可以想到,尽管违反补充履行义务应归责于卖方,但卖方有可能并不需要对最初交付的瑕疵标的物负责,或者是其他类似情形。[206]

如果在合同签订时,履行即为不能(《德国民法典》第 275 条第 1 款),或者如果卖方有权拒绝履行合同义务(《德国民法典》第 275 条第 2、3 款),那么买方也可以请求替代给付之损害赔偿。这
111 些请求权是以民法典第 311a 条第 2 款为规范基础的。[207] 过错原则通常是普遍存在的,尽管归责的参照点或有不同:除非卖方已经知道或应当知道标的物的瑕疵,否则交付瑕疵标的物并不会归责于卖方,尽管其并没有完全履行自己所负担的义务。在此情形下,也并不需要给予额外的履行时间。在合同签订前后都可能发生履行不能。在目前的语境情况下,可能存在两种情形:[208]一是,合同签订时,标的物没有任何瑕疵,然而在标的物交付之前出现了瑕疵,而且根据民法典第 275 条,这是不能或无法消除的;二是,或者标的物在合同签订时即有瑕疵,但只是后来无法消除该瑕疵。以上两种情形是否产生不同的法律后果,这取决于瑕疵之不可消除是在标的物交付前[209]还是交付后发生。在后一种情形,请求替代给付之损害赔偿的事实基础(《德国民法典》第 280 条第 1、3 款,以及第 283 条)是卖方的瑕疵履行,或者是(补充)履行不能。[210]

最后,如果卖方违反了并不影响给付的附随义务,买方也可以根据第 280 条第 1、3 款和第 282 条请求替代给付之损害赔偿(尽

[206] 福斯特(注释 12)第 437 条,注释 67。

[207] 详细请参阅福斯特(注释 12)第 437 条,注释 102 以下。

[208] 接下来的情形,请参阅福斯特的分析(注释 12)第 437 条,注释 107 以下。

[209] 此时,买方也就没有返还无瑕疵标的物的义务:《德国民法典》第 275 条。

[210] 详情参阅福斯特(注释 12)第 437 条,注释 109、112 以下。

管新买卖法的起草者忘记了在第 437 条第 3 款中提及参照第 282 条)。[211] 相关情形是,卖方交付了瑕疵标的物,尽管该瑕疵不应归责于卖方,但卖方却违反附随义务,没有将该瑕疵通知买方。当然,除了过错,该请求还要求没有合理理由期待买方信守合同,并受领补充给付。

(二)简单损害

简单损害这一观念包括了因交付瑕疵标的物而造成的所有金
钱损失,而且该瑕疵标的物的交付在最后也没有可能转换为补充
履行,当然额外的履行期间也没有任何意义。[212] 譬如,瑕疵产品对
买方的其他财产或人身健康造成了损害,如果损害发生的时间是
卖方准备补充履行的时候,这就是通常所说的简单损害。如果损 112
害发生时,补充履行已不再可能实现,那么就可能部分地构成替代
给付之损害赔偿,因为一旦补充履行在最后时刻成为可能,那么也
就不会发生这些损害。[213] 如果义务违反可归责于卖方,那么也可
以根据民法典第 280 条第 1 款请求简单损害赔偿。义务违反可能
是交付瑕疵标的物,也可能是违反了并不影响给付的附随义务

---

[211] 参阅福斯特(注释 12),第 437 条,注释 118 以下。关于不影响给付之附随义务的概念,参阅上文第 55 页。

[212] 上文到注释 202。

[213] 福斯特(注释 12)第 437 条,注释 54。显然,对买方其他财产或身体健康的损害,都被归类为纯粹损害,而无论其何时发生[譬如,参阅里布,载《债法之律师评注》(注释 156)第 280 条,注释 55;洛伦茨、托马斯莱姆(注释 126),第 548 页;胡博,载胡博、福斯特(注释 126),第 351 页以下;梅迪库斯:"新债法中的给付障碍",载《法律学习》,2003 年,第 528 页;格里格奥赖特、莱姆:《民法实务档案》(2003)203,第 727 页以下;艾曼(Horst Ehmann)、苏斯策特(Holger Sutschet):"买卖法上瑕疵履行之损害赔偿:过错,以及\或担保责任?",载《法学家报》,2004 年,第 68 页以下;《饶尔尼希》\伯格(注释 126)第 437 条,注释 15。《联合国国际货物销售合同公约》规定的间接损害赔偿,参阅《施陶丁格》\马格奴斯(注释 112)第 74 条,注释 29、45 以下;比较施瓦策(注释 8),第 323 页以下]。

(卖方没有使买方注意到该瑕疵)。[214] 简单损害赔偿请求权并不因之后出现的替代给付之损害赔偿请求而受影响。[215]

(三)迟延履行之损害赔偿

既然所有损害都或能或不能为补充履行所阻止(prevent),因此也就都能为简单损害赔偿或替代给付之损害赔偿所涵括。此外,第 280 条涉及的第三类损害,即迟延履行之损害(第 280 条第 2 款),[216]在当前的讨论中也是相关的。[217] 如果交付标的物之瑕疵不可归责于卖方(因此不能满足请求简单损害赔偿或替代给付之损害赔偿的要求),但买方希望就债务人迟延补充履行所遭受的损失获得赔偿,那么对此即可适用迟延履行之损害赔偿请求权。[218] 但是迟延履行之损害赔偿请求权必须首先满足第 286 条规定的关于债务人迟延的各种条件。条件之一就是补充履行迟延可归责于卖方。

113 这一规则体系复杂得可怕,因此在讨论欧洲合同法的相关问题时,其并不适于作为参考和借鉴。

(四)附:履行不能时的替代请求权

如果履行成为不能,而此又不能归责于债务人,那么债权人即不能请求损害赔偿。然而,债务人可能会要求以其他物品替代应交付的标的物:譬如,对保险公司或第三人的赔偿请求权。德国法认为,债务人将所获得利益交付债权人才是公正的:第 285 条。[219]

---

[214] 详细请参阅福斯特(注释 12)第 437 条,注释 133 以下。

[215] 福斯特(注释 12)第 437 条,注释 62。

[216] 关于这一点,参阅上文第 56 页及下一页。

[217] 然而,第 280 条第 2 款规定的迟延履行之损害赔偿适用范围很广泛,譬如参阅格里格奥赖特、莱姆:《民法实务档案》(2003)203,第 754 页以下;《帕兰特》\蒲佐(注释 126)第 437 条,注释 36;《饶尔尼希》\伯格(注释 126)第 437 条,注释 16 以下。

[218] 《慕尼黑评注》\恩斯特(注释 201)第 280 条,注释 71。详细参阅福斯特(注释 12)第 437 条,注释 48、63 以下。他提到了责任承担的第二种方式。

[219] 上文第 60 页及下一页。

尽管第437条中没有提及第285条所规范的相关事实,这一规则也适用于买方受领了瑕疵标的物的情形。[220] 如果补充履行成为不能,那么卖方也会愿意将其对供货商享有的损害赔偿请求权转让给买方。奇怪的是,《联合国国际货物销售合同公约》和《欧洲合同法原则》都没有规定此类救济措施。同样的,《消费品买卖指令》对此也无涉及。

**九、减价**

合同解除、损害赔偿以及履行不能时的替代请求权是买方针对义务违反的一般救济方式。[221] 另一方面,减价是买方享有的一种特别救济措施。[222] 原则上,减价请求权与合同解除的条件一致,因为根据民法典第441条第1款的规定,"为代替解除,买受人可以向出卖人声明减少价金"。如合同解除一样,减价也在单方通知另一方当事人时生效:买方不能仅仅要求对方当事人减价,但可以自己向对方明确表示减少价金。[223] 新法中有关减价的法律机制与德国旧买卖法的规定有所不同。[224] 另外,新买卖法的规定与《消费品买卖指令》(买方"可以请求"适当减少价金)相比也更有利于 114
买方。就如合同解除的情形一样,基于相同的原因,这一不同并没

---

[220] 福斯特(注释12)第437条,注释147以下。

[221] 这对于买方请求因期待受领约定给付而遭受的费用损失赔偿也是如此,第437条第3款,《德国民法典》的第二种选择。对于此种权利,《消费品买卖指令》中并没有规定,请参阅福斯特,(注释12),第437条,注释144以下,更一般的参阅上文第61页及下一页。

[222] 比较分析请参阅拉贝尔(注释12),第232页以下;施瓦策(注释8),第220页以下;桑德罗克(注释144),第209页以下;并参阅《联合国国际货物销售合同公约》第50条;《欧洲合同法原则》第9:401条。

[223] 比较《联合国国际货物销售合同公约》第50条;比较分析,参阅桑德罗克(注释144),第222页以下。

[224] 上文至注释107。

有导致德国法与《消费品买卖指令》之间的冲突。[225] 如同合同解除
规则,但不同于损害赔偿请求权,减价并不以过错为基础;而与合
同解除以及请求损害赔偿的情形一样,减价规则也要求在买方指
定的额外履行期间内没有获得履行(《德国民法典》第441条第1
115 款、第440条、第437条第2款、第323条)。就消费品买卖而言,
新买卖法与《消费品买卖指令》的规定并不一致,或许通过对民法
典第323条第2款第3项的牵强解释可以解决这一问题:自买方
要求卖方提供补充履行时,即使买方没有指定,合理期间也即自动
开始计算。[226] 这一解释与《消费品买卖指令》的规定一致,但同时
也导致两个问题:就合同解除和减价来看,消费品买卖与买卖合同
的处理方式很不相同;对消费品买卖来说,合同解除和减价又与损
害赔偿请求权的规定不同(《消费品买卖指令》中没有涉及损害赔
偿问题)。[227] 合同解除与减价的主要区别在于,在非实质性的义务
违反时可以主张减价,但却不能解除合同。[228] 这与《消费品买卖指
令》的规定一致,[229]这说明,与解除相比,减价对合同关系的影响要

---

[225] 上文至注释192。

[226] 上文至注释193。

[227] 关于应该尽量避免的分歧解释,参阅哈勃萨克(Mathias Habersack)、梅尔:"欧盟指令的过渡实施",载《法学家报》,1999年,第913页以下;霍摩尔霍夫(Peter Hommelhoff):"国家法院在私法欧洲化中的作用",载《联邦法院纪念文集》卷2(2000),第914页以下;施瑙尔布斯(York Schnorbus):"通过实施共同体法实现成员国法律之间的自动融合",载《拉贝尔外国法与国际私法杂志》(2001)65,第654页以下;格鲁德曼(注释12),导论,注释39;海因里希斯,载《帕兰特民法教科书》第64版(2005),导论,注释4;"说明",《欧洲私法杂志》(2004)12,第36页以下;德雷克斯勒(Drexl)(注释121),第67页以下。

[228] 《德国民法典》第441条第1款第2项。

[229] 《消费品买卖指令》第3(6)条。

小得多。[230]

就减价的适用范围而言,《消费品买卖指令》仅规定其要“适当”(appropriate)。[231] 新买卖法的起草者,在经历了一些认识上的反复后,[232]终于决定维持旧法中的准则:减价时,应按照订约时标的物没有瑕疵的价值与瑕疵标的物之实际价值的比例减少价金(《德国民法典》第441条第3款)。[233] 迄今,关于减价之最具争议的问题源于《消费品买卖指令》中看上去没什么问题的用词:“如果卖方没有在合理期间内完成补充履行或给消费者造成了严重不便”,消费者即可请求减少价金。[234] 因此,根据《消费品买卖指令》,即使卖方已经履行了补充给付,但只要其过于迟延或给买方造成了严重不便,那么买方仍然可以要求减价。就第二种选择而言,完全有理由断定,德国法的规定(只有标的物瑕疵没有获得救济时

---

[230] 出于同样的原因,解约返还之诉的适用范围也为很多共同法作者所限制;参阅《债法:民法传统的罗马基础》(注释4),第325页以下。旧民法典走得更远,最终认为“出卖人应担保,物在风险责任转移时,具有其所保证的品质”:《德国民法典》第459条第1款第2项(旧法)。详请参阅巴尔杜斯(注释109),第37页以下。

[231] 《消费品买卖指令》第3(5)条。

[232] 有关批评,参阅卡纳里斯:“《债法现代化法案》中的一般给付障碍法”,载《法政杂志》,2001年,第335页;霍恩泽尔:“《欧盟消费品买卖指令》及其在《德国民法典》中的实施”,载《法学家报》,2001年,第281页以下。

[233] 详细情况,参阅福斯特(注释12)第441条,注释8以下;《慕尼黑评注》\维斯特曼(注释12)第441条,注释12以下;《帕兰特》\蒲佐(注释126)第441条,注释12以下。关于旧法,参阅第472条,以及《祖尔格尔》\胡博(注释12)第472条,注释1以下。《欧洲合同法原则》第9:401条和《联合国国际货物销售合同公约》第50条也选择这一模式[《德国民法典》第472条的模式;参阅胡博(注释149)第50条,注释2]。欧洲各国法律制度的比较,参阅施瓦策(注释8),第228页以下;桑德罗克(注释144),第225页以下。

[234] 《消费品买卖指令》第3(5)条的第2、3种选择。关于解除的同等问题,参阅上文“七”部分。

才允许买方要求减价)与《消费品买卖指令》是不一致的。[235]

德国法上通过减价对瑕疵履行予以救济的规定并不仅仅适用于买卖合同。对于租赁合同和承揽合同,民法典中也有类似规定;[236]另外,其还可能适用于服务合同。[237] 其他国家,也有将减价救济一般化的趋向。[238]《荷兰民法典》即放弃了关于减价的特别规定,而将其置于债法总则有关救济措施的一般规定中,尽管是以部分解除合同(*gedeeltelijke ontbinding*)的方式规定的。[239]《欧洲合同法原则》第9:401条将减价规定为一般性救济措施,并适用于所有
116 的价金合同。[240] 考虑到新债法起草者们的普遍愿望,即整合隐蔽瑕疵责任制度,并尽量确立规范义务违反的统一制度,也就不会为德国新民法典中保留下来的关于减价的断裂规定感到奇怪了。

**十、尚未解决的问题**

实际上,更为重要的是,关于质量瑕疵责任的另一个典型规定尽管在旧法中就已经引起了相当多的问题,但新法却仍未抛弃,即

---

[235] 参阅施莱希特里姆:"欧洲消费品买卖指令中的给付担保权机制",载恩斯特、齐默曼(注释143),第219页以下;关于这些问题的详细争论,参阅福斯特(注释12)第441条,注释30以下;比较《施陶丁格》\舒马赫—贝克曼(注释12)第441条,注释45以下。其他人主张,就这两种选择而言,德国法并没有遵循指令的条件要求,参阅罗斯(注释195),第243页以下;格泽尔:《法学家报》(2001)70;比较《慕尼黑评注》\维斯特曼(注释12)第442条,注释19。

[236] 《德国民法典》第536、638条。

[237] 曼弗里德·里布(Manfred Lieb):"服务合同",载联邦司法部长主编:《债法修订意见和建议》,第3卷(1983),第219页(第614条第3款)。

[238] 桑德罗克(注释144),第209页以下。

[239] 有关评论,参阅桑德罗克(注释144),第210页以下。指令第3(5)条规定的减价权在荷兰法上的后果,参阅詹·斯密斯(Smits):"减价之诉约束谁?",载《公证与登记私法杂志》,2000年,第685页以下;作者同前:"《消费品买卖指令》与荷兰法",载同一作者主编:《〈消费品买卖指令〉之透视》,2003年,第1页以下。

[240] 参阅兰多、比勒(注释136),第430页以下;施莱希特里姆对此模式表示欢迎,《欧洲私法杂志》(1993)1,第242页以下。

《德国民法典》第 438 条[241]规定的特别时效制度。[242] 这将继续引发大量的界分问题,其中的难题是,瑕疵是否仅与买卖标的物具有独立功能的部分相关,还是与整个标的物有关(在前一种情形,如果标的物因该瑕疵遭受损坏,那么即可主张侵权赔偿请求权,其受一般时效期间的约束)。[243]

尽管新法的起草者们曾特别做出专门的努力,但这也还仅仅是诸多尚未解决的问题之一。[244] 一定程度上,下面的情形也是如此,即卖方交付的标的物并没有瑕疵,但却与合同约定的标的物不一致。[245] 根据民法典第 434 条第 3 款的规定,卖方交付不同于合同标的物的物之情形,也被视为存在质量瑕疵。这一规定是为了避免在这两种情形中进行辨别区分。如果卖方承诺交付一幅毕加索的画作,但为了履行合同最后他却交付了一筐煤块,那么这是否意味着卖方交付了一幅有瑕疵的毕加索画作呢?这样一来的后果就是,买方无法享有最初的实际履行请求权,该请求权受《德国民法典》第 195 条、第 199 条第 1 款规定的一般诉讼时效期间的约束,而只能享有民法典第 437 条规定的各种救济权(包括补充履

---

[241] 其涉及针对卖方质量瑕疵责任(也包括权利瑕疵)的所有请求,无论民法典第 437 条是否写明:福斯特(注释 12)第 438 条,注释 1、8;有两种请求未在第 437 条中明确,参阅福斯特(注释 12)第 437 条,注释 118、149。《德国民法典》与《消费品买卖指令》的规定一致,参阅福斯特(注释 12)第 438 条,注释 5。新德国法的起草者们没有规定这样一项规则,尽管他们本来是可以这样做的[《消费品买卖指令》第 5(2)条],即要求买方在知道履行不一致之日起两个月内通知卖方该不一致的情形,如此才能行使其权利。

[242] 详请参阅下文第 133 页以下。根据旧法,应适用第 477 条,参阅上文三(三)部分。

[243] 上文至注释 99。

[244] 譬如参阅,盖革(Hansjorg Geiger)(司法部部长):"简介:下院的立法进程",载《法学家报》,2001 年,第 473 页以下。

[245] 上文至注释 104、105。

117 行),这些请求权受第438条规定的诉讼时效期间的约束。[246]尽管这与旧法相比,层面不同而且需要运用不同的标准,但如果谁认为这是荒谬或不恰当的,[247]那么就会再次面临界分的问题。新法试图避免的另一个问题是,对质量瑕疵和权利瑕疵的区分。[248]尽管这两种瑕疵还分别为不同的规定所规范,[249]但原则上,已经将两者等同:民法典第437条以下之规定也适用于权利瑕疵。但民法典第476条关于证据责任倒置的规定[250]仅适用于质量瑕疵。[251]在这点上看来,两者的区分还是有一定意义的。[252]

---

[246] 这一观点为胡博所采纳,载胡博、福斯特(注释126),第308页以下(文中的例子就来自胡博的文章;胡博明确认为,一袋子煤炭,如此说就是一幅有瑕疵的毕加索作品);比较福斯特(注释12)第434条,注释108以下;穆泽拉克(Hans-Joachim Musielak):"论新债法上特定物买卖之错误交付",载《新法学周刊》,2003年,第89页以下;蒂德特克(Klaus Tiedtke)、施密特(Marco Schmidt):"论卖方的错误交付",载《法学家报》,2004年,第1092页以下;《施陶丁格》\马舒赫—贝克曼(注释12)第434条,注释115;《帕兰特》\蒲佐(注释126)第434条,注释.52a.。这《联合国国际货物销售合同公约》和《消费品买卖指令》的规定一致:参阅克拉默(Ernst A. Kramer):"告别异物交付?",载《特别合同法:当前的问题,海因里希霍恩泽尔纪念文集》,2002年,第247页以下。

[247] 参阅,譬如,卡纳里斯(注释120),第68页以下;蒂尔(Andreas Their):"论民法典新债法上的异物交付和数量不足之交付",载《民法实务档案》(2003)203,第399页以下;《饶尔尼希》\伯格(注释126)第434条,注释21(交付玩具车以替代真正的汽车):比较梅迪库斯(注释99)注释288。

[248] 上文至注释106。

[249] 《德国民法典》第434条与第435条相对比。

[250] 参见《消费品买卖指令》第5(3)条。

[251] 《消费品买卖指令》是否仅适用于质量瑕疵或权利瑕疵,这一点是有争议的,一方面参阅恩斯特、格泽尔:《经济法杂志》,2000年,第1411页;另一方面参阅格鲁德曼(注释12)第2条,注释14以下。

[252] 由此,该问题处于不断的争论之中,参阅福斯特(注释12)第435条,注释9以下;《饶尔尼希》\伯格(注释126)第435条,注释3以下;《帕兰特》\蒲佐(注释126)第435条,注释5以下。这一区分与《联合国国际货物销售合同公约》也一直有所关联:参阅施瓦策尔(Ingeborg Schwenzer),载施莱希特里姆、施瓦策尔(注释126)第35条,注释5和第41条注释3以下。

## 十一、结论

市政官告示对于消费者保护(用现代语言来说)来说是一种非常重要的法律机制。[253] 罗马市场监察官设置的救济方式很快就为一般买卖法所吸收。这使得隐蔽瑕疵责任的市政官规则得到了异常的扩张。一般化的市政官责任也就成为了共同法的内容,最终对欧洲各国的法典编纂产生了深远影响。很长时间之后,人们 118
才认识到,适合于公开市场上奴隶和牲畜买卖的规则并不能成为工业时代商业交易的理想答案。自然法学派法律家最初的努力是以理性而不是罗马法的特性为基础设立责任规则,但这并没有持续产生影响。[254] 只有接近 19 世纪末期,主流思维模式才开始有所改善。导致这一转变的决定性因素在于一个简单的观察,即现代商业生活为种类物买卖所主导。而这必须在现代买卖法规则中得以体现。如果买卖标的物属于种类物,那么交付该种类物中有瑕疵的某件物,仅仅是一种债务不履行行为,因此在原则上,对此应适用债务不履行的各种一般救济方式。

现代欧洲法中,我们再次面临着有关标的物瑕疵责任的立法问题。这一立法的目的在于保护消费者,其内在倾向则是责任的一般化。这一立法将成为主导欧洲并规范一般买卖法的一种新责

[253] 卡泽尔、克努特尔:《罗马私法》第 17 版,2003 年,第 270 页;雅克布,载舍尔迈尔(注释 10),第 33 页。

[254] 克莱姆普特(Walter Jürgen Klempt):《理性法与潘德克顿现代运用中卖方物之瑕疵责任的基本问题》,1967 年,第 26 页以下。

任方式的基础。[255] 然而,这并没有实质性差别。与市政官救济不同,《消费品买卖指令》中的规则并没有特别在意买卖类型的不同。颁行《消费品买卖指令》形式上是以欧洲共同体条约的第95条,第153条第1、3项为基础的,[256]其与其他一些规定的目的都在
119 于,采纳“一套统一的规范消费品买卖的最低公平规则”,为消费者提供更高的保护。[257] 当然,《消费品买卖指令》的规则不仅对于消费品买卖而且对于其他各种类型的合同也是普遍公平的。[258] 对于《消费品买卖指令》中规定的“履行一致”的观念和各种救济措施来说尤为如此。就这两个方面来看,《消费品买卖指令》的规定在很大程度上模仿了《联合国国际货物销售合同公约》的规定,尽管该公约仅适用于商业交易,而且还特别地将消费品交易排除在

---

[255] 这在现代法典编纂中是很明显的,譬如1992年以来荷兰的情况。最终,《消费品买卖指令》并没有对荷兰买卖法产生深远的影响(除了解约返还之诉被再次引入之外)。在指令转化为国内法之前,对荷兰法的比较评价,参阅施瓦策(注释8),第139页(修理),第161页(重换),第183页(解除),第225页(减价),第268页以下(损害赔偿)以及其他地方也有相关论述;关于指令内化为荷兰法的情形,参阅霍恩第乌斯(Ewoud Hondius)、耶罗舍克(Christoph Jeloschek):“买卖指令与荷兰法:对欧洲而言并无新意”,载格鲁德曼、梅迪库斯、罗兰德(注释12),第197页以下;瑟科斯(A. J. B. Sirks),“1999\44\EG指令在荷兰的实施”,载舍尔迈尔(注释10),第275页以下;参阅斯密斯(Smits)和黑基玛(Jaap Hijma)的论文,载斯密斯(注释239),第1页以下、第29页以下。关于减价之诉在荷兰法的遭遇,参阅上文注释239。不遵循旧共同法(old *ius commune*)模式的,其他国家的买卖法或消费品买卖法,参阅格鲁德曼(注释12),导论,注释10;详细的比较分析,参阅施瓦策(注释8),全文。

[256] 参阅《消费品买卖指令》,前言1;有关评论,参阅斯托顿迈佛(Dirk Staudenmever):“消费品买卖指令后买卖瑕疵担保法的统一”载格鲁德曼、梅迪库斯、罗兰德(注释12),第28页以下;格鲁德曼(注释12),导论,注释16以下;塞拉诺(Luca Serrano),载比安卡、格鲁德曼(注释12),第1条,注释1以下;施瓦策(Andreas Schwartze):“《消费品买卖指令》的实施原因、内容和教义之实质问题”,载舍尔迈尔(注释10),第130页以下。

[257] 《消费品买卖指令》说明2。

[258] 格鲁德曼极其强调这一点(注释12),导论,注释6、24以下。

适用范围之外。[259] 这两个国际性法律文件之间的相似或一致将会极大地推动形成一个共同参考框架,这也将有利于欧洲一般买卖法的发展和讨论。[260] 在根据新的国际模式形成一般买卖法方面,德国已经比其他大多数国家的法律制度走得更远了。[261] 作为一个具有广泛诉讼影响力的司法管辖区和富有活力的学术共同体,德国的判例法和学术讨论将会引发德国之外的法院和法律人的广泛兴趣。

本章试图提供比较和评价德国法律发展的基础。德国新责任制度的核心特征是,买方请求补充履行(这实际上时修正和延续了最初的实际履行请求权,其形式包括消除瑕疵或更换瑕疵标的物)、解除合同、减价和损害赔偿的权利,这也反映了在这方面的国际讨论状况。原则上,后三种救济属于次级权利,买方首先应请求补充履行。这实际上意味着,卖方享有了补救瑕疵履行的权利。然而,遗憾的是,整幅制度图景也存在一些污点,有很多涉及欧盟指令和国际法的规定是失败的。当然,欧盟《消费品买卖指令》中的一些规定也难以令人信服;[262]而且,《指令》采取的模式过于霸道,因为其不允许消费品交易的

---

[259] 《联合国国际货物销售合同公约》第2(a)条。

[260] 关于欧洲民法典研究小组目前起草的欧洲买卖法原则的大概情形,参阅霍伊特格(Viola Heutger):"欧洲民法典研究小组的买卖法概要——研究小组报告",载《欧洲私法评论》(2003)11,第155页以下。

[261] 参阅舍尔迈尔(注释125),第21页以下,国家报告也收录其中;并参阅曼泽尔:《民法实务档案》(2004)204,第396条以下。

[262] 参阅,譬如,上文五.(一)和七部分。

当事人协议排除其规定的责任制度。[263] 另一方面，德国新买卖法
120 匆匆草就，并没有如《德国民法典》那样展示出智识上的成熟和技术上的精炼。新法的很多规定模糊不清，难以理解；[264]《消费品买卖指令》的一些要求是否恰当地得到贯彻，有时也是颇有疑问的。[265] 有关损害赔偿请求权规则保留了德国法的很多特性，做了很多细微的区分，就如同共同法中有关合同损害赔偿规范一样，这可以很恰当地被形容为一个巨大的海洋，而在其上却少有帆船是

---

[263] 《消费品买卖指令》第7(1)条；有关批评评论，参阅米歇尔·马汀内克(Michael Martinek)："无体系规范与欧洲消费者保护法的反国际化影响"，以及沙佛尔(Hans-Bernd Schafer)："消费者保护的界限与欧洲消费法的不利影响"，载格鲁德曼主编：《欧洲私法核心的体系发展与体系漏洞》，2000年，第530页以下、第559页以下；格鲁德曼(注释12)，导论，注释33；格美兹(Fernando Gonmez)，载比安卡、格鲁德曼(注释12)，导论，注释116以下；贝格(Roger van den Bergh)："消费品买卖指令的法经学分析"，载斯密斯(注释239)，第79页以下。

[264] 参阅，譬如，上文注释202、242。另一个原理不清，并因此引发争议的规则是民法典第444条(如果卖方曾经保证过标的物的质量，那么卖方不能通过协议排除或限制买方针对瑕疵的权利)；参阅胡博，载胡博、福斯特(注释126)第369页；卡纳里斯(注释120)，第84页以下；福斯特(注释12)第444条，注释16以下；里布、蒂森(Jan Thiessen)："论债法改革后营业转让协议的担保限制"，载《经济法杂志》，2002年，第108页以下；卢舍尔德斯(Dirk Looscbelders)："质量约定、抵押、保证，瑕疵担保免除"，载里布、康岑、施密特(注释126)第405页以下；哈尔科(Jan Dirk Harke)："《德国民法典》第444条与质量保证：事实与法律后果上的混淆"，载《法学评论》，2003年，第404页以下；《慕尼黑评注》\维斯特曼(注释12)第444条，注释13以下；《施陶丁格》\马舒赫—贝克曼(注释12)第444条，注释51以下。对民法典第444条的广泛批评也同时发生了变化：《远程金融服务指令》第1条第6款，载《联邦法律公报》2004年第1卷，第3102页。新民法典第444条将原来的"如果"(如果卖方就标的物质量做出保证)换成了"只要"。是否通过改革(自2004年12月8日开始生效)解决了问题，这尚不清晰，且有争议：泽布特(Christoph H. Seibt)："营业、股权和机器设备转让中的法律稳定性：德国民法典第444、639条规定之分析"，载《新社会法杂志》，2004年，第801页以下。

[265] 参阅，譬如上文至注释151以下，注释193以下；比较，对标的物何时产生瑕疵的界定，特拉格(Trager.)，《欧洲私法杂志》(2003)11，第529页以下(及其参考资料)。

安全的。[266] 德国新法的起草者决定将《消费品买卖指令》规定的救
济制度扩展适用于各种类型的买卖,这一点受到了好评。[267] 同样
值得赞扬的是,他们尽可能地整合了给付不一致责任规则与债务
不履行的一般救济制度。然而,给付不一致责任规则与债务不履
行的一般规则越是融合,越有问题的是关于消灭时效的不同规则,
这也是一直用于区分两种不同责任制度的唯一重要特征。实质
上,如果给付不一致仅仅是债务不履行的一种情形,那么也就很难
看出为什么两者不适用同一时效制度,譬如普通时效规则。在这 121
一点上,德国法继续遵循着传统模式,但也将继续成为烦扰和混乱
的源头。值得注意的是,英国法和爱尔兰法对因交付与合同约定
不一致的标的物而引起的违约损害赔偿请求权适用了普通时效规
则。[268] 英国法律委员会现在建议提出的一个普通消灭时效期间为
3 年,自发现或能够发现(合理发现)之日开始起算;其并没有对因
交付不一致标的物而产生的请求权规定特别的时效期间。[269] 荷兰
法对此却有特别规定,但该规定与《德国民法典》中的一般制度并
无实质不同。[270] 德国的新法保留了一项规则,根据该规则,与其他
债权人(尤其是主张损害赔偿的其他债权人)相比,对受领瑕疵标
的物的买方的益处更少,因此可以说,新法仍然是一个旧时代的囚
徒。

---

[266] 斯卡西亚(Sigismundus Scaccia),为恩德曼(Endemann)所引用,《17 世纪末罗马——教会的经济与法律理论研究》,第 2 卷,1883 年,第 244 页;比较科英(Helmut Coing):《欧洲私法》,第 1 款,1985 年,第 438 页;《债法》(注释 4),第 833 页。

[267] 比较特罗格(Tröger),载《欧洲私法杂志》,2003 年,第 527 页以下(他指的是奥地利和希腊)。

[268] 参阅施瓦策(注释 8),第 495 页。

[269] 英国法律委员会,诉讼时效,2001 年第 270 号。

[270] 《荷兰民法典》第 7:23(2)条;关于这一点,参阅施瓦策(注释 8),第 498 页以下。

# 第四章 德国新时效法与《欧洲合同法原则》第十四章

## 一、导论

在欧洲合同法统一融合的进程中，兰多委员会的《欧洲合同法原则》是最为先进且最具国际知名度的项目。[①] 该原则是为了促进欧洲内部的跨境贸易而设计的，其制定了一系列中立规则，而不仅局限于交易当事人可以寻求的任何某一国家的个别法律制度。而且，这些规则还可以被认为是商人法(lex mercatoria)的现代模式，譬如，根据“国际上普遍接受的法律原则”，该原则可以为裁决案件的仲裁员所参酌。《欧洲合同法原则》中的这些原则性规定大都具有非常实用的目的；从长远来看，其为欧盟在合同方面的立法提供了基本概念和体系框架；同时也迈出了制定欧洲民法典的第一步。[②]

很快，《欧洲合同法原则》还会呈现出另一方面的重要意义：其将成为各国立法、司法和法

---

① 兰多、比勒主编：《欧洲合同法原则》（第1、2部分），2000年；兰多、克莱夫、普律姆、齐默曼主编：《欧洲合同法原则》（第3部分），2003年。

② 兰多、比勒（注释1），第21页以下。

律理论研究的灵感源泉。[3]《欧洲合同法原则》以比较研究和国际合作为基础，构成了评价各国既有法律制度特征的标尺。由此，不仅仅是比较法学家，还有那些参与本国法之制定和发展的法学家也应该考虑到这一原则。在知识借鉴意义上，把国内法与这一原则相 123
联系，可以认识到这一原则对立法改革的示范作用，及对司法解释的指导作用。本章有关时效法的内容即按此精神写成。

很长时间以来，很多欧洲国家的诉讼时效法[4]即亟须改革。[5]在德国，第一份对时效法进行全面改革的建议于 1981 年提出。[6]然而，只有等到 21 年之后，通过《债法现代化法案》，一个新的时效法制度才最终得以生效。[7] 在债法改革的最后阶段，德国司法

---

③　齐默曼："作为欧洲私法（传统但也可能是新的）法学智识基础的《欧洲合同法原则》"，载《海因克茨纪念文集》，2005 年。

④　这里使用的免责时效（liberative prescription）这一术语，而不是传统的消灭时效（extinctive prescription），因为德国法和《欧洲合同法原则》上，请求权都不因时效而灭失；参阅下文"九"部分。《国际商事合同通则》适用的时效期间（limitation periods）；参阅下文注释 42。

作者在行文中使用了几种有关时效的表达。prescription 和 limitation 均译为"时效"，(limitation) period 译为"时效期间"；liberative prescription 译为"免责时效或自由时效"；extinctive prescription 译为"消灭时效"；limitation of Actions 译为"诉讼时效"。——译者注

⑤　参阅齐默曼：《欧洲抵销法和时效法的比较基础》（以下简称《比较基础》），2002 年，第 66 页以下。

⑥　皮特斯、齐默曼："时效期间：债务关系中期日的效力；时效期间简化的可能"，载联邦司法部长主编：《债法修订之意见和建议》，1981 年第 1 卷，第 77 页以下。对德国旧时效法进行讨论的英文论文，参阅齐默曼："德国法上的消灭时效"，载雅密（Erik Jayrne）主编：《1994 年雅典第十四届比较法大会，德国民法国家报告》，1994 年，第 153 页以下。对旧法的主要批评之一是时效期间过于多样性，有的过短而其他的过长（尤其是一般时效期间）。对于旧德国法上时效制度的迷宫，可比较赫尔曼，载施默克尔、吕克特、齐默曼主编：《德国民法典的历史批评评注》（HKK），2003 年，第 1 卷，第 194 ~ 225 条，"时效"注释 27 以下。

⑦　《联邦法律公报》，2001 年，第 1 卷，第 3138 页。

部下设的债法现代化法案“讨论草案”修订工作小组注意到了《欧洲合同法原则第三部分》第十四章的草案文本，该章涉及的是时效法的有关规定，而且其也的确对债法修订委员会产生了重大影响。[8] 之后，德国政府特别承认，“的确在一些主要方面采纳了兰多委员会提出的规则模式”。[9] 这也是本章把新德国法与《欧洲合同法原则》第十四章进行比较，并突出两者之区别的另一个原因。就笔者个人的态度而言，或许应该提到的是，在兰多
124 委员会中曾由笔者负责起草第十四章，[10]并寻找时效制度的比较法基础。[11] 另外，债法现代化改革中，我也是时效法改革工作小组的成员，[12]我促使债法修订委员会注意到了《欧洲合同法原则》的有关规定。[13]

---

⑧ 齐默曼曾总结了现代时效法的核心要素：“诉讼的终点：以比较法为基础的现代时效法纲要”，载《法学家报》，2000 年，第 853 页以下。

关于诉讼时效制度，有两个著名的法律谚语：一是“*interest reipublicae ut sit finis litium*”，即“为公共利益可以结束诉讼”；二是“*vigilantibus, et non dormientibus, jura subveniunt*”，意思是“法律只帮助那些警觉的人，而不是权利上的睡眠者”。——译者注

⑨ “《法律委员会报告》德国联邦议会文件第 14/7052 号”，载卡纳里斯主编：《2002 债法现代化》，2002 年，第 1051 页以下（第 1066 页）；比较“债法现代化政府草案说明”，联邦议会文件第 6857 号，载卡纳里斯：《2002 债法现代化》，2002 年，第 569 页以下（第 600 页、第 612 页以下）。

⑩ 兰多、克莱夫、普律姆、齐默曼（注释 1），第 X 页。

⑪ 参阅《比较基础》（注释 5）第 2、3 章；我在提交给债法修订委员会的报告中对这些章节的内容进行了修订。

⑫ 参阅卡纳里斯（注释 9），第 X 页。工作小组在柏林于 2001 年 1 月 15、16 日和 3 月 23 日举行了会谈。由于汉莎航空公司飞行员突然自发罢工，因此笔者未能参加第二次会议，在该次会议上，讨论了新时效制度的很多细节问题。

⑬ 笔者和乌里希·德罗伯尼西起草部分的德文翻译本，发表于《欧洲私法杂志》2001 年第 9 期，第 400 页以下；这一部分最终成为《欧洲合同法原则》第 14 章的内容，开始是作为第 17 章。

## 二、时效法的发展

### （一）德国法的改革历程

尽管消灭时效法（the law of extinctive prescription）[14]具有非常重要的实践意义，但在国内和比较法学著作中却长期被边缘化。在德国，只有在1975年卡尔·斯皮罗出版了两卷本的著作[15]，在债法改革开始后这一情形才有所改观。[16] 在债法改革期间，相当多的法学著作在德国和其他地区出版。[17] 这至少是为这样一些事实所激发，即很多国家都已对时效法进行了改革，或者以颁行单行法的方式（如在南非），或以作为私法全面重新法典化的内容的方式（如在荷兰、魁北克和俄罗斯）。[18] 1998年英国法委员会曾就时 125

---

⑭ 有关历史背景，参阅科英：《欧洲私法》（第1卷），1985年，第183页以下；戴维·乔斯顿：《时效与诉讼时效》（*Prescription and Limitation*），1999年，1.13部分；《民法典历史批评译注》/赫尔曼（注释6），第194～225条，"时效"，注释7以下。

⑮ 卡尔·斯皮罗：《私权的限制：时效、失权与重要期间》，1975年，两卷本。

⑯ 参阅上文，第30页以下。

⑰ 格哈特·登纳曼（Gerhard Dannemann）、福迪奥·卡拉策尼斯（Fotios Karatzenis）、杰奥弗瑞·托马斯（Geoffrey V. Thomas）："比较法视野中的时效法改革"，载《拉贝尔外国法与国际私法杂志》1991年第55期，第697页以下；库普曼（M. W. E. Koopmann）：《自由时效》（*Bevrijdende verjaring*），1993年；霍恩第乌斯（Ewoud Hondius）主编：《消灭时效：论诉讼时效》，1995年；罗伯斯尔（M. M. Loubser）：《消灭时效》，1996年；安德鲁斯（Neil Andrews）："诉讼时效的改革：追寻明智的法律政策"，载《剑桥法律杂志》1998年第57期，第589页以下；乔斯顿：《时效与诉讼时效》，1999年；巴塔（Antonella Bata）、卡波纳（Vincenzo Carbone）、艮纳罗（Maria Vittoria de Gennaro）、特拉法格里诺（Giacomo Travaglino）：《时效期间与失权》，2001年；旦科（Anne Danco）：《欧洲请求权时效的前景：比较法研究，对买卖法上物之瑕疵担保责任的特别思考》，2001年；普赖姆（Terence Prime）、斯堪兰（Gary Scanlan），载《诉讼时效》，2001年第2版；关于德国，参阅注释6、21、24、26。

⑱ 参见《比较基础》（注释5），第67页以下。此外，参阅凯尔蒂（Martin Käerdi）："爱沙尼亚私法上的诉讼时效期间规范：历史综述"，载《欧洲法和国际司法中的爱沙尼亚民法典，塔图大学法律评论》2001年第6期，第66页以下（其中特别提到了德国法律改革中的争论）。

效法改革发布了一份咨询文件。[19] 在咨询过程完成后,一份法案

⑲ 《法律委员会咨询文件第151号》(诉讼时效),1998年。

《法律委员会咨询文件第151号》提议对时效法进行改革,改革旨在彻底使民事诉讼时效现代化,以更为简便、公平和高效。1998年1月6日发布咨询文件(咨询截止日期为1998年4月21日),在咨询文件中法律委员会检讨了英国当下的诉讼时效法(1980年诉讼时效法案),结论是:很不幸,该法存在没有必要的繁杂和陈旧,并且有些规定有失公正。具体体现为:第一,1980年的时效法极其复杂,缺乏连贯一致性。譬如,涉及故意人身侵害的,时效期间为从伤害之日起6年;过失人身伤害,则为3年,且从受害人知道或应道知道该伤害之日起算,但为公正衡平起见,法院可以延长该期间。过失财产损害或经济损失,时效期间或者是从受害人知道或应当知道之日起3年,或者从损害之日起6年,最长为过失行为之日起15年。涉及文字诽谤侵权,时效期间为发表之日起1年,但为公正衡平起见,法院可以延长该期间。一般违约,时效期间为从违约之日起6年。契据(deed)违约的,则从违约之日起12年。第二,有失公正。譬如涉及性侵犯(sexual abuse)的案件。一个小女孩遭到她叔叔的性侵犯,而且一直持续到小女孩14岁。现在她25岁正遭受抑郁、性格障碍等病症折磨,但直到最近她才意识到这是由她叔叔对她的性侵犯造成的。如果她要向故意的直接侵害人请求损害赔偿,则可能遇到时效障碍,因为时效期间是自她年满18周岁后6年;但她却可以向她的母亲提起过失侵害赔偿,因为她的母亲由于过失而没有阻止这一侵犯行为,该请求权的时效期间为这个小女孩知道她的病症是由于性侵犯行为而引起的之日起3年,而且法院还可以酌情延长。这是很荒唐的,受害人可能会因此而更为痛苦,因为她无法向故意实施侵害的行为人请求赔偿。鉴于上述考虑,法律委员会建议对时效法进行彻底改革,尽量对不同的请求权适用相同的规则。委员会在咨询文件中提出的新时效制度的核心特征是:一般时效期间为3年,从受害人知道或应当知道自己享有针对被告的请求权之日起算。最长时效期间为10年,涉及人身伤害的为30年,从被告实施侵害行为或不作为之日起算。如果原告无行为能力,那么初始时效期间被会被延。成年人丧失行为能力的情形,时效期间并不会被延长到最长期间,但如果被告故意隐瞒有关原告请求权的信息,将会导致最长期间的延长。如果被告承认或部分偿付原告之请求,那么时效期间重新起算。法院没有延长或排除时效期间的自由裁量权。英国的法律委员会是根据1965年的法律委员会法案而设立的,旨在推动法律改革。咨询文件都是过渡性的,法律委员会提出正式的立法改革提议前会进行广泛的意见咨询。——译者注

修订草案提交给了国会，目前正在等待实施。[20]

在德国，时效法的改革开始于1981年应司法部长的要求而提交的"皮特斯\齐默曼草案"。[21] 随后设立的债法改革委员会，[22]最终于1992年提交了一份报告，[23]该报告提出了一个在很多方面与"皮特斯\齐默曼草案"的设想完全不同的制度。此后，由于越来越普遍地认为德国债法改革将会被搁置，于是刚刚出现的讨论也就逐渐趋于消沉了。[24] 因此，只有2000年9月公开发布的债法现

---

⑳ 《法律委员会，诉讼时效》，法律委员会，2001年第270号。

法律委员会在检视所有相关时效期间的法律后建议引入一个单一的时效制度，而且要尽可能适用于所有的侵害救济请求权、权利强制执行请求权和返还请求权。委员会的建议之后被采纳。——译者注

㉑ 参阅上文（注释6）。有关讨论，参阅海因里希斯："时效法的改革"，载《新法学周刊》，1982年，第2021页以下；格伦斯基（Wolfgang Grunsky）："一项债法改革的建议"，载《民法实务档案》，1982年第182期，第453页以下；斯皮罗："时效规则的改革"，载《弗莱恩费勒斯（*Wolfram Müller-Freienfels*）纪念文集》，1986年，第617页以下；海因里希斯："对时效法及其缺陷、论证和改革的思考"，载克林格缪勒（Ernst Klingmüller）主编：《卡尔斯鲁厄论坛》，1991年，第10页以下；拉贝（Dieter Rabe）："债法修订建议：时效"，载《新法学周刊》，1992年，第2395页以下。

㉒ 参阅上文，第32页。

㉓ 联邦司法部长主编：《债法修订委员会最终报告》，1992年。

㉔ 参阅布吕格迈尔（Gett Brüggemeier）关于德国时效法改革的报告："明斯特德国法学家联合大会会议纪要"，1994年，卷2－2，《草案》1994年，K47～K102；乌恩特里德（Matthias Unterrieder）：《普通时效：德国民法典第195～202条及其改革》，1998年；豪格（Henner Haug）：《时效法重整：对债法修订委员会草案中时效法的批评性研究》，1999年。

代化法案“讨论草案”[25]引起了热烈的争论[26]。讨论草案的一个显著特点就是,时效制度既没有接受皮特斯\齐默曼草案的推荐意见,也没有采纳改革委员会的建议。[27] 在雷根斯堡大学召开的一
126 次研讨会上,学者们对讨论草案提出了非常激烈和实质性的批评,[28]这最终促使政府再次任命了两个债法修订工作小组,而其中一个除了其他事情外,主要负责调查研究时效法,[29]但他们对时效问题的考察仅仅只有两个月的时间。然而,之后很快就相继出台了四个草案,而且每一个都与前者完全不同。[30] 债法现代化之政府草案于 2001 年 5 月公布。[31] 尽管其通过快速程序在国会获得

---

㉕ 关于这一点,参阅上文,第 33 页。

㉖ 特别请参阅曼泽尔(Heinz-Peter Mansel):“论时效法的改革”,载恩斯特、齐默曼主编:《民法学与债法改革》,2001 年,第 333 页以下;拜德林斯基(Peter Bydlinski):“论时效法的现代化进程”,载舒尔策(Reiner Schulze)、内尔克(Hans Schulte-Nölke)主编:《共同体法背景下的债法改革》,2001 年,第 381 页以下;埃顿缪勒(Horst Eidenmüller):“论债法现代化法案中时效的效率问题”,载《法学家报》,2001 年,第 283 页以下;黎嫩(Detlef Leenen):“论时效法重整”,载《法学家报》,2001 年,第 552 页以下;海因里希斯:《债法现代化法案草案:时效法重整》,*Der Betriebs-Berater* 版,2001 年,第 1417 页以下;齐默曼、黎嫩、曼泽尔、恩斯特:“结束诉讼(Finis Litium):债法现代化法案政府草案之后的时效法”,载《法学家报》,2001 年,第 684 页以下;皮肯·布洛克(Andreas Piekenbrock):“一般时效法的改革:出路还是歧途?”,载《青年民法学者年鉴,新债法》,2001 年,第 309 页以下;威灵格曼(Armin Willingmann):“论时效法的改革”,载麦克里茨(Hans-W. Micklitz)、普非佛(Thomas Pfeiffer)、托纳(Klaus Tonner)、威灵格曼主编:《债法改革与消费者保护》,2001 年,第 1 页以下;曼泽尔、巴德茨基维兹(Christine Budzikiewicz):《新时效法》,2002 年;芬克瑙尔(Thomas Finkenauer):“论新时效法”,载艾曼(Horst Ehmann)、祖特舍特(Holger Sutschet)主编:《现代化债法》,2002 年,第 289 页以下。

㉗ 参阅下文,“三、主观或客观制度”,正文到注释 58。

㉘ 恩斯特、齐默曼主编:《民法学与债法改革》,2001 年;特别参阅曼泽尔和恩斯特的论文。

㉙ 详请参阅上文第 34 页。

㉚ 详细参阅齐默曼、黎嫩、曼泽尔、恩斯特,载《法学家报》,2001 年,第 684 页以下。

㉛ “债法现代化法案草案”,参见卡纳里斯(注释 9),第 429 页以下、第 569 页以下。

通过,但与之前相比,该草案内容又发生了变化。债法现代化法案的最终草案在2001年10月获得联邦议会批准,并于2002年1月1日开始生效。

(二)联合国国际贸易法委员会《国际货物销售时效期间公约》、《欧洲合同法原则》与国际私法统一协会《国际商事合同通则》

在国际上,联合国国际贸易法委员会(UNCITRAL)在20世纪70年代早期就起草了适用于国际贸易的统一时效制度公约;该公约于1974年被采用,在1980年做出修订,并于1988年开始生效。[32] 然而,与《联合国国际货物销售合同公约》相比,关于时效的公约相当不成功,因为仅有七个国家签署了该修订文本,而且其中没有一个属于欧盟成员国。[33] 由于其仅适用于特定类型的请求权,因此公约中规定的时效制度也无法成为一般时效法的范本。[34]

关于一般时效制度的第一个国际性草案是由兰多委员会于2001年2月在其最终会议上提出的,该草案文本连同评论和比较

---

㉜ 关于该公约的文本,参见加尔德纳、比勒、齐默曼、舒尔策主编:《欧洲私法基本文件》,2003年,第269页以下。参见《国际贸易法委员会年鉴》,1979年第10期,第145页以下;斯皮罗:"《维也纳联合国国际货物销售合同公约》中请求权的时效与限制",载霍耶(Hans Hoyer)、波施(Willibald Posch)主编:《维也纳联合国国际货物销售合同公约》,1992年,第195页以下;沃尔基(K. Boele-Woelki):"《国际贸易法委员会统一时效公约》中的请求权时效",载《欧洲私法》,第99页以下。

该公约的名称应为《国际货物销售时效期间公约》,简称《时效公约》,外交会议于1974年6月12日通过该《公约》,《公约》确立了关于国际销售合同所产生法律诉讼的时效限制的统一规则。1980年外交会议通过的一项议定书对《公约》做了修正,在这次外交会议上通过了《联合国国际货物销售合同公约》,以统一这两项公约。原公约和经议定书修正的公约均于1988年8月1日生效。目前1974年公约的缔约方有29个国家,1980年公约的缔约方有21个国家。具体国家列表可查阅国际贸易法委员会官方网站,http://www.uncitral.org。——译者注

㉝ 参阅加尔德纳、比勒、舒尔策、齐默曼(注释32),第269页。

㉞ 参阅《比较基础》(注释5),第68、84页以下;旦科(注释17),第333页。

注释于 2003 年交付出版。[35] 尽管事实上这似乎是《欧洲合同法原
127 则》的一部分,但我们所设计起草的这些规则具有实用性,如果在国内或欧洲范围内颁行,即能够为法院所适用。《欧洲合同法原则》第十四章并没有出于公正或公平的理由而制定一些一般准则(general standards);其关注的是,在所有条件都获满足的情况下,所应产生的法律后果。严格地说,考虑到在一般方法论讨论中法律规则与法律原则的区别,[36]那么在当下的语境中“原则”(principles)一词确属不当。此外,在另一方面,“欧洲合同法原则”的标题也具有一定的误导性。该原则第三部分(包括时效)的大部分论题不仅与合同之债有关,而且与一般性债之关系也相关联。[37] 如果兰多委员会由此决定扩展其纲要(自愿的),那么即需要承认下述事实:债法的各个分支之间在很多方面具有内在关联性,而如果只是孤立的考虑其中之一则必然会造成认识上的缺陷,并且还会有在结果与评价上不能协调一致的危险。对时效法而言,这一点尤为明显。[38] 在此语境下,需要指出的是,《德国债法现代化法案》的名称同样具有误导性,[39]因为德国法上的时效制度不仅适用于债法上的请求权,而是适用于其他各种类型的请求权,无论这些请求权是否以债的关系为基础。[40] 这也是《德国民法典》在总则部分规定时效的原因(《德国民法典》第 194 条以下)。

---

[35] 兰多、克莱夫、普律姆、齐默曼(注释 1)。

[36] 德沃金:《认真对待权利》,1977 年,第 22 页以下。

[37] 兰多、克莱夫、普律姆、齐默曼(注释 1)第 xvi 页。

[38] 《比较基础》(注释 5),第 81 页以下。

[39] 参阅上文第 2 页。

[40] 这与很多国家的态度相反,也与《欧洲合同法原则》的规定相反;参阅《比较基础》(注释 5),第 85 页以下(注释 97);旦科(注释 17),第 89 页以下;兰多、克莱夫、普律姆、齐默曼(注释 1),第 158 页以下。

2004 年国际私法统一协会(UNIDROIT)公布了《国际商事合同通则》的修订本,[41]其中新增加了一章有关时效法的规定(或者,如通则起草人的用语,即时效期间,limitation periods)。[42] 国际私 128
法统一协会的《国际商事合同通则》在很多方面与《欧洲合同法原则》非常相似。[43] 无论是一般规定还是具体的个别规则,对于时效法来说都是如此。最为重要的是,《欧洲合同法原则》第十四章与《国际商事合同通则》第十章以非常相似的方式贯彻着同样的政策考虑。[44] 这两章以相同的概念框架为基础,都包含了一系列法律规则而不是“原则”。然而与《欧洲同法原则》第 14:101 条不同的是,《国际商事合同通则》第 10:1 条以下规定的适用范围仅限于合同法。[45] 另外,需要指出的是,根据《欧洲合同法原则》(同样

---

㊶　国际私法统一协会主编:《国际商事合同通则》,2004 年(取代 1994 年版本)。相关评论,参阅博内尔(Michael Joachim Bonell):“UNIDROIT 原则 2004:国际私法统一协会的《国际商事合同通则》新版本”,载《统一法评论》,2004 年第 9 期,第 6 页以下;布罗德曼(Eckart Brödermann):“2004 修订版《通则》:关于协商与仲裁的良好‘工具’”,载《国际经济法》,第 721 页以下。

㊷　时效 prescription 一词对于普通法法律人来说似乎有点奇怪,参阅麦克基(Andrew McGee):“英国”,载霍恩第乌斯主编:《消灭时效:论诉讼时效》,1995 年,第 135 页。他还指出“诉讼时效”(limitation of actions)可以明确表明英国时效制度的程序性。为了区分程序性问题,《国际贸易法委员会统一时效公约》中仅仅提到“时效期间”(limitation periods)。《国际商事合同通则》的起草者决定遵循程序性界定(即使该章的标题现在看来并不准确,因为该章不仅规范时效或限制的期间,还规定了时效的重新开始、中止和协议等问题)。然而,由于《国际商事合同通则》与《欧洲合同法原则》都认为时效或限制(limitation)属于实体法问题,因此术语之间的不同已经不再具有任何实际意义。

㊸　详细参阅齐默曼:“比较视野下的 2004《国际商事合同通则》”,载《欧洲私法杂志》2005 年第 13 期,第 268 页以下。

㊹　有关分析,参阅博内尔:“时效期间(Limitation Periods)”,载哈特卡姆普(Arthur Hartkamp)、赫泽林克(Martijn Hesselink)等主编:《迈向欧洲民法典》,2004 年,第 3 版,第 527 页以下;齐默曼,载《欧洲私法杂志》2005 年第 13 期,第 273 页以下。

㊺　参见《国际商事合同通则》第 10.1 条(受通则规范之权利的行使……)。

的根据德国法,新的和旧的《德国民法典》第 194 条第 1 款),时效的适用对象为“请求权”(claims/ansprüche),[46]而《国际商事合同通则》第 10:1 条则更为广泛地包括“为该通则所规范调整的权利”。[47]

(三)一个共同框架

如果我们回顾一下时效法的发展,回顾过去百年间的各种新法案和草案,就会发现时效制度发展趋势的很多特点:(1)明显地趋向于统一的时效期间(period prescription)。[48] (2)统一的时效期间既不能过短(6 个月)也不能太长(30 年)。一般在 2 年到 5 年之间的某个期间,而在国际上 3 年的期间被认为是合理的。[49] (3)不能通过客观标准来决定相对短暂的普通时效期间的起算,如债务到期日、请求利息、交付、接受、完成(建筑)等等;而是应该以权利
129 人*是否知道(或合理地应当已经知道)义务人的身份以及请求权产生的事由为基础。[50] (4)时效不能被无限期的推延。当事人必须在某个阶段确定无疑的结束争议案件。这也是相对时效期间(relative period,根据知悉规则开始起算)必须由最长时效期间(long stop)予以补充的原因。最长时效期间需要根据客观标准判

---

[46] 《欧洲合同法原则》第 14:101 条界定的请求权,“义务履行请求权”。

[47] 这表明,“不仅履行请求权或其他不履行救济请求权也受时效限制,而且其他直接影响合同的权利行使,如解除权或减价权也受时效限制”:国际私法统一协会(注释 41),第 312 页。比较评论,参阅齐默曼,载《欧洲私法杂志》2005 年第 13 期,第 276 页。

[48] 详细参阅《比较基础》(注释 5),第 89 以下。

[49] 详细参阅《比较基础》(注释 5),第 86 以下。时效法更为晚近的历史,实质上就是时效期间缩短的历史。在此情形中,关于时间“加速”的现象,《民法典历史批评评注》\赫尔曼(注释 6),第 194 ~ 225 条,“时效”(注释 41)。

* 作者在行文中使用的是 creditor,对应的是 debtor,直译应为债权人和债务人,但考虑到德国法上的时效并不仅仅适用于债权法上的请求权,因此译者有时将其翻译为权利人与义务人,当然作者对时效的论述主要限于债法范畴。——译者注

[50] 详细参阅《比较基础》(注释 5),第 92 页以下。

断起算点，在时效期间结束后请求权即被阻止(barred)，而不论债权人是否知情。长期时效期间一般选择在10年到30年之间，然而，越来越多的人认为，选择最长的30年期间只有对于人身损害赔偿请求权才是合理的。[51] (5)国际上普遍认为，时效应该仅具有"弱"效力：一旦时效期间经过，债权人的权利并不消灭，而只是授予债务人拒绝履行的权利。换言之，时效仅仅构成一种防御或抗辩事由，而债务人可以提出也可以选择不提出此项抗辩。[52]

**三、主观或客观制度**

《欧洲合同法原则》、德国新时效法以及英国法律委员会起草的诉讼时效改革法案都反映了上述发展趋势。[53] 实际上，它们只是一个基本统一的规则模式(在德国人看来，这可以被认为是旧民法规定的侵权请求权时效制度的一般化)的不同变种。[54] 这一统一模式的确立，无论是在本国还是在国际上都受到了欢迎。当然，需要记住的是，并不存在一个完美的时效制度。选择一个以知悉规则为基础的统一时效制度(相对的或主观的时效制度)，还是

---

[51] 详细参阅《比较基础》(注释5)，第99页以下。

[52] 详细参阅《比较基础》(注释5)，第72页以下。历史背景参阅《民法典历史批评评注》\赫尔曼(注释6)第194~225条，"时效"，注释21以下。

[53] 国际私法统一协会《国际商事合同通则》修订版中关于时效的规则也同样如此，参阅第10.1条以下。瑞士法参阅克罗格(Peter Loser-Krogh)："对基于诚信的私法侵权责任改革的批评思考、因果关系与时效"，载《瑞士法学家协会信息与报告》2003年第137期，第197页以下。

[54] 旧《德国民法典》第852条。新的统一模式由齐默曼和皮特斯提出(注释6)，第315页以下。

旧《德国民法典》第852条：(1)因侵权行为所生损害的赔偿请求权，自受害人知悉损害事实或者赔偿义务人之时起，因3年内不行使而消灭，在不知的情况下，自加害行为发生之时起30年内不行使而消灭。(2)在赔偿义务人与权利人之间对于应当给付的损害赔偿的谈判悬而未决时，时效中断，直至当事人一方或者另一方拒绝继续谈判为止。(3)赔偿义务人因侵权行为受利益，致受害人受损害的，赔偿义务人于时效完成后，仍应根据返还不当得利的规定返还所受利益。

选择客观决定的但必然互不相同的时效制度(绝对的或客观的时
130 效制度),需要慎重的利益衡量。[55] 换言之,制定时效法的关键是时效期间开始起算的判断标准。这两种规则模式都有一定的优点和缺陷。客观时效制度可以针对每一种请求权选择最为恰当的期间。然而,这样一个完全不统一的制度也必然会存在各种界分问题,并造成理论的支离破碎、概念的歪曲和无谓诉讼的增加。完全不统一的时效制度也必然会引发各种争论,这在德国旧时效法的历史上曾非常明显。[56] 那些支持主观时效制度的人自开始就在一定程度上接受了不确定性的存在,因为以客观时日为基础的期间比以知悉规则为基础的期间更容易计算。[57] 然而,另一方面,统一的时效制度也只能根据主观制度才能建立。

在皮特斯\齐默曼以及债法改革委员会提出建议后,司法部自己也提出两个范本,一个是主观制度模式,而另一个则为客观制度。在这样的情形下,"讨论草案"的起草者们做出了可以想象得

---

[55] 参阅奥特克:《时效》,1994 年,第 33 页以下;旦科(注释 17),第 71 页以下;皮肯布洛克(注释 26),第 314 页以下;威灵格曼(注释 26),第 16 页以下;《比较基础》(注释 5),第 76 页以下。关于时效制度所维护的利益,比较参阅曼泽尔(注释 26),第 342 条以下;曼泽尔、巴德茨基维兹(注释 26),第 30 页以下;《民法典历史批评评注》、赫尔曼(注释 6)第 194 ~ 225 条,"时效",注释 12 以下;格洛特,载《德国民法典慕尼黑评注》卷 1a,第 4 版,2003 年,第 194 条前言,注释 6 以下。

[56] 参阅皮特斯、齐默曼(注释 6),第 196 页以下。为统一制度辩护的情况综合,参阅《比较基础》(注释 5),第 79 页以下。

[57] 海因里希斯强调了这一点,《卡尔斯鲁厄论坛》(注释 21),第 8 页以下;霍泽尔:"对债法现代化法案讨论草案的一个评论",载《法学家报》,2001 年,第 20 页;泽尔纳(Wolfgang Zöllner):"德国民法典中的新时效法——对规范失败的批评",载《联邦合同法——当前问题:霍泽尔纪念文集》,2002 年,第 163 页以下。债法修订委员会选择客观制度的原因,在《最终报告》中已表明(注释 23),第 54 页以下;比较乌恩特里德(注释 24),第 271 页以下;豪格(注释 24),第 44 页、第 88 页以下,第 150 页以下。支持不同制度的原则性和政策性观点(尽管该制度与德国修订委员会所提出的截然不同),参阅安德鲁主编:《剑桥法律评论》,1998 年第 57 期,第 589 页以下。

到但却是最不幸的决定，即其没有遵循其中任何一个范本，而是将两者的不同内容相互结合起来。[58] 与委员会的草案相反，[59]"讨论草案"的起草者们决定重新引入一个（短期）普通时效期间（general period），而且该时效期间的起算并不以权利人是否了解或知悉（knowledge or discoverability）为基础。然而，对于此种制度设计，并不能认为它与其他很多情况一样有效的构成对私权的剥夺，[60]甚至认为其可能还会与宪法上的要求相冲突。[61]雷根斯堡会议之后设立的债法修订工作小组在审议过程中，一致同意对时效制度进行根本性变革：普通时效期间现在应以主观制度为基 131
础。[62] 然而，德国的新时效法则不尽如人意，具有明显的妥协性。[63]工作小组只能在非常紧迫的时间压力下工作，结果是其不可能详细讨论和考虑很多细节问题。同样的由于时间原因，在没有彻底详尽的考虑这些变革可能对整个时效制度产生的影响以及它们的

---

[58] 《德国民法典》第194条以下（讨论草案）。

[59] 《最终报告》）（注释23），第283页以下，民法典第194条以下。

[60] 参阅恩斯特："债法现代化的进程"，载恩斯特、齐默曼（注释28），第581页以下。

[61] 譬如，在比利时，就有人质疑短期时效期间的合宪性，该时效期间在损害显现之前就开始计算；参阅《比较基础》（注释5），第79页，注释78（及参考资料）；兰多、克莱夫、普律姆、齐默曼（注释1）第179条。

[62] 《德国民法典》第195条、第199条第1款。

第195条　普通时效期间为3年。

第199条第1款　普通时效期间自下列情形之年度终止时开始起算：（1）请求权产生，以及（2）债权人知道请求权的产生事由和债务人身份，或者如无重大过失即应当知道上述情形。

[63] 参阅齐默曼、黎嫩、曼泽尔、恩斯特，载《法学家报》，2001年，第698页以下；比较皮肯布洛克（注释26），第333页；曼泽尔、施蒂尔纳，载里布、海德勒、瑞英主编：《德国民法典律师评注》，卷1，2005年，第194～218条前言（注释4）。

实施特点等问题的情况下,新的建议稿即被提出并最终采纳。[64]如果我们仍然记得前面提到的主观制度最为严重的缺陷,[65]那么这就尤其具有警示性。只有在考虑到制度统一所具有的优点时,其才具有可接受性。然而,如果不能尽量协调一致的实施主观制度,那么就可能存在这样的危险,即该制度最终将会综合具备两种制度的缺点而非优点。一旦新规则开始在实践中应用,恐怕这一点会更加明显。[66]

### 四、三十年时效期间

如果我们把德国新时效法与《欧洲合同法原则》第十四章逐
132 一比较,首先就会发现,《德国民法典》第194条以下规定的适用

---

[64] 有评论者认为,时效模式每个月都发生变化,时效法如此摇摆不定,就像"风中苇草":罗斯(Herbert Roth):"承揽合同法之改革",载《法学家报》,2001年,第544页;《德国民法典历史批评评注》\赫尔曼(注释6)第194~225条(注释3),其中认为"草案之间仓促的分段竞争"。

[65] 参阅上文至注释57。

[66] 有关新法的诉讼还未到达联邦最高法院的层面。然而,德国有评论者已经开始解释阐明这些新规定;有关《德国民法典》第194条以下的一般性规定,参阅曼泽尔、巴德茨基维兹(注释26);尼顿福尔(Werner Niedenführ),载《祖尔格尔,德国民法典,总则3》,2002年;格洛特,载《民法典慕尼黑评注》(注释55);亨里希(Wolfgang Henrich)、斯皮恩德勒(Gerald Spindler),载班穆伯格(Heinz Georg Bamberge)、罗斯主编:《民法典评注》,2003年;海因里希斯,载《帕兰特民法典》,第64版,2005年;弗兰克皮特斯,载《施陶丁格民法典评注》,2004修订版;饶尔尼希,载饶尔尼希主编:《民法典》,2004年第11版;曼泽尔、施蒂尔纳、巴德茨基维兹,载里布、海德勒、瑞英主编:《德国民法典 律师评注》,2005年第1卷。这一著作基本上是逐条评注式的,对新规则是接受而非批评性评价。当然,其进行了充分论证。有时,也会批评性地提出,改革之前的大量著作不再有任何价值,应该予以抛弃:海因里希斯,载《帕兰特,民法典》,2002年第61版,导论,第241条,注释32(……将在2002年1月1日变成废纸)。这一谨慎的历史性观察,似乎认为新民法典提供了自我阐释的空间,并脱离了导致其颁行的各种争论,其对这些争论的认识是片面的(海因里希斯,载《帕兰特》,如上,导论,第241条,注释32)。无论如何,值得注意的是,关于新时效制度的批评争论(参阅上文"二、时效法的发展",注释26)已基本趋于平静。对新制度之核心内容的持续批评,参阅泽尔纳(注释57),第153页以下。

远远超出了债法的范围。[67] 这甚至对于德国私法制度的核心请求权,即所有物返还请求权(rei vindicatio),也是有问题的,根据民法典第 197 条第 1 款第 1 项的规定,对该请求权适用 30 年的时效期间。所有物返还请求权是根据绝对所有权的完全效力而产生的一项请求权。因此,该请求权不应受时效的影响,时效期间经过的结果是绝对权自身的消灭。[68] 否则,将会形成一种"无物之所有权"(dominium sine re)的法律构造,而其法律后果也是很尴尬的:某人是某物的所有人,但却不能行使权利以对抗他人对该物的侵占。是否以及在什么情况下,长期占有该物之人的利益会胜于原所有权人的利益,或换言之,是否以及在什么情况下,公共利益会要求"维持现状":对此问题需要做出统一的回答。通过有关取得时效(acquisitive prescription, Ersitzung)的规定(《德国民法典》第 935 条第 2 款,以及第 937 条以下),民法典以完全令人满意的方式给出了答案。所有人对占有人的回复请求权受到时效的其他威胁是,主要所保护的是那些不值得法律予以保护的人。[69] 这里需要指出,很有意思的是,在"二战"期间遗失画卷返还案中,联邦德国认为时效与公共秩序是相互冲突的。[70]

新《德国民法典》第 197 条第 1 款规定的适用 30 年特别时效期间的请求权不仅包括基于所有权或其他物权而产生的返还请求权(第 1 项),还包括"亲属法和继承法上的请求权"(第 2 项),以

---

[67] 参阅上文,注释 38 之下。

[68] 皮特斯、齐默曼(注释 6):第 186 页、第 287 页、第 346 页以下。

[69] 参阅泽尔(Kurt Siehr):"解约返还请求权的时效",载《法政杂志》,2001 年;阿姆布鲁斯特(Christian Armbrüster):"私法上的请求权与国外文化遗产返还",载《新法学周刊》,2001 年,第 3586 页以下。

[70] 参阅曼泽尔(注释 26),第 368 页以下;泽尔:"所有物返还请求权的时效?英国法院中的德国时效法",载卡尔(Michael H. Carl)、古特勒(Herbert Güttler)、泽尔主编:《法院中的艺术品盗窃:格萨市诉索塞比》,2001 年,第 78 页以下。

及具有诉讼既判力(为法院判决所确认)的请求权(第3项)。就第2项而言,根据民法典第四编亲属法和第五编继承法中特别时效规则的有关规定,[71]新规则的起草者并没有进一步明确这一规定还将适用于哪些请求权[72]。他们没有采纳有关建议对这些特殊
133 规则进行整理,以尽可能地在这些不同的法律领域实现统一。[73]起草者们也并不认为30年期间对于第2项中的系列请求权过于漫长,譬如遗产分割请求权即为例证。[74]就第3项来看,30年期间并不符合国际要求。《欧洲合同法原则》第14:202条规定的时效期间为10年,而这与很多既有国家的法律体系相一致。考虑到1980年英国时效法案规定的时效期间为6年,[75]英国法律委员会甚至建议,对于这些请求权应将3年的普通时效期间(从知悉时

---

[71] 参见《德国民法典》第1302条、第1378条第4款、第1390条第3款第1项、第2287条第2款、第2232条。

第1302条,自婚约解除时期,第1298条至第1301条规定的请求权经过两年完成时效。

第1378条第4款,均衡债权的时效期间为3年,自配偶一方知悉夫妻财产制终止时起算。但自夫妻财产制结束后,至迟于30年,时效期间完成。如果夫妻财产制因配偶一方死亡而停止,那么还应适用特留份请求权时效期间的有关规则。

第1390条第3款第1项,均衡债权人对第三人的请求权在夫妻财产制结束后,经过3年完成时效期间。

第2287条第2款,合同继承人针对前款受赠人而享有的不当得利返还请求权,自遗产权属转移时起经过3年完成时效期间。

[72] 关于继承法上请求权的详细情况,可参阅勒尼西(Martin Löhnig):"德国民法典第5编规定的一般请求权的时效",载《继承法与财产继承杂志》,2004年,第276页以下。

[73] 皮特斯、齐默曼(注释6),第330页以下(参考1980年时的法律地位)。

[74] 参见齐默曼、黎嫩、曼泽尔、恩斯特,载《法学家报》,2001年,第694页;皮肯·布洛克(注释26),第327页以下。

[75] 《1980年英国时效法案》,第24条。

开始起算)[76]改为10年,如此才是一个合理的妥协方案。[77]

## 五、给付不一致责任

### (一)买卖法

新《德国民法典》第438、634a条中规定的特别时效期间具有相当大的实践意义。它们涉及的是买卖合同[78]或承揽合同中债务给付不一致责任的请求权。关于买卖合同,旧法中三年普通期间已经被削减为两年。[79] 然而,更为重要的是,该两年的时效期间被确定为客观期间:从买卖标的物的交付之日开始起算。在债务给付不一致责任中,特别时效制度的唯一正当性基础就在于,其对于卖方限制或防范风险是必要的。[80] 在德国,这特别适用于非因卖方过错而发生补充给付、解除和减价等救济情形。然而,这一时效期间并不适用于损害赔偿请求权(Schadensersatz-ansprüche)这一特别制度。根据德国法,在发现买卖标的物具有瑕疵时,需要根据过错原则合理分配风险负担。短期时效这一特殊法律设置不仅没 134
有必要,反而还会消解合理分配风险负担规则的法律效果。[81] 当然,也不可能仅仅是由于之后发现的标的物瑕疵与卖方过错有关,就认为由侵害买方身体、健康或财产安全的卖方承担风险会更好。

---

[76] 法律委员会,第270号(注释20),第155页。接受咨询的80%的机构和个人都赞成这一提案。

[77] 有关比较分析,参阅《比较基础》(注释5),第112页以下;兰多、克莱夫、普律姆、齐默曼(注释1),第167页。

[78] 参阅上文第三章。

[79] 有关批评(从消费者保护的角度),参阅威灵格曼(注释26),第19页以下、第43页(作者认为,商业部门的强力干预才导致了这些变化)。

[80] 比较,尤其是黎嫩的文章:"《德国民法典》第477条:时效,还是风险分担?",1997年;作者同前,载《法学家报》,2001年,第553页以下,及其更多参考资料。总括性比较分析,参阅旦科(注释17)第3部分,第202页以下;比较施瓦策:《欧洲货物买卖中的物之瑕疵担保责任》,2000年,第492页以下。

[81] 有关经济分析可参阅埃顿缪勒,2001年,载《法学家报》,第285页。

一种情形是,卖方理应知道标的物之瑕疵,并应保护相对人免受瑕疵损害;另一情形是,卖方本应保护合同相对人,但却因过失以其他方式侵害了合同相对方。两种情形相比,前者并不值得给予更多保护。[82] 实质上,其他的也都将是"完全荒谬的"。[83]

新法起草者依然采纳了这一方案,而限制其实际影响的唯一可能是将间接损失赔偿请求排除在新《德国民法典》第438条规定的时效制度之外。实际上,已有学者提到了这一点。[84] 标的物自身损失与间接损失之间错综复杂的区分,在旧法中就已经导致了难以解决的问题,[85]这些难题也同样将以这样或那样的方式贯穿于新法之中。[86] 即使除此之外,还有其他一些因隐蔽瑕疵损害赔偿之特别规则引起的区分难题也将一直存在。[87] 譬如,瑕疵是

---

[82] 参阅黎嫩,载《法学家报》,2001年,第552页以下;齐默曼、黎嫩、曼泽尔、恩斯特,载《法学家报》,2001年,第690页;恩斯特(注释60),第584页以下。

[83] 卡纳里斯:"债法现代化法案中的一般给付障碍法",载《法政杂志》,2001年,第336页。

[84] 卡纳里斯,载《法政杂志》,2001年,第335页以下;比较瓦格纳:"新债法中的瑕疵损害与瑕疵结果损害?",载《法学家报》,2002年,第479页以下;吕思曼:"债法现代化之后的瑕疵损害与瑕疵结果损害",载《法律与风险:科尔霍泽尔纪念文集》,2004年,第571页以下;相反观点,参阅曼泽尔:"时效法重整",载《新法学周刊》,2002年,第95页;福斯特,载巴姆伯格、罗斯主编:《民法典评注》第1卷,2003年,第438条(注释9)。

[85] 参阅乌里希·胡博报告和讨论的有关论辩,载《祖尔格尔:民法典》第3卷,第12版,1991年,索引第463条,注释21以下;皮特斯、齐默曼(注释6),第202以下;英语评述,参阅齐默曼(注释6),第168页以下。

[86] 比较参阅上文第58页及下一页。

[87] 比较参阅,譬如,芬克瑙尔(注释26),第308页以下。正如在其他很多情形一样,并没有说明决定的理由(除了一个没有什么意义的评论外,其将各种有关承担不履行责任的请求权归于不同的时效制度:"债法现代化草案说明",卡纳里斯(注释9),第841页)。参阅海因里希斯,载《业务顾问》,2001年,第1423页;作者同前,载《法学家报》,2001年,第561页;对海因里希斯观点的批评分析,参阅齐默曼、黎嫩、曼泽尔、恩斯特,载《法学家报》,2001年,第690页。

否只与买卖标的物具有独立功能的部件相关，抑或与整体标的物相关（在前一情形，即部分相关，如果标的物此后因瑕疵则遭受损害，那么就可以主张侵权请求权，并受普通时效期间限制）；[88]买方 135
的义务违反是否与瑕疵相关；[89]以及，卖方在合同订立前的协商过程中没有披露标的物的情形或因过失做出虚假声明，这些情形是否应适用缔约过失责任请求权。[90] 由于新法中的时效期间不再如旧法那样过于分化（往往是在 6 个月或 30 年之间选择），这些问题的严重性已经被降低了，但并未消除。

走出本国，观察一些与我们关系密切的其他国家的法律制度，必将有利于德国法的发展。如其他所有欧盟成员国一样，奥地利

---

[88] 《联邦最高法院民事裁判汇编》第 67 卷，第 359 页以下；哈格尔，载《施陶丁格民法典评论》第 13 版，1999 年，第 823 条，注释 B105 以下；梅迪库斯：《民法》第 20 版，2004 年，注释 650b；有关比较讨论，参阅盖泽尔：《物质损害赔偿与产品》，2003 年，参阅上文第 94 页。关于新法，参阅福斯特（注释 84）第 437 条，注释 188 以下；恩斯特，载《德国民法典慕尼黑评注》卷 2a，第 4 版，2003 年，第 280 条，注释 78。如果采纳曼泽尔的提案就可以避免这一问题，载《债法律师评注》，2002 年，第 195 条，注释 50 以下。曼泽尔建议将民法典第 437 条第 3 款适用于侵权请求权，只要其与第 437 条第 2 款规定的损害赔偿请求权一致。然而，这与请求权竞合规则是相悖的（关于这一点参阅上文第 93 页。）

[89] 《联邦最高法院民事裁判汇编》第 107 卷，第 249 页以下，其中的情形仍然存在问题；参阅梅迪库斯（注释 88），第 329 页以下；齐默曼、黎嫩、曼泽尔、恩斯特，载《法学家报》，2001 年，第 692 页。

[90] 《联邦最高法院民事裁判汇编》第 60 卷，第 319 页以下；参阅黎嫩，载《法学家报》，2001 年，第 555 页以下；齐默曼、黎嫩、曼泽尔、恩斯特，载《法学家报》，2001 年，第 691 页以下；埃默里希："买卖、租赁中的保证责任问题"，载《联邦合同法——当前的问题：霍恩泽尔纪念文集》，2002 年，第 209 页以下。

也需要在2002年1月1日前实施《消费品买卖指令》。[91]《奥地利一般民法典》的新规定,即第933条确立了一个客观的特别时效制度,该条仅涉及《奥地利一般民法典》第932条规定的请求权,譬如维修、重换、减价和合同解除。另一方面,第933a条规定的损害赔偿请求权则受第1489条规定的普通时效期间限制(3年,自知悉侵害人及损害事实之日起算)。[92]

136 (二)承揽合同

旧法中,对于因承揽合同工作物的隐蔽瑕疵所产生请求权的时效期间,相关问题尤为棘手。[93] 旧民法典第638条规定的6个月特别时效期间或第195条规定的30年普通时效期间,两者在适用选择上的不确定性很成问题。在新民法典第634a条之前曾有

---

[91] 相关概览,参阅朱得:"消费品买卖指令在奥地利的实施",载恩斯特、齐默曼(注释28),第743页以下;维尔塞、朱得,载《新履行保证责任简评》,2001年;格鲁伯:"消费品买卖指令在奥地利的实施",载舍尔迈尔主编:《欧洲的消费品买卖》,2003年,第153页以下;曼泽尔:"欧洲买卖法改革与德国给付障碍法教义",载《民法实务档案》,2004年第204卷,第396页以下。

[92] 根据《奥地利一般民法典》第933a条第2款的规定,第1298条规定的举证责任倒置限于10年。《欧洲合同法原则》没有有关不履行责任请求权的特别规定,因此也就不需要就这些请求权的时效期间做出规定。根据《欧洲合同法原则》第9:303条第1项,受害方在对方不履行债务时享有的一般解除权以通知对方的方式行使。通知在当事人知道或应当知道债务不履行后的合理期间内发出。第9:401规定了减价的一般权利。其不受时效期间的限制。如果买受人受领了瑕疵标的物,在卖方要求付款时买方可以主张减价。付款请求权受普通时效期间规则调整。如果买方已经支付了全价,而事后要求返还减价款项(《欧洲合同法原则》第9:401条第2款),这属于不当得利请求权,该请求权受普通时效规则规范。

[93] 比较皮特斯、齐默曼(注释6),第206页以下;斯普劳(Hartwig Sprau),载《帕兰特民法典》第60版,2001年,第633条前言,注释22以下;皮特斯,载《施陶丁格民法典评注》,2000年修订版,第635条,注释46以下;英语概述,参阅齐默曼(注释6),第164页以下。承揽合同(民法典第631条第2款界定该合同的客体是"工作物或对物的改善,或者是其他劳务成果或提供服务")是共同法中劳务出租或雇佣合同(*locatio conductio operis*)在当代的对应物。

冗长复杂的讨论。在议会审议债法改革草案的过程中,政府草案在这方面至少遭到了五点批评;之后,司法部完全重新构建了这一规则。然而,对政府草案第634a条的批评仍然存在。[94] 直截了当地说,可以认为,特别适用于承揽合同给付不一致责任的时效制度已经不存在了。因为,新民法典第634a条做了这样的一个区分,即承揽工作成果为制作、维护或改善某物,或提供计划或监督服务的情形,以及其他承揽工作的情形。与买卖法的规定一样,第一种情形适用两年的时效期间,自定作人接受承揽工作成果之日起算(但如果承揽工作为建筑工程以及为建筑工程提供计划或监督服务时,时效为5年,也自接受承揽工作成果之日起算)。[95] 第二种
情形适用第634a条第1款第3项规定的普通时效期间,并按照主 137
观因素计算时效期间的开始,因此承揽人完全没有机会受益于关于给付不一致责任的特别时效制度。结果是,第二种情形中的承揽人与第一种情形中出卖人恶意隐瞒标的物瑕疵时一样,请求权的时效期间都按照普通时效的方式计算(新《德国民法典》第634a条第3款)。

新《德国民法典》第634a条的规定对于承诺制作、维护或改善某物或者承诺提供计划或监督服务的承揽人过于宽容,因为根

---

[94] 下列所述观点来自于齐默曼、黎嫩、曼泽尔、恩斯特,载《法学家报》,2001年,第690页以下。

[95] 民法典第634a条第1款和第2款。第634a条区分两种不同情况的结果是,法院在解释旧民法第638条中的“建筑物”时依然面临着区分问题。参阅皮特斯、齐默曼(注释26),第197页以下;皮特斯,载《施陶丁格》(注释93)第638条,注释36以下;齐默曼(注释6),第168页。这些问题没有获得解决,只是转移了,在最后一刻增加了几句话,即“工作成果体现为提供计划或监督服务”。

据客观因素计算的这一特别时效规则也适用于损害赔偿请求权。[96] 然而,另外,新的时效规则模式对其他所有情形下的承揽人太过有利,因为即使对那些不以过错为基础的救济措施(如补充给付、解除和减价),客观时效制度利益也被排除了。在债法改革工作小组中,一部分成员认为应将买卖合同与承揽合同同等对待排除区分问题,而另一部分成员(尤其是来自联邦最高法院的代表)则更担心承揽合同与服务合同难以区分的问题,而最终看来,《德国民法典》第634a条实际上正是两者之间相互妥协的结果。[97] 当然,令人尴尬的是,却又不得不在买卖合同与承揽合同之间、承揽合同与服务合同之间进行划分,而这仅仅是为了判断请求权是否已过时效。[98] 但是,承揽合同内部不同类型之承揽的划分可能不会太棘手。第634a条第3款中有关欺诈的规定可以成为一个安全阀,以缓解第634a条第1款第1项规定的短期时效期间造成的压力。[99]

138 六、时效的开始

(一)主观制度之实施

在债法改革政府草案公布后,时效的开始规则也被彻底修订。

---

[96] 包括针对所有的被称为瑕疵结果损害(间接损失)的请求权。改变已经为旧法时的法院确认的法律地位是必要和明智的,但其中的原因尚未得到说明。实际上这已经将风险恰当地由承揽人承担了;参阅恩斯特(注释60),第583页以下;黎嫩,载《法学家报》,2001年,第556页;齐默曼、黎嫩、曼泽尔、恩斯特,载《法学家报》,2001年,第690页。

[97] 普通时效制度适用于民法典第611条以下规定的服务合同:在此不存在针对债务不履行的特别责任制度。在承揽合同与服务合同之间的区分问题,参阅斯普劳,载《帕兰特 民法典》第64版,2005年,注释8、18以下,以及在旧法中,参阅皮特斯、齐默曼(注释6),第200页以下。

[98] 参阅《比较基础》(注释5),第80页以下。

[99] 参阅恩斯特(注释60),第584页;黎嫩,载《法学家报》,2001年,第556页;齐默曼、黎嫩、曼泽尔、恩斯特,载《法学家报》,2001年,第692页。

这些修订并不仅仅是一些编辑上的处理。然而，一个关键问题没有改变：主观制度被限定于普通时效期间，[100]而对于非受普通时效期间限制的其他请求权则选择适用客观制度。[101] 客观制度，即意味着时效期间自该请求权产生时即开始，当然这并不适用于普通时效期间（新民法典第200条）。尽管这一规定奇怪曲折，但与之前政府草案中迷宫式的规定相比，关于普通时效期间之开始的新规则在结构上更为清晰。[102] 然而，从实质上看，针对政府草案提出的很多批评，至今仍然有效。尤其是对知悉规则的体系制度安排而言，更是如此。根据民法典第199条第1款第2项的规定，知悉规则决定时效期间的开始，[103]而根据《欧洲合同法原则》第14:301条，知悉规则用于判断时效中止。由于诸多原因，《欧洲合同法原则》的规定更为合理：

1. 如果债权人对债务人提起诉讼，他必须证明该请求权的行使条件已获满足。该请求权没有经过时效，就是条件之一。时效具有消极防御性。如果债务人提出时效抗辩，那么他就必须证明抗辩的条件成就。当然，最为核心的条件就是，限制该请求权的时效期间已经完成。而时效期间是否完成，又取决于时效开始的期日。如果自知悉之日开始，那么在很多情形下，债务人将面临着不合理的难题。原因是，对债权人房屋的损害、对债权人人身的伤害、瑕疵交付的后果等是否被合理知悉，或债权人是否可能早已经

---

[100] 《德国民法典》第199条第1款（普通时效期间将在该年度终止时开始：(1)请求权产生；并且(2)债权人知悉请求权产生的事由、债务人的身份；或者要不是债权人的重大过失，他即应当知道上述要素）。

[101] 《德国民法典》第200条（除非另行规定了开始期日，对于不受普通时效约束的请求权，时效期间从请求权产生时开始。第199条第5款准用于此种情形）。

[102] 参阅齐默曼、黎嫩、曼泽尔、恩斯特，载《法学家报》，2001年，第688页。

[103] 比较《国际商事合同通则》第10.2条[(1)一般时效期间为3年，自债权人知道或应该知道导致其能够行使权利的事实之日的次日起计算。(2)任何情况下最长时效期间为10年，自能够行使权利之日的次日起计算]。

知悉,这都是债权人所控制的事情,通常是无法为债务人所了解
139 的。[104] 而且,总体来说,考虑到可能产生的请求权的总体情形,债权人通常会在请求权产生的条件成就时,就已经了解到他的请求权;至少,可以合理地期待他了解。例外地,如果债权人并不知悉,那就应由他提出,并进行证明以说服法院。如果时效期间的开始并不以知悉为条件,而是以债权人能够合理知悉请求权作为时效期间的延期事由,这就更加明显了:根据一般原则,时效期间的中止或延期通常必须由债权人予以证明。

2. 时效的计算方式极大地简化了时效制度结构。与《德国民法典》相反,《欧洲合同法原则》并不需要为其他独立的时效期间,设置与普通时效(normal period)不同的起算期日。3 年时效期间,作为唯一的普通时效期间(general period)很简单地适用时效开始的一般规则。[105] 此外,《欧洲合同法原则》还规定,时效期间被延长(extend)最长不得超过 10 年,或对于人身伤害赔偿请求权的时效期间不得超过 30 年。[106]

3. 就最长时效期间来看,两者之间存在重要区别。根据《德国民法典》,10 年及 30 年期间是普通时效期间,适用时效中止

---

[104] 皮特斯、齐默曼(注释 6),第 248、306 页:曼泽尔、施蒂尔纳,载《律师评注》(注释 63),第 199 条,注释 6、9、103。比较罗伯斯特(注释 17),第 112 页;《法律委员会咨询文件》(注释 19),第 398 页(知悉日与原告掌握的信息相关,而不是被告……结果是,与原告证明相比,对于被告来说,证明原告在特定的日期知悉是非常困难和成本很高的)。通常关于时效制度的举证责任,参阅斯皮罗(注释 15),第 359 条以下。

[105] 《欧洲合同法原则》第 14:203 条[(1)普通时效期间从义务人应该履行之日开始,涉及损害赔偿请求权的,则从使请求权产生的行为之日开始。(2)存在持续性义务或不作为义务时,普通时效期间从义务被违反时开始 。(3)第 14:202 条规定的时效期间从判决或仲裁裁决产生既判力,或者其他法律文书可强制执行时开始,尽管是在债务人必须履行日之后]。

[106] 《欧洲合同法原则》第 14:307 条(普通时效期间根据本原则因中止或延期而被延长的,最长不得超过 10 年,在人身伤害赔偿请求权的情形,不得超过 30 年。前一句的规定不适用于根据第 14:302 条中止的情形)。

(suspension)和延期(postponement)的一般规则。[107] 如此,10 年和 30 年并不属于最长的时效期间:还存在可能更长的时效期间。[108] 另一方面,《欧洲合同法原则》第14:307条适用于时效中止或延期所有情形,还包括对同一请求权适用两个或更多时效期间的情形。唯一的例外就是涉及诉讼程序的时效中止规则。[109]《欧洲合同法原则》采取的模式再次证明了这样的观点,即在某个阶段,争议必须被视为已经结束:诉讼因公共利益而结束(*interest rei publicae ut sit finis litium*)。[110]很明显,这在很多情形下都会产生难以解决的问题。另一方面,即使如德国法那样更为宽宥的规则(在权利人看来),对于石棉行业职业病的受害者也是无济于事的,而这一问题在荷兰引起了诸多关注。[111]

---

[107] 《德国民法典》第 199 条第 2 ~ 4 款:

2. 无论请求权何时产生,以及无论是否知道或因重大过失而不知,涉及生命、人身、健康或自由的损害赔偿请求权,自侵害行为、义务违反或其他致损情形发生之日起经过 30 年,时效期间完成。

3. 其他损害赔偿请求权的时效期间在以下情形完成:

(1)无论是否知悉或因重大过失而不知,自请求权产生之日起经过 10 年;以及

(2)无论请求权何时,以及无论是否知道或因重大过失而不知,自侵害行为、义务违反或其他致损情形发生之日起经过 30 年。

以先行结束的时间为准。

4. 无论是否知道或因重大过失而不知,其他非损害赔偿请求权自产生之日起经过 10 年,时效期间完成。

[108] 参阅海因里希斯,载《帕兰特》,第 64 版(注释 66),第 199 条,注释 39;曼泽尔、施蒂尔纳,载《律师评注》(注释 63)第 199 条,注释 64。

[109] 《欧洲合同法原则》第 14:307 条第 2 句。

[110] 参阅《比较基础》(注释 5),第 64 页。

[111] 参阅弗耶(Michael Faure)、哈特列夫(Ton Hardief):"荷兰",载克孜奥尔、斯泰因英格(Barbara C. Steininger)主编:《欧洲侵权法 2001》,2002 年,第 358 页;弗耶、哈特列夫:"荷兰",载克孜奥尔、斯泰因英格主编:《欧洲侵权法 2003》,2004 年,第 280 页以下;科泽尔(Evel ien de Kezel):"隐蔽损害赔偿的时效问题:对石棉损害赔偿请求权特别规定的反思",载《马塞尔 · 斯托姆私法纪念文集》,2004 年,第 107 页以下。

140 4. 如果债权人无法合理知悉他的请求权,那么时效期间就不应开始,这是对一个更为广泛的观念的具体说明:如果债权人无法行使该权利,那么该请求权即不受时效限制(*agree non valenti non currit praescriptio*)。[112] 这也是在不可抗力(*vis maior*)的情形下,时效期间并不开始的原因,[113]以及为什么在当事人丧失行为能力时(incapacity),[114]譬如一项财产没有代理人或继承人的情形,时效期间需要延期的原因。[115] 所有这些障碍情形都会被考虑,以延长时效期间。因此,对于不知情(ignorance)也同样应该如此处理。

(二)合理知悉;不作为义务

《欧洲合同法原则》第 14:203、14:301 条的规定 * 与民法典第 199 条其他方面的规定相比,也有一定的优越性。对于不知悉情形的时效中止,第 14:301 条关注的是合理知悉(Reasonable discoverability)问题。根据民法典第 199 条,如果没有重大过失,债权人应当已经知悉(请求权的产生事由以及债务人的身份)。这里的重大过失,[116]意味着潜在的债权人有义务弄清自己是否享有请求权。然而,这样的义务并不总是有道理的,尤其是涉及侵权损害赔偿请求权时,更是如此。[117] 而且,《欧洲合同法原则》第

---

[112] 《比较基础》(注释 5),第 132 页以下。

[113] 下文"八.(二)超出债权人控制范围的障碍"。

[114] 下文"八.(四)亲密人身关系与无行为能力"。

[115] 下文"八.(六)遗产,履行拒绝权"。

* 《欧洲合同法原则》第 14:301 条,只要债权人不知道或无法合理知道(1)债务人的身份,或(2)请求权产生的事由,在涉及损害赔偿请求权时,包括损害赔偿的类型。——译者注

[116] 有关详细分析,参阅在当下的情况下,赖德哈默(Markus Riedhammer):《知悉,重大过失与时效》,2004 年。

[117] 齐默曼、黎嫩、曼泽尔、恩斯特,载《法学家报》,2001 年,第 687 页;曼泽尔、施蒂尔纳,载《律师评注》(注释 63)第 199 条,注释 57;相反的,参阅皮肯布洛克(注释 26),第 325 页。

14:301条第1款对知悉规则的界定比德国民法典第199条关于重大过失的规定要更为精确（“包括损害赔偿请求权所涉及的损害赔偿类型”）。[118] 对于涉及不作为义务的时效问题，《欧洲合同法原则》在第14:203(2)条中的规定也比民法典第199条的规定更为恰当。德国法规则（如果一方当事人有权要求另一方不做某事，那么即以违反该不作为义务之日替代请求权产生之日）只是说明了一些显而易见的事（请求权产生之日或可行使之日都不适合作为时效的开始时间，因为在债务人违反义务之前，债权人的请求权就已经产生而且可以行使；而且在义务违反之前，债权人通常没有 141
任何理由起诉债务人而使时效期间停止）；但却又未能解决该种情形下最重要的问题，譬如存在持续性不作为义务的情况下，时效期间在第一次违反行为时即行开始，还是每有一次新的违反行为，即再次开始。[119]

（三）可行使日（due date）

通过与《欧洲合同法原则》第14:203条的比较，也可以发现，民法典第199条的规定没有必要如此复杂。就损害赔偿请求权而言，时效自作为请求权产生事由的行为发生之日起算。[120]《欧洲合同法原则》第14:203条第1款和民法典第199条第2、3款都规定了这一点，尽管根据民法典，第199条第2、3款只适用于长期时效期间，且该时效期间的开始与债权人是否知悉或应当知悉债务人的身份及请求权产生事由无关（但是根据《欧洲合同法原则》，这是经延期后的最长时效期间，即30年期间）。然而，对于短期的

---

[118] 有关评论，参阅齐默曼、黎嫩、曼泽尔、恩斯特，《法学家报》，2001年，第687页以下；比较参阅《比较基础》（注释5），第148页以下。

[119] 《欧洲合同法原则》第14:302条第2款采取后一种方案。比较参阅齐默曼、黎嫩、曼泽尔、恩斯特，载《法学家报》，2001年，第688页；《比较基础》（注释5），第150页以下。

[120] 相关的政策因素，参阅《比较基础》（注释5），第109页以下。

普通时效期间也能够且应该如此,因为知悉规则可以充分保护债权人。除损害赔偿请求权外这种规范可以增加所有其他类型请求权的优势,可行使日(due date)能够成为时效期间开始的相关时日;这符合基本原则,即只要债权人可以通过诉讼(或启动仲裁程序)强制执行其请求权,那么时效期间就应该开始起算。[121] 这也是旧民法典第198条第1款(关注的是请求权产生之日)被理解为涉及可行使日的原因;[122]所有的改革草案,从作为改革委员会报告的"皮特斯\齐默曼草案"到"政府草案",都曾特别提出要在新法中明确这一点。奇怪的是,在最后的修订议案中却提出,"请求权产生之日"比"可行使日"能更为清晰地传达法律意图。[123] 然而,实
142 际上恰恰相反。为支持该修订议案而另外提出的另外唯一一个论据是,可行使日会在损害赔偿请求权方面引发问题[124](因为可行使日往往取决于损害的发生)。而这一顾虑,对于《欧洲合同法原则》第14:203条的规范方式来说是不存在的。

(四)德国法的其他特点

新民法典第199条第3款复杂的双轨式规范也同样是毫无必要的。[125] 根据该规则,不受民法典第199条第2款规范的其他损害赔偿请求权(譬如,所有非因侵害生命、身体完整、健康或自由而产生的损害赔偿请求权)的时效期间完成的条件为:(1)不问债权人是否知悉或因重大过失而不知,自请求权产生时起经过10

---

[121] 参见《欧洲合同法原则》第14:203条第1款,《国际商事合同通则》第10.2条第2款;参阅《比较基础》(注释5),第105页以下(参考资料)。

[122] 皮特斯、齐默曼(注释6),第172页以下;皮特斯,载《施陶丁格民法典评注》第13版,1995年,(注释1)以下。新法中也将采取相同的观点:譬如参阅曼泽尔、施蒂尔纳,载《律师评注》(注释63)第199条,注释17。

[123] "委员会报告",载卡纳里斯(注释9),第1070页。

[124] "委员会报告",载卡纳里斯(注释9),第1070页。

[125] "委员会报告",载卡纳里斯(注释9),第1070页。

年,以及(2)不问请求权何时产生,以及不问债权人是否知悉或因重大过失而不知,自义务违反行为或其他致害行为发生时起经过30年。民法典第199条第3款第2项还补充规定,先行完成的期间优先适用。让最长时效期间自作为请求权产生事由的行为发生时开始,这是完全而充分的。考虑到比较证据,民法典第199条第3款第2项规定,非因侵害生命、身体完整、健康或自由而产生的其他损害赔偿请求权的时效期间为30年,这有点太长了,[126]似乎10年期间更为合适。[127]

新德国法的另一个重要变化是,关于时效期间开始的规定,这
是在政府草案公布之后被悄悄塞进去的。由于国务委员会并不打
算予以说明,因此很难弄清楚到底是谁推动了这一变化。[128] 普通
时效期间的开始并不在于,请求权产生之日,以及债权人知悉请求
权的产生事由以及债务人的身份,或如果不是重大过失就应当知
悉这些情形之日,而是从上述情形发生当年年度终止时开始。[129]
基于时效期间的制度目的,以年度终止为核心的这一规则为旧民 143
法典的起草者所采纳,并适用于很多有关提供服务和交付货物的
请求权。[130] 这曾是德国法的一个特色,但其他司法制度对此却并

---

[126] 参阅《比较基础》(注释5),第99页以下。

[127] 当然,假如一法律制度在这种情形下对人身伤害与其他损害进行了区分。《欧洲合同法原则》第14:307条和英国法律委员会的建议[法律委员会第270号,(注释20),第65页以下;然而,法律委员会并没有就人身伤害赔偿请求权规定任何最长期间(long stop)]表明,这与一种普遍接受的观点一致。相反的,参阅《比较基础》(注释5),第101页以下;《国际商事合同通则》第10.2条第2款;皮肯·布洛克(注释26),第321页;威灵格曼(注释26),第24页。

[128] 参阅曼泽尔、施蒂尔纳,载《律师评注》(注释63),第199条(注释10)(其中提到法学界的要求)。

[129] 《德国民法典》第199条第1款。

[130] 旧《德国民法典》第201条(第196、197条所列举的请求权的时效,自根据第198条至第200条规定的时刻届至之年的年终开始计算。如果须在超过这一时刻的一定期间届满后始得请求履行时,时效自该期间届满之年的年终开始计算)。

不怎么感兴趣。[131] 新法没有遵循已经被欧洲普遍接受的规则模式,也没有仅仅维持旧法中的规则,而是将既有规则一般化,使其适用于普通时效期间。[132] 在一定程度上,这是值得肯定的,因为对于应适用年度终止规则的这类请求权而言,任何孤立某一特定类型请求权的企图都肯定会引发区分方面的难题。然而,同时,可以肯定地说,新民法典第 199 条第 1 款的一般化规则适用于很多类型的请求权,这与民法典第 201 条所依据的原理是相悖的,当然该原理本身也是有一定疑问的。[133] 民法典第 199 条第 1 款的唯一动机就是索然无味地提到的"实际利益"(对债权人请求权而言)。[134] 对该规则所能够提出的(和已经提出)批评可谓一字不差。[135]

**七、时效期间的重新开始**

对时效期间计算最为严重的干扰,就是被称为"中断"(interruption)的情形,现在《欧洲合同法原则》和《德国民法典》都称为时效期间的"重新开始"(renewal)。时效期间重新开始仅在两种情形具有正当性:债务人承认(acknowledgment)债权人的请求权,以及债权人有效采取或申请执行行为。[136]《德国民法典》第 212 条有效地反映了旧法的规定,并与《欧洲合同法原则》第

---

[131] 但请参阅《希腊民法典》第 253 条。

[132] 自《德国民法典》第 199 条开始。

[133] "理由说明",载马格旦主编:《帝国民法典资料汇编》,1899 年第 1 款,第 522 页以下;有关评论参阅《比较基础》(注释 5),第 152 页以下。

[134] "委员会报告",载卡纳里斯(注释 9),第 1069 页;有关评论参阅格洛特,载《慕尼黑评注》(注释 55)第 199 条(注释 40);曼泽尔、施蒂尔纳,载《律师评注》(注释 63)第 199 条(注释 10)以下。政府草案的理由说明书对该规则提出了激烈批评:"债法现代化法案草案说明",载卡纳里斯(注释 9),第 606 页。

[135] 斯皮罗(注释 15)第 125 条;皮特斯、齐默曼(注释 6)第 247 条;《比较基础》(注释 5),第 152 页以下;威灵格曼(注释 26),第 28 页以下;并参阅上一注释。

[136] 有关背景,参阅《比较基础》(注释 5),第 124 页以下。

14:401条[137]以下的规定相对应。然而，深入比较就会发现德国法规范不可靠的一面，譬如承认判决确定的请求权即可以重新启动一个新的30年时效期间（民法典第197条第1款第3项，并结合212条第1款第1项）。根据《欧洲合同法原则》第14:401条第2款，重新开始的只是普通时效期间，即使最初适用于该请求权的是《欧洲合同法原则》第14:202条为判决确定之请求权所规定的10年时效期间。然而，在后一种情形，这肯定不会缩短已经开始的 144
10年期间。《欧洲合同法原则》的规定似乎更为可取。债权人可以基于债务人的承认，而不提起诉讼。然而，在这两个方面，根据承认所涉及的请求权的性质，债权人的法律地位都不会发生变化。是债务人的承认，而不是最初的请求权，决定相应的法律规范之适用。

## 八、时效经过的中止和延期

### （一）裁判及其他程序

根据旧法，启动关于某一请求权的法律程序即产生时效期间中断的法律效果。[138] 该种情形现在已经被降至为时效期间的中止事由。这看起来更为恰当，并且也与《欧洲合同法原则》第14:302

---

[137] 《欧洲合同法原则》第14:401条，（1）如果债务人通过部分偿付、偿付利息、设定担保或其他任何形式承认债权人的请求权，时效期间即重新开始。（2）新开始的时效为普通时效期间，无论 原来的请求权时效属于普通时效期间还是第14:202条规定的10年期间。然而，在后一种情形中，本条的适用不能缩短10年的时效期间。

* 《欧洲合同法原则》第14:402条，债权人就执行措施而采取的任何合理努力（reasonable attempt）都导致第14:202条规定的10年时效期间重新开始。——译者注

[138] 《德国民法典》第209条以下。有关批评，参阅皮特斯、齐默曼（注释6）第260页以下、第308页；《最终报告》（注释23），第83页以下。

条的规定一致。[139] 中止一直持续到做出判决为止，而且该判决应该是有既判力（the effect of *res judicata*）的终局裁判，或者是持续到该案被驳回。在这一点上，新德国法的规定也与《欧洲合同法原则》第14:302条第2款规定的制度一致。然而，有一个区别是，《德国民法典》第204条第2款授予债权人额外6个月的期间，以再次提起诉讼。[140] 这特别涉及这样的情形，即最初的诉讼由于程序原因而被撤销或被驳回（譬如诉讼程序虽然结束但并没有就诉争请求权做出裁判），以及原时效期间只有很短的时间剩余。然而，与债权人开始就没有提起诉讼的情形相比，没有什么合理的理由可以把债权人置于一个更有利的情形。[141] 因此，这也再次表明，

---

[139] 对时效期间计算停止（在英国法的情况，参阅麦克基，《时效期间 *Limitation Periods*》第3版，1998年，注释2001以下；或许国际贸易法委员会时效公约第13条也是如此）、中断（所有以罗马法为基础进行法典编纂的国家都采取这一模式）和中止等各种可行制度选择的比较分析和评价，参阅《比较基础》（注释5），第122页以下；比较参阅《国际商事合同通则》第10.5条。

《国际商事合同通则》第10.5条，因司法程序而中止（1）时效期间在以下情况下中止计算：a）通过启动司法程序或者在已经启动的司法程序中，债权人采取被法院认可的债权人向债务人主张其权利的任何行为；b）在债务人破产的情况下，债权人在破产程序中主张其权利；c）在债务人实体进入解散程序的情况下，债权人在解散程序中主张其权利。（2）时效中止持续至终局判决做出之时或以其他方式终止程序之时。

《欧洲合同法原则》第14:302条：（1）请求权的时效期间自关于该请求权的诉讼程序开始时中止。（2）中止持续到做出有既判力的裁判或案件被驳回。（3）经适当调整，前述规定可适用于仲裁程序和所有为获得如判决那样具有强制执行力之法律文书的其他程序。

[140] 其他很多地区的法律都规定了一个相似的额外期间。这一期间从6天（瑞士债务法第139条）到1年（国际贸易法委员会时效公约第17条第2款）长短不一。《比较基础》（注释5），第122页以下。

《德国民法典》第204条第2款，在第1款规定的中止情形持续到诉讼程序做出终局裁判或以其他方式停止后6个月。如果由于当事人的不作为而使程序停止的，以当事人、法院或其他受理机构在程序中实施最后行为之日起算，而非程序停止之日。当事人一方再次申请该程序的，中止即重新开始。

[141] 参阅《最终报告》（注释23），第86页。

《欧洲合同法原则》中的规则似乎更为可取。

还有其他一些措施与诉讼开始一样对于已经开始的时效期间 145
具有同等效力，新《德国民法典》第209条已经将这些措施现代化了。然而，为了精简相关规定，新法的起草者们偶尔也会遇到新的问题。根据旧民法典第220条，有关诉讼程序对已经开始的时效期间之影响的规则也适用于仲裁程序，当然这需要经过必要的修正(*mutatis mutandis*)。[142] 新民法典第204条在第1款第11项明确了这一点，即仲裁程序的开始也导致时效期间中止(如向普通法院提起诉讼一样，第1项)。在普通法院的诉讼中主张相互抵销，也具有使时效期间中止的法律效力(《德国民法典》第204条第1款第5项)，但是民法典却没有对仲裁程序中的抵销做出明确规定。当然，《德国民法典》第204条第1款第5项可以而且也应该类推适用(*per anaLo O'iam*)于仲裁程序中的抵销，[143]但是很明显地(也很典型)，对努力澄清法律的这一偶然后果并未引起人们的注意。[144]

(二)超出债权人控制的障碍

必须给予债权人以公平的机会行使请求权：否则，这样的时效期间规则将过于苛刻。[145] 然而，如果债权人没有行使根本就无法

---

[142] 旧《德国民法典》第220条与第209条第1款和第2款第3项相结合。

[143] 科纳(Hans-Clemens Kohne)、兰格纳(Soren D. Langner)："论国际仲裁程序中反诉的强制执行"，《国际经济法》，2003年，第365页；温德托尔斯特(Jan Erik Windthorst)："论仲裁程序申请(《德国民事程序法》第1032条第2项)对时效的影响"，载《仲裁杂志》，2004年，第230页以下。

[144] 政府草案的理由说明书中含有较为隐秘的说明，指出新法不应仅仅规定类推适用为了避免不确定性而向普通法院起诉的规则，即认为仲裁程序中的情形相当于起诉："债法现代化法案草案说明"，载卡纳里斯(注释9)，第635页。

[145] 参阅《比较基础》(注释5)，第78页以下(注意这样的事实，即失权(verwirkung)总是时效的内在要素：如果债权人坐享权利而不行使，那么他即以某种方式违背了诚实信用)。

行使的请求权,那么他就不应因不行使请求权而遭受谴责,即对于无法行使之请求权,时效并不开始(*agere non valenti non currit praescriptio*)。[146] 这也是不可抗力(*force majeure*)在过去以及现在总是被认为是时效中止事由的原因之一:旧《德国民法典》第203条,新民法典第206条。尽管《欧洲合同法原则》的起草人对导致时效中止之障碍的界定方式稍有不同,但实际上德国法的规定与
146 《欧洲合同法原则》第14:303条的规定是一致的;[147]这需要与第8:108条的规定方式相联系,该条规范了债务不履行的免责情形("存在超出债权人控制的障碍,以及无法合理期待债权人予以避免或克服")。新《德国民法典》第206条和《欧洲合同法原则》第14:303条都试图限制该规则对已经开始的时效期间的影响。而实际上,如果起诉障碍在时效期间结束前已经完全消除,那么再延长时效期间就难以令人信服了。根据《欧洲合同法原则》第14:303条,"如果在时效期间的最后六个月出现或持续存在时效障碍",那么该障碍就产生时效期间中止的效力。"只要在时效期

---

[146] 详细参阅《比较基础》(注释5),第132页以下。

[147] 比较参阅国际贸易法委员会《时效公约》第21条;《国际商事合同通则》第10.8条。有关比较概述,参阅《比较基础》(注释5),第129页以下;兰多、克莱夫、普律姆、齐默曼(注释1),第185页。

《国际货物销售时效期间公约》第21条,由于债权人无法控制且不能避免、不能克服的情形,导致债权人无法使时效期间停止的,时效应该予以延长,以免时效期间在相关情形停止存在后1年内完成。

《德国民法典》第206条,只要债权人在时效期间的最后6个月以内,因不可抗力无法行使权利,时效期间即中止。

《欧洲合同法原则》第14:303条:(1)要债权人因自己无法控制且无法合理期待他能避免或克服的障碍无法行使请求权的,时效期间即中止;(2)只要障碍出现或持续存在至时效期间的最后6个月,则适用第1款的规定。

《国际商事合同通则》第10.8条第1款规定,如果债权人因其无法控制、无法避免,也无法克服的障碍,不能根据前述条款阻止时效期间的计算,则一般时效期间中止计算,使其不会在相关障碍消失之后1年内届满。

间的最后6个月,债权人的权利行使因不可抗力而受到阻碍”,那么《德国民法典》第206条就会中止已经开始的时效期间。如此,根据德国法,因不可抗力而可能使时效期间中止的最长期间是6个月。[148] 然而,这可能太短了:譬如发生债权人被绑架的情形,就是一个很明显的例子。[149]

(三)协商谈判

当事人之间在法院之外通过协商谈判达成和解协议,这是值得鼓励的。但如果面临请求权时效即将开始的压力,那么协商便不可能进行。不能让协商成为针对债权人的陷阱。就请求权或请求权产生事由进行协商,并以此协商作为时效期间的中止事由,这一观点在德国获得了相当大的支持,甚至在债法现代化之前就已如此。[150] 这一点为很多具体规定所肯定,最为重要的是旧《德国民
法典》第852条第2款关于侵权请求权的规定。[151] 最终,这些规定 147
都被认为是诚实信用原则的体现(《德国民法典》第242条),[152]法院通常借助诚实信用原则支持那些缺乏具体规范基础的请求权。《德国民法典》第203条和《欧洲合同法原则》第14:304条中规定

---

[148] 皮特斯,载《施陶丁格民法典评注》,2004年修订版,第206条,注释2。有关更为合理的解释,参阅曼泽尔、巴德茨基维克兹,载《德国民法典律师评注》,2005年第1卷,第206条,注释16。

[149] 国际贸易法委员会时效公约规定(第21条),时效期间“应该予以延长,在相关情形停止存在之日起1年内不会完成”。因此,债权人被有效地授予了1年的最短时间,在此期间内他必须行使自己的请求权。但是这一规定超越了保护债权人合理利益的必要;比较参阅《比较基础》(注释5),第250页以下、第317页。

[150] 譬如,参阅《联邦最高法院民事裁判汇编》第93卷,第64页;皮特斯、齐默曼(注释6),第250页以下、第317页。

[151] 比较参阅旧《德国民法典》第651g条第2款第3项、第639条第2款。

[152] 譬如,参阅斯泰恩(Ursula Stein),载《民法典慕尼黑评注》第5卷,第3版,1997年,第852条,(注释67);舍佛(Karl Schäfer),载《施陶丁格民法典评注》第12版,1986年,第852条,(注释116)以下。

了关于协商的一般规则。[153] 就该两项规定进行比较,会发现两点区别:(1)根据民法典第 203 条,时效期间中止,“除非其中一方当事人拒绝继续协商”。这一规则没有充分考虑到协商可能只是慢慢停止的可能性。如此,就可能存在时效期间被无限期中止的危险。[154] 这就是《欧洲合同法原则》第 14:304 条以协商过程中当事人的最后沟通行为为中心的原因。(2)尽管德国法将协商作为时效期间的中止事由,但《欧洲合同法原则》第 14:304 条则规定为时效期间的延期。《欧洲合同法原则》借此试图使协商对时效的影响最小化。一旦协商失败,债权人并不需要一个合理的最短期间以决定是否提起诉讼,鉴于该事实,《欧洲合同法原则》的处理方式似乎是恰当的。或许在第一个 3 年的时效期间内,当事人已经连续几周或几个月在就该请求权进行协商,但如果仅仅因为这一点而延长时效期间,并无正当理由。如果如德国法那样考虑到所有的协商,而不仅仅是在时效期间结束前之临界范围内进行的协商,这会使时效观念遭受毫无必要的破坏。[155]

---

[153] 其他大部分国家的法律制度中并没有这类规定。但其中只有很少国家愿意允许债务人“通过协商使自己进入时效”。详细参阅有关个案研究,载齐默曼、维塔克主编:《欧洲合同法中的诚实信用原则》2000 年,第 493 页以下,以及在第 530 页以下的比较评价;比较参阅《比较基础》(注释 5),第 142 页以下。

《德国民法典》第 203 条,权利人与义务人就请求权或请求权产生事由进行协商的,请求权的时效期间中止,直到其中一方拒绝协商。中止结束后至少 3 个月后,时效期间才会完成。

《欧洲合同法原则》第 14:304 条:当事人就请求权或请求权的产生事由进行协商的,自最后协商沟通行为后 1 年内,时效期间不完成。

[154] 关于德国法院在适用旧《德国民法典》第 852 条第 2 款时如何解决这一问题的资料,参阅斯泰恩,载《慕尼黑评注》(注释 151),第 852 条,注释 69。关于新法,参阅曼泽尔、巴德茨基维兹,载《律师评注》(注释 147),第 203 条,注释 39、49 以下(证明责任)。

[155] 参阅《比较基础》(注释 5),第 144 页以下;齐默曼、黎嫩、曼泽尔、恩斯特,载《法学家报》,2001 年,第 695 页以下。

(四)亲密人身关系与行为能力丧失

上段行文中提出了一个关于时效制度的重要的一般性问题。众所周知,在民法传统的各法域中,时效中止是一个由时间决定的法律机制。[156] 中止实际上使时效期间延长了一段特定时间:时效中止的间隔时间并不计算在时效期间内。[157] 时效完成的延期(*Postponement of expiry*),也同样具有延长[158]时效期间一段特定时间的效力。在时效延期时,时效期间继续计算,只是在特定的额外期间完成后,时效期间才能完成。时效延期这一法律机制是很晚近的产物(最早出现在 1794 年普鲁士法典中),但作为对时效期间的一项温和的干预形式却很快获得了国际上的认可。在德国,德语表达为不完成(*Ablaufhemmung*),[159]新荷兰民法典中所用术语为时效的延长(*verlenging van de verjaring*),其已经完全替代了传统的时效中止这一概念(*schorsing*)。[160] 尽管《欧洲合同法原则》并没有走那么远,没有以时效延期代替时效中止,但却仍然试图仅在对保护债权人是绝对必要时才干预时效期间的计算。因此,尽管存有疑问,他们更愿意采纳时效延期,而不是中止。比较《欧洲合同法原则》第14:304条与《德国民法典》第 203 条的规定(譬如关

148

---

[156] 譬如参见《法国民法典》第 2251 条;《奥地利一般民法典》第 1494 条以下;旧《德国民法典》第 202 条以下;《希腊民法典》第 255 条以下;《意大利民法典》第 2941 条以下。共同法中习惯于说时效休眠(*praescriptio dormit*)了,温德沙伊德、基普:《潘德克顿教科书》,第 9 版,1906 年,第 109 条。

[157] 《德国民法典》第 209 条特别规定了这一点,相当于旧民法典第 205 条。

[158] 如《欧洲合同法原则》一样,本章中使用了"延长 extension"一词,与"重新开始 renewal"形成对比。时效期间可以通过中止或延期而延长;参阅兰多、克莱夫、普律姆、齐默曼(注释 1),第 174 页;《比较基础》(注释 5),第 138 页以下。

[159] 参阅"理由说明",载马格旦(注释 133),第 528 页;斯皮罗(注释 15),第 87 条以下。

[160] 参阅《荷兰民法典》第 3:302 条以下;哈特卡姆普,《阿赛尔德国民法典应用手册:债法》,卷 1,第 12 版,2004 年,注释 682;库普曼(注释 17),第 83 页以下。一般地,参阅旦科(注释 17),第 193 页以下。

于协商对时效期间之影响的规则),对比《欧洲合同法原则》第14:305条第2款与《德国民法典》第207条,都可以发现这一点是显而易见的。后两项规定都规范了无行为能力当事人(当事人因丧失能力而无法照顾自己的事务)与其法定代理人之间的请求权。在这种情形下,时效延期是更为恰当的解决方案。[161] 民法典第207条还规定配偶之间、生活伴侣之间的请求权,在结婚或生活伙伴关系存续期间,请求权的时效期间中止。[162] 民法典第207条所规范的请求权都有一个共同的基础,就是家庭关系,以原民法典
149 起草者的旧式语言来说,其构成了一种极其微妙的虔敬关系。[163]然而,这样一种规则,在今天看来并不那么合乎情理。[164] 它只是在地毯下面进行清理,而没有根本解决问题。如果配偶一方死亡,那么死亡配偶的异议继承人会提出,另一方配偶的请求权在正常情况下很多年以前就已经完成时效期间了,对此享有请求权的配偶不应感到有任何意外。同样的,离婚也是如此。婚姻具有使长期失效的请求权不再受法律保护的效力:这一结果可能会被认为带有

---

[161] 《比较基础》(注释5),第137页。《欧洲合同法原则》第14:305条第2款规定,"无行为能力人与其法定代理人之间请求权的时效期间在无行为能力人恢复行为能力或确定新法定代理人后1年内都不会完成。"根据《德国民法典》第207条第1款第2项和第3项,父母与子女之间或父母一方的配偶与该方子女之间请求权的时效在子女未成年期间中止;监护人与被监护人之间的请求权时效在监护关系存续期间中止。这同样也适用于无行为能力人与其照管人之间存在请求权的情形(法律上的照管,《德国民法典》第1896条以下;保佐,第1909条以下):参阅第207条第1款第4、5项。

[162] 有关其他国家的法律制度,参阅比较基础(注释5),第139页;兰多、克莱夫、普律姆、齐默曼(注释1),第192页。关于生活伴侣这一概念(譬如同性恋登记为婚姻关系),参阅《生活伴侣法案》,载《联邦法律公报》2001年2月16日,第266页。

[163] "理由说明",载马格旦(注释133),第531页。

[164] 皮特斯,载《施陶丁格》(注释147)第207条,注释2;《比较基础》(注释5),第139页以下;兰多、克莱夫、普律姆、齐默曼(注释1),第190页。

歧视性。[165] 在另一方面，如果有人认为配偶之间时效中止的规则原理是明智的，那么就很难弄清，为什么这一规则不能进一步一般化，扩展适用于其他所有在同一家庭中共同生活而具有亲密关系的人。[166] 以上种种考虑促使《欧洲合同法原则》第14:305条的起草人将其限定于行为能力丧失的问题。[167] 很明显地，《欧洲合同法原则》第14:305条第2款并不适用于无行为能力人及其法定代理人相互之间的亲密关系，而是适用于当事人丧失行为能力因此无法通过起诉阻止时效期间计算的情形。[168] 时效期间是否中止或是否延期完成，如果德国法和《欧洲合同法原则》在这一点上存在分歧，那么它们至少会认为中止或延期都适用于：无行为能力人对其法定代理人享有的请求权和法定代理人对无行为能力人享有的请求权。[169]

《德国民法典》第207条和《欧洲合同法原则》第14:305条第2款的规定都必须辅之以关于无法定代理人之无行为能力人的规定。民法典第210条和《欧洲合同法原则》第14:305条第1款规定，对于无法定代理人的无行为能力人，在行为能力恢复或确定新

---

[165] 皮特斯，载《施陶丁格》（注释147）第207条，注释2。

[166] 通常参阅斯皮罗："时效与生活共同体"，载《弗里德里希·威廉姆·博施纪念文集》，1976年，第975页以下；比较参阅曼泽尔、巴德茨基维兹，载《律师评注》（注释147）第207条，注释21以下。

[167] 《国际商事合同通则》中的规定也同样如此，尽管通则第10.8条第2款的规定与《欧洲合同法原则》第14:305条的规定不同；有关比较评论，参阅齐默曼，载《欧洲私法杂志》，2005年第13期，第282页以下。

[168] 皮特斯，载《施陶丁格》（注释147）第204条，注释3。有关比较评论参阅《比较基础》（注释5），第135页；兰多、克莱夫、普律姆、齐默曼（注释1），第191页。根据法国法和英国法，对于无行为能力人，时效不会计算：《法国民法典》第2252条第一部分；英国，《1980年时效法案》，第28条。

[169] 《比较基础》（注释5），第137页；兰多、克莱夫、普律姆、齐默曼（注释1），第189页。

150 代理人后的特定时间内,时效期间并不完成。[170] 因此,德国法在此情形中也规定了时效期间完成的延期。[171] 然而,间隔时间只有6个月,而《欧洲合同法原则》规定的是1年。

(五)性侵犯

德国法的创新是民法典第208条的规定:因侵犯性自主权而产生之请求权的时效中止。[172] 这一条规定最初规定在"讨论草案"的修订稿中,被谨慎地称为粗略稿。政府草案中也依然只是一个简略的规定。[173] 之后为了加强对遭受性侵犯的未成年人的保护,这一条文被进一步修改。然而,最初针对草案规定提出的关键性反对意见,对于现在民法典第208条依然存在:这一规定没有以刑法的相关规则作为规范起点。[174] 如此,时效期间的中止并不取决于是否违反了保护性自主权的规定,而是(在有关时效问题的法院裁决中)请求权是否因侵犯性自主权而产生。这意味着,时效中止规则的适用范围模糊不清。[175] 进一步地,与民法典第207条和第210条规定的制度相反,未成年人获得了全面保护,无论该未成年人是否有法定代理人从而可以请求损害赔偿。然而,与其他

---

[170] 对处理该问题各种方式的比较概述和评价,参阅《比较基础》(注释5),第134页以下。

[171] 民法典第210条与《欧洲合同法原则》第14:305条的规定相互一致,因为两者都认为时效期间的计算可以有利也可以不利于无行为能力人;参阅《比较基础》(注释5),第136页以下;兰多、克莱夫、普律姆、齐默曼(注释1),第189页。这与旧民法典第206条形成对比。

[172] 时效将中止,直到性自主权被侵犯的受害人年满21岁。

[173] 有关批评,参阅齐默曼、黎嫩、曼泽尔、恩斯特,载《法学家报》,2001年,第696页以下。

[174] 在这一点上,其与《荷兰民法典》第3:310条的规定不同(1994年加入民法典)。对于因对未成年人性侵犯产生的损害赔偿请求权及其时效问题的讨论,包括新法和旧法,参阅拜杜恩(Elke Beduhn):《对未成年人性侵犯的损害赔偿》,2004年,第283页以下。

[175] 对此提出批评的还有格洛特,载《慕尼黑评注》(注释55)第208条,注释4。

对未成年人的身体侵犯和虐待的情形相比,为什么因侵犯性自主权而产生的请求权保护会更强呢?这也尚不清晰。[176] 最后,不能令人满意的是,根据民法典第208条,该请求权在很长时间之后仍 151
然可以提出主张。[177] 在很多案件中,公正的审判总是会考虑到被告的合法利益,而如今这几乎已经不再可能。在我们的讨论中,重要且需要记住,对于一般时效法仍然有效的是:如果法律想要为债

---

[176] 对此提出批评的还有曼泽尔、巴德茨基维兹,载《律师评注》(注释147)第208条,注释8。因此,英国法律委员会提议对两种情形适用同一制度;与人身伤害相比,性侵犯并没有出现什么问题需要特别处理:法律委员会第270号(注释20),第103页以下(然而,法律委员会提议,在人身伤害的情形授予法院以自由裁量权决定是否使用三年时效期间;并提议不适用最长期间。在笔者看来,这一规定并不适于德国法)。但请参阅欧洲人权法院在斯塔宾格诉英联邦(*Stubbings v. United Kingdom*)案中的附带意见(*obiter dictum*),1997,23,《欧洲人权报告》第213(234)页:"近些年,人们逐渐意识到由于虐童及其对受害人的心理精神伤害所引发的系列问题,欧洲理事会成员国可以对诉讼时效规则进行修改,尽快为这类请求权人做出特别规定。"

[177] 下列情形是可以想见的。一个未成年人,出生于1970年11月10日,在1974年11月到1977年10月之间,她一直受到她父亲的性侵犯。如果适用新法,她的请求权时效将一直中止,直到她年满21周岁(1991年):《德国民法典》第208条第1款。如果该名受害人一直与她的父母共同生活在同一家庭之中,直到她年满30周岁,如此时效期间将会中止更长时间:《德国民法典》第208条第2款。如此,只有到2000年年底,3年的时效期间才开始计算(《德国民法典》第195条,结合第209条)。如果受害人因童年的经历而遭受精神创伤,或者如果受害人没有在她的童年经历和后来生活中遭受的身体或精神痛苦之间确立因果联系[譬如,参阅格尔斯任布里斯(Patty Gersrenblith),"美国",载霍恩第乌斯主编:《消灭时效:论诉讼时效限制》,1995年,第362页以下;穆里斯(Alastair C. L. Mullis):"与侵犯复合?上议院、儿童性侵犯和时效期间",载《医事法评论》1997年第5期,第24页以下],这可能导致3年的时效期间将在30年、40年,甚至50年中完成。这样民法典第199条第2款规定的3年时效期间就变得相关了。时效期间从性侵犯行为之日(1974~1977年)开始起算,因此至少将在2007年10月完成。但是由于这涉及时效期间(而不是时效延长的最长期间),民法典第203条规定的各种时效中止事由都应推定适用。3年的时效期间只有从2000年11月10日才会开始,相应的请求权时效只会到2030年11月10日。到那时,受害人都已经60岁了,而法院需要确认的事实发生于53年前。(有意思的是,请比较前文注释19后的译者注中的例子。——译者注)

务人提供便宜以击败缺乏正当性的权利,那么即使具有充分正当性的请求权也可能被击败,这是该法律制度的必然代价。[178]当然,尤其是对于民法典第 208 条所规定的请求权,自然的正义感肯定会反对这样的观点,即时效制度可能会剥夺性侵犯受害人所享有的具有充分正当性的请求权。但厌恶感不应模糊这样的事实:时间流逝,很多年过去了,法律纠纷越来越模糊不清,而极可能产生不公正。毕竟,也不是所有对性侵犯的指控都具有充分正当性。

另一方面,对民法典第 208 条的另一种批评性评价也需要予以考虑。即使把年龄提高到 21 岁,并在本国增加相关规定,[179]新法的起草者也依然无法改变这样的事实,即很多时候,在性侵犯受害人能够行使权利前时效期间就已经完成。作为受害人,她可能
152 很清楚(譬如)她的父亲或叔父在她年满 21 岁之前侵犯了她,她可能不再和她的父亲或叔父在同一家庭生活。然而,由于精神或心理上的依赖关系,很多年来,她都无法起诉请求损害赔偿。[180] 因

[178] 参阅《比较基础》(注释 5),第 63 页以下、第 76 页以下。

[179] “当时效期间开始时,如果性自主权受到侵害的损害赔偿请求权人仍然与债务人共同生活于一个家庭共同关系中,那么时效就会中止,直到该共同关系结束”。

[180] 参阅 1998 年 10 月 23 日 *Hooge Raad* 案的判决,载《荷兰法学》,2000 年,第 15 页,由于合理与公平(《荷兰民法典》第 6:2 条)的原因,《荷兰民法典》第 3:310 条规定的时效期间并不适用:由于侵害行为人在精神心理上的优势,而使受害人没有起诉(在此案件中,侵权人是受害人的姐夫,并且也是受害人的雇主;但他们并没有共同生活在一个家庭共同关系中)。受害人提起诉讼时,她已经 34 岁了。

此,民法典第 208 条只是意愿良好,但却思虑不够周全。[181] 欧洲合同法委员会也承认,在目前的情况下,不可能全面考虑到所有相关问题,但因此,委员会在现阶段不会就目前所能够想到的情形进行仓促的立法试验。[182]

(六)遗产;给付拒绝权

《德国民法典》第 211 条[183]和《欧洲合同法原则》第 14:306 条都规定了关于遗产之请求权的时效完成延期问题。两者的规定大体一致;对此不应感到奇怪,因为《欧洲合同法原则》第 14:306 条正是受到了德国法的启发而制定的。[184] 然而,在期间选择的问题也还存在一个区别,一旦诉争请求权具有可强制执行性(德国法规定为 6 个月,《欧洲合同法原则》为 1 年),那么债权人(譬如,遗产的继承人或执行人,或者向遗产继承人或执行人主张请求权的人)即可自主决定提起诉讼。《欧洲合同法原则》中没有与《德国民法典》第 205 条对应的规定。[185] 鉴于民法典第 212 条第 1 款第 1

---

[181] 对新德国法规则的批评,比较参阅拜杜恩(注释 173),第 361 页以下。比较性评论,参阅霍恩第乌斯,"一般报告",载霍恩第乌斯(注释 17),第 9 页以下;"法律委员会咨询文件"(注释 19),第 294 页以下。关于荷兰,除了刚才提到的情形,参阅 1998 年 10 月 23 日 *Hooge Raad* 案,载《荷兰法学》,2000 年,第 16 页;关于英国,参阅穆里斯的文章(注释 176)。美国相关的案例资料,参阅耶尔斯特恩波利斯(Gerstenblith)(注释 176),第 361 页以下;帕特赖特(David F. Partlett)、努尔考穆伯(Barry Nurcombe):"童年遭受性侵犯的恢复记忆与责任:比较背景下的社会、科学和法律",载《心理学、公共政策和法律》,1998 年,第 1274 页以下。

[182] 兰多、克莱夫、普律姆、齐默曼(注释 1),第 189 页以下。

[183] 与旧民法典第 211 条相比,这一规定并没有实质性的变化。

[184] 《比较基础》(注释 5),第 141 页;兰多、克莱夫、普律姆、齐默曼(注释 1),第 192 页。

[185] 第 205 条,只要债务人根据其与债权人的协议拒绝履行,那么时效即中止。

项和《欧洲合同法原则》第 14:401 条第 1 款[186]的规定,205 条的规定并没有独立的实践意义。

153 **九、时效的法律效力**

时效的法律后果在《德国民法典》和《欧洲合同法原则》中基本上是一样的。时效并不使请求权消灭(这也是消灭时效的说法不合适的原因),[187]而只是授予债务人以拒绝履行的权利。[188] 为偿还请求权而已经履行的给付则不能仅仅因为履行前时效期间已经完成而请求返还;[189]《欧洲合同法原则》第 14:501 条第 2 项明确地规定了这一点,《德国民法典》第 214 条第 2 款也意在规定同样的规则。[190] 对于从给付请求权时效的效力,《德国民法典》第 217 条和《欧洲合同法原则》第 14:502 条的规定一致,它们只不过是以不同的方式规定了相同的观念。[191] 根据新民法典第 215 条,只要首次可以提出抵销时时效期间还没有完成,时效就不会排除抵销。新法继续维持了旧民法典第 390 条第 2 款的规定,而忽略了对该

---

[186] 因"承认"(请求权)而使时效中断重新计算;参阅皮特斯、齐默曼(注释 6),第 253 页以下,第 308 页;比较参阅《最终报告》(注释 23),第 88 页;曼泽尔、巴德茨基维兹,载《律师评注》(注释 147),第 205 条,注释 2 以下。

[187] 参阅上文注释 4。

[188] 旧民法典第 222 条第 1 款,新民法典第 214 条第 1 款,《欧洲合同法原则》第 14:501 条。比较和相关的政策因素讨论,参阅《比较基础》(注释 5),第 72 页以下;比较参阅《德国民法典历史批评评注》、赫尔曼(注释 6),第 194 ~ 225 条,"时效"注释 23 以下,以及《国际商事合同通则》第 10.9 条第 1、2 款。

[189] 可以根据其他一些情形再次主张:参见皮特斯,载《施陶丁格》(注释 147),第 214 条,注释 35;兰多、克莱夫、普律姆、齐默曼(注释 1),第 203 页。

[190] 为偿付已经过时效的债权而做出的履行,不得请求返还,即使履行时不知道请求权时效已经完成。相关比较参阅旦科(注释 17),第 49 页以下;《比较基础》(注释 5),第 73 页、第 154 页以下;兰多、克莱夫、普律姆、齐默曼(注释 1),第 204 页;以及参见《国际商事合同通则》第 10.11 条。

[191] 从请求权时效期间的完成不应迟于主请求权的时效;《比较基础》(注释 5),第 157 页以下;兰多、克莱夫、普律姆、齐默曼(注释 1),第 205 页。

条提出的批评。[192]《欧洲合同法原则》第 14:503 条的规定不同:时效期间已经完成的请求权,依然可以抵销,除非债务人已经提出或在接到抵销通知后两个月内提出时效完成。与德国法一样,《欧洲合同法原则》中规定的抵销权必须以通知另一方当事人的形式行使。[193] 然而,与德国法不同的是,抵销通知并不具有溯及力。[194] 154
这恰好可以对《欧洲合同法原则》第 14:503 条的规定作出解释。[195]《欧洲合同法原则》没有涉及债务人或第三人为请求权设定担保物权时的时效效力问题。[196] 原因是《欧洲合同法原则》将自己限定于债法范畴。新德国法第 216 条与旧法第 223 条的规定一致,即时效完成并不影响债权人的担保物权;此外,其还特别的将该规则扩展到一些情形,即根据旧法保留那些为法院确认的权利。[197] 需反复强调的是,对于新民法典第 216 条的价值基础仍有疑问存在。[198]

---

[192] 皮特斯、齐默曼(注释 6),第 266 页;拜德林斯基(Peter Bydlinski):"时效已完成之请求权的抵销:真的不需要改变?",载《民法实务档案》(1996)16,第 193 页以下;《比较基础》(注释 5),第 73 页、第 160 页以下。

[193] 《欧洲合同法原则》第 13:104 条。

[194] 《欧洲合同法原则》第 13:106 条;参阅《比较基础》(注释 5),第 36 页以下;齐默曼:《罗马法、现代法、欧洲法:目前的民法传统》,2001 年,第 118 页以下;皮克纳兹(Pascal Pichonnaz):《损害赔偿:非传统赔偿方式的历史与比较分析》,2001 年,第 638 页以下。

[195] 比较《国际商事合同通则》第 10.10 条;有关评论,参阅齐默曼,载《欧洲私法杂志》2005 年第 13 期,第 283 页。

[196] 关于从属担保权的命运,参阅旦科的比较分析(注释 17),第 55 页以下。

[197] 比较,譬如,海因里希斯,载《帕兰特民法学》,第 60 版,2001 年,第 233 条,注释 8。

[198] 哈勃沙克(Mathias Habersack),载恩斯特、齐默曼(注释 28),第 427 页;曼泽尔(注释 26),第 402、427 页;齐默曼、黎嫩、曼泽尔和恩斯特,载《法学家报》,2001 年,第 697 页以下;曼泽尔、巴德茨基维兹,载《律师评注》(注释 147),第 216 页,注释 3;参阅《比较基础》(注释 5),第 158 页以下。

## 十、协议变更

在什么程度上可以通过协议更改时效呢?民法典第202条对此作出规定,但该条的标题具有误导性,而且存在体系上的错位。"不容许时效协议"具有误导性,因为事实上关于时效的协议基本上是被允许的,尤其是新债法的规定比旧法更为自由。[199] 对于时效协议只有两个限制:(1)在故意或疏忽责任的情形,不允许当事人事先通过协议减轻时效限制(民法典第202条第1款);(2)不允许通过协议延长时效超过30年,30年期间以普通时效期间开始为计算起点(民法典第202条第2款)。民法典第202条第2款规定的最长30年限制与《欧洲合同法原则》第14:601条的规定一致,该规定的正当性基础在于,如果允许当事人有效的排除请求权的时效,将有违公共利益。[200] 关于时效期间的减轻问题,《欧洲合同法原则》比《德国民法典》更为严格:根据第14:203条,时效
155 开始后,禁止当事人协议设定短于1年的时效期间。[201] 这不能不说是令人遗憾的规定。减轻时效的协议越来越广泛的为各国法律制度所确认,而不是继续使时效更加严格。[202] 而且,这也并不违反作为时效制度基础的公共政策考量[203](也不违反对债务人保护的政策因素)。如果不允许当事人通过自主协商达成协议将时效期间确定为6个月或者更短的时间,那就会太过于严厉且又毫无正

---

[199] 根据旧《德国民法典》第225条,时效制度具有单方强制性;但是允许当事人减轻时效,特别是可以缩短法定的时效期间,但却不能加重时效,特别是不能延长法定时效期间。有关比较分析,参阅《比较基础》(注释5),第162页以下;兰多、克莱夫、普律姆、齐默曼(注释1),第208页以下。

[200] 参阅《比较基础》(注释5),第63页以下、第166页。

[201] 《欧洲合同法原则》第14:601条第2款;比较《国际商事合同通则》第10.3条第2款第a项。

[202] 《比较基础》(注释5),第163页;兰多、克莱夫、普律姆、齐默曼(注释1),第209页。

[203] 譬如,参阅哈特卡姆普,《阿赛尔》(注释159)注释678。

当理由地剥夺当事人的自治。[204]

民法典第 202 条被置于第五章时效第一节时效的客体与期间的最后，这容易造成一种错误的印象，认为这一条只规范第 194 ~ 201 条的内容，譬如特别是时效的期间和开始。然而，第 202 条还包括其他有关时效制度问题的协议，譬如时效的中止事由、延期事由或时效的效力。[205]《欧洲合同法原则》第 14:601 条第 1 款允许当事人修改时效的条件，还特别说明，缩短或延长时效的期间是唯一方式。第 14:601 条第 2 款也必须用来确定各种修改时效制度内容的协议中约定的最短和最长期间。

**十一、另一种改革**

《德国民法典施行法》(EGBGB)第 229 条第 6 款中规定了一套复杂的规则，用以规范从旧法到新法的时效制度过渡。新法规定的时效期间短于旧法的规定，新的时效制度适用于 2002 年 1 月 1 日之前就已产生的请求权，尽管时效从 2002 年 1 月 1 日才开始计算。[206] 新的普通时效期间为 3 年，这就意味着 2004 年 12 月 31 日是过渡期间特别重要的期日。[207] 然而，到那时，德国议会将已经 156
颁行另外一项重要的改革立法：2004 年 12 月 9 日《债法现代化法案时效期间调整法》(时效调整法案)，该法将于 2004 年 12 月 15

---

[204] 当然，必须对干预时效制度的一般交易条款仔细审查。消费品买卖指令中的不公平条款为此提供了必要的机制；参阅《最终报告》(注释 23)，第 100 页；《欧洲合同法原则》第 4:110 条。

[205] 齐默曼、黎嫩、曼泽尔和恩斯特，载《法学家报》，2001 年，第 698 页。对新德国法中关于时效协议的一般论述，参阅拉基斯(Panajotta Lakkis)："论新德国法上的时效协议"，载《民法实务档案》，2003 年第 203 卷，第 763 页以下。

[206] 《德国民法典施行法》第 229 条第 6 款第 4 项第 1 点。有关过渡规则的详细情况，参阅曼泽尔、巴德茨基维兹(注释 26)，第 253 页以下；曼泽尔、巴德茨基维兹，载《律师评注》(注释 147)；《德国民法典施行法》第 229 条第 6 款。

[207] 坎德勒哈德(Ronald Kandelhard)，载《新法学周刊》，2005 年，第 630 页以下。

日生效。[208]《时效调整法案》是为了处理债法现代化法案没有处理的改革过程中的一个重要问题。德国民法典之外,大量的单行法也有关于时效的规定,这些单行法通常与民法典的规定不同,而且相互之间缺乏协调。这一状况十分令人不满,并使德国时效法错综复杂,因此亟须改革。联邦最高法院被迫采用一些难以成立的理论,譬如在专家责任诉讼中,为了保护客户的律师、税务师以及会计师免受《联邦律师准则》第 51b 条、《税务顾问法案》第 68 条以及《会计条例》第 51a 条中的时效规则的影响,就是非常著名的例子。[209] 1981 年皮特斯和齐默曼就已经列出接近 80 项法规,并进一步研究分析这些法规在多大程度上能够与他们提出新普通时效制度相一致。[210] 在很多情形下,债法修订所需要做的就是废除那些关于时效的特别规定;因为普遍赞同的是,民法典总则部分的时效规则不仅适用于民法典的其他四编的规定,而且还类推适用于

[208] 《联邦法律公报》2004 年第 1 卷,第 3214 页。有关评论,参阅曼泽尔、巴德茨基维兹:"时效调整法案:新时效(Verjährungsfristen),特别是律师责任和公司法",载《新法学周刊》,2005 年,第 321 页以下;格拜尔(Frank Michael Goebe):《新时效》,2005 年,第 19 页以下。

[209] 这些时效期间曾经遵循客观制度,譬如时效开始起算但并不问这些专业人士的客户是否了解或知悉。法院试图通过解释"二级损害赔偿请求权"来缓解这些规定的严厉情形:律师、税务师、会计师应在其客户对自己享有损害赔偿请求权以及该请求权的时效状况通知其客户。如果他没有通知,那么他即应该对其客户负责,其客户将如同被通知一样,即仍可以对其请求损害赔偿,参阅海因里希斯,载《帕兰特》(注释 196)第 194 条,注释 16 以下;格洛特,载《慕尼黑民法典评注》第 4 版,2001 年,第 194 条,注释 12。法院的主张和理由可以很容易地扩展适用于第三级请求权等,参阅齐默曼:"对律师的二级和三级损害赔偿请求权",载《新法学周刊》,1985 年,第 720 页以下。有学者认为这一法律状况是无法忍受的,参阅海因里希斯,载《帕兰特民法学》第 63 版,2003 年,第 194 条(注释 3)。

[210] 皮特斯、齐默曼(注释 6),第 149 页以下、第 334 页以下。

私法领域所有专门立法中的请求权,除非相关法律另有规定。[211] 157
尽管政府一再承认,需要整理这些迷宫式的特别规则,[212]但却只是在债法现代化颁行之后才开始着手此事。但即使是《时效调整法案》,也顶多只是迈出了第一步,因为该法案只有 19 条关于时效制度的特别规定。[213] 其中一些最为严重的问题得到了解决;尤其是前面提到的关于律师、税务师和会计师的专家责任的三项规定被废除。[214] 对于那些《时效调整法案》没有涉及的时效规定,政府是否含蓄地认为不需要进行改革呢,这一点还不完全清楚,因为调整法案并没有明确列出其已经进行批评检讨的时效法规。[215] 在《德国民法典》内,很多关于时效的特别规定也继续保留了下来。[216]

---

[211] 格洛特,载《慕尼黑评注》(注释 55)第 195 条(注释 11);皮特斯,载《施陶丁格》(注释 147)第 194 条(注释 22);曼泽尔、巴德茨基维兹(注释 26),第 44 页以下;曼泽尔、施蒂尔纳,载《律师评注》(注释 63)第 194 条(注释 10)以下。曼泽尔、巴德茨基维兹:《新法学周刊》,2005 年,第 322 页(也提到时效调整法案的政府理由说明)。然而,曼泽尔认为,在一些个别情形旧法中的 30 年普通时效期间(旧民法典第 195 条)仍应适用:曼泽尔、巴德茨基维兹(注释 26),第 45 页;曼泽尔、施蒂尔纳,载《律师评注》(注释 63)第 194 条(注释 13)以下。关于民法典第 194 条以下的规定在公法领域的适用,参阅格洛特,载《慕尼黑评注》(注释 55)第 195 条,注释 12;皮特斯,《施陶丁格》(注释 147)第 194 条,注释 22;海因里希斯,载《帕兰特》,第 64 版(注释 66)第 195 条(注释 20);但请参阅曼泽尔、施蒂尔纳,载《律师评注》(注释 63)第 194 条,(注释 16)以下。

[212] 譬如,参阅“说明”,载《卡纳里斯》(注释 9),第 591 页。

[213] 2001 年以来债法现代化法案政府草案的理由说明中至少涉及了 80 多部法律法规,含有 130 多条规定,比较曼泽尔、巴德茨基维兹的列单(注释 26),第 43 页以下。

[214] 《德国会计准则》第 51a 条中的特别时效规则已经为另一项于 2004 年 1 月 1 日开始生效的修订法案所废除。关于时效调整法案对这些法规的修改之详细情形,参阅曼泽尔、巴德茨基维兹,载《新法学周刊》,2005 年,第 322 页。

[215] 有关批评,参阅曼泽尔、巴德茨基维兹,载《新法学周刊》,2005 年,第 321 页以下。

[216] 譬如前文注释 72 中所提到的情形(家庭法和继承法)。

一而再地,为规范旧制度到新制度的过渡,一套复杂规则被设计了出来。[217]

## 十二、结论

最终的评价只能是模棱两可的。德国新时效法比旧法和讨论草案有了很大的改进。总的方向是正确的。但是目前立法对于这样一个颇有抱负和非常重要的改革项目来说是否足够了呢?在设计时效制度时,必须牢记,规范方式的连贯一致性是关键问题之一。但德国法对这一问题的关注不足。在2001年上半年,大量的
158 草案被提出。即使2001年5月的政府草案也在几个方面发生了变化,做了大量的改进。然而,另一方面,对各种草案的很多批评都没有得到关注。如此多的建筑师参加了整个建筑过程,很难说德国新时效法这一座大厦是同质的。根本不需要什么预言技能就可以预见到德国时效法将仍然是理论烦扰之源。为解决实践问题和理论冲突,法院和法学文献可以有机会展示他们的创造性。在某种程度上,新时效法还使旧法中发展的一些法律设置得以维持,为此有时不得不确定新的理论界限。这套新规则可以描述为,精神上是"欧洲的",因为其试图贯彻同《欧洲合同法原则》一致的核心制度;而《欧洲合同法原则》的确为《德国民法典》提供了最直接的灵感源泉。然而,两者之间也还存在很多重要的分歧。当然,《德国民法典》的起草者或者是《欧洲合同法原则》的起草者是否找到了解决问题的恰当办法,这是可以争论的。目前的分析表明,在大部分情形中,《欧洲合同法原则》的处理方式更为可取。但无论如何,不幸的是,《德国民法典》的起草者没有时间考虑其他建议,也没有时间对他们的选择动机进行合理说明。这实际上已经降低了德国新时效法对进一步的国际发展产生影响的可能。这样

---

[217] 《德国民法典施行法》第229条第12款;有关评论参阅曼泽尔、巴德茨基维兹,《新法学周刊》,2005年,第324页以下(对过渡制度的合宪性提出质疑)。

的影响应该立基于更合理的论据的说服力：基于理性（ratio）而非意愿（voluntas）。[218]

---

[218] 比较参阅曼泽尔、巴德茨基维兹（注释26），第409页，其中指出，在德国法与欧洲标准不同时，如果这些区别的基础在于批评性讨论，那么考虑到其他地区的选择，就必须在欧洲法律叙述中认真对待。

# 159 第五章　消费合同法与一般合同法

## 一、导论

在此次德国债法改革中，大量有关消费者保护的特别规定被整合到《德国民法典》之中，这比改革的其他任何方面都更加改变了《德国民法典》的面貌。由此，新债法的起草者就须努力协调一般合同法与消费合同法，使两者相融合。本章即对此问题展开讨论。尽管早在1978年的最初改革计划中就列明了这一点，①在之后的德国债法改革委员会纲要中却没有涉及这一问题。②如何完成这一整合呢？在“讨论草案”③之前并没有任何其他草案，也没有详尽的学术讨论可以作为基础。在欧盟方面，并没有任何法令要求将有关消费者保护的特别立法纳入《德国民法典》之中。相反的是，欧洲法自身也面临着一般合同法与消费合同法相互协调的问题。在谋划制定一部更为协调融贯的欧

① 参阅上文第30页及以下1页。
② 参阅上文第32页。
③ 参阅上文第33页。

洲合同法[④]时,这一问题更为突出;同样的,《欧洲合同法原则》[⑤]的起草者们也不得不考虑这一问题,尽管该原则规划了统一合同法的蓝图,但却没有全面考虑所有有关消费合同的欧洲法律(Acquis Communautaire)[⑥]。此方面的争论还在德国一直进行着,相关经 160
验也在不断增加,或许这会有益于欧洲合同法未来的发展。

**二、《德国民法典》初期的自由、平等和社会责任**

(一)对弱势当事人的保护

在合同法过去40年的发展中,无论在德国还是在国际上,其中一个特征就是消费者保护立法的兴起,尤其是那些将要签订或已签订可能或最终的确与自我最佳利益相悖之合同的消费者。但是,对这方面的立法,人们普遍感到不满。最明显的就是协调失

---

④ 欧盟委员会(2003)68,《欧共体官方公报》2003, C 63/1。

⑤ 奥勒·兰多、休·比勒主编:《欧洲合同法原则,第一、二部分》(2000);奥勒·兰多、埃里克·克莱夫、安德烈·普律姆、莱茵哈德·齐默曼主编:《欧洲合同法原则,第三部分》(2003)。有关评论,请参阅莱茵哈德·齐默曼:"欧洲合同法原则:旧法的当代表现、新法的可能基础、欧洲的私法学者",载福斯特、图斯应主编:《超越界限:国际法和比较法视野:海茵·克茨纪念讨论会》,2006年,第133页及以下。

⑥ 这一点不断受到批评;参阅贝斯道,"统一法的复兴:欧洲合同法及其组成",载《法律研究》(*Legal Studies*)1998年第18期,第138页以下;米歇尔:"私法自治与私法法典编纂",载《拉贝尔外国法与国际私法杂志》1998年第62期,第589页;沃尔姆内斯特(Wolfgang Wurmnest):"欧洲私法统一中的共同核心、基本原则、法典编纂,法学国际研究小组的既有原则和方法,",载《欧洲私法杂志》2003年第11期,第729页以下;麦克里茨:"欧洲合同法原则中的消费者保护",载《比较法杂志》2004年第103期,第88页以下;罗斯勒(Hannes Rösler):《欧洲消费合同法》,2004年,第137页以下。

欧洲法律(Acquis Communautaire),此为法文,主要是指欧共体或欧盟机构制定的所有条约、规章和指令以及欧洲法院作出的判决等,此有译为欧共体现行法、欧盟法、欧洲法等。——译者注

当、杂乱无章。[7] 甚者，在消费合同的立法模式与作为《德国民法
典》之基础的法律平等和私人自治这些根本理念[8]之间，会经常存
在一定的紧张关系。同样，对“消费者”这一概念的定义和关注，
161 也受到了批评。[9] 就其自身独特的特征和价值（及其，有人会称
为，意识形态）来看，现代消费者立法是否构成了私法的特殊分支
呢？或许它关注的是需要保护的特定群体或阶层（class）？然而，
消费者并不能构成一个阶层。[10] 只要符合特定的行为角色，任何

---

⑦ 参阅，譬如，贝斯道：“即将形成的欧洲私法中的《德国民法典》：混合法典”，载《民法实务档案》2000 年第 200 期，第 449 页以下；基尔希纳（Christian Kirchner）：“作为欧盟私法现代化指导原则的单一方式”，载格鲁德曼、梅迪库斯、罗兰德主编：《欧洲买卖瑕疵保证法》（2000），第 95 页以下。莫勒斯（Thomas M. J. Möllers）：“民法上的欧洲指令”，载《法学家报》，2002 年，第 121 页以下；普非佛（Thomas Pfeiffer）：“《德国民法典》中的一体化附例”，载恩斯特、齐默曼主编：《民法学与债法改革》，2001 年，第 481 页以下；罗斯勒（注释 6）第 218 页以下。

⑧ 关于《德国民法典》的基础原则，参阅吕克特：“《德国民法典》及其原则：任务、方案与成就”，载施默克尔、吕克特、齐默曼主编：《德国民法典历史批评评注》，2003 年第 1 卷，第 1 条前言，注释 1 以下。

⑨ 参阅，譬如，梅迪库斯：“谁是消费者？”，载《日本法之途：北川善太郎纪念文集》，1992 年，第 471 页以下；德厄尔（Meinrad Dreher）：“消费者——欧洲法和德国法上的歌剧魅影”，载《法学家报》，1997 年，第 167 页以下。在欧洲和德国法中这一问题的讨论，参阅法博（Wolfgang Faber）：“欧盟指令、政府间条约和各国民法及冲突法中对消费者概念的不同界定”，载《欧洲私法杂志》1998 年第 6 期，第 854 页以下；德雷克斯勒（Josef Drexl）：《消费者的经济自决》（1998），第 433 页以下；普非佛：“《德国民法典》第 13 条中的消费者”，载内尔克（Hans Schulte-Nölke）、舒尔策主编：《欧洲法律融合与各国私法》（1999），第 133 页以下；李普根：《告别私法自治：消费品买卖指令的法律强制作用》（2001），第 30 页以下；里森胡博（Karl Riesenhuber）：《欧洲合同法的体系与原则》（2003），第 250 页以下；里梅恩（Oliver Remien）：《合同法强制与欧共体合同的基本自由》（2003），第 238 页以下；罗斯勒（注释 6）第 101 页以下；韦德曼（Wiedenmann）：《欧洲及德国私法上的消费者与消费者概念》（2004），第 134 页以下；海德霍夫（Bettina Heiderhoff）：《欧洲及各国消费合同法的基本结构》（2004），第 238 页以下；莫尔（Jochen Mohr）：“新买卖法和劳动法的效力与消费者概念”，载《民法实务档案》（2004）204，第 670 页以下。

⑩ 梅迪库斯：“结论”，载恩斯特、齐默曼（注释 7），第 607 页。

人都可能是消费者。[11] 只要为其私人目的而购买汽车、书本、一块面包或地毯，那么，缺乏经验的家庭主妇、身无分文的工匠，与家财万贯的经营者或出类拔萃的法学教授一样，都会成为消费者。然而，只有在法律认为存在特定危险的特殊情形下，消费者才会受到保护。因此，很明显地，法律采用了一种类型学方法[12]：其只试图对那些被认为相对于对方处于弱势或不利状态的合同当事人给予保护。

对此，对消费者的现代保护体现了更为广泛的关注。针对合同的不利条款而对弱势方立法保护的传统具有长久的渊源；这可以追溯到借贷的最高利率限制[13]、禁止妇女代表他人的元老院法令（the senatus consultum vellaeanum）[14]以及罗马法上的非常损失规则（the laesio enormis）[15]。中世纪的商业生活中充斥着严禁高利贷[16]以及关于各种商品公平价格（iustum pretium）[17]的诸多规定。公元前 2 世纪早期就颁行了市政官告示（aedilitian eidct），而

---

[11] 关于作为法律后果之起点的"角色"观念，参阅梅迪库斯："论作为法律后果之起点的属性或角色"，载《私法与方法：恩斯特·克拉默（*Ernst A. Kramer*）纪念文集》，2004 年，第 211 页以下。

[12] 达甫（Thomas Duve），载施默克尔、吕克特、齐默曼主编：《民法典历史批评评注》，2003 年第 1 卷，第 1～14 条，第 78 页以下；海德霍夫（注释 9），第 250 页以下；韦德曼（注释 9），第 113 页以下。

[13] 齐默曼：《债法：民法传统的罗马基础》，平装本，1996，第 166 页以下。

[14] 《债法》（注释 13），第 145 页以下。

[15] 《债法》（注释 13），第 259 页以下。

[16] 《债法》（注释 13），第 170 页以下。

[17] 参阅科林本兹（H. Kellenbenz），"限价"，载《德国法律史词典》第 3 卷，1984，cols. 第 1886 页以下。在中世纪和早期近代欧洲通常运用的现代所称的消费者保护机制的设置，一般地参阅舒马赫（Walfgang Schuhmacher）：《历史视野中的消费者与法律》（1981），第 11 页以下。

其实质上就是以我们今天所说的消费者保护为目的的;[18]隐蔽瑕疵
162 之市政官责任的广泛形式后来成为共同法的内容,也特别地影响了欧洲各国的法典编纂。[19]《德国民法典》经常遭受批评,因为其不恰当地忽略了这一(消费者保护)领域,同时还忽略了,用奥托·基尔克的话说,"私法的社会责任"。[20] 有人指出,《德国民法典》乃是以夸张的个人主义和自由、平等的形式主义概念为基础的。[21] 然而,这样的评价并没有全面准确地反映为人们所广泛接受的《德国民法典》的法律立场(legal position)。[22] 当代法律人都很清楚合同自由原则的局限所在。[23] 同时,也须牢记,我们今天所面临的很多问题仅仅才刚开始出现。[24] 而这些问题并不是必须全部由私法解决;即便由私法解决,各自不同的规则也应通过特别立法颁行,而不是通过法典化纳入一般私法中。由此,直到2002年,双轨式

---

⑱ 参阅卡泽尔、克努特尔:《罗马私法》2003,第17版,第270页;雅克布:"偷窃的奴隶、破烂酒吧:物之瑕疵担保责任的罗马法溯源",载舍尔迈尔主编:《欧洲消费者法》,2003年,第27页以下。

⑲ 《债法》(注释13),第311页以下、第319页以下。

⑳ 基尔克:《私法的社会责任》,1889年;比较参阅,譬如,索姆:"第二次审议的德意志帝国民法草案",载(1895)39《格鲁希奥特·百特拉格德国法解释(*Gruchots Beiträge*)》,第747页。

㉑ 维亚克尔:《欧洲私法史》(1995)(托尼·维尔译),第376页以下;茨威格特、克茨:《比较法导论》(1996)第3版,托尼·维尔译,第148页以下。

㉒ 《德国民法典历史批评评注》\吕克特(注释8)第1条前言,注释96;罗斯勒(注释6)第50页以下;莫尔:《民法实务档案》(2004)204,第660页以下。有关综合讨论,参阅李普根,《私法的社会责任》,2001年。

㉓ 参阅,譬如普朗克(Gottlieb Planck):"论《德国民法典》的社会趋向",(1899)4《德国法学家报》,第181页以下;普朗克是最有影响的《德国民法典》起草人之一。进一步的讨论及相关参考资料,参阅李普根(注释22),第24页以下、第68页以下;修订者的观点也为霍佛(Sibylle Hofer)所支持,《无限制的自由?》(2001)。相关比较分析,参阅哈勒普林(Jean-Louis Halperin):"消费者法的历史",载《近代法律史杂志》2001年第23期,第62页以下;有关奥地利的情形,参阅舒马赫(注释17),第34页以下。

㉔ 罗斯勒也强调了这一点,(注释6),第50页以下。

立法向来就是德国私法的一个特征。

(二)经济背景

《德国民法典》颁布于 1896 年,并于 1900 年 1 月生效。从 1874 年第一个“预备”委员会的任命算起,民法典的准备时间长达 22 年之久。[25] 而在当时,德国正开始经历一个急剧变革的时代。新帝国(Reich)的人口从 1871 年的 4100 万,增长到了 1900 年的 5600 万。[26] 越来越多的人迁移到城镇居住。然而在 1871 年,接近 2/3 的德国人仍然居住在乡村,到 1900 年这一数字削减到了不足一半(45.6%)。[27] 另一方面,居住在大城市(超过 100,000 居民) 163
的德国人口从 1871 年的 4.8% 增长到了 1900 年的 16.2%;到 1910 年德国已经有 48 个城市的居民超过 100,000,而在 1871 年则仅有 8 个同样规模的城市。[28] 同时,东西地区之间的移居现象显著;在 1907 年,24% 的出生在普鲁士东北三省的人居住在德国的其他地区,其中有很多人居住在鲁尔矿区。[29] 在 19 世纪最后的 30 年中,德国已经从(主要是)农业社会转化为(主要是)工业社会。例如鲁尔地区的煤炭产量从 1870 年的 11.5 百万吨增长到了 1900 年的 60.1 百万吨。[30] 到 19 世纪末,运输设施和运输负荷量也已经显著提高。在 1880 年,帝国 10% 的资本投资于铁路。[31] 在 1913 年,7024 百万的信函被发送,而相比于 1867 年则只有 269 百

---

[25] 参阅斯托尔特(Stefan Stolte)的列表:“文本综述:《德国民法典》的演化变迁”,载施默克尔、吕克特、齐默曼主编:《德国民法典历史批评评注》第 1 卷,2003 年,第 27 页以下。

[26] 详细参阅,托马斯·尼佩戴(Nipperdey),《德国历史 1866~1918》,第 1 卷,平装本,1998 年,第 9 页以下。

[27] 尼佩戴(注释 26),第 35 页。

[28] 尼佩戴(注释 26),第 34 页。

[29] 尼佩戴(注释 26),第 40 页。

[30] 尼佩戴(注释 26),第 227 页。

[31] 尼佩戴(注释 26),第 260 页。

万封。[32] 电话的发明，极大地提高了交流速度。1881 年只安装了 1400 部电话，而到 1900 年，这一数字已经超过了 100 万部。[33] 在 1870 年之后，国家干预主义开始兴起。同时，这也是经济不平衡发展的时期；尤其是德国统一刺激了众所周知的"基础繁荣"。[34] 但是，这同时也伴随着挫折和衰败，它们尤其凸显出了工业社会的诸多问题。[35] 前所未有的巨大数量的人成为贸易和工业领域的劳工，[36]而他们的生存全都依赖于这些经济部门功能的正常发挥和顺畅发展。为争取更好工作条件而组织工会和罢工成为现代公共生活的特征之一。[37]

（三）几滴社会之油

法律通过许多途径对这些挑战做出回应。或许，最为著名的，是俾斯麦创立的现代社会保障制度，该制度是为了提高工人福利，同时也为了将"四个州"纳入更高一级的政府体制内。[38] 德意志皇帝宣称，提高贫困者的福利是任何政治体最为高贵的任务之一。[39]《德国民法典》的起草者们将保护经济弱势方作为重要的政策目
164 标，并强调法典需要具有社会敏感性。[40] 民法典的很多方面都体现了这些考虑。如此，当然地，民法典中有一些著名的"一般性条款"（general provisions），如第 138、226、242、826 条。这些条款被

---

[32] 尼佩戴（注释 26），第 263 页。

[33] 尼佩戴（注释 26），第 263 页。

[34] 详细参阅尼佩戴（注释 26），第 283 页以下。

[35] 详细参阅尼佩戴（注释 26），第 284、336 页

[36] 详细参阅尼佩戴（注释 26），第 291 页以下。

[37] 参阅尼佩戴（注释 26），第 319 页以下

[38] 尼佩戴（注释 26），第 335 页以下；斯托里斯（Michael Stolleis）：《德国的社会法史》（2003），第 52 页以下。

[39] 1881 年 11 月 17 日德国皇帝的讲话，转引自李普根（注释 22），第 28 页。

[40] 参阅哥特里布·普朗克在帝国议会发言中的引述，转引自李普根（注释 22），第 70 页。

证明极具弹性,可以为民法典的结构注入更多而非少许的社会之油。[41] 但在民法典中也有很多其他条款,而这些条款大多都背离了潘德克顿学派的法律原理:买卖不"破"租赁;[42]出租人对承租人置于出租土地上的物享有法定质权的限制;[43]即使雇员因"个人原因(如生病)"在"非重要时段"无法履行合同,雇主仍需继续支付工资;[44]劳动合同满5年后,雇员即享有法定解除权以保护其免于雇佣时间过长的劳动合同;[45]降低"比例过高"的常规罚金的司法权力;[46]或如果双方约定的利率超过6%,则债务人有权在6个月

---

㊶ 基尔克曾经著名地提出,需要在私法机体中加入一滴社会主义的油(a drop of socialist oil):李普根(注释22),第12页以下。关于"油"的这一比喻的起源(之前俾斯麦也曾使用这一说法),参阅李普根(注释22),第4页;比较参阅李普根:"社会之油是什么,以及在哪里?"载《近代法律史杂志》2000年第22期,第406页以下。对德国民法典第138条和第226条法律适用的历史分析,参阅哈佛卡姆普(Hans-Peter Haferkamp),载施默克尔、吕克特、齐默曼主编:《德国民法典历史批评评注》第1卷,2003年,第138条以及第226~231条。

俾斯麦非常注重社会立法,譬如1883年颁布疾病保险法令、1884年颁布工伤事故保险法、1889年颁行废残和老年保险法等,对此俾斯麦说:在恢复帝国健康的莱料中必须"加几滴社会主义的油"。另外关于基尔克的说法,可参阅克尼佩尔:《法律与历史:论德国民法典的形成与变迁》,朱岩译,法律出版社2003年版,第28页。——译者注

㊷ 旧《德国民法典》第571条(新民法典第566条);参阅《债法》(注释13),第377页以下;李普根(注释22),第231页以下。

㊸ 旧《德国民法典》第559条以下(新民法典第562条以下);有关详细分析,参阅李普根(注释22),第250页以下。

㊹ 《德国民法典》第616条,关于这一点参阅奥特克(Hartmut Oetker),载《施陶丁格民法典评注》2002年修订版,第616条,注释1以下;比较李普根(注释22),第215页以下。

㊺ 《德国民法典》第624条;关于这一点参阅普莱斯(Ulrich Preis),载《施陶丁格民法典评注》,2002年修订版,第624条,注释1以下。

㊻ 《德国民法典》第343条,关于这一点参阅索思娜(Ralf-Peter Sossna):《违约金范围史》1993年,第165页以下。

后解除贷款合同。[47] 这仅仅是其中一些例子。即使法律中那些并不经常能成为政治讨论主要内容的技术性规定,如“消灭”时效,也都是以社会关怀为基础的,特别是对债务人的保护。[48] 然而,另
165 一点更为重要。一般认为,《德国民法典》将会为当事人自主安排事务提供基本(法律)框架,其也将符合平等权利、自由和自治的理念;同时,民法典也并不想优先保护当前社会中任何特定群体或阶层的利益。一些特定政策支持特别的保护性法律规则,但民法典的起草者并没有对这些政策的合法性提出反驳或质疑。总之,它们属于特殊问题,那么就需要在民法典之外进行特别立法。

(四)《分期付款买卖法案》

这一类特别立法中最为典型的例子就是 1894 年 5 月 16 日的《分期付款买卖法案》(Abzahlungsgesetz)。[49] 该法案的源起已不断地被论及分析。[50] 大宗产品和促销机构导致了新市场的开放发展,涌现出了大量的潜在购买者。分期交易使很多并不富有的阶

---

[47] 《德国民法典》第 247 条(1986 年重申);关于其起源,参阅彼得·兰道:“德国民法典第 247 条立法史及德国利息自由的法律史”,载克莱恩赫耶(Cerd Kleinheyer)、麦克阿特(Paul Mikat)主编:《法律史上的贡献:赫尔曼·康拉德纪念》,1979 年,第 385 页以下;格耶尔(Rolf Geyer):《帝国和魏玛共和国时期法律中的消费者保护观念(1871~1933)》,2001 年,第 71 页以下。

[48] 详细参阅李普根(注释 22),第 179 页以下;关于时效法的政策目标,参阅齐默曼,《抵销和时效法的比较基础》,2002 年,第 63 页,第 77 页。

[49] 载《帝国法律公报》1894 年第 450 期。另外一项非常重要的法规,对处于弱势的合同当事人提供精心调整的保护,即 1908 年 5 月 30 日保险合同法案,载《帝国法律公报》1908 年第 263 期。相关讨论,参阅罗斯,《国际保险合同法》,1985 年,第 77 页以下。

[50] 博内尔(Hans-Peter Benöhr):“八十年来的消费者保护:1894 年 5 月 16 日以来分期付款买卖法的发展演化”,载《商法经济法综合杂志》1974 年第 138 期,第 492 页以下;舒伯特:“1894 年以来的分期买卖法:作为卡普利维帝国时期私法与社会政治的关系说明”,载《萨维尼基金法律史杂志,日耳曼部》1985 年第 102 期,第 130 页以下;格耶尔(注释 47),第 48 页以下。

层能够获得日常所需的产品(如家具设备)或谋生必需的机器设备。譬如到19世纪80年代中期,德国每年生产500,000台缝纫机,其中有超过一半都是以分期付款的方式销售的;在1892\93年这一比例甚至上升到了80%到90%之间。[51] 这些缝纫机大部分被女性家庭工人所购买。总体上,无论是从社会政策还是从国家经济的角度,分期付款买卖都已成为一种非常普遍且受欢迎的销售方式。但是这样的销售方式同时也具有很大的风险和缺陷。就是分期出售者坚持采用的"罚没条款"(Verfallklausel):[52]如果购买者有一期货款未付,那么出售者就有权收回货物并保有全部已付款项。在19世纪80年代中期,分期买卖的种种问题成为广泛争论的焦点。在1891年德国法学家联合大会的年度会议上,这些 166
问题被进一步讨论,而年轻的菲利普·赫克(之后他成为德国最具影响力的私法和法律理论家)做了关键性的演讲。[53] 在当时,已有接近1000份请求书被递交到国会。[54] 那些提出自己观点的人中,只有很少一部分对立法干预提出质疑。得到普遍同意的是,在一方当事人由于其先前的经济弱势而不得不接受另一方确定的条件时,商业自由必须受到限制:[55]换言之,在这一情形下,为了获得能被接受的结果,将不再遵循"约定必须被遵守"(Pacta sunt servanda)的原则。除了引入在终止销售和付款欺诈情形下保护

---

[51] 博内尔,载《商法经济法综合杂志》1974年第138期,第494页;格耶尔(注释47),第48页。

[52] 参阅,譬如舒伯特,载《萨维尼基金法律史杂志,日耳曼部》1985年第102期,第146页以下。

[53] 赫克(Philipp Heck):"分期付款买卖中的滥用问题",报告,载《第二十一届法学家联合大会会议纪要》,1891年,卷2,第131页以下。

[54] 希普尔(Eike von Hippel):《消费者保护》,第3版,1986年,第193页。

[55] 参阅相关参考资料,博内尔,《商法经济法综合杂志》1974年第138期,第499页以下;格耶尔(注释47),第59页。

销售者的法定规则外，[56]分期付款买卖法案禁止罚没条款。[57] 更有意义的是，该法案的适用范围并没有限于“消费者”：其首先涵括小规模的自由职业者，如贫弱的退休女缝纫工、手工工匠或钢琴教师。[58] 这也是通过否定性条款进行规定的原因：如果货物买受人已登记为商人，那么该法案则不适用。[59]

分期付款买卖法案的立法准备时间为 1890 年到 1894 年之间，而这大约也就是第二委员会修改《德国民法典》草案的时候。换言之，仅从发生的时间上看，并不能阻止将该法案纳入《德国民法典》。在针对民法典第一草案的很多批评中，实际上已经就该法案纳入民法典提出了强烈要求。[60] 然而，司法部和第二委员会都决定不采用纳入民法典的方案。[61] 分期付款买卖已经成为一个普遍的社会现象，同时也是迫切需要解决的问题。19 世纪 90 年代早期，由于《德国民法典》的生效时间尚不明朗，因此，在较早的
167 时候也只能采用特别立法的方式。或许同样重要的是，哥特里布·普朗克在回应基尔克时提到的另一点考虑。《德国民法典》基本上被认为是对既有法律的重述，而并不是为了改变既有的法律。如果仅仅是为了回应当下才出现的特定问题，而究竟采用何

---

[56] 《分期付款买卖法案》，第 2 条，第 4 条第 2 款。第 4 条第 1 款授予法官降低违约金的权力；这一规则之后被一般化，即民法典第 343 条。

[57] 《分期付款买卖法案》第 1、3、5 条。

[58] 格耶尔（注释 47），第 54 页以下。

[59] 《分期付款买卖法案》第 8 条。

[60] 亚斯特罗（Hermann jastrow）：“如何限制分期付款买卖中的滥用问题”，载《第二十二届法学家联合大会会议纪要》，1892 年，卷 1 第 285 页以下；豪斯曼（Wilhelm Hausmann）：《普鲁士一般邦法和 1891 年德意志帝国民法典草案中的动产分期买卖规则》，第 78 页以下；基尔克（注释 20），第 16 页及全文其他各处。

[61] 详细，参阅博内尔：《商法经济法综合杂志》1974 年第 138 期，第 501 页以下；格耶尔（注释 47），第 65 页以下；《德国民法典历史批评评注》\达甫（注释 12）第 1 ~ 14 条，注释 70。

种立法方式仍处于当时的政治争论之中，在那时又不可能设计出完善且持久的最终规则，所以，针对社会变革的法律问题就应留待特别立法去解决。[62] 换言之，分期付款买卖立法的法理基础尚不确定，无法纳入民法典；而绝不能把民法典也设想为一个永远的“建筑工地”。

（五）早期的“上门销售”立法

实际上，分期交易更主要是一个政策问题：相关规定不断被修订，对买受人的保护范围也随着时间变化而不断扩大。[63] 现代消费者保护的另一个重要问题就是上门销售（或引用欧盟指令中的用语[64]，远离商业场所的合同交易）。其实在19世纪晚期，尤其是与小商贩的合同交易中所出现的诸多问题就已对此有所预示。[65] 再一次的，这一问题通过特别立法解决：即《贸易工业法案》。[66] 这一法案在1869年10月生效，主要是为了确立贸易自由。[67] 但是该法案也包括了很多旨在保护一般公众的规定。按照该法案，小商贩们必须获取许可证，此外，还有很多条款被排除在他们的商业交易之外。[68] 后来，这一法案不断被修订，特别是排除条款的范围被极大地扩大；[69]这主要为了保护那些无法直接判断货物价值的购买者免受盘剥。在法案修订的争论过程中，“消费者”这一术语开

---

[62] 普朗克：“对德意志帝国民法典草案的批评”，载《民法实务档案》(1889)75，第406页。

[63] 参阅，譬如，下文注释108。

[64] 理事会指令85/577/EEC，1985年12月20日，《欧盟委员会公报》L372/85，31。

[65] 有关详细讨论，参阅格耶尔（注释47），第9页以下。

[66] “北德联盟营业条例”，载《北德联盟联邦法律公报》，1869年，第245页；该法自1873年适用于德意志帝国。

[67] 有关一般背景，参阅博内尔：“19世纪末的经济自由主义与立法”，载《劳动法杂志》1977年第8期，第187页以下。

[68] 《营业条例》第61、56条。

[69] 详细参阅格耶尔（注释47），第15页以下。

始被使用,尤其在“一般公众”的情形下使用得越来越多。[70] 也再
168 一次的,相关规定没有被纳入《德国民法典》。特殊问题仍应留待特别立法,以利于修改和适应不断变化的时代需求。[71] 另外,《贸易工业法案》也仍然植根于限制合同自由滥用这一传统观念,其限制的方式是公法规制,而不是授予潜在的或确定的购买人以权利,向对方寻求法律救济。对合法贸易的监管属于国家问题,而非私人之间的个别交易。[72] 基于同样的理念,旅店主和面包师都被要求通过张贴公告向一般公众通告商品和服务的价格。[73] 典当商只有在获得许可后才能营业。[74] 在此,也可以提到 1874 年和 1894 年的商标法案,它颁行的首要目的是保护商人、防止不正当竞争,当然其也具有促使购买者获取更多信息、作出更好选择的功能。[75]

(六)工业工人、家庭雇工和铁路机车

19 世纪晚期,首要的“社会问题”是如何规定工业工人的地位。这一问题几乎为制定《德国民法典》的种种考虑所涉及,但是从现代观点看来,之所以呈现出现在的样子,即令人吃惊地忽略了这一问题,其主要原因是这样一种判断,即该做的都已经做了,或者说都已经通过特别立法完成了。[76] 再一次的,很多需要处理的问题被认为不属于私法的范围。这些问题最后都依赖于新出现的有关工业关系的立法,就如同前面提到的社会保障立法。[77]《贸易工业法案》中的大部分规则也适用于这些问题。由于帝国皇帝的

---

[70] 格耶尔(注释 47),第 21 页以下。

[71] 博内尔,(1977)8《劳动法杂志》,第 187 页、第 216 页。

[72] 有关历史背景,参阅《德国民法典历史批评评注》\达甫(注释 12)第 1 ~ 14 条,注释 67 以下。

[73] 《营业条例》第 73 条以下,详细讨论参阅格耶尔(注释 47),第 79 页以下。

[74] 《营业条例》第 34 条(1879 年修订)。

[75] 进一步的讨论,参见格耶尔(注释 47),第 92 页以下。

[76] 更详细的讨论,参见李普根(注释 22),第 215 页以下。

[77] 参见上文注释 38。

提议,该法案在1891年被修订。[78] 这次修订中,最为重要的改革是:禁止周末工作、禁止妇女和儿童在夜晚和恶劣条件下工作的保护规定、发布工作规章的义务,以及同意建立工人委员会。关于家庭佣人和农场工人的法律关系也被附带排除在《德国民法典》之外,这些问题留由德意志帝国内各州的单独立法予以处理。[79]

各种劳工法规仅在"一战"后才被废除。以一般私法法典编 169
纂与特别立法相区分的观念为基础,在其他一些领域,尤其突出的是责任法,也可以发现同样的发展模式。自19世纪30年代开始,铁路机车这一庞然大物的轰鸣响彻德国大地,它运输了大量的货物和客流,但偶尔也造成伤亡和破坏。早在1838年普鲁士就已有先例对铁路所有者实行严格责任。[80] 这一责任是以政策考虑为基础的,且在一定程度上背离了19世纪潘德克顿法学派坚持的过错责任的一般原则。[81] 这一突破性立法方式为德国其他一些州的相似法规所采纳;[82]当1871年德意志帝国建立时,德国国会几乎立即采纳了这一整套规则。《帝国责任法案》,[83]虽然已更换名称且形式也急剧扩大,在今天依然有效,[84]其规定了铁路"运行中"对他人造成伤害的应承担严格责任。当然,在一定程度上,如分期付款

---

[78] 参见李普根(注释22),第220、228页。

[79] 更为详细的,参见佛姆鲍姆(Thomas Vormbaum):《19世纪的政治与劳工法》(1980)。

[80] 《火车运营法》第25条。该法是在萨维尼的倡导下颁行的;参阅鲍姆斯(Theodor Baums):"萨维尼危险绝对责任导论",载《萨维尼基金法律史杂志,日耳曼部》1987年第104期,第277页以下。

[81] 《债法》(注释13),第1033页以下。

[82] 参阅赫德曼(Justus Wilhelm Hedemann),载《19世纪民法的发展》,1910年,第1卷,第88页以下;奥格奥立克(Regina Ogorek):《19世纪危险绝对责任发展研究》,1975年,第61页以下。

[83] 1871年6月7日《帝国侵权法》;关于其起源,参阅奥格奥立克(注释82),第98页以下。

[84] 《侵权法》(1978年1月4日重新颁行)。

买卖法案一样,这也可以被看做消费者立法的早期体现:因为其向那些乘坐铁路旅行以及因铁路经营者提供的服务(非货物)而受益的人提供特定保护。[85]

(七)高利贷

然而,另外一个问题最终导致了国会对《德国民法典》进行修订。从很古老的时候起,高利贷就主要是一个政策关注的问题:[86]保护借贷者免于负担过高的利息。到 19 世纪时,限制最高利率的立法早已生效,但在 1867 年,对合同利率的所有限制都被撤销
170 了。[87] 在随后 1873 年的经济危机中,[88]当小规模的贸易商、工匠以及农场主为持续经营而越来越多的寻求贷款时,由于缺乏限制性规定,很明显地他们被置于无尽的危险之中。那些潜在的借贷者急需资本支持,而这也使他们一般都无法平等的与对方协商借贷条件。具有代表性的是,德国国会将出贷方的一些恶劣行为认定为犯罪。后来,1880 年高利贷法案[89]通过第 302 条第 1 ~ 4 款中的规定对刑法典作了修正;另外,该法案还规定高利贷合同无效。到 1893 年,除货币借贷外,高利贷法案还扩展适用于其他很多类型的合同;[90]该法案规定,那些从事借贷业务的人负有向合同对方提供年度报告的义务。[91] 为了审查《德国民法典》的立法草案,1896 年早期,德国国会设立了一个委员会,而该委员会最终决定制定

---

[85] 最终,除过错侵权责任外,严格责任被概念化为第二种非合同责任;参阅《债法》(注释 13),第 1130 页;詹森,《责任法结构》,2003 年,第 14 页以下及全文。

[86] 参阅上文注释 13 及相关正文部分。

[87] 1867 年北德联盟联邦法律公报,第 159 页;有关背景信息,参阅兰道(注释 47),第 388 页以下。

[88] 关于这一点,参阅尼佩戴(注释 26),第 284、336 页。

[89] 1880 年 5 月 24 日《高利贷法案》,1880 年帝国法律公报,109。

[90] 刑法典第 302e 条,于 1893 年生效。

[91] 1893 年生效之《高利贷法案》第 4 条。

《德国民法典》第138条第2款。[92] 伴随刑法典的有关规定,第138条第2款规定在满足以下两个条件时,任何法律行为(法律交易)都属无效:一是当事人之间的允诺履行或交易在价值上显失公平;二是乘人之危而达成交易:利用受害方的危难(distress)、轻信(gullibility)或缺乏经验(inexperience)。该规则对私法已经产生了深远的影响,最终,人们认为将其留给《德国民法典》之外的特别法规是不合适的。[93]

尽管很晚近时才被法典化,但《德国民法典》第138条第2款必须结合违反善良风俗(contra bonos mores)[94]的悠久历史进行理解:其仅仅确定适用于一种特定的情形(相互之间的履行价值失衡),否则,就必须根据第138条第1款的一般性规定推断。第138条第1款和第2款都是为了保持商业生活中一般性法律关系的"清洁":[95]一个法律制度不能支持那些交易,如果某一交易伤害了一个公正、公平思考之人的体面庄重感。[96] 然而,与结构清晰、 171
语词慎当的《德国民法典》第138条第2款相比,民法典第138条第1款的名声却不怎么好,因为它有不确定性和被进行"无限解

[92] 参阅格耶尔(注释47),第46页以下;通常关于19世纪高利贷立法的历史,参阅路希(Klaus Luig):"一般法与德国民法典上的契约自由与均衡原则",载《共同法》特刊号:"欧洲法律史面面观:献给科英",17(1982)第171页以下;齐默曼:《司法节制还是完全无效?》,1979年,第145页以下;比较参阅哈佛卡姆普,载施默克尔、吕克特、齐默曼主编:《民法典历史批评评注》2003年第1卷,第138条,注释12。

[93] 参阅格耶尔(注释47),第46页;齐默曼(注释92),第148页以下。

[94] 关于此参阅《债法》(注释13),第706页以下。

[95] 参阅,有关德国民法典第138条第2款的论述,赫德曼(注释82),第132页。

[96] 这是德国用来解释民法典第138条第1款的立法意图的主要方式:《帝国最高法院民事裁判汇编》,第48卷,第114、124页;第55卷,第367、373页;第79卷,第415、418页;当前请参阅,马雷(Theo Mayer-Maly)、阿姆布吕斯特(Christian Armbrüster),载《慕尼黑民法典评注》,第1卷,2001年第4版,第138条,注释14以下。

释"的可能和危险。[97] 因此,不足为奇的,20 世纪法律发展的一个典型特征就是,法院往往通过第 138 条第 1 款"具体实施"(materialize)德国合同法。[98] 特别是,法院经常运用该规定保护那些被认定受害的交易方。[99] 受害方可能是那些被要求签订保证合同的主债务人的配偶或子女;[100]或者是那些因负担分期还贷而被借贷机构要求过高利率的消费者。[101] 分期借贷交易使德国法院有机会确立有效的价格司法控制机制。对此,法院为了通过《德国民法典》第 138 条第 1 款保护消费者,同时也避开了《德国民法典》第 138 条第 2 款的条件限制。这方面的相关案例可以追溯到 20 世纪 70 年代末。

## 三、现代消费者立法的兴起

### (一)第一阶段:到 20 世纪 70 年代末

#### 1. 源起

在 20 世纪 70 年代末,消费者保护问题已经成为广泛的学术、

---

[97] 参阅吕特恩(Bernd Rüthers)使用的著名的书名,《无限解释:国家社会主义中的私法秩序变迁》,2005 年第 6 版。

[98] 卡纳里斯:"债务合同法的演变——其具体化趋势",载《民法实务档案》2000 年第 200 期,第 273 页以下;格里格奥赖特:《前合同信息责任》,1997 年,第 64 页以下;海德霍夫(注释 9),第 295 页以下;罗斯勒(注释 6),第 61 页以下;比较参阅里森胡博(注释 9),第 553 页以下(从欧洲的角度)。20 世纪以来对民法典第 138 条的一般性历史分析,参阅《德国民法典历史批评评注》\哈佛卡姆普(注释 92)第 138 条,注释 1 以下,注释 12 以下(高利贷);关于这一条在如今的运用,从比较和欧洲的视角分析,参阅里梅恩(注释 9),第 345 页以下。

[99] 特别参阅《宪法法院裁判汇编》第 89 卷,第 214 页、第 232 页以下。

[100] 哈勃沙克、齐默曼:"一个法典化制度的法律变迁:德国担保法的最新发展",载《爱丁堡法律评论》1999 年第 2 期,第 272 页,第 275 页以下;《德国民法典历史批评评注》\哈佛卡姆普(注释 92)第 138 条,注释 5 以下;并请参阅下文第 207 页以下。

[101] 埃默里希:"信贷利率的法律问题",载《法律教育》,1998 年,第 925 页以下;《慕尼黑评注》\马雷\阿姆布吕斯特(注释 96)第 138 条,注释 117 以下;并参阅下文第 209 页以下。

政治争论议题,有时还包括意识形态的争论。这些争论充分反映了1968年学生抗议引发的社会氛围,以及1969年政府的转变。但这也受到国际发展的激发,而这些发展最为显著的就是肯尼迪总统向美国国会提交的《关于保护消费者利益的特别国情咨 172
文》。[102]"就其定义来说,消费者,包括我们所有的人",肯尼迪如此声明,并指出联邦政府负有特别义务:"应关心消费者的需求,并优先保护消费者的利益"。进一步地,他还明确提出了所有消费都应享有的四项权利:安全权(the right to safety)、知情权(the right to be informed)、选择权(the right to choose),以及申诉权(the right to be heard)。在德国,政府于1971年和1975年分别印发了两个关于消费者政策的报告,承诺提高改善消费者的法律地位。[103] 自1972年的经纪人法案[104]开始,该法案规定经纪人必须获得许可方能营业,且禁止向那些财务困难或不可靠的人颁发许可,德国颁行了一系列规定以实施这一法案。商家必须明码标价的义务在1973年明确确立。合法有效的利率,必须在借贷交易中予以声明。[105] 1974年,为了保护消费者免遭健康风险和被欺诈,关于食品生产和销售的法律被彻底改革。[106]《医药产品生产与销售法案》自1976年开始全面实施。[107]

---

[102] 参见希普尔(注释54),第281页以下。关于消费者保护的历史发展导论,参阅《德国民法典历史批评评注》\达甫(注释12)第1~14条,注释76以下;海德霍夫(注释9),第241页以下;施默克尔,载施默克尔、吕克特、齐默曼主编:《民法典历史批评评注》第2卷(筹备中)。

[103] 其中的第二个报告,参见希普尔(注释54),第295页以下。

[104] 《经纪人法案》,1972年联邦法律公报,第1卷,第1465页。

[105] 《价格法案》,联邦法律公报,1973年,第1卷,第461条。

[106] 《居住租赁整体改革法》,联邦法律公报,1974年第1卷,第1945页。

[107] 《医药法》,1976年联邦法律公报,第1卷,第2445页。

2. 分期付款买卖、远程教学、包价旅游*

另外,在20世纪70年代有四项对合同法产生影响的重要改革。首先,是分期付款买卖法案的修订,其规定买受人有权在被通知享有撤回权后一周内撤回合同交易。[108] 第二,全面规定了远程教学问题。[109] 同样的,消费者被授予撤回合同的权利,时限是消费者可以在收到第一批教学资料后两周内行使撤回权。[110] 远程教学合同中经常包括的很多条款被宣布无效,预先支付被限制到3个月。[111] 许多德国人越来越需要提高受教育水平,因此《远程教学法案》也成为必需。

173 然而,20世纪70年代的德国人不仅想要受到更良好的教育;同时他们也热衷于旅游。1978年,超过14岁的德国人口中的56.8%都可以享有一个或几个旅行假期,而且主要是国外旅游。[112] 价格并不昂贵的"包价旅游"更促进了出境旅游的急剧发展。如同远程教学合同的情形,包价旅游度假合同的约定通常使消费者处于不利的境地,如经常连旅游目的地都没有通知。因此,政府直接干预,相对于包价旅游度假的组织者,通过一系列单方面强制性

---

* package travel 以及 package tours,有各种不同的翻译,直译应为"一揽子旅游",另外还有包价旅游、包办旅游、套包旅游、组团旅游等翻译,但都是指由消费者与旅行社签订旅游合同,消费者一次性支付总价,而由旅行社安排全部旅行事宜的合同。——译者注

[108] 《分期买卖法》,第1b条(分期买卖法第二次修订法案,1974年联邦法律公报,第1卷,第1169页)。

[109] 《远程教学法案》,联邦法律公报,1976年第1卷,第2525页;有关讨论,参阅希普尔(注释54),第248页以下。

[110] 《远程教学法案》第4条。

[111] 《远程教学法案》第2条第2、3、4、5款,第10条。

[112] 参阅希普尔(注释54),第255页。

规则强化消费者的地位。[113] 如果旅游组织者的行为使其不仅仅表现为经纪人,那么他就不能再声称自己仅仅是那些申请个人服务者的代理人。[114] 而且,更特别的是,旅游组织者的履行瑕疵责任非常严格;例如因度假被破坏而遭受非物质伤害时,消费者有权主张金钱赔偿。[115] 如同分期付款买卖和远程教学一样,包价旅游在一开始也被认为应该进行特别立法;但最终,相关规则被纳入《德国民法典》,[116]构成有关承揽合同(Locatio conductio operis)*法的附录内容。

---

[113] 《德国民法典》第651a条至第651k条,由《旅游合同法案》引入,载《联邦法律公报》,1979年第1卷,第505条。然而,到那时,联邦最高法院已经在很多著名案例中为有关包价旅游合同的法律发展指明了方向,《联邦最高法院民事裁判汇编》第61卷,第267页;第60卷,第14页;第63卷,第98页;参阅托纳(Klaus Tonner):"旅游合同法案通过司法、立法和集体协商的发展",载《民法实务档案》1989年第189期,第122页以下。根据《德国民法典》第651K条(旧法,新法为第651m条),第651a条以下规定的制度具有单方强制性。

[114] 《德国民法典》第651a条第2款。

[115] 《德国民法典》第651f条第2款。

[116] 有关背景信息,参阅托纳,载《德国民法典慕尼黑评注》, 1997年第3版,第4卷,第651a条前言,注释20以下。

* locatio conductio,是罗马法上的一种合同类型,一般翻译为出租或雇佣(letting or hiring),其具体又分为三种 locatio conductio rei(物之出租)、locatio conductio operarum(劳力出租,如作为助手、仆人或雇工等)和 locatio conductio operis(不仅提供劳动,而且提供劳动成果)。对于此三类区分可参阅索姆,《罗马法阶梯》,第312页。齐默曼在《债法:民法传统的罗马基础》中指出,locatio conductio operis 的客体不是服务或劳务,而是作为整体的工作(a particular job to be done as a whole),这是该类合同的最核心特征。参阅齐默曼:《债法》,第393页。译者在此基础上将其大致译为承揽合同,而从《德国民法典》的立法安排上看,旅游合同(第651a条以下)的确是紧随承揽合同(第631~651条)之后,两者都属于第二编(债之关系)第八章(各种债之关系)第九节的规定,该节标题为"承揽合同及类似合同"。——译者注

3. 一般交易条件

(1) 私法裁判史上的"光辉一页"

有关不公平的一般交易条件的系列规则,是20世纪70年代合同法领域起草和颁行的最为重要的法律规则。1976年的一般交易条件法案[117]并没有使合同法发生实质性改变;严格地说,其目的也并不是保护消费者。一般交易条件的适用具有很长一段历
174 史。至少,可以回溯到罗马法上的买卖、租赁,及其金融实践。[118]但是,仅仅在工业革命的大生产时期,这一方面就出现了非常严重的问题。[119] 这些问题产生的原因,一方面是一般交易条件在法律实践中被非常频繁的运用;另外也是由于这些一般交易条件从来都不是由独立的第三方起草,而是由合同当事人一方单方起草。很多提供一般交易条件的人都会使用对自己有利的条件言辞,以对特别有利于自己利益的系列规则代替《德国民法典》中的任意性规范(ius dispositivum)。法院对此做出了多种反应。譬如,为了解决合同一般交易条件的不确定性,法院通常会采用"不利解释"(Contra preferentem)规则:即对合同条款做出不利于一般交易条件起草人或提供人的解释。[120] 这主要是以罗马法学家在"不明解释"规则中提出的推理方法为基础的:条款含义不明应归咎于契约提供人(如那些提出决定合同内容问题的人),因为他应该能

---

[117] 《一般交易条件法案》,《联邦法律公报》,1976年,第1款,第3317页。在此,政府再次决定不对德国民法典进行修订,而是通过特别立法处理不公平的一般交易条件问题。

[118] 有关参考资料,参阅霍佛(Sibylle Hofer),载施默克尔、吕克特、齐默曼主编:《民法典历史批评评注》第2卷(筹备中),第305~310条,第一部分,注释1。

[119] 福尔豪森(Robert Pohlhausen),《19世纪的一般交易条件法》1978;《德国民法典历史批评评注》\霍佛(注释118)第305~310条(第1部分)注释2以下。

[120] 参阅,譬如,《帝国最高法院民事裁判汇编》第116卷,第198页,第207页;参阅佛格瑙尔(Stefan Vogenauer)的相关分析,载施默克尔、吕克特、齐默曼主编:《民法典历史批评评注》第2卷(筹备中),第305~310条(第3部分)。

够使合同条款更加清楚,就如他对另一方向他做出的承诺所期待的那样。[121] 在其他一些案件中,法院曾认为,如果格式合同中的一般条件对另一方来说“出乎意料”,那么其就不能构成合同内容。[122] 当然,这些解释规则已在很大程度上成为实现一般交易条件之实质正义的转换工具。[123]

但在这一解释的过程中,法院也僭越获取更多的直接权力,以打击不公平的格式条款。路德维希·赖泽尔(Ludwig Raiser)是对此发表伟大专论的第一人,[124]他将此称为德国私法裁判史上的“光辉一页”。[125] 起初,在1906年后,如果一方当事人滥用垄断而向另一方强加不公平的一般交易条件,那么帝国法院只能对此提出反对。这样做的法理根据在于《德国民法典》第138条第1款
关于违反善良风俗的规定。[126] 之后,法院认为只要符合以下情况 175
即足:使用一般交易条件的一方从事“独立”贸易,并因此,“不妨说”,具有垄断地位。[127] 联邦最高法院在其存续的开始几年里一直延续此种方式,但是自1956年后,从《德国民法典》第138条第1款转换到了《德国民法典》第242条关于诚实信用的规定,从而极

[121] 《债法》(注释13),第639页以下。

[122] 《联邦最高法院民事裁判汇编》第60卷,第353、360页;第54卷,第106、109页。

[123] 这一模式的内在危险,参阅费舍(Robert Fischer),书评,载《商法经济法综合杂志》1963年第125期,第202页、第205页以下;以及更一般的参阅卢埃林(Llewellyn)书评,载《哈佛法律评论》1939年第52期,第700、703页(隐蔽的工具从来都不是值得信赖的工具)。

[124] 《一般交易条件法》(1935)。

[125] 赖泽(Ludwig Raiser):“论当代契约自由”,载《法学家报》,1958年,第1、7页。

[126] 《帝国最高法院民事裁判汇编》第62卷,第264、266页。

[127] 《帝国最高法院民事裁判汇编》第103卷,第82、83页;比较第104卷,第308页;第106卷,第386、388页;“帝国最高法院”,载《法学周刊》,1925年,第1395页;《帝国最高法院民事裁判汇编》第132卷,第305页。

大地扩展了法院的控制范围。[128] 现在,如果一般交易条件违反诚实信用原则,使对方遭受不合理损失,那么该条款就会被认定为无效。如果相关条款违反了《德国民法典》中非强制性规范所表达的公平和正义的实质理念,或者该条款对根据合同性质而应产生的实质性权利或义务予以限制,那么就会认定存在不合理损失。1976 年的《一般交易条件法案》基本上以法定的方式囊括了以上这些方面,而其他很多规则则由联邦最高法院通过判例发展形成。[129] 该法案第 9 条规制监控一般交易条件的公平问题,对法院的开放性授权是这一条的核心内容;这一授权通过列举两大长串的个别合同条款予以具体化,而这些条款通常都是令人反感的。[130]

(2)消费者保护?

在制定《一般交易条件法案》的那几年里,有关的政治和学术争论被消费者保护这一议题所主导。这一特定议题主要是由 1971 年第一份消费者政策报告所引发;在这一报告中,联邦政府承诺"针对那些追求单方利益的不合理合同条款,提供有效的消费者保护"。[131] 如今,保护弱势方被认为是一般交易条件监管的目的及合法性基础。这一观点令人惊奇的被证明为长久不衰。即使在今天,其也仍为人们所广泛赞同。因为人们常说,消费者"屈

---

[128] "联邦最高法院"(1956)《新法学周刊》第 908 页;"联邦最高法院"(1957)《新法学周刊》第 1065 页;《联邦最高法院民事裁判汇编》第 41 卷,第 151、154 页;第 54 卷,第 106 页、第 109 页以下。有关综合性历史分析以及有关判例法和文献参考资料,参阅《德国民法典历史批评评注》\霍佛(注释 118)第 305 ~ 310 条(第 1 部分),注释 9 以下。

[129] 参阅希普尔(注释 54),第 121 页以下;贝斯道,载《民法典慕尼黑评注》,第 1 卷,第 4 版,2001 年《奥地利一般民法典》导论,注释 10 以下;《德国民法典历史批评评注》\霍佛(注释 118)第 305 ~ 310 条(第 1 部分),注释 20 以下。

[130] 《奥地利一般民法典》第 10 条以下。有关英语评论,参阅桑德罗克(Otto Sandrock):"西德 1976 年一般交易条件法",载《美国比较法杂志》1978 年第 26 期,第 551 页以下、第 562 页以下。

[131] "消费者政策报告",联邦议会印行 6\2724,8。

从”于那些一般交易条件，特别是考虑到经营者在心理上、智识
上，尤其是经济上的强势。[132] 经营者所拥有的不平等的交易力量， 176
被认为是强迫消费者接受对方提出的一般交易条件合同的主要原因。然而，这一观点与联邦最高法院控制一般交易条件的权力行使事实不符，因为联邦最高法院经常用此处理两个经营者之间签订的各种合同。[133] 因此，消费者保护并不是法院干预主义的真正原因。消费者和经营者都乐意接受已经提出的一般交易条件，因为他们认为花费时间和金钱分析一些权利规则以及通常不会具体实现的各种偶然情况、另行起草合同条款、进行拖沓冗长的谈判；或另外寻找其他公司，而这些公司提供的格式条款可能更有利于其自我利益，这些都是琐屑而毫无用处的。如果消费者通常没有机会影响合同的格式条款，这并不是因为经营者的优越地位，而是由于这样的影响机会通常涉及无法承担的高交易成本。因此，我们所处理的是市场部分失灵问题，而这一般可以通过司法干预予以合法纠正。[134] 在一般交易条件的情形中，根本就不存在有效的竞争，这一观察也确证了上述判断。换言之，竞争并不能，也从未导致公正公平的一般交易条件出现。[135] 因此，很有意义且与最初立法提议相反，[136]德国的《一般交易条件法案》并不仅限于消费者签订的合同，至少原则上，也适用于商人（businessman）。[137] 有关根

---

[132] 拉伦茨、沃尔夫，《民法总则》2004 年，第 9 版，第 43 段，注释 1、7；科勒（Helmut Köhler）：《德国民法典总则》2002 年，第 26 版，第 259 页。

[133] 对这一点的强调，参阅《德国民法典历史批评评注》\霍佛（注释 118）第 305 ~ 310 条（第 1 部分）注释 20（fn. 139）。

[134] 贝斯道，载《民法典慕尼黑评注》第 2a 卷，2003 年，第 4 版，第 305 条前言，注释 1 以下；克茨：“一般交易条件控制的保护目的：一项法经济学研究”，载《法律教育》，2003 年，第 209 页以下；里梅恩（注释 9），第 485 页以下。

[135] 《慕尼黑评注》\贝斯道（注释 134）第 305 条前言，注释 6。

[136] 《慕尼黑评注》\贝斯道（注释 129），《奥地利一般民法典》第 24 条，注释 2。

[137] 《奥地利一般民法典》第 24 条。

据《奥地利一般民法典》第9条进行开放性公平控制的判例法也仍然为商事交易中的一般交易条件所主导；[138]如果，根据《奥地利一般民法典》第24条第1款，该法典第10、11条中列出的两大串令人反感的合同条款并不适用于商人之间的一般交易条件，但这并不意味着，不能根据《奥地利一般民法典》第9条的一般性规定否定商人间的这些格式条款。之后，法院的实践说明，通过《奥地利一般民法典》第9条间接将该法典第10、11条适用于商人间交易的格式条款已经成为规则，而非例外。[139]

177 4.何种"社会模式"？

如此，到20世纪70年代末，消费者保护已经有了进一步的发展。但是这些发展仅限于特定的部门法领域。在相关的立法中，就其对私法的影响来看，尚未采用"消费者"这一术语。法律保护并没有针对消费者，而是对那些签订分期付款买卖合同的买受人、远程教学的消费者、预订了包价旅游的旅行者，以及其他那些一般交易条件的接受方。只有一个例外，[140]即对这些问题，都是在《德国民法典》之外采取特别立法的方式予以解决。已经逐渐明确的保护机制，一定程度上，意在使消费者能够做出信息更充分的选择。但是这些立法中也包括撤回权(right of revocation)和开放性公平监管机制。另外，很多新法律规则都具有单方强制性特征，例如不允许当事人改变合同以使购买者/消费者/旅行者/一般交易条件的接受方遭受损失。学术讨论也催生了相当多的著作出版。其中一个争论热烈的关键问题是，为保护消费者，是否应该以不同

---

[138] 《德国民法典历史批评评注》\霍佛(注释118)第305～310条(第1部分)，注释28(fn. 171)。

[139] 参阅布兰德纳(Hans Erich Brandner)，载乌尔默(Perer Ulmer)、布兰德纳、亨森(Horst-Diether Hensen)、施密特：《一般交易条件法》，第9版，2001，第24条，注释19、24以下。

[140] 参阅上文注释116。

于一般私法的“社会模式(Sozialmodell)”为基础,发展出一个具有不同判断的特别私法分支。一些人强力支持,[141]但同样也有其他一些人大力反对;反对者认为这是对自由市场经济之法律基础的破坏,而这一自由市场经济最终则是从社会主义理想那里获取了灵感。持反对意见的一派试图尽力保持古典合同法的完整性,并在现代消费者社会尽力维护《德国民法典》起草者们所接受的一般观念:法律只要保障消费者能够获得充分信息进行理性选择即可。简言之,这是一种“自由信息模式(liberal information model)”。[142] 然而,更为主要的是,人们认识到仅仅是信息充分并不能解决所有问题。仍然需要其他一些真正的保护性机制。当 178
然,这些保护设置仅仅是补充而已,并非替代市场机制。[143] 相关规则是否属于例外,或者这些规则在什么程度上能够与构成德国私法之基础的基本原则相融合,这些都尚不明朗。由此,同样模糊的是,这些规则是否应被完美地(ideally)整合到《德国民法典》中,

---

[141] 赖希(Norbert Reich):“民法理论、社会法和消费者保护”,载《法政杂志》,1974 年,第 187 页以下;同一作者,载《市场与法律》,1977 年,第 49 页以下,第 193 页以下;莱佛纳(Udo Reifner):《另一种经济法:以消费借贷为例》,1979 年。

[142] 特别,参阅道纳 · 里布:《通过引入有关消费者的特别私法实现消费者保护:保守体系的发展还是体系变革的先锋?》(1983);曼弗里德 · 里布:“有关不平衡问题的特别私法? 私法合同内容控制的适用范围思考”,载《民法实务档案》1978 年第 178 期,第 196 页以下;曼弗里德里布:“债法改革的基本问题”,载《民法实务档案》1983 年第 183 期,第 348 页以下;以及最近的泽尔纳:“20 世纪以来的民法科学与民法”,载《民法实务档案》1988 年第 188 期,第 91 页以下;泽尔纳:《法律中的私法共同体与法官国家》,1996 年;霍摩尔霍夫(Peter Hommelhoff):《德国和欧洲私法制度总的消费者保护》,1996 年。

[143] 譬如,参阅维斯特曼:“论消费者保护”,载司法部长主编:《债法修订意见和建议》第 2 款,1983 年,第 1 页以下;拜德林斯基:《私法的体系和原则》,1996 年,第 708 页以下,第 718 页以下;海因里希:“消费者保护:合同法之变革”,载《梅迪库斯纪念文集》,1999 年,第 199 页以下;德雷克斯勒:“消费法、一般私法、商法”,载施莱希特里姆主编:《债法之变革》,2002 年,第 97 页以下;海德霍夫(注释 9),第 233 页以下;韦德曼(注释 9),第 49 页以下。

或者更为明智的是让它们如其所是的待在私法一般法典之外。[144]清楚的是,这些新规则自身并不能构成连贯一致的法律体(body of law);同时,它们也经常不能如德国传统私法规则那样相对完整地表达或陈述。尤其是,第651a条到第651k条的规定被广泛认为是《德国民法典》的很不幸的污点,[145]并且在长时间里导致了很多疑难法理问题。[146] 在另一方面,通常认为《一般交易条件法案》取得了相当大的成就,[147]该法案被纳为现代德国私法重要内容的方式经常被作为一个成功的案例讲述。[148] 这一法案比其他任何立法(包括《德国民法典》)受到的评论都要多。

当1979年关于包价旅游度假的新规则颁行时,德国政府似乎已经在消费者立法领域丧失了锐气。社会—自由体制很快坍塌,而新保守—自由内阁的政策关注点完全不同。由此,这一领域的问题就留待欧盟委员会解决了。

(二)欧共体接管

1. 大有作为之地

大约与欧盟各成员国的政府在同一时期,欧盟自身也发现消

---

[144] 同意或反对这两种选择的争论之概要情况,参阅普非佛(注释7),第481页以下;罗斯:"欧洲消费者保护与德国民法典",载《法学家报》,2001年,第475页,第484页以下。

[145] 譬如,参阅塞勒(Hans Hermann Seiler),载埃尔曼:《民法典》,2000年第10版,第651a条前言,注释7以下。

[146] 涉及瑕疵责任(民法典第651c条到第651g条)的救济制度概览,以及在债法现代化之前,其与旧法中一般违约规则的关系,参阅埃尔曼\塞勒(注释145)第651c条到第651g条,前言,注释1以下。

[147] 普非佛(注释7),第500页以下;乌尔默:"一般交易条件法:独立的法典编纂",载《法学家报》,2001年,第491页以下。

[148] 沃尔夫:"联邦最高法院适用一般交易条件中的契约法与契约自由",载《联邦最高法院50年:献给法律科学》,2000年第1卷,第111页以下。

费者保护是一个可以大有作为的领域(promising field of activity)。[149] 179
欧盟委员会于1973年设立了一个负责消费者保护及商业环境的办公室,到1989年转变为仅仅负责消费者保护的办公室,而到1995年则提升为一个独立的总理事会(负责健康卫生和消费者保护)。欧盟法院在1979年的第戎黑醋栗酒(Casssis de Dijon)案中强调了共同市场内消费者保护的重要性。[150] 有主张认为,“公共利益的强势理由”可以证明干涉贸易自由(包括其他市场自由)的合理性,消费者保护就特别的被作为这一强势理由的事例而提及。同时,这一强势理由已经成为一种“欧共体政策”,如在《欧共体条约》的第三部分就规定这一单项权利。根据条约的第153条,欧共体致力于保护消费者的健康、安全和经济利益,努力提高消费者的充分知情权,以实现“对消费者的高度保护”。自1979年以来,欧共体在消费者领域已经颁布了近30个指令,[151]其中大约一半的指令影响了合同法,一些影响无关紧要,而其他的则影响深刻。上

---

[149] 综览请参阅希普尔(注释54),第17页以下;麦克里茨,载《慕尼黑评注》第1卷,2001年第4版,第13、14条前言,第23页以下;伯格(Werner Berg),载施瓦策主编:《欧盟—评注》,2000年,第153条,注释1以下;鲁尔格(Brigitta Lurger),载斯特莱恩兹(Rudolf Streinz)主编:《欧盟条约\欧共体条约》(*EUV\EGV*)(2003)第153条,注释3以下;里梅恩(注释9),第121页以下;海德霍夫(注释9),第23页以下。关于单一指令的综合讨论,参阅格鲁德曼:《欧洲债务合同法》(1999);赖希、麦克里茨:《欧洲消费者法》,2003年第4版,第2、3、4部分。

[150] C－120/78[1979]《欧洲法院裁判汇编》(ECR)第649页。

在Cassis de Dijon案中,德国根据其一项国内法禁止从法国进口黑醋栗酒,该法规定在德国市场上出售的酒类饮料内酒精含量必须达到一定的标准。德国政府以保护消费者利益为由认为该法是合理的,但欧洲法院认为这个观点不成立,因为德国政府可以采取较少限制性的措施,如贴标签的方式来保护消费者的利益。通过该案,欧洲法院确立了一项原则,即如果某项产品能够在一成员国合法地销售,那么该产品就能够出口到另一成员国并在该国销售,除非《欧共体条约》另有规定或者进口国基于“公共利益”作出了限制性规定。换言之,各成员国应当相互承认对方成员国关于销售货物的法律的充分性。——译者注

[151] 参阅相关名单,参阅斯特莱恩兹\鲁尔格(注释149)第153条,注释40。

门销售、消费者信贷、远程合同、有关消费品的买卖合同以及消费合同中的不公平条款、分时居住协议:德国法中的这些不同规则都是以欧共体立法为基础的。如此,就要求对这些规则的法律解释须符合欧盟的指令;[152]这也表明,欧洲法院在私法裁判中,至少潜在地,发挥了很重要的作用。[153]

2. 开始:上门交易、产品责任、消费者借贷

起初,德国政府遵从了《分期付款买卖法案》的处理模式,将
180 那些新规则锁定在特别立法中。如此,1986 年 1 月生效的《上门销售撤回法案》规定,消费者享有在一周内撤回上门销售合同的权利。从这类交易的内在非常规要素来看,给予消费者一定的时间来估评自己所承担的义务,这是恰当的。即使消费者没有采用那些合同条款,但法案的真正目的仍然是对其提供保护,[154]而那些为自己的营业而签订上门交易合同的消费者则被排除在法案的适用范围之外。[155] 因此,该法案试图确立一个新的实质性标准,以区分哪些人值得保护,而哪些人不值得保护。[156] 早期立法更为关注的是形式标准,尤其是消费者是否为注册登记的商人。[157] 如此,围

---

[152] 格鲁德曼:“特别私法内与指令一致解释:作为成员国法律解释方法原则的限制?”,载《欧洲私法杂志》1996 年第 4 期,第 399 页以下;卡纳里斯:“法学方法论中的法律实证解释与法律体系续造”,载《为正义而服务:拜德林斯基纪念文集》,2002 年,第 47 页以下;海德霍夫(注释 9),第 87 页以下。

[153] 关于消费品买卖指令的很多重要判决(譬如迪林库佛(Dillenkofer)案、迪茨英格(Dietzinger)案、海洋集团公司案(Oceano Groupo)、海宁格(Heininger)案),参阅斯特莱恩兹\鲁尔格(注释 149)第 153 条,注释 41。一项有力的批评指出,成员国法院在适用法律并进行解释时很少会充分地考虑到欧洲法院,参阅贝斯道:“指令规范与欧洲法院:错失时机的历史”,载内尔克、舒尔策(注释 9),第 277 页以下。

[154] 乌尔默,载《民法典慕尼黑评注》第 3 卷,1995 年第 3 版,第 1 条前言,《上门销售法案》,注释 1。

[155] 《上门买卖法案》第 6 条第 1 款。

[156] 《民法典慕尼黑评注》\乌尔默(注释 154),《上门买卖法案》第 6 条,注释 2。

[157] 参阅维斯特曼(注释 143),第 66 页以下。

绕作为德国消费者保护法律基础的“消费者”这一概念产生了大量的争论;这一概念因模糊不清和不统一而受到广泛批评。[158]《上门销售撤回法案》在欧共体发布《关于上门销售的消费者保护指令》的几周前通过颁行,[159]但在此之前已经有超过 10 年的相关讨论了。[160] 欧共体的指令也准备了好多年,[161]围绕这一指令的讨论也当然影响到了德国的立法。实际上,德国的法案正是为实施欧共体的指令而颁布。[162] 当然,在对德国法案的规定进行解释时,还应该考虑到一些特定的详细区别。[163]

几乎与此同时颁布的另一项重要的欧洲消费者保护立法,尽
管没有影响到合同法,是《关于协调统一成员国关于瑕疵产品责 181
任的法律、法规、行政规定的指令》。[164] 德国于 1989 年 12 月 15 日颁布《产品责任法案》实施这一指令,而实际上,这一法案在此一年半以前就应该予以颁行。[165] 对那些因瑕疵产品而遭受损害的人,由于该法案并没有超出德国联邦最高法院根据一般侵权法所提供的保护程度,因此也并没有对德国法产生实质性影响。[166] 在欧共体成员国调整策略转向致力于建立内部统一市场之前(1987

---

[158] 参阅梅迪库斯与德雷尔(Meinrad Dreher),上文注释 9 转引;参阅有关评价,《民法典历史批评评注》\达甫(注释 12)第 1 ~ 14 条,注释 78 以下。

[159] 1985 年 12 月 20 日理事会指令 85/577*EEC*,参见加尔德纳、比勒、齐默曼和舒尔策:《欧洲私法基本文件》,2003 年,第 69 页以下。

[160] 有关参考资料,参阅《民法典慕尼黑评注》\乌尔默(注释 154),上门销售法案第 1 条前言,注释 5。

[161] 参阅《民法典慕尼黑评注》\乌尔默(注释 154),上门销售法案第 1 条前言,注释 6。

[162] 参阅《民法典慕尼黑评注》\乌尔默(注释 154),上门销售法案第 1 条前言,注释 6。

[163] 参阅《民法典慕尼黑评注》\乌尔默(注释 154),上门销售法案第 1 条前言,注释 8、21。

[164] 1985 年 7 月 25 日理事会指令 85\374\EEC,参见加尔德纳、比勒、齐默曼和舒尔策(注释 159),第 187 页以下。

[165] 联邦法律公报 1989 年第 1 卷,第 2198 页。

[166] 例如,参阅梅迪库斯:《民法》第 20 版,2004 年,注释 650 页以下。

年《欧洲单一市场法案》)[167],在消费者保护领域第三个具有重要意义的措施是《1986 年 12 月有关协调统一各成员国消费者信贷之相关法律、法规、行政规定的指令》,[168]德国于 1990 年颁布《消费者信贷法案》予以实施。这一法案代替了旧的《分期付款买卖法案》。[169] 除分期付款买卖外,该法案还适用于所有的消费者信贷。在消费者亏欠达到纪录额时,[170]该法案意在为消费者提供充分的信息保障,使其知悉信贷的条件和成本以及其将负担的义务之内容,[171]以免他们被强加有关债务履行或不履行的损害性条件。[172] 另外,1974 年的《分期付款买卖法案》规定消费者一周内享有合同撤回权,[173]该规定不仅被继续保留,还扩展到所有的消费者信贷交易。[174] 撤回权,如同该法案中的其他详细规定,[175]欧盟指令并没有对此提出任何要求。《消费者信贷法案》对受保护人范围的界定与《上门销售法案》的有关规定相似:包括那些非为营业目的而接受信贷的自然人。这一次明确使用了"消费者"这一术语。[176]

---

[167] 参阅斯特莱恩兹\鲁尔格(注释 149)第 153 条,注释 5 以下。

[168] 1986 年 12 月 22 日理事会指令 87\102\EEC(消费者借贷),参见加尔德纳、比勒、齐默曼、舒尔策(注释 159),第 75 页以下。

[169] 关于这一点,参阅上文第 165 页以下,第 172 页。

[170] 详细,参阅《慕尼黑评注》\乌尔默(注释 154),《消费者信贷法案》第 1 条前言,注释 7 以下。

[171] 《消费者信贷法案》第 4 条。

[172] 《消费者信贷法案》第 11 ~ 13 条。

[173] 1974 年 5 月 15 日分期买卖法案第二次修订法案,联邦法律公报,1974 年第 1 卷,第 1169 页。

[174] 《消费者信贷法案》第 7 条。

[175] 参阅《慕尼黑评注》\乌尔默(注释 154),《消费者信贷法案》第 1 条前言,注释 14。

[176] 《消费者信贷法案》第 1 条。消费者一词进入德国制定法语言是在 1986 年 7 月 25 日的国际私法改革法案;参阅《德国民法典施行法》第 29 条;梅迪库斯(注释 9),第 478 页以下。

### 3. 换档:发展到《欧盟消费品买卖指令》 182

#### (1)包价旅游与消费合同中的不公平条款

《欧洲单一市场法案》授予欧盟理事会以广泛的权力,采取措施协调统一各成员国的法律法规,这些法律法规的目的在于确立和运行共同市场(《欧共体条约》第100条a款,现在的第95条)。之后,所有的消费者保护法律法规都是以这一新规定为基础的。[177] 首先是1990年的包价旅游指令。[178] 这就需要对《德国民法典》第651a条以下的规定进行多方面修订。最重要的就是在包价旅游组织者破产时对消费者的保护问题。[179] 除了这一点,旅游组织者负担的广泛义务群也进一步强化了旅游消费者的法律地位,但这些并没有纳入《德国民法典》,而是通过下级立法的方式颁行。[180] 1993年4月的《消费合同不公平条款指令》[181]成为欧共体合同法规范的里程碑。尽管这一指令并没有使德国法面貌发生重大变化,但却明确地传递了欧盟将要干预合同法核心领域的信息。针对消费合同所有条款的公平监管机制曾一度被考虑引入,而不论这些监管机制是否标准化。[182] 但声势浩大的游行示威,尤其是来自德

---

[177] 相关指令的常规开篇辞为:"根据设立欧盟之条约,特别是第100a条(现在的第95条),因此……"

[178] 6月13日理事会指令90\314\EEC,参见加尔德纳、比勒、齐默曼、舒尔策(注释159),第149页以下。

[179] 《德国民法典》第651k条,有关评论参阅《埃尔曼》\塞勒(注释145)第651k条,注释1以下。

[180] 《德国民法典》第651a条第3~5款,以及1994年11月14日旅游合同信息提供义务条例(联邦法律公报,1994年第1款,第3436页);该文本,参见《埃尔曼》\塞勒(注释145)第651a条,注释38。

[181] 4月5日理事会指令93\13\EEC(消费合同中不公平条款),参见加尔德纳、比勒、齐默曼、舒尔策(注释159),第49页以下。

[182] 理事会关于消费合同不公平条款的指令提案,《欧盟委员会公报》JC243\2。

国的,最终迫使欧洲委员会在这一方面做出了让步。[183] 德国的《一般交易条件法案》之所以能够保持基本不变,是因为引入了《奥地利一般民法典》第 24 条的规定,而这在某些方面,为那些消费者,与经营者签定的合同中包括未经其个人协商的条款,提供了更高
183 程度的保护。如此,消费者保护已经成为德国《一般交易条件法案》之立法基础的第二位政策目标。[184] 与此同时,该法案还设定了三种不同的保护程度:较低程度,当对营业者采用一般交易条件时;对消费合同的较高程度;以及通常标准,其他但实际上并不重要的情形,如消费者之间交易所采用的格式条款。[185]

(2)分时居住协议与跨境信贷转账

接下来的,是 1996 年 12 月的《分时居住协议法案》,[186]其以欧盟保护消费者的不动产分时使用权指令为基础。[187] 在美国的潮流兴起之后,随着旅游市场的发展,尤其是到南欧洲旅游胜地的跨国旅游,分时居住协议在 20 世纪 80 年代已经成为越来越普遍的一种形式。[188] 侵略性销售方式和误导性广告宣传,如令人动心的来自南方的阳光和沙滩,经常使度假者签定对自己非常不利的合同。

---

[183] 霍摩尔霍夫:“欧洲法律融合对民法的影响”,载《民法实务档案》1992 年第 192 期,第 90 页以下;卡纳里斯:“私法社会中宪法与欧洲法上的契约自由”,载《宪法存在的方式和发展:莱尔歇(Peter Lerche)纪念文集》,1993 年,第 873 页以下,第 887 页以下。

[184] 《民法典慕尼黑评注》\贝斯道(注释 129),《奥地利一般民法典》第 24a 条,注释 5 以下;赫尔姆特·海因里希斯,载《帕兰特民法典》2002 年第 61 版,导论,注释 6;里梅恩(注释 9),第 491 页。

[185] 瓦尔特真(Dagmar Coester-Waltjen):“论一般交易条件法之修订”,载《法律学习》,1997 年,第 272 页以下。

[186] 《分时居住协议法案》,联邦法律公报,1996 年第 1 卷,第 2154 页。

[187] 欧洲理事会和议会 1994 年 10 月 26 日第 94/47/EC 号指令(不动产分时使用权),参见加尔德纳、比勒、齐默曼、舒尔策(注释 159),第 197 页以下。

[188] 马丁内克(Michael Martinek):“论欧盟中的不动产分时所有制度”,载《欧洲私法杂志》1994 年第 2 期,第 473 页以下。

欧盟有关分时使用权的指令（包括其后德国的法案）在此情境下为购买者提供的主要保护机制包括：要求在合同签订前向购买者提供充分的信息；授予购买者于合同签定后 10 日内的合同撤回权；以及禁止预先支付。[189] 欧盟指令和德国法案都用了一个中性词语“购买者”，但其界定方式则近似于消费者的概念。1997 年 1 月的跨国信贷转账指令，[190]从其任何用词的词意上看，都没有限定适用于消费者。该指令意欲改进跨国信贷转账服务，并提高跨国偿付的效率。更具意义的是，在德国，并没有通过特别立法，而是采取修改《德国民法典》的方式实施该指令。而同时，新《德国民法典》第 676a 条到第 676k 条的规定远超出了欧盟指令的要求范围，其适用范围不仅仅限于欧共体内的跨国信贷转账，而且包括所有的信贷转账，包括所有的国内信贷转账。[191] 这可能也正是促使德国政府将各自不同的规定纳入《德国民法典》的原因之一。我们这里所涉及的是一种特殊的交易形式，其可以相对容易的附加到《德国民法典》所规范的其他交易类型之中。先前，关于包价旅游问题也采取了相同的方式。[192]

184

（3）远程合同

有关跨国信贷转账指令的实施，尽管没有直接转向消费合同，但却将会确立一种影响德国消费合同法的模式。当 1997 年 5 月[193]有关远程合同的消费者保护指令于 2000 年 6 月在德国实施

---

[189] 对德国法案的尖锐批评，参阅马丁内克：“新分时居住法案——分时合同中消费者保护的歧途”，载《新法学周刊》，1997 年，第 1393 页以下。

[190] 1997 年 1 月 27 日欧盟议会和理事会第 97/5/EC 号指令（跨国转账）；参见加尔德纳、比勒、齐默曼、舒尔策（注释 159），第 159 页以下。

[191] 对新制度的批评评价，参阅埃泽勒（Dorothee Einsele）：“新银行转账法”，载《法学家报》，2000 年，第 9 页以下。

[192] 上文注释 116。

[193] 1997 年 5 月 20 日欧盟议会和理事会第 97/7/EC 号指令（远程合同），参见加尔德纳、比勒、齐默曼、舒尔策（注释 159），第 91 页以下。

时,这一点就很明显了。即使已经颁行了一些有关远程合同的单行法,[194]德国政府仍然决定在一些特定方面改变《德国民法典》。这样做的目的意在提供消费合同一般规则的核心内容,并将消费合同法并入一般合同法。[195] 如此,尤其是《德国民法典》第 361a 条,这一较为冗长的新规定详细规范了远程合同以及远程教学、上门销售、消费者信贷、分时居住协议等法案所规定的撤回权问题。* 这样的做法是为了寻求统一,而考虑到欧共体在每一具体领域的相关指令所确定的条件,统一完全是可能的。由此,撤回权的行使期限得到了统一(两个周)。当根据销售说明书签订合同时,撤回权则常为退货权所替代。《德国民法典》第 361b 条规定了这种可能情形的条件,以及如何行使退货权。[196] 另外民法典还
185 对商人主动向消费者提供产品或服务的情形进行规范。然而,最为重要的,《德国民法典》被"消费者"(Verbraucher)和"经营者"(Unternehmer)这两个关键术语的定义所修正。消费者是所有进行有效法律行为(法律交易)的自然人,但不得以营利或独立营业为目的;[197]经营者可以是自然人、法人或具有法律人格的合伙,实

---

[194] 2000 年 6 月 27 日《远程销售法案》,载《联邦法律公报》2000 年第 1 款,第 897 页;有关评论,参阅赫伯特:"远程销售法案",载《法学家报》,2000 年,第 1013 页以下;温德霍尔斯特(Christiane Wendehorst),载《慕尼黑民法典评注》第 2 卷,2001 年第 4 版,第 2117 页以下。

[195] 乌尔默,载《慕尼黑民法典评注》第 2 卷,2001 年第 4 版,第 361a 条,注释 7;《慕尼黑民法典评注》\温德霍尔斯特(注释 194),《远程销售法案》第 1 条前言,注释 15。

* 2000 年德国将撤回权统一规定在民法典第 361a 条中,并废除了《消费者信贷法》、《上门销售法》、《分时居住协议法》及《远程合同法》等单行法。2002 年债法现代化后,第 361a 条被扩展为 5 条,即第 355 ~ 359 条,分别对撤回权的相关内容做出规定,包括撤回权的构成前提,效力及法律效果等。——译者注

[196] 关于撤回权与退还权之间区别的解释,参阅《慕尼黑民法典评注》\乌尔默(注释 195)第 361b 条,注释 11 以下。

[197] 《德国民法典》第 13 条。

施有效交易须以营利或独立营业为目的。[198] 如此,在 2000 年 6 月的改革后,《德国民法典》某种程度上已经包括了几个“锚链(anchors)”,[199]它们使《德国民法典》之外的特别规则能够被巧妙的相互联结起来。《远程合同法案》的核心特征是,关于要求供应方在合同签订前提供充分信息,以及授予消费者撤回权的规定。因此,这可以将消费者置于获得充分信息的良好境地,但是这并不能改变消费者在远程合同签订前无法实际看到产品或确定服务的性质。这也是欧盟指令的起草者支持撤回权的原因。[200]

(4)迟延支付、电子签名和电子商务

2000 年 6 月,一项关于商事交易迟延支付的指令颁行。[201] 这一指令一方面是为了改善商人所面临的越来越多的债务人迟滞支付问题,另一方面也是为了改善对消费者保护无所作为的情形。当然,这也影响了有关传统违约规则的核心内容:债务人迟延(mora debitoris)之概念。仅仅在欧盟指令颁行前的两个月,加速到期支付法案[202]在德国开始生效,其与欧盟指令的目的完全相同,并修正了《德国民法典》第 284 条的规定。[203] 这一法案被认为是对欧盟指令的预先实施。然而,把新民法典第 284 条第 3 款与欧盟

---

[198] 《德国民法典》第 14 条。

[199] 德尔纳(Heinrich Dörner):“《德国民法典》中消费者保护规范的整合”,载舒尔策、内尔克(注释 9),第 181 页以下。

[200] 参阅《远程合同指令》,说明第 14 项。

[201] 2000 年 6 月 29 日欧盟议会和理事会第 2000/35/EC 号指令(商事交易中的迟延支付),参阅加尔德纳、比勒、齐默曼、舒尔策(注释 159),第 59 页以下。

[202] 《联邦法律公报》,2000 年第 1 卷,第 330 页。

[203] 有关对新德国民法典第 284 条第 3 款的详细评论,参阅乌里希胡博:“新迟延支付法与私法自治原则”,载《法学家报》,2000 年,第 743 条以下;比较参阅恩斯特:“欧洲中的德国立法——以迟延支付为例”,载《欧洲私法杂志》2000 年第 8 期,第 767 页以下。

186 指令规定的条件作以对比,就会发现,两者的性质截然相反。[204] 因此,这就需要对既有改革进行再改革,而这由是德国债法的现代化(已于 2002 年 1 月开始实施)来完成的。[205] 1999 年 12 月欧盟关于电子签名的共同体框架指令[206]并没有特别的消费者保护倾向性;然而这一指令在德国的实施却伴有一个特殊法案(2001 年 5 月的《电子签名法案》),[207]并在《德国民法典》中纳入了两条新规定。[208] 2000 年 6 月适用于内部市场某些特定的信息社会服务(information society services)*的指令,尤其是关于电子商务的指令,也采取了相同的方式。[209] 在德国,该指令部分的通过 2001 年 2 月的《电子商务法律框架法案》予以实施,[210]部分的则通过第 312e 条被引入《德国民法典》;[211]后者是德国债法现代化改革的内容之一。《德国民法典》第 312e 条旨在保护消费者和经营者,防范通

---

[204] 乌里希·胡博:"加速到期支付法与欧盟商事交易中迟延支付指令",载《法学家报》,2000 年,第 957 页以下。

[205] 参见新《德国民法典》第 286 条。

[206] 1999 年 12 月 13 日欧洲议会和理事会 1999/93/EC 指令(电子签名),参见加尔德纳、比勒、齐默曼、舒尔策(注释 159),第 33 页以下。

[207] 2001 年 5 月 16 日《电子签名框架条件法》,载《联邦法律公报》2001 年第 1 卷,第 876 页。

[208] 《德国民法典》第 126a、126b 条;比较民法典第 126 条第 3 款。

* 信息社会服务,泛指任何电子商务服务形式,很多国家专门颁布了信息社会服务法案,对其做出界定,譬如爱沙尼亚(2004)、芬兰(2002)等。前者认为信息社会服务是指经接收人直接请求,而以电子形式或专业行为提供服务,不需要当事人同时出现在同一地点。后者列出了四个条件,包括(1)远程服务;(2)电子形式;(3)接收人直接要求;(4)通常不需支付。——译者注

[209] 2000 年 6 月 8 日欧洲议会和理事会 2000\31\EC 指令(电子商务);参见加尔德纳、比勒、齐默曼、舒尔策(注释 159),第 3 页以下。

[210] 2001 年 12 月 14 日《电子商务框架条件法》,载《联邦法律公报》2001 年第 1 卷,第 3721 条。

[211] 有关指令第 10、11 条规定的信息提供义务,参阅 2002 年 8 月 5 日民法信息提供义务法案第 3 条,《联邦法律公报》2002 年第 1 卷,第 3002 页。

过"信息(社会)服务"购买货物或接受服务时所面临的内在风险,当然对消费者的保护程度更高。因此,可以认为,消费者保护是《德国民法典》新规定的目的之一。[212] 消费者参加电子商务所获得的保护和风险防范措施包括:(i)禁止未向消费者提供充分信息而签订合同,(ii)禁止其他定购优先于经消费者同意的定购,或者以"信息社会服务"的实施方式反复提供非意愿定购。

(5)消费品买卖

最终,1999年5月的消费品买卖及担保指令[213]使这一新方式达至顶峰。因为,这一指令不仅是德国债法现代化改革的政治启动器,改 187
革的范围广泛,尤其包括时效法、给付障碍、给付不一致责任等方面。[214] 指令也为将大量特别法规纳入《德国民法典》提供了恰当的时机。既然所有这些特别法规都涉及消费者保护,那么就必须认为,这一纳入民法典的行为(这并非为消费品买卖指令所要求)表达了德国政府尽其可能整合消费法和一般法的愿望。[215] 受到影响的法规包括一般交易条件、上门销售、消费者信贷、远程合同以及分时居住协议等法案,它们全部为《德国民法典》中的新规定所替代。有点令人惊奇的是,另外两个重要的消费者保护法规,如远程教学和产品责任,却未被触及。

**四、纳入整合:如今所是的法律**

(一)定义、未经约定之给付、一般交易条件

为了在《德国民法典》体系内找到恰当的位置,新的消费者保

---

[212] 温德霍尔斯特,载《慕尼黑民法典评注》第2a卷,第4版,2003,第312b条前言,注释5;第312e条,注释3。

[213] 1999年5月25日欧洲议会和理事会1999/44/EC指令,参见加尔德纳、比勒、齐默曼、舒尔策(注释159),第107页以下。

[214] 参阅上文,第1页及下一页。

[215] 参阅"债法现代化法案讨论草案",载卡纳里斯《2002债法现代化》,2002年,第66、95页;"债法现代化法案联邦政府草案说明",载卡纳里斯(同上)第601页以下;"委员会报告",载卡纳里斯(同上)第1067页以下。

护规定已经散及了民法典的前两编。众所周知,《德国民法典》体系的特征是从一般到具体:整个民法典的总则(第一编)、债法总则(第二编,第1~7章),以及各种类型的债(第二编,第8章,从买卖到侵权,这一章被分成27节)。前面已经提到,《德国民法典》总则部分修订引入了“消费者”和“经营者”两个概念。[216] 事实上,消费者合同就是指消费者和经营者之间签定的合同,因此这两个定义确属同类。[217] 例如消费者之间的合同就不属于保护范围。由此,就有很多评论者认为这方面的整体内容应该被视为商业法
188 的一个特别分支。[218] 所有其他的消费者保护规定都已经成为债法的组成部分。前文已经提到,新《德国民法典》第241a条关于未经约定之给付的规定,[219]其已在“债之主旨内容”的有关规定中获得了显著位置。总体上,关于一般交易条件的实体规定也被置于第二章“通过一般交易条件形成的债务关系”的新规定中(《德国民法典》第305~310条)。新规则的表述与旧法的区别并不大,只是作了一些新的调整,由原来的14条削减到了10条。《德国民法典》第307条第1款第2项规定,合同约定不明和过于广泛也可能导致不合理损害(通常为一般交易条件被认定无效的后果)。然而,这也没有什么新鲜之处,因为这仅仅是对法院根据旧法所发展的透明性原则(transparency requirement)的制定法重述而已。[220]

---

[216] 参阅上文第185页。

[217] 《德国民法典》第310条第3款。

[218] 格鲁德曼:《欧洲债务合同法》,1999年,全书;同作者:“欧洲商法:从19世纪法典编纂时期的自由放任式商法到强调社会责任的商法”,载《商法经济法综合杂志》1999年第162期,第635页、第665页以下、第669页以下。

[219] 参阅上文第184及下1页。

[220] 《联邦最高法院民事裁判汇编》BGHZ 104,82,92; BGHZ 106,42,49; BGHZ 106,259,264; BGHZ 108,52,57; BGHZ 115,177, 185;《帕兰特民法典》\海因里希斯(注释184)奥地利一般民法典第9条,注释15以下;《民法典慕尼黑评注》\贝斯道(注释129)奥地利一般民法典第9条,注释28以下;乌尔默,布兰德纳、亨森、施密特(注释139)第9条,注释87以下;参阅《有关消费者合同不公平条款指令》第5条。

公平监控已经扩展到了劳动法规则调整的雇佣合同(《德国民法典》第310条第4款第2项;但是“必须适当考虑劳动法的特别规定”)。[221] 然而,最重要的改变并没有反映在新的法典文本中。原因是,债法现代化已经对有关时效、买卖合同给付不一致以及一般违约等方面的法律规则进行了改革;[222]这些改革肯定会对通过一般交易条件使合同对方遭受不合理损害的评价标准产生影响。[223]如果一项约定“不能与其所违反的法定条款之根本正义观念相融”,那就会根据《德国民法典》第307条第2款第2项推定存在不合理损害。特别是,可以发现,德国买卖法的新规则是否或在什么程度上会体现这一根本的正义观念,这些新规则通常与消费品买卖法有关,或即使适用于一般买卖合同但也是产生于欧盟消费品买卖指令。[224]

(二)特殊交易形式 189

《德国民法典》第2编第3章(基于合同产生的债务关系)第1节(成立、内容和终止)现在包含了一个下级标题“特殊的交易形式”。在此可以发现关于上门交易、远程合同、电子商务的特殊规定,尤其是在上门交易(《德国民法典》第312条)和远程合同(《德国民法典》第312d条)中的撤回权、远程合同中代替撤回权的退货权(《德国民法典》第312d条)、远程合同中向消费者提供信息的一般规定(《德国民法典》第312c条),以及那些通过电视或传

---

[221] 详细参阅《慕尼黑民法典评注》\贝斯道(注释134)第310条,注释87以下。

[222] 参阅上文第39页以下,第79页以下,第122页以下。

[223] 参阅约吉姆·海因里希斯,载《债法律师评注》(2002)第307条,注释13;赫尔姆特·海因里希斯,载《帕兰特民法典》第64版,2005年,第307条,注释26;斯塔德勒(Astrid Stadler),载饶尔尼希主编:《民法典》第11版,2004年,第307条,注释10;W. -H. 罗斯,载《法学家报》,2001年,第475页,第486页以下,第489页;维斯特曼:“论包括消费品买卖的新买卖法”,载《法学家报》,2001年,第530页,第535页以下。

[224] 参阅上文第97页。

媒提供货物或服务的经营者负担的其他一些义务（包括信息提供义务，《德国民法典》第 312e 条）。如果两个当事人分别为“消费者”和“经营者”，那么除了民法典第 312e 条，这一标题下包括的所有规则（如关于上门交易的撤回权）[225]都适用于消费者合同。所有这些规则，包括《德国民法典》第 312e 条，都是单方强制性规范，譬如这些规则不能被降低而损害消费者或顾客的利益。这一下级标题中包含了三种交易类型，它们的关键共同点是，都属于直接营销形式。[226]如此，并不是交易内容使它们区别于其他交易，而是交易达成的模式。

（三）撤回权（一般规则）

债法总则中另一项新的下级标题中规定了消费合同中撤回权的一般规则。[227] 这些规则包括上门交易（《德国民法典》第 312 条第 1 款）、远程合同（《德国民法典》第 312d 条第 1 款第 1 项）、分时居住协议（《德国民法典》第 485 条第 1 款）和消费者借贷合同（《德国民法典》第 495 条第 1 款）、分期供货合同（《德国民法典》第 510 条第 1 款第 1 项）以及远程教学合同（远程教学法案第 4 条第 1 款）等情形下的撤回权，它的基础则是在债法现代化法案[228]颁布一年半前已经生效的《德国民法典》第 361a、361b 条，该两条规定是为了改变先前各种不同规定的极度混乱情形，尽量采取各种
190 方式[229]确立统一制度。[230] 如此，例如撤回权现在被认为是合同之法

---

[225] 参阅上文第 180 页以下。

[226] 乌尔默，载《慕尼黑民法典评注》第 2a 卷，2003 年第 4 版，第 312、312a 条前言，注释 8。

[227] 《德国民法典》第 355 条以下。对于消费者而言，这还包括退还权；比较下文第 190 页及下 1 页。

[228] 参阅上文第 184 页及下一页。

[229] 《帕兰特民法典》\海因里希斯（注释 184）第 361a 条，注释 3。

[230] 有关评论参阅《慕尼黑民法典评注》\乌尔默（注释 195）第 361a 条，注释 1 以下。

定终止权的特别范例。[231] 这意味着,在消费者行使撤回权之前,合同仍是有效的。[232]撤回,如同终止,使合同关系转变为清算关系。[233]除其他规定外,也准用(apply mutatis mutandis)于法定解除的规定。[234] 在消费者以书面形式获悉撤回权的详细信息后,其必须在两个周内向经营者发出撤回通知。撤回权的行使不需要任何理由。[235]

新法也规定了自合同签订起 6 个月的标准期间,该期间届满撤回权即归于消灭。[236] 就上门交易来看,这一规定与相关的欧盟指令并不相吻合。[237] 这也是新《德国民法典》第 355 条颁行没几个

---

[231] 《慕尼黑民法典评注》\乌尔默(注释 226)第 355 条,注释 9;《饶尔尼希》\斯塔德勒(注释 223)第 355 条,注释 3。

[232] 对这一进路的广泛分析,并与 2000 年 6 月前的主要法律情形进行比较,参阅曼科威斯基(Peter Mankowski),《解除权》(2003)第 33 页以下。

[233] 《慕尼黑民法典评注》\乌尔默(注释 226)第 355 条,注释 33。

[234] 《德国民法典》第 357 条第 1 款第 1 项。

[235] 《德国民法典》第 355 条第 1 款第 2 项,第 2 款第 1 项。

[236] 《德国民法典》第 355 条第 3 款第 1 项。

[237] 参见 85\577\EEC 指令第 4 条第 3 款;欧洲法院 2001 年 12 月 13 日判决(C－481/99)海宁格 诉 联合银行 案(*Heininger v. Bayerische Hypo-und vereinsbank AG*)[2001] ECR Ⅰ－9945。

该案涉及“关于在营业场所之外缔结合同的消费者保护的指令(85 /577 /EEC)”的适用,尤其是消费者的撤回权问题。案件基本事实是,德国的海宁格夫妇从联合银行贷款买卖了一套公寓,同时以该不动产作为担保。5 年之后,海宁格夫妇要求撤回该借贷协议,理由是房地产中介机构主动找到他们并说服他们购买了改公寓,而该中介同时也是银行的代理人,签订合同时他们没有被告知享有撤回权。德国联邦最高法院认为这一信贷担保协议不属于消费者信贷法案之调整范围,并将该问题提交欧洲法院。2001 年 12 月 13 日欧洲法院最终裁判认为,85 /577 /EEC 指令应被解释适用于担保信贷协议,只要适合第 1 条中规定的情形,消费者即享有指令第 5 条规定的撤回权;而且如果消费者享有指令第 5 条规定的撤回权,而又没有根据第 4 条受到其享有撤回权的通知,那么指令即排除成员国立法中对撤回权自合同签订之日起 1 年的时间限制。——译者注

月后其第三段就被修正的原因[238],其进一步明确:即使有民法典第355条第3款第1项的规定,但如果经营者没有及时通知消费者其享有撤回权,那么该权利并不会消灭。[239] 这基本上完全消除了6个月期间的实际效果,而根据欧共体的法律,无论上门交易规则还是所有其他撤回权规定都没有要求通知这一条件。在很多情形下对撤回权根本就不存在时间限制,如此合同也就持续的存在危险。很难说这是可取的。[240] 对于基于销售说明书签订的合同,撤回权
191 有时可以为一项并不严格的退货权所代替。[241]《德国民法典》第356条以下的规定详细明确了退货权。退货权是撤回权的一种形式类型,两者遵循的规则非常相似。[242] 特别地,就撤回权而言,其准用于法定解除的规定。[243] 经常地,消费者只有通过与销售货物或提供服务的经营者,或者与第三方,如银行,签订消费者信贷合同才有财力获取货物或享受服务。最后,消费者将向两个债权人负担债务。为另一合同提供信贷资助或信贷的合同与消费合同在

---

[238] 改革律师在地区高等法院出庭的法律之组成部分,2002年7月23日,《联邦法律公报》,2002年第1卷,第2850页。

[239] 《德国民法典》第355条第3款第3项第4款。

[240] 参阅《慕尼黑民法典评注》\乌尔默(注释226)第355条,注释56以下;《帕兰特民法典》\海因里希斯(注释223)第355条,注释22;蒂默贝尔(Sven Timmerbeil),“论新德国民法典第355条第3款:立法的仓促应对?”(2003),载《新法学周刊》第569页以下。

[241] 德国民法典第312条第1款第3项,第312d条第1款第2项,第503条第1款。如果合同以销售说明书为基础签订,那么只能以退货权代替撤回权,这一规则在上述这些规则中尚不清晰,而要参照第356条的规定;比较譬如《慕尼黑民法典评注》\乌尔默(注释226)第312条,注释8;《慕尼黑民法典评注》\温德霍尔斯特(注释212)第312d条,注释112。关于退货权中“无限制”一词的重要意义,参阅《慕尼黑民法典评注》\乌尔默(注释226)第356条,注释15。

[242] 正式化的,只能以“退还寄还该物,或者该物不适合作为包裹发送的,只能请求取回”的方式行使该权利:德国民法典第356条第2款。

[243] 《德国民法典》第357条第1款。

经济上构成一体(wirtschaftliche Einheit),《德国民法典》第358、359条即对此予以规定。[244] 如果消费者针对商业经营者享有撤回权,那么在其行使了撤回权后,将不再被信贷合同所束缚。[245] 同样地,反之也适用:如果消费者撤回了信贷合同(根据民法典第495条这是可能的),那么货物销售或服务提供合同也就不再具有约束力。换言之,一个合同被撤回的法律后果也当然扩及另外一个合同。在民法典第358条第4款规定的联结合同(linked contract\verbundene vertraege)的情形下,清算关系(the winding-up relationship)仍然存在。《德国民法典》第359条尽管没有规定撤回权,但也规范联结合同:消费者仍然可以根据其签定的消费信贷合同而抗辩与其签定联结合同的相对人。在该下级标题中包含所有关于消费合同之撤回权和退货权的规定,仅有很少的例外,[246]都属于单方强制性规范。这一点并没有明确规定,但是却可以通过(法律)解释而推断说明。[247]

(四)消费品买卖

对"特定类型的债"的规范,是以买卖合同和互易合同(第8章第1节)的有关规定为开始的。现在又有了新的下级标题,即为"消费品买卖"(第474～479条)。这一标题具有误导性,因为事实上其并不规范某种特定产品的销售,而是规范所有的经营者向消费者销售动产的情形。[248] 很明显,《德国民法典》第474条以

---

[244] 有关背景信息,参阅《慕尼黑民法典评注》\乌尔默(注释226)第358条,注释1以下。

[245] 《德国民法典》第358条第1款。

[246] 《德国民法典》第356条第1款第1项,第357条第2款第3项。

[247] 《慕尼黑民法典评注》\乌尔默(注释226)第355条,注释4;《饶尔尼希》\斯塔德勒(注释223)第355条,注释2。

[248] 弗罗里安·福斯特,载巴姆伯格、赫伯特·罗斯主编:《民法典评注》,2003年第1卷,第474条,注释3。

192 下的规定,是实施消费品买卖指令的特殊规则。然而,既然该指令中的规范模式大多都以某种方式纳入到了买卖法的一般规定中,[249]那么也就只有不多的其他规则适用于消费合同。最为重要的,《德国民法典》第 475 条规定了一般买卖法中关于销售者给付不一致的责任,以及消费合同中的这一规定,都属于有利于买受人/消费者的单方强制性规范。[250] 另外,如果在产品交付购买者 6 个月后发现瑕疵,那么就推定在产品交付时瑕疵即已存在,除非这样的推定与货物或瑕疵性质不符。[251] 货物出售者对向自己提供货物的经营者主张的求偿请求权(right of recourse)有特殊的担保规定,而且对这些求偿请求权的时效也有特殊规定。[252] 第一节(买卖和互易)之后是新的规定,即第二节分时居住协议(《德国民法典》第 481 ~487 条)。这一规定的目的是要将《分时居住协议法案》的规定纳入到《德国民法典》。首先是关于"分时居住协议"概念的规定,之后提出分时居住协议的经营者负有发布详细信息说明的义务、合同和说明书语言的确定、分时居住协议的形式、赋予消费者撤回权,以及禁止预先偿付等规定。所有这些规定都属于单方强制性规范。[253]

(五)信贷交易

《消费者信贷法案》曾经是最重要的消费者保护法规。该法案被纳入《德国民法典》,这恰好为德国政府提供了很好的机会对有关信贷交易,尤其是信贷合同的法律进行全面修订。《民法典》

---

[249] 参阅上文第 97 页。

[250] 详细情况,参阅福斯特(注释 248)第 475 条,注释 3 以下。

[251] 《德国民法典》第 476 条。客体的性质:客体的耐久性不到 6 个月(如食品);参阅"债法现代化法案讨论草案理由说明书",载卡纳里斯(注释 215),第 296 页;瑕疵的性质:买卖动物感染的疾病;参阅福斯特(注释 248)第 476 条,注释 4。

[252] 《德国民法典》第 477 ~479 条。

[253] 《德国民法典》第 487 条。

第 607 条以下规定的旧规则被认为已经过时，[254]尤其是这些规则，在概念上，仍然延续了罗马法上的“要物”(real)合同观念：[255]因物(或，在此情形，一笔货币)的交付而存在的合同。[256] 整个改革的历史简短而混乱；被称作讨论草案的文本中包括的一系列规则令人非常不满，[257]例如其没有规定物的借贷合同。[258] 由于不断地批评，最后导致了很多变化，形成了如下的规范模式：过去的借贷合同被分为物的借贷合同(《德国民法典》第 607～610 条)和借贷合同(意指借贷金钱的合同，《德国民法典》第 488～505 条)。后者成为第三节的内容，第三节题为“借贷合同、经营者与消费者之间的融资援助及分期供应合同”。《德国民法典》第 655a～655e 条的规定在第十节，题为“居间合同”，其中规定了经营者与消费者之间的借贷居间合同。货币借贷合同的新规则是旧借贷合同一般性规则的现代化版本(《德国民法典》第 488～490 条)。很多消费者借贷合同(例如消费者与经营者之间的报酬借贷合同)的规定对这些新规则具有补充作用。此外，还有以下方面具有补充作用的规定：合同形式要求[259]、经营者向消费者负担的详细告知义务[260]、不符合形式要求的法律后果[261]、消费者的撤回权[262]、迟延利息的处理、

193

[254] “债法现代化法案政府草案理由说明书”，载卡纳里斯(注释 215)，第 884 页。

[255] 梅迪库斯：《债法Ⅱ》，2004 年第 12 版，注释 287；科恩德根(Johannes Köndgen)：“信贷法的现代化：一个错误”，载恩斯特、齐默曼(注释 7)，第 457 页以下。

[256] 参阅《债法》(注释 13)，第 153 页以下，第 163 页以下。

[257] 参阅科恩德根(注释 255)，第 457 页以下；布罗(Peter Büllow)：“德国民法典中的信贷合同与消费者信贷规范”。

[258] 参阅雷根斯堡会议上德国私法教授泰西曼(Teichmann)、胡博(Huber)、科勒(Koller)所提出的批评：恩斯特、齐默曼(注释 7)，第 479 页。

[259] 《德国民法典》第 492 条第 1 款第 1～3 项。

[260] 《德国民法典》第 492 条第 1 款第 5 项。

[261] 《德国民法典》第 494 条。

[262] 《德国民法典》第 495 条。

部分履行的抵充,以及分期借贷的全部到期清偿等规定。[263]

这一节中的新规定是关于融资援助的(延长偿付时间和其他融资援助)。[264] 消费者借贷合同的大部分规则也都准用。[265] 另外关于分期偿付交易(最重要的形式如"延期偿付")和融资租赁合同(最重要的形式如"其他融资援助")的特殊规则也获颁行。[266]《德国民法典》第510条规定了消费者和经营者之间的分期供应合同。在分期付款买卖法案第1c条以及随后的消费者信贷法案第2条中,即使不涉及信贷交易,消费者也被授予撤回权。上面提到的所有规定,除了物的借贷合同和一般性的借贷合同,都具有单方
194 强制性[267]。《德国民法典》第491~506条的规定不仅适用于民法典第13条中界定的消费者,而且还适用于那些为从事营利或独立营业活动而请求给予借贷、延期偿付或其他融资援助,或为此目的而订立分期供货合同的自然人,除非净借贷额或现金额超过50,000欧元。[268] 这一对消费者保护之规定的扩展基础是消费者信贷法案;但欧盟的消费者信贷指令并无此要求。[269]

(六)包价旅游

当然,最后,包价旅游合同也被法典化纳入《德国民法典》第651a条以下的规定。这一规定在1979年被纳入民法典,[270]到1990年又根据欧盟包价旅游指令进行了修订。[271] 之后,2001年7月(包

---

[263] 《德国民法典》第497、498条。

[264] 《德国民法典》第499~504条。

[265] 《德国民法典》第499条第1款。

[266] 《德国民法典》第499条第2款结合第500~504条。

[267] 《德国民法典》第506、655e条。

[268] 《德国民法典》第507条。

[269] 摩勒(Cosima Möller)、温德霍尔斯特,载巴姆伯格、赫伯特罗斯主编:《民法典评注》,2003年第1卷,第507条,注释1、3。

[270] 参阅上文第173页。

[271] 参阅上文第182页。

价旅游第二次修订法案)和2002年11月(债法现代化法案)又分别进行了两次修订。[272] 所有有关包价旅游的规定(仅有一个例外)[273]都属于单方强制性规范。[274] 扩展保护的对象是"旅游者",如《德国民法典》第651a条以下的规定,而不是民法典第13条规定的消费者的概念。

## 五、总体评论

### (一)消费合同法与欧共体

简述之,今天的法律即已如此,对此可稍做评论。

尽管欧盟在过去25年间一直主导着消费合同法的发展,但总有怀疑和提出质问的是,其在多大程度上有能力调整这一法律领域。以上提到的所有法令都是以欧共体条约第95条为基础的(如按照旧的条文数就是第100a条);更精确地说,以指令所采用 195
的词语,"尤其是"第95条。[275] 然而,在关于烟草广告指令的判决中,欧盟法院早已强调,欧共体只能就各成员国内旨在促进内部市场发展的法律之协调统一采取措施。[276] 这只有在各成员国的法律规则分歧构成自由贸易障碍或导致严重的不正当竞争时才可能存在。[277] 按照上述严格要求,很多消费者保护指令的基础是很薄弱

---

[272] 在两种情形下都得到修订的规则之详细情况,参阅斯普劳(Hartwig Sprau),载《帕兰特民法典》第64版,2005年,导言. v. 第651a条,注释2。

[273] 《德国民法典》第651g条第2款(消灭时效)。

[274] 《德国民法典》第651条。

[275] 上文注释177;比较海德霍夫(注释9)第223页以下。关于目前情况下的管辖权侵蚀现象,参阅维特里尔(Stephen Weatherill):"为什么反对欧盟的私法?",载《欧洲私法杂志》,2004年,第634页以下。

[276] 欧洲法院2000年10月5日的判决,德国诉欧洲议会(*Germany v. European Parliament*)(C-481/99)[2000],《欧洲法院汇编》第1卷,第8419页;关于欧洲法院角色的一般论述,参阅最近材料,海德霍夫(注释9)第94页以下。

[277] 欧洲法院2000年10月5日的判决,德国诉欧洲议会(*Germany v. European Parliament*)(C-481/99)[2000],《欧洲法院汇编》第1卷,第8419页。

的。举其中一个例子,在上门交易中引入撤回权,即引入妨碍直销形式的法律机制,是否能够消除欧共体各成员国之间的贸易障碍,这还不怎么清楚。[278] 而且,各成员国经常会采用或维持更有利消费者保护的法规。[279] 这一点表明,欧共体的真正目的是,通过所有成员国提高消费者保护的最低限度,而不是消除各成员国之间因保护程度多样而导致的既有贸易障碍。显著的不正当竞争经常是虚假的,而非真实的;例如在上门交易情形中,由于所有的贸易者并不是根据各自的市场销售标准,而是在同等条件下竞争,因此也就不可能发生不当竞争。根据关于合同债务法的《罗马公约》第 5 条,消费者住所地国家的强制性规则也适用于这些类型的消费合同。[280] 消费品买卖指令除了明确说明,由于各成员国关于消费品买卖的法律"差别较大",所以"销售者之间可能存在不当竞争"外,[281]也援引了"自信消费者"的观念(the notion of the confident consumer),尤其是当其说明"创造有关消费者法律的一系列共同最低规则",如不论在共同体内何处购买货物都属有效,会强化消费者的信心,并使消费者能够最大限度地利用(共
196 同体)内部市场"。[282]换言之,由于可能会面对内容迥异且不熟悉的法律规则,因此消费者可能难以进行跨国交易。如果这方面的考虑被作为法律融合的有效基础,那么其就会使欧共体有能力(Competence)融合全部合同法(也包括相近法律领域,如不当得

[278] W. - H. 罗斯(2001):《法学家报》第 475、477 页。

[279] 在目前情况下,对以最低标准为基础的融合问题的讨论,参阅赫尔姆特·海瑟:"国内市场上的消费者保护:《欧共体条约》第 129a 条与消费者的经济利益",载《欧洲私法杂志》1996 年第 4 期,第 637 页以下;海德霍夫(注释 9)第 38 页以下。

[280] W. - H. 罗斯(2001):《法学家报》第 475、477 页。

[281] 1999/44/EC 指令,说明 3。

[282] 1999/44/EC 指令,说明 5。

利规则)：[283]而这一结论在今天通常不被接受。[284] 是否以及在何种程度上，关于消费合同法领域的未来指令将会以欧共体条约第153条而不是第95条为基础，仍需继续关注。实质上，这取决于未来的指令是否可以被理解为支持、补充和监督各成员国消费者保护政策的措施；另外的原因则在于，第153条第3款b项特别授权共同体采取措施以"促进"实现"更高的消费者保护水平"。[285]

(二)感到吃惊的

在20世纪80年代和90年代的时间里，尽管德国法学家已经习惯了这样的观念，即德国消费合同法的发展最终由布鲁塞尔来决定，一个接一个的指令必须被内国化，而最后，相应的"零碎补丁式"的特别法规则被附加到私法的整块"地毯"之中，但他们还是对德国政府关于将这些法规纳入到《德国民法典》的决定感到吃惊。[286] 当然这样的感觉，多少有点事后诸葛，因为在实施远程合同指令的过程中，德国政府就已经开始将消费者保护的法规锚泊

---

[283] W. –H. 罗斯(2001)：《法学家报》第475页，第478页以下。

[284] 根据欧洲法院对烟草广告指令的裁判而对第95条的有关解释，参阅W. –H. 罗斯："欧洲法语境下的债法现代化"，载恩斯特、齐默曼主编(注释7)第231页以下；里森胡博(注释9)第135页以下；罗斯勒(注释6)第284页以下；但也参阅赖希、麦克里茨(注释149)第1页，第21页以下；海德霍夫(注释9)第29页及下一页，第220页以下。

[285] 斯特莱恩兹\鲁尔格(注释149)第153条，注释34以下；海德霍夫(注释9)第28页以下；韦德曼(注释9)第48页。欧盟条约第153条第3款a项并没有规定欧盟有权规范有关消费者的问题；参阅沃纳·伯格，载施瓦策主编：《欧盟评注》，2000年，第153条，注释14；比较斯特莱恩兹\鲁尔格(注释149)，第153条，注释32以下。

[286] 道纳里布："债法现代化进程：突破性进展还是仓促应付？"，载《法学家报》，2001年，第8页以下；海因里希霍泽尔："对债法现代化法案讨论草案的一项评论"，载《法学家报》，2001年，第18页以下；齐默曼："债法现代化？"，载《法学家报》，2001年，第171页以下。

于《德国民法典》之中，而这应该已经算是有所警示了。[287] 但当德国政府做出这样的决定时，已是 2000 年 6 月，而离债法现代化法案讨论草案的公开发布只有仅仅 15 个月的时间。讨论草案中包
197 含的第一个令人吃惊之处，是决定运用消费品买卖指令及其实施必要性作为对德国债法进行根本改革的手段，却不是通过对既有德国买卖法的边边角角式的修补或很小的变通来实施这一指令，而后一种方式也是完全可能的。[288]

当然，众所周知，债法修订委员会在其最终报告中为德国债法改革设计了一个美好的蓝图。[289] 这一报告于 1992 年公布。但是该委员会设计的改革范围被限定在给付障碍、买卖合同和承揽合同中的给付不一致责任，以及消灭时效法领域。这就是隐藏在讨论草案中的第二个令人惊讶之处，即政府决定重启一个最初被提上改革日程但紧接着又被废弃的议题：[290]将消费者保护立法纳入《德国民法典》。改革委员会的报告就是这样做出修正的。然而，伴随着这一进程的主要问题是，这些事项几乎尚未经过讨论。到改革生效前，只剩下一年半的时间了，这使得很多问题无法得到细致的审查研究。[291] 很明显地，之所以债法改革的质量不高，原因就在于缺乏足够的反思时间。

（三）新近获得的清晰透明性

《德国民法典》对消费者保护立法的接纳并不全面。远程教

[287] 上文注释 199。《慕尼黑民法典评注》\麦克里茨（注释 149），第 13、14 条前言，注释 1，对此称之为“一种革命”。

[288] 上文第 33 页，注释 186。

[289] 上文第 32 页。

[290] 上文第 30、32 页。

[291] 关于此争论的主要论著，参阅罗斯（注释 284），第 225 页以下；普非佛（注释 7），第 481 页以下；施密特恩特施（Jürgen Schmidt-Räntsch）、德尔纳（Heinrich Dörner）、麦克里茨、乌尔默等人的论文，载舒尔策、内尔克（注释 9），第 169 页以下；W. －H. 罗斯：《法学家报》，2001 年，第 475 页以下；乌尔默：《法学家报》，2001 年，第 491 页以下。

学和产品责任法案(也就是1997年的产品安全法案)仍然单独存在。[292] 另外还有关于信息提供义务的私法规范,[293]确定了以下情形下的信息告知义务:远程合同(第1条)、分时居住协议(第2条)、电子商务(第3条)、包价旅游合同(第4~11条),还包括信贷机构对其转账支付客户负担的信息告知义务(第12条以下)。2002年8月颁行的禁令法案对消费者保护的程序性问题作出了规范。[294] 如果有人运用或试图运用违反《德国民法典》第307~309条之规定的一般交易条件,或者以任何其他方式违反有关消费者保护的法规,那么一些特定组织即被赋予权利对这些人提起诉讼。禁令法案中包含了大量消费者保护的规定,[295]并确定了那些可以提起诉讼的组织范围。[296] 这些诉讼的目的是尽可能有效的结束那些令人反感的行为。因此,如果消费者仅仅浏览《德国民法典》,并无法预测他在多大程度以及哪些方面受到法律保护,他们还必须借助于其他大量的制定法内容。

198

《德国民法典》消费者保护规定的清晰透明性也仍有很大的改进空间。例如民法典第355条以下的规定就为消费合同中的撤回权和退货权规定了统一规则。然而,关于撤回权和退货权之法律后果的很多修正却仍保留在特别规则中,如《德国民法典》第495条第2款第1项、第485条第5款和《远程教学法案》第4条第3款。读者须明鉴,这些修正体现为《德国民法典》第357条中的"不存在除此以外的其他请求权"。但是,也有一些特别规则为民法典第355条规定的撤回权确定了不同的附属条件,尽管这些规则并没有包含在相似的规定中。在这里,必须提到《远程教学

---

[292] 产品安全法案,载《联邦法律公报》,1997年,第1卷,第934页。

[293] 民法上信息、证据提供义务条例,载《联邦法律公报》,2002年,第1卷,第3002页。

[294] 禁令法案(Injunctions Act),载《联邦法律公报》,2002年,第1卷,第3422页。

[295] 禁令法案第2条。

[296] 禁令法案第4条

法案》的第4条第1款第2项，以及《德国民法典》的第312d、312e条，第485条第4款。与期望立法改革的起草者们较为精练相反，对消费者法律地位的评判需要大量的法律技巧(legal skill)。至此，《德国民法典》第13条并没有获致概念上的统一，因为《远程教学法案》和《德国民法典》第651a条以下的规定也属于消费者保护法的范畴，[297]但它们却仍然使用自己的术语界定受保护对象的范围。此外，根据民法典第507条的规定，那些从事营利或独立营业活动的人也被认定为消费者。

(四)《德国民法典》的新规定及体系

法典编纂的一个典型特征就是它的体系化。[298] 讲求体系，是基于这样的一种信念，即法律质料(legal material)并不是无法消化吸收的单一规则和杂乱堆砌的各种案例，而是可以形成理性的体系。法典编纂能够促进法律的内在统一，并提升其包容性。
199 《德国民法典》一直被认为是这种观念的代表作。立法改革的起草者们试图尽力保持《德国民法典》的体系性，并为有关消费合同的新规定找到恰当的体系位置。但是，这仅取得了部分的成功。[299]《一般交易条件法案》的第1～11条如今已经被转化为《德国民法典》的第305～310条。这些规定调整、规范大量各不相同的问题。就这些规定自身而言，问题是一般交易条件如何成为合同的一部分；[300]此外，这些规定包括有关的解释规则；[301]对未纳入合同和无效条款的法律后果进行规范(以及在这一过程中，不适用《德国民法

[297] 消费者禁令法案第2条第2款第1、3项。

[298] 齐默曼："法典编纂：一个观念在历史和当下的意义"，载《欧洲私法评论》1995年第3期，第95页以下；贝斯道："即将形成的欧洲私法中的德国民法典：混合型法典"，载《民法实务档案》2000年第200期，第465页以下。

[299] 譬如，参阅韦德曼提出的批评(注释9)，第34页以下。

[300] 《德国民法典》第305条、第305a条、第305c条第1款。

[301] 《德国民法典》第305b条、第305c条第2款；比较第306a条。

典》第 139 条有关部分无效的一般规则);[302]还确定了针对不公平的一般交易条件的监控标准。[303] 在体系上,这些问题需要与其他一些规定相联系,如第 145 条以下的规定(合同形式)、第 133、157 条(合同解释)、第 139 条(部分无效),以及第 138 条(违反善良风俗的合同)或第 242 条(诚实信用原则),甚至可能包括第 315 条以下的规定(单方履行决定权)。然而,德国政府决定,不再保留《一般交易条件法案》,但同时又要保留其内容的完整性。如此,这些规定就被强推(shoved)、锁进(lock)、存放(stock)、桶装(barrel)到一个地方,即在第二编第二章有关债权人迟延规则之后(而紧随其后的第三章标题为"因合同而产生的债务关系":如此看来,好像一般交易条件属于非合同性债务的内容)。将一般交易条件放置在这一特定位置,实际上并没有什么正当理由;唯一可能提出的理由就是,这是一个方便之所,可以相对容易的废弃、搬移或压缩此处原先的那些条文规定。结果,第 305 ~ 310 条的新规定就如同把一段流行音乐硬塞进一曲古典交响乐的第二乐章之中:完全属于相互之间没有任何智识关联性的材料汇编(corpus alienum)。换言之,将一般交易条件纳入到《德国民法典》仅仅是形式上的表面文章而已;从任何方面来看,这都难以称得上是"整合"到《德国民法典》的结构之中。[304]

另一个令人不舒服的整合情形,就是《德国民法典》第 241a 条关于未约定的给付(unsolicited performance)的规定。[305] 这一条

---

[302] 《德国民法典》第 306 条。

[303] 《德国民法典》第 307、308、309 条。

[304] 正如已经提到的(上文第 188 页),德国民法典第 305 条以下的规定包含了对法院在旧民法时所发展的清晰透明要求(transparency requirement)的制定法说明。然而,新《德国民法典》第 307 条第 1 款第 2 项被放错了位置,因为其规定的内容以前属于一般交易条件法:参阅《民法典慕尼黑评注》\贝斯道(注释 134)第 307 条,注释 51。

[305] 上文第 184 页及下一页,第 188 页。

200 很尴尬的介于德国债法两个最基本的规则之间，[306]但并没有什么理由选择这样的位置安排，甚至即使在民法典的条文数码存在空缺的情形下亦是如此。沃纳·弗卢梅(Werner Flume)将此称为“畸形的”，[307]有一民法典标准评注将此称作“立法上独一无二的昏招”。[308]

有时，新法的起草者们也试图修补这一体系上的尴尬状况。《德国民法典》第一编(总则部分)第一章规范调整的是“人”。该章分为两节，一为自然人，另一为法人。“消费者”和“经营者”的概念定义被加到了第一节中，似乎第一节可以随意收集各种的定义。《德国民法典》第14条清楚地指出，经营者既可以是自然人也可以是法人。由此，第一节的标题改为“自然人、消费者和经营者”。然而，如果考虑到界定法人的第二节，[309]这仍然是一个令人不怎么舒服的妥协。《德国民法典》第13条以下规定所包含的定义只与债法相关，因此它们应该被放到债法总则而不是民法典的总则部分。《德国民法典》债编第八章(各种类型的债)以两种不同的方式处理一般借贷合同(包括消费者借贷)和物的借贷合同[310]，而这也只能被归结为新法起草史上的怪异多变。

(五)“即扔式”立法

对《德国民法典》予以修订的那些新规定可以很容易被辨识出来，因为这些规定大都冗长啰唆、表述差劲，且常常考虑失当。

---

[306] 《德国民法典》第241条(譬如由德国民法典第二编关于债法的规定所引入)界定了债之关系产生的义务，而民法典第242条则是著名的有关诚实信用的一般规定。

[307] 弗卢梅：“我们这一时代的立法使命”，载《经济法杂志》，2000年，第1428页。

[308] 曼泽尔，载饶尔尼希主编：《民法典》，2004年第11版，第241a条，注释1。

[309] 参阅譬如，弗卢梅：《经济法杂志》，2000年，第1427页以下；《民法典历史批评评注》\达甫(注释12)，第1~14条，注释89。

[310] 上文第192页以下。

经常有人对现代立法的质量表示痛心。迪特尔·梅迪库斯的评论就表示出了典型的轻蔑，认为那些负责立法的人"根本就无法胜任"。[311] 还有人使用了更激烈的言词，譬如认为有关信贷转账的立法古怪的可怕。[312]《远程合同法案》则使一位受人尊敬的法律从业人士（汉堡最高上诉法院前任副院长）受到刺激，令他"整夜都想 201
大哭"，[313]他还将那些为实施商业交易迟延支付指令而做出的已生效变革，描述为"构思极其拙劣和极不妥当"，并认为商业生活将自此陷入"灾难"之中。[314] 克努特尔写了一篇长达30页的文章论述消费者信贷法案作为"制定法失败"的范例；[315]温德霍尔斯特（Christiane Wendehorst）则认为德国有关电子商务规则的立法质量"糟糕之极"，已经下降到一些欧盟指令的水平。[316] 塞勒（Hans Hermann Seiler）通常把这种现象称之为"即扔式"立法。[317] 总体上看，我认为比较保险的说法是，将新法（ius novum）纳入《德国民法典》并没有提高法典的技术质量。在过去几年里，一些法律领域

---

[311] 梅迪库斯："作为一般民法发展标志的联邦最高法院判例"，载《新法学周刊》，2000年，第2927页以下。

[312] 弗卢梅：《经济法杂志》，2000年，第1430页；比较艾恩斯勒（Einsele）：《法学家报》，2000年，第9页以下；霍尔斯特·海因里希·雅克布斯（Horst Heinrich Jakobs）："银行转账法案的制定"，载《法学家报》，2000年，第641页以下。

[313] 亨森："远程买卖法案，或：你可以大哭"，载《经济法杂志》，2000年，第1151页。

[314] 恩斯特："欧洲的德国立法：以迟延支付法为例"，载《欧洲私法杂志》2000年第8期，第767、769页；比较乌里希·胡博："新迟延支付法与私法自治原则"，载《法学家报》，2000年，第743页以下。

[315] 克努特尔："作为失败立法的消费者信贷法案"，载迪德里希森（Uwe Diederichsen）、拉尔夫德莱尔（RalfDreier）主编：《失败的立法》，1997年，第62页以下。

[316] 《慕尼黑民法典评注》\温德霍尔斯特（注释212）第312e条，注释5。

[317] 塞勒（Hans Hermann Seiler）："当代法典编纂的保守性，以《德国民法典》为例"，载伯仁德斯（Okko Behrends）、泽尔特（Wolfgang Sellert）主编：《法典编纂的思考与德国民法典范本》，2000年，第110页。

不断发生变化,[318]即使很多规则已经在 2002 年债法现代化法案中被妥善安置,但仍然不得不再很快地做出修订,而这正是快餐式立法的最恰当例证。有时这样的修订是必须的,因为欧洲法院认为这些规则与欧共体的立法不符。前文我们已经提到过一个例子(海宁格 诉 联合银行案),即关于上门交易中撤回权消灭的时间问题(《德国民法典》第 355 条)。[319] 欧洲法院对该案的裁判彻底改变了《德国民法典》第 312a 条的规定,该条规范的是民法典第 312 条(上门交易)中规定的撤回权或退货权与其他情形下的撤回权或退货权之间的关系。[320] 在债法现代化法案的准备期间,这一案件尚在欧洲法院悬而未决;之后,仅仅在法案颁布后的第 13 天,生
202 效前 3 周,该案件裁判被最终宣布。[321] 学术上曾经讨论的一个问题是,《上门销售法案》的第 5 条第 2 款(相当于旧《德国民法典》第 312a 条)是否符合欧共体的法律,[322]但是债法现代化法案的起草者们并没有借机对此问题进行研究:时间太短,根本来不及仔细研究这类细微的问题。[323]

新规则的很多细微之处立即产生了各种争议问题:原因在于很多规则概念模糊不清,还因为各规则之间以及与其他法律领域之间衔接不当,也因为这些规则存在明显的错误,[324]再或者是由于这些规则没有正确的实施欧盟指令。《德国民法典》第 241a 条第

---

[318] 譬如,上文第 185 页及下一页,第 194 页。

[319] 上文第 190 页。

[320] 参阅《慕尼黑民法典评注》\乌尔默(注释 226)第 312a 条,注释 2 以下;饶尔尼希\斯塔德勒(注释 223)第 312a 条,注释 1。

[321] 2001 年 12 月 13 日欧洲法院判决(C-48 I/99)海宁格诉联合银行案[2001]。ECR1-9945.(关于该案的基本情况,请参阅上文注释 237 下的译者注)。

[322] 参阅有关参考资料,载《饶尔尼希》\斯塔德勒(注释 223)第 312a 条,注释 1。

[323] 《慕尼黑民法典评注》\乌尔默(注释 226)第 312a 条,注释 2。

[324] 譬如,参阅《慕尼黑民法典评注》\温德霍尔斯特(注释 212)第 312c 条注释 6。

1 款更是"词不达意"(没有表达出其想要说明的东西)。[325] 更过分的是,其中有些规则所引发的问题居然比其解决的问题还要多,因为它要解决的问题在旧法中根本就不是问题。[326] 甚至《德国民法典》第 13 条中规定的"消费者"这一关键性定义也存在问题,因为其错误的指向那些平常从事独立营业活动或追求营利的人,只有在目前的情形中没有从事这些行为的人才能被视为消费者;[327]还

[325] 这些规则明确规定,主动提供货物或服务并不会对消费者产生(合同)请求权(要求支付价款或酬金),而这一点是不证自明的。民法典第 241a 条想要阻止的情况是:如果消费者没有返还主动提供给他的物,那么即应认为他愿意承担合同义务;参阅恩斯特·克拉默(Ernst A. Kramer),载《慕尼黑民法典评注》第 4 版,第 2a 卷,2003 年,第 241a 条,注释 11。

[326] 《帕兰特》\海因里希斯(注释 223)第 241a 条,注释 1。《德国民法典》第 241a 条排除了所有针对消费者的请求权,甚至包括那些并非基于合同,而是基于不当得利或所有权的请求权:《慕尼黑民法典评注》\克拉默(注释 325)第 241a 条,注释 13;《帕兰特民法典》\海因里希斯(注释 223)第 241a 条,注释 4;《饶尔尼希》\曼泽尔(注释 308)第 241a 条,注释 5。对那些实质上违反了市场规则的行为,这可以被认为是一种制裁。相反:莱纳·舒尔策,载舒尔策、海因里希·德尔纳(Heinrich Dörner):《民法典评注手册》,第 3 版(2003),第 241 a 条,注释 7。根据弗卢梅(《经济法杂志》,2000 年,第 1429 页)的观点,民法典第 241 a 条被认为等于什么也没说(*pro non scripto*)。比较伯格(Christian Berger)提出的批评:"民法典第 241a 条规定的主动提供服务中解约返还请求权的排除",载《法学教育》,2001 年,第 649 页以下;克里布斯(Peter Krebs),载道纳里布、海德勒、里帕和瑞英主编:《债法评注》,2002 年,第 241a 条,注释 5;海德霍夫(注释 9),第 385 页以下。

[327] 弗卢梅:《经济法杂志》,2002 年,第 1427 页以下;李普根(注释 9),第 30 页以下;参阅梅迪库斯(注释 11),第 216 页;韦德曼(注释 9),第 137 页以下;对于私人和专业行为之间区别的比较评论,参阅里梅恩,(注释 9),第 248 页以下。

因为其仅限于非为独立营业或营利而“签订法律行为”的自然人。[328]“消费者”这一概念是否包括非法人组织(如私法上的合
203 伙),也还有争议。[329]“消费者”的定义排除了所有的法人(例如那些非商事经营者,如非营利性组织),这也受到了广泛批评。[330]《德国民法典施行法》第 29 条中的消费者定义与《德国民法典》第 13 条的规定有所不同;《德国民法典施行法》第 29 条的正式标题(消费合同),也不符合《德国民法典》第 310 条第 3 款规定的消费合同定义。一项交易是否以及在什么程度上,可以被视为消费合同,只能部分的取决于消费者是否从事了独立营业活动或以营利为目

---

[328] 与民法典第 13 条的字面含义相反,普遍认为消费者并不需要是签订合同的(自然)人,也可以是那些被动接受服务的人(民法典第 241a 条),或者被合法告知相关信息的人(民法典第 312c 条,第 482 条)等;饶尔尼希,载饶尔尼希主编:《民法典》2004 年第 11 版,第 13 条,注释 5;《帕兰特民法典》\海因里希斯(注释 223)第 13 条,注释 5;《德国民法典历史批评评注》\达甫(注释 12)第 1 ~ 14 条,注释 82。参阅梅迪库斯(注释 11),第 214 页以下,他指出,将“签订”(conclude)和“法律行为”(legal act)结合起来是不恰当的,因为合同可以说签订,但法律行为还包括通知、宣告抵销等大量的单方行为,因此应该说是“实施”(effected)而不是签订(concluded)。对这一术语选择进行的无甚说服力的正当性论证,参阅恩特施、巴姆伯格、赫伯特罗斯主编:《民法典评注》,2003 年,第 1 卷,第 13 条,注释 11。

[329] 参阅相关参考资料,饶尔尼希\饶尔尼希(注释 328)第 13 条,注释 2;《帕兰特》\海因里希斯(注释 223)第 13 条,注释 2;《慕尼黑民法典评注》\麦克里茨(注释 149)第 13 条,注释 16;梅迪库斯(注释 11),第 214 页。根据《联邦最高法院民事裁判汇编》第 149 卷第 80 页,第 84 页以下,私法上的合伙可能发生在消费者之间。但是参阅欧洲法院 2001 年 11 月 22 日的判决,载《新法学周刊》,2002 年,第 205 页。

[330] 法博(Wolfgang Faber):“欧盟指令、政府间条约和各国民法及冲突法中对消费者概念的不同界定”,载《欧洲私法杂志》1998 年第 6 期,第 854、864 页;弗卢梅:《经济法杂志》,2000 年,第 1428 页;普非佛(注释 9),《德国民法典历史批评评注》\达甫(注释 12)第 1 ~ 14 条,注释 82;比较参阅《慕尼黑民法典评注》\麦克里茨(注释 149)第 13 条,注释 12 以下;里梅恩(注释 9),第 247 页以下。但也请参阅韦德曼(注释 9),第 171 页以下。

的，而这也是有争议的。[331]

(六)过度实施

德国政府在必须实施欧盟指令时，经常要比指令所要求的走得更远。其中，最为重要的是，消费品买卖指令中规定的救济体系已经成为一般买卖合同的模本；[332]如此，消费品买卖的特别规定中也只能容纳很少其他规则了。[333] 然而，即使这样，新法的起草者们所做得也比欧共体法律所要求的更多。在销售物存在瑕疵的情形，如果消费者成功地控告了销售者，那么之后，销售者往往会进一步向他的供货方提出索赔。根据《德国民法典》第 478 条第 4 款第 1 项，销售者对其供货方的索赔权具有强制性的效力，[334]而这样的规定实际上构成了一个经营者对另一个经营者私人自治前所未有的干预。[335] 德国关于一般交易条件规则的适用范围也大大超 204
出了消费合同。如 1976 年一般交易条件法案采用的模式，在实施欧盟关于消费合同中不公平条款的指令时仍然继续保留了这一模式，[336]即在 1976 年的一般交易条件法案中附加了一项规定(《一般交易条款法案》第 24 条，即现在的《德国民法典》第 310 条)，从而对有关消费合同的其他规定加以修订。[337]

---

[331] 饶尔尼希："混合案件中的消费者保护"，载《施莱希特里姆纪念文集》，2003 年，第 569 页以下；梅迪库斯(注释 11)，第 216 页以下；韦德曼(注释 9)，第 190 页以下。

[332] 上文第 97 页。

[333] 参阅上文第 191 页及下一页。

[334] 这包括这些权利的时效(第 479 条)。但其不适用于损害赔偿请求权：民法典第 478 条第 4 款第 2 项。

[335] 相关批评，参阅斯蒂芬·洛伦茨："经营者—经营界—消费者：一个新的模式"，载《国际经济法》2004 年第 10 期，第一页。关于第 478 条的复杂问题，参阅马蒂亚斯·雅克布(Matthias Jacobs)："民法典第 478 条规定的经营者求偿权"，载《法学家报》，2004 年，第 225 页。

[336] 参阅上文第 175 页及下 1 页，第 182 页及下一页。

[337] 详细参阅《慕尼黑民法典评注》\贝斯道(注释 134)第 310 条，注释 18 以下。

消费法领域之外,欧盟关于跨国信贷转账的指令也已经成为调整规范一般性信贷转账的范本(特别是包括国内的信贷转账)。[338] 尽管在欧盟关于消费者信贷的指令中并没有要求,但是德国的消费者信贷法中却规定了撤回权。[339] 在分期供应合同中,消费者也享有撤回权,[340]而欧共体的立法同样也没有如此规定。《德国民法典》第 241 条关于未约定物的交付以及未约定服务的提供是以关于远程合同的指令第 9 条为基础的;第 241 条的规定也超出了该指令的要求,因为其不仅保护接受人/消费者免于就未约定物或服务进行偿付的义务,甚至排除了任何返回义务。[341] 如果消费者没有被及时告知撤回权,那么在消费者签订合同后,至少 6 个月内,消费者都享有撤回权。[342] 按照欧共体的法律,这一规则仅适用于上门交易中的撤回权,[343]然而德国政府决定将其扩展适用于《德国民法典》第 355 条规定的其他情形的撤回权。[344] 除此外,还可以举出其他一些实施范围超过欧共体法律要求的个别例子。[345] 很多时候都存在的一个问题是,德国法律的解释程度如何:是仅为实施相关指令而采取与该指令规定相一致的解释,还是按照实际的规定范围超越指令的实施要求进行解释。从欧共体法律的角度看,成员国的法院并没有义务遵守第二种选择。[346] 然而,考虑到成

---

[338] 上文第 184 页。

[339] 《德国民法典》第 495 条

[340] 《德国民法典》第 505 条

[341] 参阅,譬如,《律师评注》\克里布斯(注释 326)第 241a 条,注释 3;海德霍夫(注释 9),第 385 页以下。

[342] 《德国民法典》第 355 条第 3 款第 3 项。

[343] 85/577/EEC.《上门销售指令》,第 4 条。

[344] 上文第 190 页。

[345] 参阅《慕尼黑民法典评注》\温德霍尔斯特(注释 212)第 312c 条,注释 4。

[346] 布顿本德(Ulrich Büdenbender):“债法改革之后消费品买卖指令对德国买卖法的意义”,载《欧洲私法杂志》2004 年第 12 期,第 36 页以下。

员国法律制度的体系一致性，一般应尽量促使法院避免不相一致的解释。[347] 结果是，德国合同法的相当一部分规定，主要是有关一般买卖法和一般交易条件的规定，将不得不按照这些或那些欧共体指令进行解释。还有很多问题都有争议，其中一个相关的问题是，德国法院在多大范围内可以（或甚至是不得不）参照欧洲法院的相关判例进行裁判。[348] 205

**六、纳入决定：一种评价**

（一）总体背景

1. 契约自由与自治

将消费者法规纳入《德国民法典》的决定正确吗？对这一问题的回答必须考虑到这样的事实，即消费合同法的发展反映了有关德国合同法之一般认识的变化。当然，契约自由依然是合同法的基础。[349] 但是很久以前，人们就认识到契约自由本身并不是目的，而是促进合同当事人自治的手段。早在100多年以前，耶林就强调指出，他所能想象出的最致命的错误就是，认为只要内容没有不合法或不道德，任何合同都能正当的要求法律保护。[350] 但是他的话具有规定性（prescriptive）而非描述性（descriptive）特征，因为

---

[347] 除了布顿本德，《欧洲私法杂志》2004年第12期，第36页以下，参阅哈勃沙克："对指令的过度实施"，载《法学家报》，1999年，第913页以下；霍摩尔霍夫："成员国法院在欧洲私法中的角色"，载《联邦最高法院50年》（注释148），2000年第2卷，第914页以下；施瑞尔布斯（York Schnorbus）："通过在各成员国纳入共同体法的自动融合"，载《拉贝尔外国法与国际私法杂志》2001年第65期，第654页以下；玛耶尔（Christian Mayer）、舒恩布兰德（Jan Schürnbrand）："统一还是分裂？通过解释国内法对指令的过度实施"，载《法学家报》，2004年，第545页以下。

[348] 就一般交易条件的有关规定而言，参阅《慕尼黑民法典评注》\贝斯道（注释134）第305条前言，注释45、50。

[349] 卡纳里斯（注释183），第873页以下；克茨："合同法上的自由与强制"，载《恩斯特·约吉姆·麦斯特迈克（*Ernst-Joachim Mestmäcker*）纪念文集》，1996年，第1037页以下；德雷克斯勒（注释9），第218页以下；海德霍夫（注释9），第295页以下。

[350] 耶林：《法律的目的》，第1卷（1877～1883），第107页以下。

他并没有回应当时的法院和法学作家们看待一般合同法的方式。他们的看待方式深深植根于防止国家对设立和实施贸易或工业自由进行干预的愿望——这一自由在当时仅为1869年颁行的贸易
206 法案所保障。[351] 然而,司法控制也是国家控制的一种,因此,也肯定会表现为对个体公民之私人领域的不当干涉。民法典中合同法的核心是,为了避免这种不当干涉而保持自由,以自由和平等原则为基础。[352]

到20世纪中叶,这一观念开始受到关于市场正常运作条件理论的挑战。[353] 在没有任何国家干预的情况下,合同应在特定情形获得"公正"的结果;这一愿望取决于合同的签订方式,而仅有一方当事人合理的意愿并不能保证当事人需求的相互对应,也不能保证对实质公平的恰当认识。如此,只有经另一方当事人的同意,才能获得合理平衡:允许另一方当事人将自身利益融入合同。[354] 如果当事人能够设法调和相互之间的相对利益,那么在多数情况下,这种平衡对他们来说就是"公正"的。在另一方面,如果双方当事人利益调和的努力失败,那么合同也就根本不可能成立;这也就说明,人们根本就不会签订"不公正的"合同,即那种没有考虑到双方当事人利益的合同。然而,这一模式是以特定的前提条件为基础的,即当事人的选择自由。在一方当事人被剥夺选择自由的时候,合同不可能成为实现"公正"的手段:譬如,如果没有另一

---

[351] 上文第167页。

[352] 一般的参阅吕克特(注释8)第1条前言,注释39以下及各处。

[353] 施密特·利姆普勒(Walter Schmidt-Rimpler):"合同法创新的基本问题",载《民法实务档案》1941年第147期,第130页以下。在诸多文献中,现在可参阅哈勃沙克:"公证登记协议的有效性保证",载《民法实务档案》1989年第189期,第403页以下;海德霍夫(注释9)第300页以下;洛伦茨·法斯特里希(Lorenz Fastrich):《私法内容的法律控制》,1992年,第29页以下,第51页以下。

[354] 利姆普勒,载《民法实务档案》1941年第147期,第130页、第133页以下、第157页以下、第179页以下;比较参阅耶林(注释350),第103页。

方当事人的要约，或者一方当事人必须依赖于另一方当事人提供的货物或服务，那么仅有一方当事人则无法完成合同交易。就任何一方当事人来说，无论何种原因，如果合理增值和平衡的交易后果都没有正常出现，那么合同就没有发挥其正常功能。[355] 因此，如果法律共同体将合同作为当事人双方自治的产物，就必须对合同是否确实被作为双方当事人自治的确切表达手段进行一定的监督。[356]

2. 标准的结合 207

上述内容，就是联邦最高法院适用《德国民法典》第 242 条对一般交易条件的实质公平性进行监控的智识基础。这些一般交易条件由当事人一方事先提供，因此一般也只反映了提供方当事人的利益。而另一方当事人，即使他是一个商人，他也通常不会花费时间和精力就这些条款内容再进行磋商谈判。[357] 这也是司法监控并不仅限于消费合同领域的原因。联邦最高法院对待一般交易条件的方式明确说明了很重要的一点：司法干预的正当性基础并不是一般交易条件的实质不公平，而是与另一种考虑结合在一起的实质不公平，同时用以解释为什么市场机制通常无法实现公正。附带地，这一特定的标准结合只是发展了旧民法典中一项重要规定中所蕴含的评价，即第 138 条第 2 款有关高利贷的规范。[358] 对于高利贷，不能因为利率过高或价格畸高等原因而做出无效裁判，

---

[355] 利姆普勒：《民法实务档案》1941 年第 147 期，第 130 页、第 133 页以下、第 157 页以下、第 179 页以下；比较利姆普勒："交易基础的有关问题"，载《汉斯·卡尔·尼佩戴七秩祝寿文集》，1965 年，第 16 页以下；利姆普勒："有关合同问题"，载《路德维希·雷泽七秩祝寿文集》，1974 年，第 12 页以下。

[356] 其中消费者保护立法的现代理论为德雷克斯勒所发展，约瑟夫·德雷克斯勒：《消费者的经济自决》，1998 年。

[357] 上文第 176 页。

[358] 参阅上文第 169 页以下。

其正当性基础仅仅是债之给付与已付或将付金钱的利益价值比例严重失衡，以及利用了对方的危难、轻信或缺乏经验。[359] 很明显地，在这种情形下，合同根本就不会是双方当事人自治的表达，更不会产生公允衡平的“公正”结果。

3. 主债务人近亲属作为保证人

最近，德国法院采纳了与上述情形相似的考虑，用以加强监督主债务人近亲属作为保证人签订保证合同的情形。[360] 联邦宪法法院的精彩判决促进了这一发展，[361]该裁判要求联邦最高法院在适用如《德国民法典》第 138、242 条等开放性法条时，应注意保障《基本法》第 2 条第 1 款(《基本法》,66)确定的私人自治。[362] 法院
208 认为，仅靠毫无限制的契约自由，私人自治并不能得到恰当的保障。相反，民事法院一定要对合同的内容进行监控，尤其是那些经常只有一方当事人承受负担的合同，以及因磋商能力结构失衡而订立的合同。在这一情形中，联邦宪法法院指出，私人交易的当事人在根本上是平等的，因为他们享有《基本法》第一部分确定的基本权利，因而都会受到法律的充分保护。但如果强势一方当事人的权利凌驾于他方之上，那么也就会相应的重新评价这一根本性

---

[359] 拜德林斯基和卡纳里斯特别清晰的强调了这一点，参阅拜德林斯基(注释 143)，第 753 页以下；卡纳里斯：《民法实务档案》(2000)200，第 273 页、第 280 页以下。

[360] 哈勃沙克、齐默曼：《爱丁堡法律评论》1999 年第 3 期，第 272 页以下；拜德林斯基(注释 143)，第 760 页以下；德雷克斯勒(注释 9)，第 263 页以下，第 505 页以下；里梅恩(注释 9)，第 356 页以下；对更近发展的综述，参阅《帕兰特》\海因里希斯(注释 223)第 138 条，注释 37 以下；饶尔尼希\斯塔德勒(注释 223)第 765 条，注释 4。

[361] 《联邦宪法法院判决汇编》第 89 卷，第 214 页以下；比较联邦宪法法院：《新法学周刊》，1994 年，第 2749 页以下；联邦宪法法院：《经济法杂志》，1996 年，第 956 页以下。

[362] 《德国基本法》第 2 条第 1 款，尽管用语上谨慎，但一直被解释为确立了自由行动的一般权利。在这一点上，具有根本重要性的是联邦宪法法院的依尔弗斯(Elfes)护照案判决，参见《联邦宪法法院裁判汇编》第 6 卷，第 32 页以下；更近的参阅《联邦宪法法院裁判汇编》第 80 卷，第 137 页、第 154 页以下(森林骑马案)。

平等。如果一方当事人能够单方实质性的决定合同内容,那么另一方当事人的自治即为国家治理(state heteronomy,非自治)所替代。当然,出于维护法律确定性的需要,不可能对每个合同都详细审查以确定该合同是否以不平等的磋商能力为基础。然而,在特定情形下,如果一方当事人在结构地位上处于劣势,那么为了维护私人自治及满足社会责任要求,法律制度必须对弱势方提供救助。[363]

联邦宪法法院的裁判促使联邦最高法院对德国有关保证人的法律规范进行了广泛的重新评价。[364] 监管保证交易的理论支点,在于《德国民法典》第138条第1款之规定,即违反善良风险之合同无效。更有意义的是,对于主债务人之近亲属签订的保证合同,不会仅仅根据债务负担程度以及过度负债的情形认定合同无效。联邦最高法院认为,保证人的债务负担与潜在财力之间的严重差异仅仅是做出无效裁判的两个要素之一;除此之外,还必须具备另外一个条件,即其他情形进一步表明,保证人自由而负责任的决策能力被损害,由此在双方当事人之间造成了严重的利益失衡。[365] 这类情形譬如:主债务人的配偶或子女因心理危难或缺乏商业经验而遵从主债务人的意愿签订保证合同。实质上,在这些案例中,由于缺乏不当影响(undue influence)这样的现代民法观念,德国法院就只能寻求适用有关善良风俗的规定(或者,如更早共同法

---

[363] 《联邦宪法法院裁判汇编》第89卷,第214页、第233页以下;之前参阅联邦宪法法院裁判汇编 第81卷,第242、255页。关于德国的社会国家原则(Sozialstaatsprinzip),参阅库苕(David p Currie):《德意志联邦共和国宪法》,1994年,第20页以下。

[364] 譬如参阅,联邦最高法院,《新法学周刊》,2002年,第747页。

[365] 哈勃沙克、齐默曼:《爱丁堡法律评论》1990年第3期,第272页、第281页以下。

时期法学家所指称的“自然敬畏感”(metus reverentialis)。[366]

209 4. 过高的利率

对保证合同的裁判可以与另一类案件相比较,该类案件涉及信贷机构向消费者发放的可分期偿付贷款,这可以追溯到20世纪70年代晚期。[367] 如果银行和借贷者之间的义务严重失衡,并且银行的行为态度具有可谴责性,譬如故意利用消费者的经济弱势,或因重大过失而没有认识到消费者仅仅是因为自身的不确定性才签订合同,那么联邦最高法院就可能认为这类贷款违反了善良风俗。[368] 然而,其中的“主观”成分仍近乎是虚构的,因为法院所要干预的是有关合同的客观情形(尤其是价值失衡问题),而并不要求关于讼争行为是故意抑或重大过失的具体证据。因此,最为重要的是银行所要求的利率;相应的法律规则是,有效利率必须不能超过流通货币利率的100%(相对的)或12%到13%(绝对的)。联邦最高法院的这些论断都是以《德国民法典》第138条第1款关于善良风俗的规定为基础的,因此也就回避了民法典第138条第2款中规定的其他一些限制性条件。这就有效地为消费信贷的弱势方确立了一个间接。但是这一控制机制与对德国合同法的基本评价和既存的经济秩序并不相容,仅仅指出借贷人是消费者以及

---

[366] 普莱西斯(Jacques du Plessis)、齐默曼:“胁迫的相关性:不当影响的民法法系类型”,载《马斯特里赫特欧洲法与比较法杂志》2003年第10期,第345页以下。

[367] 埃默里希:“信贷利率的法律问题”,载《法律教育》,1988年,第925页以下;《慕尼黑民法典评注》\马雷\阿姆布鲁斯特(注释96)第138条注释117以下;《帕兰特民法典》\海因里希斯(注释223)第138条,注释25以下;《饶尔尼希》\饶尔尼希(注释328)第138条,注释16。

[368] 联邦最高法院(BGH):《新法学周刊》,1979年,第805页;联邦最高法院:《新法学周刊》,1979年,第2089页;《联邦最高法院民事裁判汇编》(BGHZ)第80卷,第153、160页。

他总是确定地处于弱势,并不能证明这一点。[369] 更有说服力的是,对消费信贷过高利率进行干预的基点在于,分期信贷交易往往缺乏透明性,使消费者自由且负责任的决策能力受到侵害:譬如合同的起草方式往往使缺乏经验的消费者难以确切判断他们需要支付的年度利息是多少。之后,《德国民法典》第 492 条(之前是《消费者信贷法案》第 4 条)规定消费借贷合同的有关文件(消费者必须签署的)必须明确有效利率,包括消费者应负担的所有费用,以及 210
未偿还贷款的投保费用等。但如果是这样的话,为什么还要对信贷机构与信息充分的消费者之间的约定利率进行司法控制呢?名声不甚光彩的透明性原则对此根本无法予以解释。除此之外,借贷者根据《德国民法典》第 489 条(之前是第 609a 条)的合同终止权,也可以摆脱他事后认为的过重负担。

5. 消费者保护

必须根据上述各方面的发展判断那些有关消费者保护的特殊法律规范的合法性。不应该一开始就指责这些规范,认为它们肆意干涉当事人自主安排合同的自由。如果合同并非当事人自治之结果,那么这些规范就会阻止这些合同成立或生效,而这正是一种维护私人自治的合法机制。[370] 这些规范实质上促进了以合同自由为基础的市场经济功能的正常发挥。只有在为当事人自治所遭受的损害提供救济时,才能被认为是合法的。当然,为了维护法律的确定性,法律规范必须类型化,因为不可能逐案处理那些已经发生或悬而未决的各种侵害情形。法律也不能运用未确定的标准,如一方当事人与另一方相比是否处于经济弱势或劣势,进行规范评

---

[369] 克孜奥尔:"关于消费者信贷的特别私法",载《民法实务档案》1988 年第 199 期,第 197 页以下;卡纳里斯:《民法实务档案》2000 年第 200 期,第 273 页,第 300 页以下。

[370] 最近尤其参阅德雷克斯勒(注释 9)全书各处;德雷克斯勒,载施莱希特里姆(注释 143),第 109 页以下。

价。另外,需要特别指出的,不能仅因为一方当事人的不当负担而否定合同条款。最为重要的,是追问一方当事人是否因这样或那样的原因而无法影响合同内容之决策,当然影响的方式必须由法律共同体普遍认同且代表合同双方利益的公正衡平。

(二)消费者保护的主要机制

德国法上消费者保护的主要机制是,设定经营者的信息义务、授予消费者撤回权、制定强制性规范,甚至是合同关系制度(contractual regimes),当然还包括"消费者"这一概念。[371]

211 1. 信息义务

设定信息义务是最为温和的法律干预形式。[372]设定这一义务并不会破坏"约定必须遵守"的原则,而是尽力保障双方当事人合同意愿有坚实的基础。因此,信息义务实际上正是坚持约定必须遵守原则的一种方式。经年发展后,一系列特定的信息义务被规定了下来:首先是各种消费者保护的法律法规,包括《德国民法

---

[371] 当然,还有其他一些法律设置,譬如形式要求[参见《德国民法典》第484、492、655b条),前两者是以欧洲指令为基础的;通常关于欧洲指令中的形式要求,参阅拜德林斯基:"法律行为的形式要求及其违反后果",载舒尔策、埃博斯(Martin Ebers)、格里格奥赖特主编:《欧盟法中的合同签订及信息提供义务》,2003年,第141页以下;罗斯勒(注释6),第148页以下];或如举证责任倒置(参阅譬如德国民法典第476条);或如消费者以另一个合同融资为目的而签订借贷合同,消费者即有权以消费借贷所融资支持的合同中的抗辩事由抗对消费借贷合同当事人提出抗辩,只要这两个合同被界定为关联合同:《德国民法典》第359条。前两种法律设置在消费合同法之外也很普遍;如旧民法典第313(土地买卖合同)、518(赠与)、766条(保证)规定的形式要件[有关评论,参阅《债法》(注释13)第85页以下]为了处理产品责任问题,举证责任倒置也受到了法院的影响[参阅譬如梅迪库斯(注释166)注释650以下]。德国民法典第359条的规定,与完善的第三方权利抗辩(*exceptiones ex iure tertii*)原则不同,其实质上构成由德国法院根据《分期付款买卖法案》第6条发展的法典化规则(禁止规避关于分期付款买卖法案的有关规定);关于此,参阅维斯特曼,载《慕尼黑民法典评注》第1~3卷,1988年第2版,《德国分期付款买卖法案》第6条,注释23以下。

[372] 譬如参阅拜德林斯基(注释143),第741页以下。

典》和其他私法法规中规定的各种信息义务。[373] 这些规定尤其与那些消费者相较于经营者处于信息劣势的交易有关:因为这些交易相当复杂(如分时居住协议),涉及新科技及与之相伴的特别风险(如电子商务)、合同签订前消费者没有机会看到产品或确定服务性质(如远程合同与包价旅游),以及众所周知的糟糕的不透明合同(如消费者借贷),等等。一般认为,经营者向那些将要签订这类合同的消费者提供信息,以使消费者自由而负责任地做出选择。[374] 原则上看,这是个很美好的设想。然而,实际上,这仅仅是对启蒙时代乌托邦观念的模糊眷恋而已。首先,很多人都拒绝任 212
何形式的强制性指导,即不需要阅读冗长的一般交易条件。其次,更为重要的,向消费者提供义务性信息,并不就意味着可以达到标准的透明状态:与根本没有获得信息资讯的消费者一样,面对大量的信息资讯,消费者也同样不能做出信息充分的正确决策。[375] 换言之,为经营者设定信息义务,并不总能对既定消费者的信息不足提供救济。[376]

消费合同是经营者(即一个从事专业经营的人)和消费者(即

---

[373] 上文第 197 页。

[374] 譬如参阅,道纳里布(注释 142),第 62 页以下;凯姆珀(Rainer Kemper):《消费者保护机制》,1994 年,第 33 页以下,第 186 页以下;鲁尔格:《连带契约》,1998 年,第 14 页以下;李普根(注释 9),第 90 页以下;里森胡博(注释 9),第 292 页以下;里梅恩(注释 9),第 270 页以下;海德霍夫(注释 9),第 366 页以下;罗斯勒(注释 6),第 142 页以下。对接受信息的消费者之概念及其在欧洲法中的初始和二级应用分析,参阅弗莱舍(Holger Fleischer):"共同体私法合同签订中的信息提供义务",载《欧洲私法杂志》2000 年第 8 期,第 781 页以下;格鲁德曼:"国内市场上的私法自治:信息提供的法律机制",载《法学家宝》,2000 年,第 1133 页以下;李普根(注释 9),第 31 页以下。

[375] 比较参阅马汀内克:《新法学周刊》,1997 年,第 1393 页,第 1395 页以下;第 1399 页,关于分时居住协议法案:"太多的咨询信息,有使消费者被淹没的危险";一般的参阅赫伯特罗斯:"欧盟指令与民法",载《法学家报》,1999 年,第 533 页(信息提供义务的滥用);拜德林斯基(注释 143),第 758 页以下。

[376] 有关进一步的讨论,参阅罗斯勒(注释 6),第 151 页以下。

不涉及专业经营的交易参加者)之间的交易。在这样的情形中,才会认为合同双方当事人之间存在典型的信息不平衡。但并不是唯一的情形。因错误和欺诈性隐瞒而使合同无效的规则[377]以及债务履行不一致规则[378],在更广泛意义上,都可以被看作解决信息资讯不平衡的努力。而且,在过去十几年里,在缔约过失规则的引导下,[379]最终因为诚实信用原则适用条件的敏感度不断增加,各种信息义务的范围都极度扩大。[380] 这些发展所提出的巨大挑战之一是,如何在价值评判(evaluation)与法律原理(legal doctrive)两个层面对有利于消费者的一般性和特殊性信息义务进行智识协调。可想而知,这一过程将是双向的。首先可以理顺各种具体消费合同涉及的杂乱无章的信息义务,然后以此为基础判断或总结:在更一般的情形下,为调整当事人之间的信息不平衡,应该设置什么样的信息义务。[381] 同时,很清楚地,这些问题也涉及合同法的核心领域,因此应在该语境下展开讨论。

213 2. 撤回权

(1)毫无防备

在消费者与经营者签订的合同中,信息不对称,并不是法律禁止的唯一一种利益失衡情形。另一种情形是,消费者可能会因被

---

[377] 详细,参阅弗莱舍:《合同法上的信息对称》,2001 年,第 244 页以下、第 336 页以下。

[378] 弗莱舍(注释 377),第 469 页以下。

[379] 详细分析,参阅弗莱舍(注释 377),第 416 页以下;格里格奥赖特(注释 98),第 50 页以下。缔约过失原则作为合同法具体化工具的有关讨论,参阅卡纳里斯:《民法实务档案》2000 年第 200 期,第 273 页,第 304 页以下。

[380] 有关简要概括,参阅《饶尔尼希》\曼泽尔(注释 308),第 242 页,注释 19 以下。弗莱舍认为,前合同阶段的信息提供义务是欧洲私法的核心要素:“共同体私法上合同签订中的信息提供义务”,载《欧洲私法杂志》2000 年第 8 期,第 772 页;比较克茨:《欧洲合同法》,托尼维尔译,1997 年,第 198 页以下。

[381] 同样的参阅弗莱舍(注释 377),第 207 页以下、第 570 页以下。

引诱而签订有损自身利益的合同,通常经过事后的冷静反思,消费者会感到后悔,这就是被称为“毫无防备”(off gward)的情形。最为典型的,是在经营者的经营场所之外签订合同的情形:特别是经营者未经允许就直接访问消费者的家庭或工作场所的情形;还包括经营者利用街头偶遇或在公共汽车、地铁与消费者交谈,以使其签订合同;再或者就是当事人双方在休闲场所相遇的情形。[382] 在所有这些情形中,消费者都没有进行协商谈判的准备,通常也无法就出售的产品或提供的服务与其他产品或服务在质量和价格上进行比较。因此,使消费者遭受损害的,通常是一些意想不到的因素。[383] 在此情形下,为撤回权的行使设定一个冷却期(cooling off period),看来是合理的。[384] 在德国债法现代化的过程中,撤回权的行使期间从一周增加到了两周;同时,还附加规定,从经营者明确的以书面形式告知消费者享有撤回权之日起,上述期间才开始计算。[385]

很明显,与设定特定的信息义务相比,授予撤回权对当事人决策自由的干涉更为严重。[386] 但无论如何,这一法律设置说明了“约定必须遵守原则”的适用条件之一。与这一原则的其他适用条件

---

[382] 德国法上的上门交易涵括的情形范围,参见第 312 页第 1 款第 1 ~ 3 项,参阅《慕尼黑民法典评注》\乌尔默(注释 226)第 312 条,注释 33 以下。

[383] 卡纳里斯:《民法实务档案》2000 年第 200 期,第 273 页、第 346 页以下;《慕尼黑民法典评注》\乌尔默(注释 226)第 312、312a 条前言,注释 1;韦德曼(注释 9),第 242 页以下;曼科威斯基(Mankowski)(注释 232),第 224 页以下。

[384] 参见民法典第 355 页第 1 款第 2 项,与上门销售法案第 11 相对;有关批评,参阅德雷克斯勒(注释 143),第 124 页以下。

[385] 《德国民法典》第 355 条第 2 款。

[386] 参阅海因里希(注释 143),第 204 页以下(对合同法主要原则最严重的干预);里梅恩(注释 9),第 334 页。里梅恩(注释 19,第 328 页以下)指出这一事实,即授予撤回权可以被认为是确定形式要件的另一种选择;他甚至将撤回权视为“普通人的形式要求”(第 328 页)。凯姆珀(注释 374),第 220 页以下,在同样的题目下论述了形式要件和撤回权问题。

(针对违约的合同解除权;情势变更规则;欺诈或胁迫时的撤销214 权)相比,撤回权规定是全新的,因为消费者撤回合同根本不需要任何理由,他可以仅仅因为反悔而行使撤回权。然而,在另一方面,针对合同当事人信息掌握不平衡的情形,还会涉及一种程序性处理机制。[387] 在某种程度上,必须认为合同都是附有解除条件的。首先,自合同签订时起,合同是生效还是完全无效,尚悬而未决。而此时授予一方以撤回权,实际上也就再无必要通过司法干涉合同之实质来决定合同的效力。与如《德国民法典》第 138 条第 1 款关于无效的一般性规范相比,或与以缔约过失规则为基础的退货权规定相比,可以说撤回权是一种更有效的消费者保护措施,因为虽然消费者通常无法全面了解自己所处的法律地位,但却必须被告知享有受到短期时间限制的撤回权。[388]

尽管,对于特定情形下一些灰心失望的消费者来说,在诸多救济措施中,撤回权不失为一种新措施,但实质上引入这一制度的初衷却毫无新颖可言。如果一方当事人由于这样或那样的原因无法集中思想恰当评价自己的法律地位,另一方当事人利用这一情形签订有损该当事人的合同,那么这就属于违反公序良俗情形,合同因此而无效。[389] 另外,如果当事人因意想不到的情形而签订合同,

---

[387] 卡纳里斯:《民法实务档案》2000 年第 200 期,第 273 页,第 344 页以下;罗斯勒(注释 6),第 172 页以下。

[388] 卡纳里斯:《民法实务档案》2000 年第 200 期,第 273、345 页;比较里梅恩(注释 9),第 330 页。

[389] 譬如,梅迪库斯:"合同磋商中的债务问题",载联邦司法部长主编:《债法修订的意见和建议》第 1 卷,1981 年,第 520 页;"联邦最高法院",载《新法学周刊》,1997 年,第 1980 页。

那么可以根据缔约过失规则请求保护，以拒绝不受欢迎的合同。[390] 因此，再次面临着一个更普遍性的问题，即无法通过消费者合同法中的单一法规对上述情形进行规范。梅迪库斯专门提交了一份关于缔约过失规则法典化可能性的报告。在报告中，他总结了不受欢迎(unwelcomed)合同的当事人保护问题，并提出了一个普遍规则，即授予意想不到的情况下签订合同的当事人以撤回权。[391] 很多规定都采纳了这一主张，对撤回权做出了详细规定，并在涉及缔 215
约过失的其他情形授予损害赔偿请求权。[392]

(2)其他的政策考虑

在欧共体有关撤回权的法律规定颁行之后，德国法不仅在上门销售的情形中(及相似情形)[393]规定了撤回权，另外还包括分时居住协议和远程合同的情形。[394] 消费者信贷交易[395]、分期供应合同[396]以及远程教学合同[397]的相关规定中也涉及撤回权，但是这些有关撤回权的规范并非都以欧共体的法律为基础。这一复杂多样的撤回权，破坏了约定必须遵守的原则，这样做的正当性基础是什么

---

[390] 譬如，参阅史蒂芬·洛伦茨:《不受欢迎合同的保护》，1997 年，第 445 页以下；同前作者:"因对决策自由之非法影响而终止合同:联邦最高院对缔约的控制方式"，载《新法学周刊》，1997 年，第 2578 页以下;《饶尔尼希》\斯塔德勒(注释 223)第 311 条，注释 62;埃默里希，载《慕尼黑民法典评注》2003 年第 4 版，第 2a 卷，第 311 条，注释 116。

[391] 梅迪库斯(注释 390)，第 519 页以下，第 531、548 页;比较参阅凯姆珀(注释 374)，第 255 页。

[392] 梅迪库斯(注释 390)，第 548 页以下。在这方面，必须记住的是，首先在性质上做出赔偿，譬如受害方必须恢复到损害没有发生前的情形:德国民法典第 249 条。

[393] 参阅上文注释 382。

[394] 《德国民法典》第 312d 条第 1 款第 1 项，第 485 条第 1 款。

[395] 《德国民法典》第 495 条第 1 款。

[396] 《德国民法典》第 505 条第 1 款第 1 项。

[397] 《德国远程教学法案》第 4 条第 1 款。

呢?如我们所知,上门买卖合同中的撤回权仅限于“特定情形”:[398]授予撤回权是因为消费者“意想不到”,需要更长的冷静反思时间。但是在消费者信贷交易中,却无法以同样的理由来证明撤回权的正当性。有人可能会说,正是因为考虑到消费者信贷这类交易的重大经济意义及其高度复杂性,所以需要给予消费者更长的时间进行权衡。[399] 另外,如果借贷消费者能够对自己所承担的义务详加审查,他通常会三思并重新考虑自己的贷款决定;而且更有可能的是,消费者或许会发现能够向他提供更优惠条件的其他信贷机构。然而,以上这些论点几乎都不具有什么说服力。消费者并不是出于压力才签订合同;在合同签订前,他完全可以轻易判断自己所承担的义务状况。在借贷者/消费者签订的合同中,即使相关信息需要由对方提供,情况也是如此:[400]在合同签订之前,他完全可以自由地把相关文件带回家,仔细地加以分析审查。如此,为什么合同签订后消费者仍然需要两周的时间呢,这尚不清楚。另外,两周的时间看起来也并不是实现规范目的的适当手段。当借贷者意识到自己实际负担的义务过于繁重往往是相当晚的时候
216 了,而且在当时借贷者可能地过分估计了自己承担义务的能力。[401]相比而言,《德国民法典》第489条第1款第2项规定的解除权,对于满足这些要求更为适当和充分。

---

[398] 关于撤回权的特定情形和某类特定情形之间的区分,参阅曼科威斯基(注释232),第222页以下;卡纳里斯:《民法实务档案》2000年第200期,第273页,第346页以下;鲁尔格提出另一个相似但更为精确的分类(注释374),第33页以下;克拉斯(Susanne Kalss)、鲁尔格:“消费法上撤回权特定情形的分类”,载《法律公报》,1998年,第153页以下。

[399] 乌尔默,载《慕尼黑民法典评注》,2004年第4版,第3卷,第495条,注释2;曼科威斯基(注释232)第239页以下。

[400] 《德国民法典》第492条第1款第5项。

[401] 参阅梅迪库斯(注释390),第524页;洛伦茨(注释39),第191页。并参阅凯姆珀(注释274),第255页以下;里梅恩(注释9),第33页的进一步评论。

(3)分时居住协议

对于消费者信贷交易中的撤回权,可以认为是"交易类型特定"(type-of-transaction-specific)而非"情境特定"(situation-specific),尽管其中的政策考量并不那么令人信服。对于分时居住协议中的撤回权,通常需要在两种情况下理解。[402] 首先,交易复杂且缺乏透明度,这通常被用来作为支持给予消费者更长时间冷静思考的理由,[403]即必须保护消费者,以免陷入仓促订立合同的危险。此外,值得关注的是,分时居住销售商经常利用侵略性市场手段打动那些被南方旅游胜地吸引的消费者。[404] 前一种考虑关注的是交易类型,而后者则属于情境方面的考虑。然而,同样地,就前一考虑本身及实施方式来看,也没有能令人信服的理由。通常在经过一段时间以后,分时居住协议的利弊自然就会比较清楚了,[405]不需要在告知消费者享有撤回权(通常在合同签订时)后再给予额外的两周时间。即使两周时间很有意义,也必须考虑到这样的事实,即实际上不可能期待消费者直到回到家后才能了解交易的种种细节,才能考虑进行交易的财力后果,以及是否行使撤回权。[406] 其次,另一种情形似乎更能说得通,但却并不需要在分时居

---

[402] 弗朗岑(Martin Franzen),载《慕尼黑民法典评注》2000 年第 4 版,第 3 卷,第 485 条,注释 1。比较里森胡博(注释 9),第 329 页以下;但也请参阅曼科威斯基(注释 232),第 241 页以下。

[403] 譬如,参阅《帕兰特》海因里希斯(注释 403)第 485 条,注释 1;曼科威斯基(注释 232)第 241 页以下。

[404] 《慕尼黑民法典评注》\弗朗岑(注释 402)第 481 条前言,注释 12,第 485 条,注释 1;比较马汀内克:《新法学周刊》,1997 年,第 1393 页。

[405] 这一点也为曼科威斯基所认可(注释 232)第 241 页。

[406] 马汀内克:《新法学周刊》,1997 年,第 1393 页,第 1397 页;德雷克斯勒在不同的情形下也得出了相似的观点,(注释 143)第 124 页。马汀内克也指出,形式要件要求(予以公证)将更合乎德国法的规定,而且还将为买方提供更完善的保护:《新法学周刊》,1997 年,第 1393、1396 页;比较里梅恩(注释 9)第 329 页。

住协议中引入有关撤回权的规定，因为有关在商业经营场所外签订合同的法律规定已经充分考虑到了这一问题。[407]

217 （4）分期供应合同、远程合同、远程教学合同

分期供应合同是授予消费者撤回权的另一种交易类型。[408] 现实情况是，消费者长期以来急需某一商品但却又没有能力立即支付价款。[409] 然而，作为消费者保护手段在合同签订后两周内行使撤回权（通常如此）的法律机制，并不能改变前述事实和愿望。[410]

《德国民法典》第312d条（远程合同）有关撤回权的规定涉及这样的事实，即合同签订前消费者没有机会看到货物和确定服务的质量。[411] 但是，需要指出的是，在进行远程交易，尤其是利用那些新技术时，消费者肯定非常清楚其中的弊端。如此，无论从哪方面来看，都很难说这将会使消费者的自主权遭受损害。当然，另一方面，撤回权可以合法地激励经营者提高产品质量，以减少合同被撤回、退货的情形。[412] 换言之，撤回权减少了通过远程合同向消费者提供不符合约定用途之产品的可能，从而尽可能使消费者能够如同在商店里购买商品一样。因此，合乎理性的做法是，从买受人

---

[407] 《德国民法典》第312条涵括了分时销售的各种方式；参阅《慕尼黑评注》\弗朗岑（注释402）第485条；里森胡博（注释9），第331页。根据民法典第312a条，然而，如果上门销售业属于分时销售合同规定的情形，那么后者优先适用。

[408] 这溯及分期付款买卖法案第1条B款的规定；参阅上文注释108。

[409] 参阅，早在1890年，菲利普赫克：《第二十一届德国法学家联合大会会议纪要》（1891）第2款，第148页。现在可参阅卡纳里斯：《民法实务档案》2000年第200期，第273页，第348页以下；韦德曼（注释9），第243页以下。

[410] 梅迪库斯（注释390），第524页以下。

[411] 《慕尼黑民法典评注》\温德霍尔斯特（注释212）第312d条，注释1；曼科威斯基（注释232），第235页以下；韦德曼（注释9），第238页以下；比较里森胡博（注释9），第326页以下；克拉斯、鲁尔格：《法律公报》，1998年，第155页及下一页；罗斯勒（注释6），第173页以下。

[412] 曼科威斯基（注释232），第236页以下。

收到货物之日开始起算两个周的期间。[413] 同时,必须指出的是,在通过远程合同提供服务的情形中,撤回权通常并没有多大作用。[414] 根据《德国民法典》第 312d 条第 3 款的规定,如果在撤回权行使期限届满前,经营者经消费者同意后才开始向其提供服务,那么该撤回权即告消灭。

《远程教学法案》第 4 条规定撤回权的正当性理由,与远程买卖一样,尤其在于这样的事实,即撤回权的两周时限在消费者收到 218
第一批远程教学资料后才开始。[415]

任何一项撤回权都必须以令人信服的政策考量为基础,[416] 否则,必然会如同有人所提到的那样,在消费者与经营者关系中将撤回权普遍化。[417] 反过来,这也将会使消费者法偏离一般合同法的范围。不幸的是,以交易的“复杂性”或“经济意义”作为撤回权的基础,实际上就已经迈上了偏离之途。[418]

3. 单方强制性规范

(1)特殊的保护性规则

现代消费者保护立法的另一个特点是,设立强制性或甚至是

---

[413] 《德国民法典》第 312d 条第 2 款。

[414] 参阅《慕尼黑民法典评注》\温德霍尔斯特(注释 212)第 312d 条,注释 2。

[415] 曼科威斯基(注释 232),第 238 页以下;但也请参阅梅迪库斯提出的批评(注释 390),第 523 页以下。

[416] 卡纳里斯(《民法实务档案》2000 年第 200 期,第 273、345 页)和里梅恩[(注释 9)第 341 页]强调了这一点。里梅恩还呼吁欧盟重新检讨既有的撤回权制度,以发展确立一个更有说服力的一般性制度。

[417] 麦克里茨:“一个欧洲私法的视角”,载《欧洲私法杂志》1998 年第 6 期,第 265 页。

[418] 凯姆珀也指出的这一点(注释 374),第 256 页。

单方强制性法律规范。[419] 尽管当事人双方可以自由约定适用更有利于消费者的法律机制,但这些强制性规范也还总是与对消费者的损害相关。[420] 这些强制定规范不再仅仅是程序性设置,而是对合同内容进行规制,并对当事人自由具有实质性影响。其实,对此我们应是非常熟悉的。旧《德国民法典》规定了很多强制性规范,这些规范是为了保障商业生活中最低标准的体面生活方式;[421]或是为了防范特定交易类型的风险;[422]或者是为了保护弱势当事人,
219 免遭他人利用。[423] 但在当时,还并没有设定单方强制性法律规范:《德国民法典》第 225 条曾允许当事人减轻时效,譬如约定比法定期间更短的时效,但却禁止当事人通过协议加重时效,譬如如延长时效期间。[424]

当然,现代消费者保护立法中,强制性规范的主要目的是保护

---

[419] 最近可参阅德雷克斯勒:"作为欧洲消费合同法结构性原则的强制法律规范",载《欧洲的私法:多样性、冲突、合作——于根·索恩伯格(*Hans Jürgen Sonnenberger*)纪念文集》,2004 年,第 771 页以下。关于合同法强制性规范的一般论述,参阅里梅恩(注释 9),第 461 页以下及各处。

[420] 参见《德国民法典》第 312f 条(第 312 条以下关于上门交易、远程合同和电子商务的规定);《德国民法典》第 475 条(关于消费品买卖的规定);《德国民法典》第 487 条(第 481 条以下关于分时居住协议的规定);《德国民法典》第 506 条(第 491 条以下关于消费借贷、金融援助和分期供货合同的规定);《德国民法典》第 651 条(第 651a 条以下关于包价旅游合同的规定);《德国民法典》第 655e 条(关于第 655a 条以下关于借贷中介合同的规定);在其他一些情形,单方强制是通过解释予以确定的;参阅《慕尼黑民法典评注》乌尔默(注释 226)第 355 条,注释 4(关于第 355 条以下关于撤回权的规定)。

[421] 譬如参见《德国民法典》第 138 条,第 276 条第 2 款,第 443、476、540、637 条。

[422] 特别的参阅《德国民法典》第 313、518、766 条关于形式要件的规定(分别是土地买卖、赠与和保证的规定)。

[423] 譬如参见《德国民法典》第 247 条第 1 款、第 248 条第 1 款、第 343 条、第 559 条第 3 款、第 617 ~ 619 条、第 624 条。在 19 世纪早期的立法中也可以发现强制性规范,参阅李普根(注释 9),第 14 页,第 80 页以下。

[424] 在 1908 保险合同法案中也可以发现很多单方强制性规范;参阅罗斯(注释 49),第 79、503 页。

消费者,这也说明了我们在这里讨论单方强制性规范的原因。首先,对于一些单方强制性法律规范,我们已经在前面几节中讨论过,即为经营者设定信息义务和授予消费者撤回权的规定。如果这对于消费者与经营者之间的合同自治保障是必要的,那么禁止当事人私自协议规避强制性保护规范就是合理的(如果协议本身对消费者和经营者都属于自治的结果,那么其合理性还是有疑问的)。其次,还有其他一些旨在保护消费者的单方强制性规范:如分时居住协议和消费者信贷合同的形式要求、[425]关于信贷经纪合同之经纪人报酬的规定,[426]等等。

(2)各类合同的监管

德国法紧随欧共体的各种指令之后(或提前),但已经走得很远了:其已经将详细规范特定合同类型的全部或大部分制度规则都转化成了(单方)强制性规范。在某些方面,这接近于《德国民法典》第307条以下(以及《关于消费合同不公平条款指令》中的规定)的规定对一般交易条件的全面控制方式。[427]《德国民法典》

---

[425] 《德国民法典》第484、492条。

[426] 《德国民法典》第655c条。

[427] W.-H.罗斯在"合同内容的控制"这一标题下论述了三类规则:《法学家报》,2001年,第475、481页;比较参阅德雷克斯勒(注释143),第125页以下。关于不公平条款控制和强制规范(*ius cogens*)之间的关系,参阅里梅恩(注释9),第469页以下;比较参阅法斯特里希(注释353),第5页以下,他将对合同内容的控制分为广义和狭义两种。当然,一个最为关键的区别是,不能通过单独协商之合意规避(derogate)强制性规范;因此与不公平条款的控制相比,强制性规范构成了对当事人自由,通常指自主签订合同的自由,更为严重的干预。因此,现在的德国法做出区分一种是任意法规范法(*ius dispositivum*,当然其仍然是合同法规则),即针对商业交易中一般交易条款的强制性规范,一种是针对单独协商协议的强制规范;里梅恩(注释9),第471页以下;以及一般的论述,参阅梅迪库斯:《债法总论》第15版,2004年,注释86以下。

220 规定了两种这类合同。其一是消费品买卖合同,另一种是包价旅游合同。[428] 对于前者,一般合同法的大部分规定与消费品买卖的特定规则是相互联系的;[429]在另外一种情形下,关于包价旅游合同的所有法律规则都已转化为单方强制性规范。[430] 然而,无论如何,我们所讨论的问题都是与一般合同法的发展密切相关的。《德国民法典》第 307 条以下的规定很好地印证了这一论断,该条规定对不公平格式条款的监督不仅限于消费者合同,原则上适用于所有类型的合同。[431] 在 1976 年《一般交易条件法案》之前,法院就已经根据《德国民法典》第 242 条的一般性规定对不公平的一般交易条件予以严格规范。[432] 联邦最高法院根据一般合同法做出的关键性裁判,最后也由《德国民法典》第 651a 条以下的规定以法定形式予以明确。[433] 另外,还有其他一些法院干预特定类型之交易内容的情形:法院作出裁判的依据是《德国民法典》第 138 条第 1 款(如在婚姻财产协议中)[434],甚至也可能是民法典第 242 条(以经

---

[428] 德国法通常会确立强制性规范的第三类合同是居住租赁合同,有关正当性论证,参阅法斯特里希(注释 353),第 109 页以下。"二战"后,在《德国民法典》之外通过特别立法确立了以通知保护和租金控制为核心的法律制度。在 2001 年夏天,这些法律规则被整合到《德国民法典》中(租赁改革法案,《联邦法律公报》2001 年第 1 卷,第 1149 页,现在为《德国民法典》第 549 条以下的规定)。远程教学合同与借贷合同是为强制法律规范主导的另外两个领域;比较远程教学法案第 9 条,《德国民法典》第 491 条以下。

[429] 《德国民法典》第 475 条第 1 款。

[430] 《德国民法典》第 651m 条。

[431] 参阅上文第 175 页及下一页,第 182 页及下一页。

[432] 参阅上文第 174 页及下一页。

[433] 上文注释 113。

[434] 譬如参阅布鲁德缪勒,载《帕兰特民法典》第 63 版,2004,第 1408 条,注释 7 以下;比较施温策尔:"婚姻法上的契约自由",载《民法实务档案》1996 年第 196 期,第 111 页以下(主张适用民法典第 242 页)。

过公证的格式条款为基础的合同)。[435] 同时,将消费品买卖和包价旅游合同的有关规定纳入《德国民法典》,这实际上也是一个提醒,即在以合同自由观念为基础的总体法律制度中,总是要非常仔细地审查新的法律规则是否以及在何种程度上具有正当性。

上文已经提到,信息义务以及撤回权作为合法工具能够加强 221
双方当事人自治,能够有效地强化契约自由观念。[436] 同样地,对于一般交易条件的司法控制[437]以及其他很多强制性法律规范,也都可以做出上述评价。[438] 当然,对于有关消费品买卖和包价旅游合同的单方强制性法律规则,是否也能如此评价呢?这还有很多疑问。[439] 例如在完全排除经营者/销售商产品隐蔽瑕疵责任的情况

---

[435] 参见《联邦最高法院民事裁判汇编》第101卷第350、353页,以及古恩特罗斯,载《慕尼黑民法典评注》第4版,第2a卷,2003年,第242条,注释436。有关批评,参阅梅迪库斯:《登记合同内容的司法控制》(1989);法斯特里希(注释353),第94页以下。现在对于这些案例情形将主要适用民法典第310条第3款的规定,参阅海德霍夫(注释9),第428页以下。

[436] 参阅上文第211页以下。

[437] 上文第176页。关于对单独协商和非单独协商之合同条款的司法控制现象的一般讨论,参阅法斯特里希(注释353),第29页以下、第215页以下。

[438] 克茨指出了这一点(注释349),第1037页以下;李普根(注释9),第9页以下以及各处;德雷克斯勒(注释420),第780页以下。

[439] 对消费买卖特别有力的批评,参阅卡纳里斯:《民法实务档案》(2000)200,第273页,第362页以下;比较德雷克斯勒(注释420),第786页以下。相反地,参阅李普根(注释9),第98页以下。一般地,参阅法斯特里希(注释353),第117页以下;里森胡博(注释9),第490页以下。消费品买卖指令指出,如果可以限制或排除消费者享有的权利,那么对消费者的法律保护可能就会遭受失败,并借此试图证明对私法自治进行大范围限制的正当性(说明,第22项)。然而,这仅仅是对应该提出的一个良好理由的再次说明而已;参阅卡纳里斯:《民法实务档案》2000年第200期,第273页、第362页以下;德雷克斯勒(注释143),第126页。海德霍夫(注释9),第326页甚至一般性的论断认为,合同自由既不是欧共体立法的基础也不是其目标。

下,为什么消费者不能过私人协商的方式低价购买一辆二手汽车呢?![440] 实际上,根据这些新规则的规定,有些人恐怕再也买不起汽车了。[441] 从强制性法律规则所必须采取的程式进路来看,这些规则对私人自治是有偏见的。总是不能轻易地弄清楚,为什么一个牧师或者一个体育俱乐部,在组织单日短途旅行时,一定要受到《德国民法典》第 651a 条以下规定的理论限制。然而,必须指出的是,对于很多并非以消费者保护为动因的强制性规范,也存在相似的反对意见。譬如,一个寡居的妇女将自己房屋中的一套公寓出租给一名律师,那么她就必须要在合同解除通知函中提醒该律师,他可以对解除通知提出异议,以及应该以什么形式、在什么时间内提出异议。显然,很难说这样的安排是恰当的。[442] 而且,需要记住的是,与包价旅游合同、远程教学合同,以及或许与消费品销售相比,通过个别磋商订立的契约几乎没有什么重要性;而对于那些重要类型的交易,由于已经在《一般交易条件法案》中设置了相
222 应的监控机制,因此再对它们进行严格规范的必要性也就非常值得怀疑了。

4."消费者"概念

在德国新债法中毫无限制地散布着各种保护性机制,那么谁会因此而获益呢?实质上,这一法律制度的设置有两种选择。其一,可以建立一种灵活的制度,对合同当事人之间的结构或情境失

---

[440] 斯蒂芬·洛伦茨,载《慕尼黑民法典评注》第 4 版,第 3 卷,2004 年,第 475 条,注释 9;阿多麦特(Klaus Adomeit)"论优惠原则(Günstigkeitsprinzip):目前的买卖合同",载《法学家报》,第 1053 页以下;德雷克斯勒(注释 420)第 778 页。

[441] 卡纳里斯:《民法实务档案》2000(200),第 273、363 页。

[442] 《德国民法典》第 568 条第 2 款(旧民法典第 564a 条第 2 款)。除了其文字表述,该规定具有强制性。韦德恩卡福,载《帕兰特民法典》第 63 版,2004 年,第 568 条,注释 3。

衡(在信息资讯、自由选择能力等方面)进行相对缓和的平衡。[443] 这一方式的好处是,直接以保护性法律规则为基础,目的在于保护那些真正值得保护的人;但与此相伴,同样严重的缺陷在于,大大缺乏法律确定性。因此,德国法和欧洲法都可以理解地采取了第二种方式:以"消费者"的概念为核心,使相关法律制度的适用建立在具有实践便宜性的标准之上。换言之,它们采取了一种类型学的方式。[444] 然而,与此同时,它们也不得不承受无法避免的缺陷,即有时会为那些根本不需要的人提供所谓的保护,如购买书籍的法学教授、汽车修理师为自己的私人汽车更换排气管、一位银行董事为购买家居住房而贷款;[445]而有时却又无法保护那些真正需要帮助的当事人。

这些例子也说明,德国法并不想把消费者作为某种法律身份(legal status)而予以概念化:[446]一定范围的人之所以受到保护的是因为他们一般都具有某些特征(或者是缺乏某些特定性征)。[447] 这 223

---

[443] 其中参阅拜德林斯基(注释 143),第 766 页以下,作者在其中希望确定一项"控制原则";比较参阅梅迪库斯(注释 9),第 485 页以下;德雷赫尔(Dreher):《法学家报》,1997 年,第 170 页;克孜奥尔:"作为合理利益保护之目的或手段的消费者保护",载《欧洲的消费者保护:海因里希·迈尔霍佛(*Heinrich Mayrhofer*)纪念文集》,2002 年,第 201 页以下;克孜奥尔:"银行法与消费者保护",载维甘德(Wolfgang Wiegand)主编:《银行与银行法变革》,2004 年,第 129 页以下。

[444] 上文第 161 页。

[445] 参阅卡纳里斯:《民法实务档案》(2000)200,第 273、348 页;莫尔(Mohr):《民法实务档案》(2004)204,第 675 页以下。

[446] 有时这是针对现代消费者保护的批评;参阅非常直接地,汉斯·哈滕豪尔(Hans Hattenhauer):《民法的基本概念》第 2 版,2000 年,第 23 页;艾曼(Horst Ehmann)、乌里希·鲁斯特(Ulrich Rust):"论消费品买卖指令",载《法学家报》,1999 年,第 864 页(其中指出了一项新的纵深分类的危险)。

[447] 有关批评讨论,参阅拜德林斯基(注释 143),第 718 页以下;《慕尼黑民法典评注》\麦克里茨(注释 149)第 13、14 条前言,注释 62 以下;《德国民法典历史性批评评注》\达甫(注释 12)第 1 ~14 条,注释 79。关于作为法律后果之起点的角色和(人身)性征的区分,目前的情形,可参阅梅迪库斯(注释 11),第 211 页以下。

种模式似乎有点歧视或差别对待的味道,因为其似乎暗含的认为消费者由于缺乏警备和自控而没有进行法律交易(legal transactions)的能力,这使消费者非常接近于那些需要得到照顾的弱势群体。[448] 我认为值得肯定的是,《德国民法典》对消费者的保护采取了可同时称为功能主义的和"情境的"模式。[449] 首先,《德国民法典》将消费者界定为所有实施法律行为(交易)的自然人,只要法律行为在目的上并非行为人盈利或独立职业范围即可(《德国民法典》第13条)。深刻反映在《德国民法典》中的这一定义所产生的各种缺陷已经为上文所指明;[450]但是,原则上,这一方式似乎是有道理和可行的,因为可以现实性的推定:在从事职业行为而非在私人场合下,一个人通常会对自己的利益更加警觉和顾及,信息也会更加灵通。[451] 其次,如此界定消费者之后,也并不是就随意予以保护。消费者仅仅是相对于经营者,譬如一个(自然人或法人)为盈利或独立职业之目的而进行交易的人,而受到保护。因此,消费者保护规则适用的关键不是"消费者",而是"消费合同",即消费者与经营者之间签订的合同。[452] 毫无疑问,如果一方当事

---

[448] 《德国民法典》第1896条以下。

[449] 参阅普非佛(注释9),第27页以下;普非佛(注释7),第495页以下;《慕尼黑民法典评论》\麦克里茨(注释149)第13、14条前言,注释65以下;《德国民法典历史性批评评注》\达甫(注释12),第1~14条,注释80;德雷克斯勒(注释143),第120页以下,第128页以下;里森胡博(注释9),第250页以下,第260页以下;海德霍夫(注释9),第261页以下;韦德曼(注释9),第152页以下;罗斯勒(注释6),第46页以下。

[450] 参阅上文第202页及下1页。

[451] 卡纳里斯《民法实务档案》2000(200),第273、360页;豪普特(Klaus J. Hopt):"损害赔偿外的非合同责任与不当得利",载《民法实务档案》1983年第183期,第645页以下;里森胡博(注释9),第256页以下;韦德曼(注释9),第115页以下;相反地,里梅恩(注释9),第259页以下。

[452] 参见民法典第310条第3款的定义。普非佛也强调了这一点(注释9),第139页以下;德雷克斯勒(注释143),第113页;贝克(Michael Becker):"消费合同与一般私法",载《唤醒欧洲:马科斯普朗克私法研究所75年纪念》,2001年,第85页以下。

人进行职业行为,而另一方则并非如此,而仅这一事实就在他们之间产生了不平衡。但在本质上,这并不是需要法律制度给予救济的那种不平衡。法律干涉合理存在的关键因素是,对消费者自主理性决策自由的侵害。[453] 当然,这样的侵害仅存在于特定情境之中,而并非仅仅由于其中一方以消费者的角色出现。这也是法律尽力确定那些特定情境(交易的复杂程度、意想不到的因素等)的原因,譬如消费者因为签订了只维护经营者一方而非当事人双方之利益的合同,由此而真正面临危险的情形。同时,这也可以判断,在贯彻实施一项原则上完全合乎以契约自由为基础的市场经 224
济政策时,法律制度是否有时无法走得更远。

其实,顺便需要提到的是,法律制度因当事人双方角色不同而对特定当事人提供保护,这并没有什么特别的。[454] 德国法针对雇主而对雇员提供保护;[455]再就是相对于出租人的承租人,[456]以及相对于合同一般交易条件提供方的接受方。[457] 在以上这些情况中,可能会提出一个合法性问题,即是否以及在什么程度上,这些法律保护机制对于救济情境性或结构性失衡是适当和必要的。然而,这是一个一般性的问题,[458]因为这一问题需要根据法律制度必须

---

[453] 上文第 206、210 页。

[454] 参阅梅迪库斯:“保护需求(消费者特别保护)与私法”,载《法律教育》,1996 年,第 761 页以下;梅迪库斯(注释 11),第 219 页以下。

[455] 特别是针对合同解除所赋予的保护,有关综合评述,参阅《饶尔尼希》\曼泽尔(注释 308)第 622 条,注释 7 以下。

[456] 有关综述,参阅梅迪库斯(注释 255)注释 237 以下。

[457] 《德国民法典》第 305 条以下;关于这一点参阅上文第 175 页及下一页,第 188 页。

[458] 之后,德国已经再次整合一般交易条件规则与社会租赁法(social lease law),将其纳入民法典的框架之中。

保护任何一个人的自治权这一观念进行阐释和说明。[459]

(三)可能的反驳

关于消费合同的问题有三种解决方案,即多个单行法并立、单独起草消费合同法法典、纳入一般民法典,而第三种方案受到欢迎的最主要的原因是:[460]一般合同法与消费合同法两者的目标是一
225 致的。如果认为一般合同法非常正式的反映了契约自由观念,而消费合同法则与宽泛的社会关怀相关,那么这对于法律制度的整

---

[459] 参阅相关资料,德雷克斯勒,上文注释370;比较李普根(注释9),第70页以下(及相关参考资料);罗斯勒(注释6),第71页以下。

[460] 其他学者也提出了这一观点,参阅拜德林斯基(注释143)第718页以下;普非佛(注释7)第494页以下;W. –H. 罗斯:《法学家报》,2001年,第475页,第484页以下;德雷克斯勒(注释143)第117页以下;《德国民法典历史性批评评注》\达甫(注释12),第1~14条,注释84以下;罗斯勒(注释6)第269页以下。相反地,最近可参阅韦德曼(注释9),第267页以下及各处(其主张制定消费合同法典);《德国民法典历史性批评评注》\施默克尔(注释102)前言,第312条以下,注释55以下。法国自1993年就颁行了消费者法典(不仅仅包括合同法);但有学者对此提出了尖锐批评,参阅维茨(Claude Witz)、沃尔特(Gerhard Wolter):"论法国新消费者法典",载《欧洲私法杂志》(1995)3,第35页以下;对此比较积极的评价,参阅豪惹(Dennis Heuer):《消费者法典:法国消费法法典化研究》,2002年。奥地利1979年就颁布了消费者保护法案,但其既不具有综合性也不具有系统性;参阅克孜奥尔、维尔塞(Rudolf welser):《私法纲要》第2款,第12版,2001年,第372页以下。关于希腊1994年的消费者法案,参阅亚历山德里都(Elisa Alexandridou):"希腊1994消费者法案",载《消费者法律保护与国际著作权法》,1996年,第400页以下。荷兰则将正试图其纳入民法典的一般规定,参阅霍恩第乌斯:"荷兰消费者法:从特别立法到纳入民法",载《消费者与法律》,1996年,第295页以下;同前作者:"欧洲合同法:荷兰的贡献",载维耶尔(Hans-Leo Weyers)主编:《欧洲合同法》,1996年,第62页以下;关于意大利,有学者已提出纳入到民法典,思雷娜(Pietro Sirena):"一般合同法原则中的消费者法整合",载《民法评论》2004年第50期,第787页以下。有关比较讨论,参阅霍恩第乌斯:"消费者法与私法:水火不容者将会于何处",载《欧洲法律中的法律与弥漫的各种利益:诺波特赖希(*Norbert Reich*)纪念文集》,1997年,第311页以下;滕里罗(Mario Tenreiro):"消费法典,还是消费者法典?",载《赖希纪念文集》(同前)第339页以下;罗斯勒(注释6)第275页以下;以及奥斯曼(Filali Osman)主编的《迈向欧洲消费法典》(1998)中的论文。

体性而言将会是致命的。合同自由观念一直是整个合同法的北极星;但只有双方当事人自治权的恰当反映时,合同才会为法律共同体所接受和肯认。不能仅仅认为后一种考虑只适应于独立的合同法规范,而应该(实际上也是如此)贯穿于整个合同法。在过去的百年间,德国合同法"具体化"(materializing)的进程[461]而彻底普遍;而这一过程也常常被称为,通过特别法履行"私法的社会责任"[462]。这已经成为具有核心意义的事件。

与主流的推理论证方式相比,支持单独制定消费合同法法典的大多数观点,都显得意义苍白。由此,有论证指出,既然德国消费合同法是以欧共体法律为基础,那么这一法律体的欧洲属性(特别是,需要根据不同的指令对德国法进行解释)将会更加明显;同时,欧共体法律的概念设计也将会顺畅地转化到德国法中,而根本不需要调整《德国民法典》的整个概念体系。此外,在制度化的欧洲盛行的那种事无巨细的立法风格也仍然能够得以保持,且与德国法律传统所坚持的更为优雅、节约简洁的立法方式毫无冲突。[463] 但是,接下来必须考虑的是,欧共体也颁布了一系列附属于合同法的指令,尽管并不是特别附属于消费合同法:如关于禁止商事交易迟延支付的指令、跨国信贷转账指令、电子签名和至少部分的电子商务共同框架指令。通过修订《德国民法典》,这些指令已经转化为德国法。[464] 另外,关于就业、职业培训和晋升以及工作 226
条件男女平等待遇原则的相关实施指令,[465]以及关于经营者、营业

[461] 参阅上文第205页以下。

[462] 上文注释20。

[463] 参阅有关讨论,W. -H. 罗斯:《法学家报》,2001年,第475、485页。

[464] 参阅上文第183页及下一页,第185页及下一页,第186页。

[465] 1976年欧洲理事会76\207\EEC指令;参见加尔德纳、比勒、齐默曼、舒尔策(注释159),第119页以下。

全部或部分转让时雇工权利保障[466]的指令,也都以同样的方式转化为德国法。换言之,《德国民法典》不可能原封不动(或者有人会说是毫无污点),事实上,也的确不可能不受到欧共体法律发展的影响,即使不考虑消费合同法也是如此。其中一些调整形式是无论如何都避免不了的。就拿欧共体冗长拖沓的立法特点来说,有时可能只将一些理论依据置于《德国民法典》之中,而其他详细事宜则留给次级立法;而事实上,关于经营者信息义务的规定即是如此。[467] 同时,也必须承认,即使没有任何来自布鲁塞尔的压力,德国的立法机构仍然在很多情形和很多方面玷污了《德国民法典》。[468] 德国的现代立法技术已不再是100年前的样子了。此外,需要铭记的是,如果一部一般性合同法不能囊括消费合同,那么这样的合同法将是非常贫弱的,很难说具有全面性;这样的合同法无法促进法律内部的融贯一致,无法扩大法律的包容性,也无法为法律的进一步发展提供智识和理论支持。[469] 如此,这些发展将主要在一般合同法的范围外发生。另一方面,一部消费合同法法典也将仅仅是那些与《德国民法典》的背景基础相反的附加规则的汇编而已。如此,将会增加法律的复杂性,同时也将会使那些期待通过消费合同法典简明而全面地规定消费者权利义务的法律改革者感到失望。再或者,意图规定全面,就会重复《德国民法典》中早已包含的那些规定,这同样是有问题的。[470]

(四)建筑工地,抑或博物馆?

有主张反对将消费合同法纳入《德国民法典》。的确,消费合

---

[466] 2001年欧洲理事会2001\23\EC指令,参见 加尔德纳、比勒、齐默曼、舒尔策(注释159),第127页以下。

[467] 上文第197页;参阅海因里希(注释143),第209页。

[468] 参阅塞勒所讨论的例子(注释317),第105页以下。

[469] 有关法典化的目的,参阅上文注释298中的参考资料。

[470] W. -H. 罗斯:《法学家报》,2001年,第475页、第485页以下。

同法还只是一个仍未形成稳定理论结构的领域,尚有不确定性会有进一步的变化和修订。最近,欧盟委员会已经宣布将进一修订既有的消费者法令(consumer acquis),试图通过修订评价有的法律法规是否实现了“主要目标……通过对消费者共同的高度保护以及消除内部市场障碍、简化管制,来提升共同体内部市场上消费者和经营者的商业信心”。[471] 同时,其首先意在发展一个“共同参考框架”[472],而这随后也可能是欧洲合同法的“选择性机制”。[473] 这一选择性机制将有效构成一般合同法的(最起码的)示范法典。[474] 该共同参考框架将规定欧洲合同法的共同基本原则、定义一些核心概念,以及制定合同法的示范规则。其实,欧共体委员会工作通讯附录一中[475]建议的“共同参考框架之可能性结构”其实与兰多委员会起草的《欧洲合同法原则》非常相似。[476] 结果是,欧洲共同体消费合同立法的核心将不再是建立和运营共同体的内部市场。因为很明显地,内部市场这一目标是为相关的共同体指令所激发的;[477]然而,对合同法进行全面考虑就肯定会发现,合同法不能被仅仅概念化为一种市场建立机制,其必须反映一些根本性问题,如自由、责任、诚实信用以及对合理信赖的保护等。[478] 尤其是合同自由,必须被作为自治的一种实现方式。目前一系列的

---

[471] 欧共体委员会向欧洲议会和理事会提交的工作通讯:欧洲合同法及其修订本,2004年10月11日提交,委员会(2004)651,final, 3。

[472] 《通讯》(注释472),第2页以下。

[473] 《通讯》(注释472),第8页以下。

[474] 详细参阅《通讯》附录2,(注释472),第17页以下。

[475] 《通讯》(注释472),第14页以下。

[476] 上文注释5。

[477] 最近的参阅海德霍夫的讨论(注释9),第265页以下,第318页以下。有关共同体对消费者合同法的管辖权问题,参阅上文第194页及下一页。

[478] 《欧洲私法杂志》的编辑早在1993年就提出了这一点。

过度监管破坏了德国合同法的优点,[479]而这反映了德国合同法(消费合同法仅仅作为整体合同法的一部分)与欧共体消费合同法在定位取向上的部分冲突。[480] 如上所示,德国的法律家们可能会质疑实施指令所蕴涵的智慧水平;但是他们却无法改变实施的必要性和可能性。不仅对于欧洲,还包括各成员国,欧洲委员会提出的更大范围的修订为它们都提供了机会,使合同法得以重新定向,并更加融贯一致。[481]

对于《德国民法典》来说,这一切又意味着什么呢?将消费合同法纳入《德国民法典》的决定,实际上已经使法典成为了一个喧闹不休的建筑工地。[482] 但接下来呢?或许,一部现代私法法典不应仅仅是一个充斥着工匠和技师们的欢笑声的建筑工地,而更应该是一座博物馆,而在这里只能听到那些偶尔光顾的游览者们的倦倦低语。

---

[479] 譬如,参阅上文第 221 页及下一页。

[480] 对这一点的详细证明,参阅海德霍夫(注释 9),第 238 页以下;比较参阅海德霍夫:"欧洲消费合同法上的信赖与合同自由"载《欧洲私法杂志》2003 年第 11 期,第 769 页以下。

[481] 参阅委员会新通讯作为基础的 2003 年行动方案的标题(如上文第 159 页所引述)。

[482] W. - H. 罗斯:《法学家报》,2001 年,第 475、488 页。

# 索 引

[原文索引由吉姆·哈里斯(Kim Harris)编制]

# 书评:《德国新债法:历史与比较的视角》[①]

詹姆斯·戈德雷*

《德国债法现代化法案》于 2002 年开始生效。齐默曼称其为"《德国民法典》颁行以来最为广泛彻底的单项改革……"然而,最后该法案的颁行却相对仓促,仅仅经过一年半的讨论。当然,其中的原因之一是,德国必须于 2002 年 1 月 1 日之前将《欧盟消费品买卖指令》内化为国内法。就此本身而言,仅需依照该指令修正德国买卖法即可;然而,德国司法部却利用该机会提出了一些重大改革,主要涉及时效、债务不履行救济、给付不一致救济以及消费合同等方面的法律规范。

这些改革起初是以 1992 年学者委员会所起草的一个草案为基础的,然而自 1994 年以来,该草案并没有得到人们的重视。在时间的巨大压力下,德国的法学家们必须根据当前的法律观念的变化和 1992 年以来全欧洲的改革项目重新检视之前的草案,而司法部也必须有所反应。齐默曼对改革法案的新变化、发生这些变

---

① 原载于《德国法杂志》第 7 卷第 8 期,第 729 ~ 732 页,载 http://germanlawjournal.org/pdfs/Vol07No08/PDF_Vol_07_No_08_729 – 732_Developments_Gordley.pdf。

* 感谢戈德雷教授慨然应允笔者将该书评翻译成中文,并附列本书之后。戈德雷教授毕业于芝加哥大学和哈佛大学法学院,2007 年自加州大学伯克利分校法学院退休,目前在美国杜兰大学法学院任法学教授。戈德雷教授著作甚多,其中《现代合同理论的哲学起源》、《私法的基础》这两本书已经由张家勇教授翻译成中文,由法律出版社出版。——译者注

化的原因及其成败得失做了清晰而可靠的叙述。

在第一章,作者描述了20世纪《德国民法典》的制定和适用;接着,陈述了此次改革的四项主要因素。对债务不履行救济的改革缘于长久以来的一种普遍的抱怨,即关于债务不履行这方面的法律规范太过于复杂,尤其是人为制造且已过时的履行不能和履行瑕疵这些概念。然而,正如齐默曼所指,将改革立基于1992年草案的决定,忽视了十年来的学术争论和一些立法经验,譬如《荷兰民法典》、兰多委员会的《欧洲合同法原则》以及《国际商事通则》。作者还指出,尽管新的法律规则更为简洁,当然简洁的原因更多的是由于立法准备时间的仓促,同时这其中也产生了一些尚未解决的理论问题。尽管称为现代化,但却仍然反映出了旧式思维方式。当然,改革也具有积极的一面。该法案中的一些规则或观念"设计精良、历经百年发展而不衰",且"应该也能够用于进一步完善那些国际性原则"。

在讨论货物给付不一致责任时,齐默曼教授指出,在民法典改革之前,这些规范是以罗马法规则为基础的,该规则在最初的奴隶买卖和牲畜买卖的情形中作用良好,而在复杂经济中则没有什么作用了。买方可以撤销该交易,也可以请求减价;只有在一些例外情形中才能主张适用损害赔偿;时效期间较短,而且并不以买方知道或能够知道为由。而目前的改革将这些规定全都废除了,算是"古老原理的非理性复活",却也的确过于陈旧了。然而,新的救济体系,"匆匆草就……并没有显示智识的成熟和技术的精巧,而恰恰是这些使民法典的声誉得以维持"。一些规定模糊不清,需要进行细致的区分,譬如共同法(ius commune)中有关合同损害恢复救济的规定,可以将其形容为"浩瀚汪洋,无帆不险"。

时效法也迫切需要改革。此次改革反映了兰多原则所采用的现代模式,譬如,时效期间更为一致,既非过短(6个月)也非过长(30年),且从当事人应当知晓其请求权之日起算。然而,改革并不彻底,依然存在着“理论烦扰之源”。而且,起草人也没有“对他们的选择动机进行合理说明,这实际上也就限制他们对将来欧洲法发展的影响。”

1992 年草案中没有涉及,但为法案所最终采纳的一个重大变化就是将系列保护消费者及其他合同当事人的特别规定纳入民法典。对于齐默曼来说,原则上,这一变化是值得欢迎的。当事人自治是合同法的根基,但如果合同一方无法坚持公平条款,而只能接受对方的条件时,其自治即被侵害。既然公平无法与保护自治相分离,那么民法典忽略任何一方当事人都是不恰当的。困难的是,在 2002 年之前,德国的很多单行法和欧盟的具体指令都认为其中一方需要予以保护。由于时间上的压力,很多既定的规定被简单地移入民法典,而没有尽力使其与法典的其他相关规定协调一致,更没有时间深入思考以重新厘清当事人何时以及为何应受到保护等问题。最终,“对《德国民法典》予以修订的那些新规定可以很容易被辨识出来,因为这些规定大都冗长啰唆、表述差劲,且常常考虑失当”。尽管起草者本可以做得更好,但齐默曼也承认,在此法律领域,尚无人能够发现“稳定的理论结构”。既然如此,及时改革更为谨慎和深思熟虑,民法典对于那些新规则来说也只能是一个“永远喧闹不休的建筑工地”。但是齐默曼总结认为,“或许,一部现代私法法典不应仅仅是一个充斥着工匠和技师们的欢笑声的建筑工地,而更应该是一座博物馆,而在这里只能听到那些偶尔光顾的游览者们的倦倦低语。”

该书对德国法变迁的叙述翔实、清晰而富有技术性。而且,更进一步地,该书将德国法的变迁置于历史和比较的语境之下进行考察,而此语境涉及罗马法、整个 19 世纪的法律思想、德国民法典起草者的抱负、一个世纪以来的法律解释与社会变革、欧盟的各种指令、如兰多原则这样的泛欧洲项目,以及时间上的压力。只有在此语境下,才能理解为什么有那么多法律需要进行改革,以及为什么以那样一种方式进行了改革。齐默曼力求一种稳妥的评价(a balanced assessment),一方面褒扬改革的方向,另一方面却又谴责改革的草率;不仅考虑现代观念和欧洲发展趋势,而且也考虑了促进德国法发展过往经验和贡献;对于那些令人满意的及尚需努力的方面都予以说明。这也是一个很好的个案研究,通过此可以理解一项重要的法律变革是如何发生的,并使我们得以窥见将来会有何变化,以及如何能够做得更好。

# 译者简介

韩光明,男,山东胶州人,毕业于烟台大学(法学学士)和中国政法大学(法学硕士、博士),曾于德国汉堡马普所和美国佛蒙特法学院短期访学。目前受聘中山大学法学院副教授,任中山大学法学理论与法律实践研究中心研究员,副主任。学术兴趣与研究领域包括私法、比较法、法律与公共政策,关注私法制度史、概念史的比较研究;私法与宪法、行政法之规范实践;私法与社会发展;立法与公共政策制定等。出版专著《财产权利与容忍义务:不动产相邻关系规则分析》(2010),译著《法律的价值:转轨经济中的评价》(2006)等。

# 当代德国法学名著计划书目

## 法哲学 · 法律理论 · 法律史

1. 恩吉施:法律思维导论

   K. Engisch: Einführung in das juristische Denken

2. 哈腾豪尔:德国法的思想史基础

   H. Hattenhauer: Die geistsgeschichtlichen Grundlagen des deutschen Rechts

3. 雅科布斯:规范 · 人格体 · 社会——法哲学前思

   G. Jakobs: Norm, Person, Gesellschaft-Vorüberlegungen zu einer Rechtsphilosophie

4. 耶林:为权利而斗争

   R. v. Jhering: Der Kampf ums Recht

5. 考夫曼:后现代法哲学——告别演讲

   A. Kaufmann: Rechtsphilosophie in der Nach-Neuzeit

6. 考夫曼/哈斯默尔:当代法哲学和法律理论导论

   A. Kaufmann/W. Hassemer: Einführung in Rechtsphilosophie und Rechtstheorie der Gegenwart

7. 耶林/贝伦茨:法学是一门科学吗?

   R. v. Jhering/ O. Behrends: Ist die Jurisprudenz eine Wissenschaft? - Jherings Wiener Antrittsvorlesung vom 16. Oktober 1868. Aus dem Nachlaßherausgegeben und mit einer Einführung, Erläuterungen sowie einer wissenschaftsgeschichtlichen Einordnung versehen von Okko Behrends

8. 拉德布鲁赫：社会主义文化论

G. Radbruch：Kulturlehre des Sozialismus

9. 萨维尼：历史法学派的基本思想

F. C. v. Savigny：Grundgedanken der historischen Rechtsschule

10. 齐佩利乌斯：法学方法论

R. Zippelius：Juristische Methodenlehre

11. 韦森贝格/韦森纳：晚近德国私法史

G. Wessenberg/ G. Wesener：Neuere deutsche Privatrechtsgeschichte

12. 菲韦格：论题学与法学——论法学的基础研究

T. Viehweg：Topik und Jurisprudenz-Ein Beitrag zur rechtswissenschaftlichen Grundlagenforschung

13. 拉德布鲁赫：法学导论

G. Radbruch：Einführung in die Rechtswissenschaft

## 民商法·经济法

14. 鲍尔/施蒂尔纳：德国物权法(上、下册)

F. Baur/R. Stürner：Sachenrecht

15. 卡纳里斯：德国商法

C. W. Canaris：Handelsrecht

16. 弗卢梅：法律行为论

W. Flume：Allgemeiner Teil des Bürgerlichen Rechts，zweiter Band，Das Rechtsgeschäft

17. 卡泽尔/克努特尔：罗马私法

M. Kaser/R. Knütel：Römisches Privatrecht

18. 克茨：欧洲合同法(上卷)

H. Kötz：Europäisches Vertragsrecht

19. 克茨/瓦格纳：侵权法

H. Kötz/ G. Wagner：Deliktsrecht

20. 拉伦茨：德国民法通论

K. Larenz：Allgemeiner Teil des Deutschen Bürgerlichen Rechts

21. 梅迪库斯:德国民法总论

D. Medicus: Allgemeiner Teil des BGB

22. 梅迪库斯:德国债法总论

D. Medicus: Schuldrecht Ⅰ (Allgemeiner Teil)

23. 梅迪库斯:德国债法分论

D. Medicus: Schuldrecht II (Besonderer Teil)

24. 施密德:公司法

K. Schmidt: Gesellschaftsrecht

25. 施瓦布:德国民法导论

D. Schwab: Einführung in das Zivilrecht

26. 齐默尔曼::债法——民法传统的罗马法基础

R. Zimmermann: The Law of Obligations-Roman Foundation of the Civilian Tradition

27. 梅迪库斯:请求权基础

D. Medicus: Grundwissen zum Bürgerlichen Recht-Ein Basisbuch zu den Anspruchsgrundlagen

28. 施瓦布:德国家庭法

D. Schwab: Familienrecht

29. 齐默尔曼:德国新债法——历史和比较的视角

R. Zimmermann: The New German Law of Obligations-Historical and Comparative Perspectives

30. 里特纳:欧洲与德国经济法

F. Rittner: Europäisches und deutsches Wirtschaftsrecht

31. 施瓦布/齐默尔:垄断法与经济

U. Schwalbe/ D. Zimmer: Kartellrecht und Ökonomie: Moderne ökonomische Ansätze in der europäischen und deutschen Zusammenschlusskontrolle

## 刑法 · 行政法 · 国家法 · 宪法

32. 齐佩利乌斯:德国国家学

    R. Zippelius: Allgemeine Staatslehre

33. 毛雷尔:行政法学总论

    H. Maurer: Allgemeines Verwaltungsrecht

34. 韦塞尔斯:德国刑法总则

    J. Wessels: Strafrecht, Allgemeiner Teil

35. 施莱希/科里奥特:德国联邦宪法法院:地位、程序与裁判

    K. Schlaich/S. Korioth: Das Bundesverfassungsgericht Stellung, Verfahren, Entscheidung

## 背景系列

36. 雅科布斯:十九世纪德国民法科学与立法

    H. H. Jakobs: Wissenschaft und Gesetzgebung im bürgerlichen Recht nach der Rechtsquellenlehre des 19. Jahrhunderts

37. 克斯勒:马克斯 · 韦伯的生平、著述及影响

    D. Käsler: Einführung in das Studium Max Webers

38. 考夫曼:古斯塔夫 · 拉德布鲁赫传——法律思想家、哲学家和社会民主主义者

    A. Kaufmann: Gustav Radbruch-Rechtsdenker, Philosoph, Sozialdemokrat

39. 克莱因海尔/施罗德:九百年来德意志与欧洲法学家

    G. Kleinheyer/ J. Schröder: Deutsche und Europäische Juristen aus neun Jahrhunderten

40. 克尼佩尔:法律与历史——论《德国民法典》的形成与变迁

    R. Knieper: Gesetz und Geschichte: Ein Beitrag zu Bestand und Veränderung des Bürgerlichen Gesetzbuches

41. 格林德曼/里森胡贝尔:二十世纪的德国民法学家

S. Grundmann/ K. Riesenhuber: Deutschsprachige Zivilrechtslehrer des 20. Jahrhunderts in Berichten ihrer Schüler 1-Eine Ideengeschichte in Einzeldarstellungen

图书在版编目(CIP)数据

德国新债法:历史与比较的视角 / (德)齐默曼著;韩光明译. -- 北京 : 法律出版社,2012.9(2019.6重印)
(当代德国法学名著)
书名原文:The New German Law of Obligations:Historical and Comparative Perspectives
ISBN 978-7-5118-3928-2

Ⅰ.①德… Ⅱ.①齐… ②韩… Ⅲ.①债权法—研究—德国 Ⅳ.①D951.63

中国版本图书馆CIP数据核字(2012)第203954号

德国新债法:历史与比较的视角
DEGUO XINZHAIFA:LISHI YU BIJIAO DE SHIJIAO

[德]莱因哈德·齐默曼 著
韩光明 译

责任编辑 韩满春
装帧设计 李 瞻

编辑统筹 学术·对外出版分社
出版 法律出版社
总发行 中国法律图书有限公司
经销 新华书店
印刷 三河市龙大印装有限公司
责任印制 陶 松
开本 850毫米×1168毫米 1/32
印张 12.375
字数 294千
版本 2012年11月第1版
印次 2019年6月第2次印刷

法律出版社/北京市丰台区莲花池西里7号(100073)
网址/www.lawpress.com.cn
投稿邮箱/info@lawpress.com.cn
举报维权邮箱/jbwq@lawpress.com.cn
销售热线/010-83938336
咨询电话/010-63939796

中国法律图书有限公司/北京市丰台区莲花池西里7号(100073)
全国各地中法图分、子公司销售电话:
统一销售客服/400-660-6393
第一法律书店/010-83938334/8335 西安分公司/029-85330678 重庆分公司/023-67453036
上海分公司/021-62071639/1636 深圳分公司/0755-83072995

书号:ISBN 978-7-5118-3928-2 定价:38.00元
(如有缺页或倒装,中国法律图书有限公司负责退换)